(Links) Drachenstatue, Haw Par Villa (S. 143)

(Oben) Möhrenkuchen

(Rechts) Little India (S. 87)

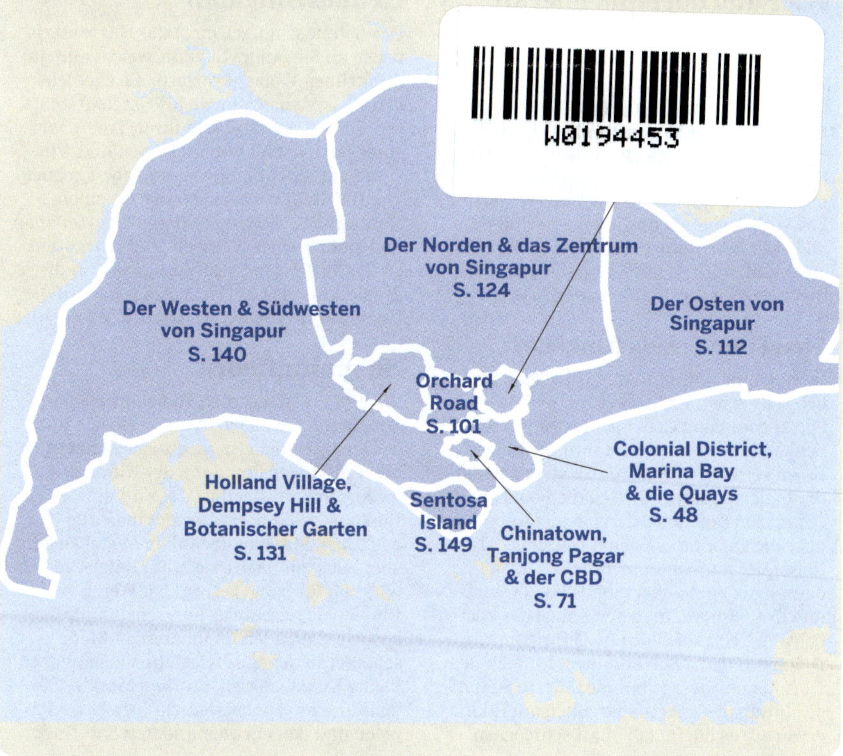

Willkommen in Singapur

Singapur profitiert inzwischen von seinem Status als Schmelztiegel unterschiedlicher Kulturen und entwickelt sich gerade zu einem der attraktivsten Reiseziele in Asien.

Hier und dort und überall

Wer in Singapur unterwegs ist, braucht nur wenige Minuten, denn das öffentliche Nahverkehrsnetz zählt zu den effizientesten auf der Welt. Also: Zum *Roti-prata*-Frühstück nach Little India und noch vor dem Mittagessen eine Tempelbesichtigung in Chinatown? Dank der MRT-Metro kein Problem – man kann unterwegs sogar noch in Marina Bay vorbeischauen und shoppen. Und da alle zwei Jahre eine neue Metro-Linie hinzukommt, wird es immer unkomplizierter, die kleine Insel gründlich zu entdecken.

Insel der Feinschmecker

In Singapur nimmt man das Essen wirklich sehr ernst. Egal, ob es um preiswerte Speisen im Food Court geht oder um Köstlichkeiten im Sterne-Restaurant: Die ins Essen vernarrten Singapurer stehen geduldig in der Schlange, stellen die Fotos auf Instagram und debattieren leidenschaftlich über die Qualität einzelner Gerichte. Als Reisender muss man nicht lange suchen, denn in jedem Viertel gibt es Food Courts und Coffeeshops, in denen einige der köstlichsten Leckereien der Insel für ein paar Dollar auf den Tisch kommen. Einfach dem Duft folgen oder sich in die längste Schlange einreihen – was immer einen am Ende erwartet, es dürfte fabelhaft schmecken.

Grünes Singapur

Der Betondschungel, einst das Charakteristische an Singapurs Skyline, weicht allmählich grünen Wolkenkratzern, die eher lebenden Ökosystemen ähneln als Geschäftszentren. Die Nation lässt sich ihren Traum von einer Gartenstadt einiges kosten und wird zusehends nachhaltiger ... und eben grüner. Wer die Stadt verlässt, gelangt zu einem Netz aus Wanderwegen, Baumkronenpfaden und einer reichen Tierwelt. Top-Attraktion ist das Juwel, die Grüne Lunge der Stadt: der Botanische Garten, der es sogar auf die Unesco-Welterbeliste geschafft hat.

Shoppingfieber

Wird es ihnen draußen zu heiß, ziehen die Singapurer sich nach drinnen zurück und widmen sich dem therapeutischen Shoppen, mehr als angenehm dank der Klimaanlagen. Orchard Road ist die Königin der Einkaufsstraßen: Hier findet man alle wichtigen Marken, unzählige Modehäuser, aber auch ein paar Discount-Outlets, sodass wirklich für jeden gesorgt ist. Wer es beim Einkaufen gern etwas überschaubarer mag, besucht die Läden unabhängiger Modeschöpfer in den Stadtvierteln, wo man auch kleine Kunstgalerien, quirlige Märkte, Läden für chinesische Medizin, persische Teppiche und den ein oder anderen Sari findet.

Warum ich Singapur liebe

Von Ria de Jong, Autorin

Singapur ist klein genug, um behaglich zu wirken, aber doch so groß, dass man seine Geheimnisse nie ganz ergründet. Angesichts der futuristischen Architektur, seiner Metro und all der Glitzerwelt scheint es manchmal, als rase die Stadt in atemberaubendem Tempo in die Zukunft. Man muss aber nur in die Seitenstraßen eintauchen und die dörflichen Märkte, die verrauchten chinesischen Tempel und die uralten Shophouses betrachten, um etwas vom kulturellen Erbe zu ahnen. Und dann wäre da noch das Essen: Auf nichts freue ich mich so sehr wie auf ein perfekt gegrilltes Satay und ein eiskaltes Tiger-Bier.

Mehr Informationen über unsere Autoren gibt es auf S. 252

Chinatown (S. 71)

Singapurs Top 10

Garküchen *(S. 30)*

1 Duftender Reis mit Huhn, köstlich nussiges Satay, süß-saures *rojak*, gegrillter und scharf gewürzter Stachelrochen: Singapurs Garküchen sind einfach legendär und selbst westliche Promiköche schwärmen von dem überwältigenden Angebot an preiswerten, himmlischen Gerichten. Es gibt sogar Stände, die mit einem oder zwei Michelin-Sternen ausgezeichnet sind! Die beste Art und Weise, das Wesen Singapurs zu erforschen, führt schlicht und einfach durch die Küche. Daher sollte man die leckeren einheimischen Gerichte unbedingt probieren.

Essen

Asian Civilisations Museum *(S. 50)*

2 Das vor Kurzem renovierte Museum führt den Besucher auf eine Zeitreise in Singapurs Geschichte als Hafenstadt. Die Galerien, die an einen riesigen Dachboden erinnern, beherbergen alte Töpferwaren, religiöse Skulpturen, silbernes Teegeschirr, skurrile Marionetten und mystische Waffen. Hier findet der Besucher die umfangreichste Sammlung panasiatischer Schätze der Region. Das vor nicht allzu langer Zeit geborgene Schiffswrack mit einem Schatz aus der Tang-Dynastie muss man einfach gesehen haben.

Colonial District, Marina Bay & die Quays

ELENA ALEKSANDROVNA ERMAKOVA / GETTY IMAGES ©

2

SAIKO3P / SHUTTERSTOCK ©

3

4

National Gallery Singapore *(S. 52)*

3 Die atemberaubende National Gallery Singapore ist die neueste Errungenschaft der Kunst- und Museumsszene. Kunstliebhaber können sich hier stundenlang aufhalten, um die Werke südostasiatischer und einheimischer Künstler vom 19. Jh. bis in die Gegenwart zu bestaunen. Die Galerie nimmt zwei denkmalgeschützte Gebäude der Stadt ein. Die Kinder werden währenddessen im Keppel Centre for Art Education beschäftigt. Innerhalb der Galerie befinden sich einige der neuesten und renommiertesten Restaurants der Stadt. Von der Bar auf der Dachterrasse mit ihrer beeindruckenden Cocktailkarte bieten sich atemberaubende Ausblicke.

Colonial District, Marina Bay & die Quays

Gardens by the Bay *(S. 53)*

4 Die 101 ha große Gartenanlage ist eine weitere neue Errungenschaft Singapurs. In dem „Superpark" wachsen ungefähr 400 000 Pflanzen. Einfach umwerfend ist die Architektur. An der Marina Bay ragen zwei riesige Gewächshäuser wie Muscheln in den Himmel; darin findet man uralte Olivenbäume und einen Berg, der mit tropischen Pflanzen bedeckt ist. Nördlich davon stehen die Supertrees, futuristische Stahlgerüste, die durch einen Skyway (Abbildung) verbunden sind und nachts während der Garden Rhapsody illuminiert werden.

Colonial District, Marina Bay & die Quays

Botanischer Garten *(S. 133)*

5 Singapurs Garten Eden bietet eine Abwechslung vom geschäftigen Treiben in der Stadt. In der weitläufigen Oase am Ende der Orchard Road liegen schöne Seen und Themenparks, der ideale Ort also, um ein Picknick zu machen, zu pausieren und Leute zu beobachten. Ein weiteres Highlight ist der Orchideengarten (siehe Foto oben), in dem Singapurs Nationalblume Vanda Miss Joaquim wächst, sowie ein großes Areal naturbelassener Regenwald. Die Anlage beherbergt sogar einen Garten für Kinder; es werden Gratisführungen angeboten, und auf der Shaw Foundation Symphony Stage finden kostenlose Opernaufführungen statt.

Holland Village, Dempsey Hill & Botanischer Garten

Nachtsafari (S. 127)

6 Die Freigehege der Nachtsafari ermöglichen den Besuchern, ganz nah an die nachtaktiven Tiere heranzukommen, darunter Leoparden, frei laufende Hirsche und malaysische Tiger. Während der Thumbuakar-Feuershow ganz in der Nähe des Eingangs zeigen Feuerschlucker, was sie drauf haben (Foto). In Singapurs neuestem Naturpark River Safari, nicht weit von hier, gibt es riesige Pandas zu sehen

Der Norden & das Zentrum von Singapur

Orchard Road (S. 101)

7 Die ehemals staubige Straße, an der Gewürz- und Obstplantagen lagen, wurde in eine 2,5 km lange Straße mit glitzernden Einkaufszentren, Kaufhäusern und Spezialitätenläden verwandelt. Hier findet man alles, von aufstrebenden einheimischen Designerläden bis hin zu internationalen europäischen Top-Marken. Es gilt die Devise: Shoppen bis zum Umfallen. Nachdem man seine Einkäufe im Hotel abgeladen hat, geht es zum Emerald Hill, wo man die alte peranakische Architektur bewundern kann, und danach in eine Bar mit Happy-Hour-Specials.

RECHTS: ION ORCHARD MALL (S. 108)

Orchard Road

6

Little India *(S. 87)*

8 Von Singapurs historischen Vierteln hat Little India wohl am meisten Atmosphäre und erinnert an alte Zeiten. Am Wochenende strömen indische Arbeiter in Scharen in dieses Viertel, um ein Stück Heimat zu genießen. Die farbenfrohen Geschäfte in den Gassen quellen über mit aromatischen Gewürzen und Bollywood-Illustrierten. Sowohl Rucksacktouristen als auch trendige Besucher genießen ihr kühles Bier in coolen Bars. Wer unter Schlaflosigkeit leidet, geht ins Mustafa Centre, wo man um 3 Uhr morgens noch ein iPad kaufen kann, bevor man dann zum Frühstück seinen *teh tarik* trinkt und dazu ein *roti prata* (Pfannkuchen) genießt.

Little India & Kampong Glam

Sentosa Island (S. 149)

9 Sentosa ist Singapurs Spielwiese für alle Altersgruppen, eine Ansammlung von Themenparks und Vergnügungszentren von Weltniveau mit Abendunterhaltung, Luxusresorts und einem unterirdischen Kasino. Für jeden Geschmack ist etwas dabei, von rasanten Fahrten und Shows in den Universal Studios über Riesenbehälter mit Meereslebewesen im S.E.A. Aquarium bis hin zu künstlichen Wellen im Wave House. Strandbars säumen einen kleinen Sandstrand und bitten den Besucher geradezu, auf einen Sundowner vorbeizuschauen. Von den Spitzenrestaurants bietet sich ein spektakulärer Blick auf sündhaft teure Jachten.

Sentosa Island

9

10

Pulau Ubin (S. 158)

10 Die Insel vermittelt einen Eindruck vom *kampong*-(Dorf-)Leben, das bis in die 1960er-Jahre noch zu Singapur gehörte. Von Changi aus können Besucher ein Bumboot besteigen und Mangrovensümpfe sowie stille, mit zahlreichen Lotusblüten überzogene Seen erkunden. Danach geht es mit dem Fahrrad weiter, vorbei an Wellblechhütten, trägen Waranen und maroden Gebetsstätten oder auf einem querfeldein führenden Mountainbike-Pfad. Den Tag lässt man dann bei einem einfachen Fischgericht am Meer ausklingen.

Inseln & Tagesausflüge

Was gibt's Neues?

Former Ford Factory

Die frühere Autofabrik wurde 2017 eröffnet und beherbergt jetzt ein Museum, das die Ausstellung „Surviving the Japanese Occupation: War and its Legacies" präsentiert, die sich mit Singapurs Eintritt in den Krieg, der dreijährigen japanischen Besatzung sowie Singapurs Weg in die Unabhängigkeit beschäftigt (S. 128).

Wandgemälde

Sein erstes Gemälde zierte Mitte 2015 die Wand eines Geschäftskomplexes. Seitdem ist der Singapurer Künstler Yip Yew Chong am Wochenende damit beschäftigt, in ganz Singapur leere Wände mit seinen Gemälden zu verschönern. Unter der Woche ist er Buchhalter. Von qualmenden Satay-Spießen über Szenen im Friseursalon, Army Shop und dem Gemälde über eine Wäscherin: Das alltägliche Leben Singapurs kommt in seinen Bildern lebhaft zum Ausdruck. Das 44 m große Wandgemälde des Thian Hock Keng-Tempels in der Amoy Street in Chinatown ist zweifellos sein beeindruckendstes Werk (S. 74).

Battlebox

Der britische Bunkerkomplex aus dem Zweiten Weltkrieg, der 2016 neu eröffnet wurde, ist ein unterirdisches Labyrinth aus Zimmern und Tunneln. Geführte Touren geben einen Einblick in die Geschehnisse innerhalb seiner Mauern (S. 59).

Chinatown Heritage Centre

In drei schön restaurierten Geschäftshäusern, die 2016 wiedereröffnet wurden, zeigt das Chinatown Heritage Centre die Geschichte dieses Viertels. Im obersten Stockwerk gibt es interaktive Exponate (S. 73).

Tiong Bahru Market& Food Centre

Das beliebte Hawker Centre mit Straßenmarkt wurde im Mai 2017 neu eröffnet. Es erhielt einen frischen Anstrich, glänzende neue Tische, Stühle und Toiletten. Das Essen ist genauso köstlich wie zuvor (S. 80).

Next-Gen Hawker Stalls

Die neue Generation von Inhabern hat das traditionelle Hawker-Konzept ins 21. Jahrhundert transferiert. Probieren sollte man die Latte mit Sesamtoast bei Coffee Break (S. 82) sowie die Nudelsuppe (Ramen) nach Singapurer Art bei A Noodle Story (S. 75). Eine Mischung aus Hawkerständen und Restaurants findet sich bei Timbre+ (S. 144).

Bukit Timah Nature Reserve

Nach zweijähriger Renovierung wurde das Naturschutzgebiet Bukit Timah im Jahr 2016 wiedereröffnet. Es gibt ein neues Besucherzentrum sowie verbesserte Wanderwege (S. 128).

Asian Civilisations Museum

Das Asian Civilisations Museum gehört seit Langem zu den wichtigsten Museen Singapurs und wurde unlängst umfassend modernisiert. Es beherbergt die umfangreichste Sammlung panasiatischer Kunstwerke in der Region (S. 50).

Singapore Coffee Festival

Singapurs Begeisterung für guten Kaffee resultierte 2016 im ersten Coffee Festival der Stadt. Mehr als 100 Aussteller kamen im Juni für drei Tage zusammen – es war so erfolgreich, dass weitere Festivals geplant sind (http://sgcoffeefestival.com.sg).

Chestnut Park

Zur Freude der Radfahrer wurde 2017 dieser Mountainbike-Park eröffnet. Die Strecke umfasst 8,2 km Rad- und Wanderwege sowie zwei Skill Parks (S. 129).

Mehr Bewertungen und Empfehlungen unter **www.lonelyplanet.com/singapore**

Gut zu wissen

Weitere Hinweise im Kapitel „Allgemeine Informationen“ (S. 214)

Währung
Singapur Dollar (S$)

Sprachen
Englisch (Hauptsprache), Mandarin, Bahasa Malaysia, Tamil

Visum
Normalerweise bei Ankunft für einen Aufenthalt bis zu 90 Tagen. Staatsangehörige von Indien, Myanmar und einigen anderen Ländern sind visumpflichtig.

Geld
Geldautomaten und Wechselstuben gibt es fast überall. Kreditkarten werden in den meisten Geschäften und Restaurants akzeptiert.

Mobiltelefone
Örtliche SIM-Karten für ca. 15 S$ sind bei der Post, in Minimärkten und Telco-Geschäften erhältlich – bitte den Reisepass mitnehmen. Zu den Telefonanbietern gehören:

M1 (www.m1.com.sg)

SingTel (www.singtel.com)

StarHub (www.starhub.com)

Zeit
MEZ plus sieben Stunden

Touristeninformation
Das Singapore Visitors Centre @ Orchard (Karte S. 244; ☎1800 736 2000; www.yoursingapore.com; 216 Orchard Road; ⏲8.30–21.30 Uhr; 📶; Ⓜ Somerset) mit seinen kompetenten Mitarbeitern hilft bei der Organisation von Ausflügen, beim Kauf von Fahrkarten und der Buchung von Hotels.

Tagesbudget

Günstig: unter 200 S$

- Bett im Schlafsaal: 20–45 S$
- Garküchen und Food Courts: ca. 6 S$ pro Essen
- Einstündige Fußreflexzonenmassage im People's Park Complex: 25 S$
- Eintritt in ein größeres Museum: 6–20 S$

Mittelteuer: 200–400 S$

- Ein Doppelzimmer in einem Mittelklassehotel: 150–300 S$
- Eine Ducktour durch Singapur: 37 S$
- Ein Zweigänge-Menü mit Wein: 80 S$
- Ein Cocktail in einer Bar: 18–25 S$

Teuer: über 400 S$

- Ein Doppelzimmer in einem 4- oder 5-Sterne-Hotel: 300–700 S$
- Ein Kochkurs bei Food Playground: 119 S$
- Eine Weinprobe in einem Spitzenrestaurant: 250 S$ oder mehr
- Eine Theaterkarte: 150 S$

Reiseplanung

Zwei Monate vor Reiseantritt buchen: Große Veranstaltungen wie das Formel-1-Rennen. In Spitzenrestaurants unbedingt einen Tisch reservieren.

Einen Monat vor Reiseantritt buchen: Wer am Wochenende in einem Schlafsaal übernachten will, sollte sein Bett im Voraus buchen.

Eine Woche vor Reiseantritt: Nach Last-Minute-Übernachtungsangeboten in Singapur Ausschau halten und Termine von Events oder Festen in Erfahrung bringen.

Websites

- **Lonely Planet** (www.lonelyplanet.com/singapore) Zielgebiets-Informationen, Hotelreservierungen, Reiseforum etc.
- **Your Singapore** (www.yoursingapore.com) ist die Webseite des staatlichen Fremdenverkehrsamts.
- **Honeycombers** (www.thehoneycombers.com) Online-Reiseführer.
- **City Nomads** (www.citynomads.com) Mit Veranstaltungskalender und Bewertungen.
- **Sistic** (www.sistic.com.sg) Karten für Konzerte und Shows in Singapur, außerdem ein nützlicher Event-Kalender.

REISEZEIT

Singapur hat das ganze Jahr über ein tropisch-feuchtes Klima. Die Ferien sind im Juni und Juli, die heißeste (und dunstigste) Zeit des Jahres.

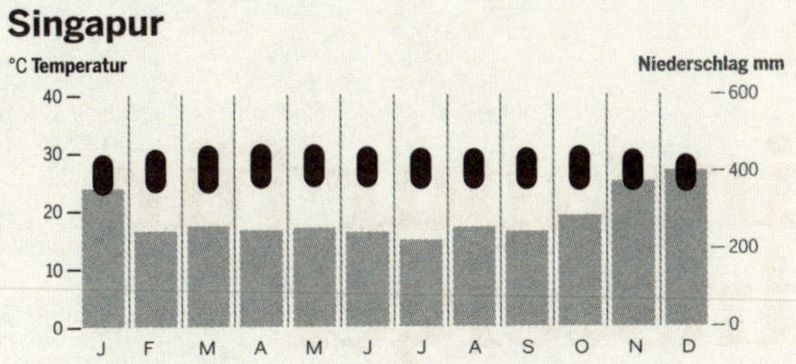

Ankunft

Changi Flughafen Vom Flughafen fahren MRT-Züge ins Zentrum, die Abfahrtszeiten sind von 5.30-23.18 Uhr; öffentliche Busse verkehren von 6 bis 24 Uhr. Bus- und Zugfahrten kosten jeweils ab 1,69 S$. Der Flughafen-Shuttlebus (Erwachsener/Kind 9/6 S$) fährt 24 Stunden am Tag. Eine Taxifahrt in die Innenstadt kostet zwischen 20 und 40 S$, zwischen 24 und 6 Uhr bis zu 50 % mehr plus Flughafenzuschlag. Eine viersitzige Limousine kostet 55 S$ plus 15 S$ Zuschlag für jeden zusätzlichen Halt.

HarbourFront Fährhafen Vom Fährhafen fahren Züge in die Stadt. Preis: ab 1,40 S$. Eine Taxifahrt kostet zwischen 8 und 13 S$ plus Zuschlag.

Woodlands Train Checkpoint Von hier kostet ein Taxi in die Stadt 22–25 S$ plus Zuschlag.

Mehr zur **Ankunft** auf S. 208

Schlafen

Die Unterkünfte sind sehr teuer. Wer nicht so viel Geld hat, kann in Hostels für 25 S$ pro Nacht übernachten. Neuere mittelteure Hotels bieten jetzt eine bessere Ausstattung und gute Online-Angebote an. Die Luxushotels sind teuer, aber im Überfluss vorhanden und gehören zu den besten der Welt, darunter Hotels aus der Kolonialzeit, romantische und architektonisch innovative Hotels.

Lonely Planet (www.lonely planet.com.au/singapore/hotels) Hier kann man Hotelzimmer buchen.

LateRooms (www.laterooms.com) bietet gute Schnäppchen.

StayinSingapore (www.stayinsingapore.com) Website für Hotelbuchungen in Singapur, betrieben von der Singapore Hotel Association.

Mehr über **Schlafen** auf S. 171

Unterwegs vor Ort

Im Gegensatz zu anderen asiatischen Städten ist es einfach, sich in Singapur zurechtzufinden. Auf Wandkarten in den MRT-Bahnhöfen ist die Umgebung zu sehen. Die elektronische EZ-Link-Card ist in allen MRT-Zügen und den örtlichen Bussen gültig. An den Sensoren kann man sich ein- und ausloggen. Die Karte kann an allen MRT-Bahnhöfenaufgeladen werden. Die App „gothere.sg" bringt den Besucher mithilfe von verschiedenen Transportmitteln von seinem Standort zum Bestimmungsort und gibt den ungefähren Preis für eine Taxifahrt an.

- **Busse** fahren überall hin. Sie verkehren zwischen 6 Uhr und Mitternacht. Vom Zentrum aus verkehren auch Nachtbusse.
- **MRT** Mit der U-Bahn, die zwischen 5.30 Uhr und Mitternacht verkehrt, kommt man am schnellsten voran.
- **Taxis** Taxis sind relativ preiswert. In der Hauptverkehrszeit und von 24 bis 6 Uhr muss man mit saftigen Zuschlägen rechnen. Man kann sie auf der Straße anhalten oder zum Taxistand gehen.

Mehr zum Thema **Unterwegs vor Ort** auf S. 210

AUFENTHALTSDAUER

Singapur ist eine Zwischenstation für Langstreckenflüge und die meisten Besucher bleiben nur ein oder zwei Tage dort. Das ist gerade ausreichend, um einen flüchtigen Eindruck zu bekommen. Wer mehr sehen möchte als die Orchard Road, sollte mindestens vier Tage bleiben, um die wichtigsten Sehenswürdigkeiten anzuschauen, in Garküchen zu essen und die Naturschutzgebiete zu bewundern.

Singapur für Einsteiger

Weitere Hinweise im Kapitel „Allgemeine Informationen“ (S. 214)

Checkliste

- Der Reisepass muss am Abflugtag noch mindestens sechs Monate gültig sein
- Bei der Fluglinie anfragen, ob es Beschränkungen beim Gepäck gibt
- Reiseversicherung abschließen
- Die Kreditkartenfirma über die Reise informieren
- Die Unterkunft sowie Eintrittskarten für Events oder Restaurants buchen
- Checken, ob das Handy in Singapur funktioniert

Einpacken

- Hut, Sonnenbrille, Sonnenschutzmittel – und einen Schirm
- Mückenschutz, besonders auf Wanderungen im Naturschutzgebiet
- Elektrischer Adapter
- Elegante Kleidung und dazu passende Schuhe für teure Restaurants und Bars
- Badekleidung
- Fotokopie der ersten Seite des Reisepasses; vom Pass getrennt aufbewahren

Top-Tipps für unterwegs

- Die EZ-Link-Karte, eine elektronische Netzkarte, ist in den MRT-Zügen, örtlichen Bussen und in der Sentosa-Express-Einschienenbahn gültig und wird von den meisten Taxiunternehmen akzeptiert. Der „Singapore Tourist Pass“ bietet unbegrenzte Fahrten in Bussen und Zügen. Es gibt Ein-, Zwei- oder Dreitageskarten.
- Kombi-Tickets für einige Sehenswürdigkeiten (z. B. Singapurs Zoo und Nachtsafari) sparen Geld.
- Wegen der Mittagshitze sollte man Aktivitäten im Freien auf die frühen Morgenstunden oder den späten Nachmittag verschieben.
- In der Zeit von 17 bis 20 oder 21 Uhr gibt es in einigen Bars Happy-Hour-Preise.
- Garküchen haben keine Servietten – Papiertaschentücher helfen. Außerdem braucht man sie, um vor dem Anstellen in der Schlange seinen Sitzplatz zu kennzeichnen.

Kleidung

Das Klima ist heiß und feucht, daher empfiehlt es sich, leichte, bequeme Kleidung mitzunehmen. Shorts, T-Shirts und Flipflops werden fast überall akzeptiert. In den teuren Restaurants und Bars ist elegantere Kleidung angesagt, daher sollte man ein Abendkleid, ein langärmliges Hemd, lange Hosen sowie passende Schuhe einpacken. Wer im Naturschutzgebiet wandern will, braucht Sportschuhe oder Wanderstiefel. Auch empfiehlt sich ein Regenschirm, insbesondere während der Monsunzeit (November bis Januar).

Warnung

Obwohl Singapur eines der sichersten Reiseziele der Welt ist, sollte man Folgendes wissen:

- **Drogen** Auf die illegale Ein- und Ausfuhr von Drogen stehen strenge Strafen einschließlich der Todesstrafe.
- **Mücken** Während der Regenzeit besteht die Gefahr, an einer von Mücken übertragenen Krankheit zu erkranken; auch das Zika-Virus wurde schon nachgewiesen. Daher sollte man bei insbesondere bei Wanderungen im Naturschutzgebiet ein Mückenspray benutzen.
- **Öffentliche Verkehrsmittel** Essen und Trinken ist verboten.

Geld

Geldautomaten und Wechselstuben sind verbreitet. Kreditkarten werden in den meisten Geschäften und Restaurants akzeptiert. Mehr Informationen siehe S. 214.

Steuern & Erstattungen

Es wird eine Waren- und Dienstleistungssteuer von 7 % erhoben. In den Preisen von Geschäften und Restaurants ist diese Steuer bereits enthalten. Das Symbol ++ weist darauf hin, dass die Steuer und der Bedienungszuschlag von 10 % in dem aufgeführten Preis nicht enthalten ist und auf die Endrechnung aufgeschlagen wird (üblich in Hotels, Restaurants und Luxus-Spas). Mehr Informationen siehe S. 31.

Trinkgeld

Trinkgeld ist nicht üblich und am Changi-Flughafen sogar verboten.

➡ **Hotels** In Hotels der unteren Preisklasse ist es nicht notwendig, Trinkgeld zu geben. In Hotels der oberen Preisklasse sollte man Gepäckträgern zwischen 2 und 5 S$ geben und dem Zimmermädchen 2 S$.

➡ **Restaurants** In den Restaurants gilt oft ein Bedienungszuschlag von 10 %, daher erübrigt sich das Trinkgeld. Ein kleines Trinkgeld ist jedoch angebracht, wenn die Bedienung besonders freundlich ist. In Hawker Centres und Food Courts sollte man kein Trinkgeld geben.

➡ **Taxis** Taxifahrer erwarten kein Trinkgeld, es ist jedoch höflich, aufzurunden oder dem Fahrer zu signalisieren, das Wechselgeld zu behalten.

BAITEREK MEDIA / SHUTTERSTOCK ©

Merlion (S. 59)

Etikette

➡ **Gesichtsverlust** Die Singapurer achten in jeder Lebenssituation darauf, ihr Gesicht zu wahren. Wer mit einem Einheimischen streitet oder ihn beschimpft, trägt dazu bei, dass dieser sein Gesicht verliert und man als Rüpel gilt.

➡ **Uncles & Aunties** Es ist üblich und gilt als Zeichen des Respekts, Leute mittleren Alters oder ältere Leute mit „Uncle" oder „Auntie" anzureden, obwohl sie nicht mit einem verwandt sind.

➡ **Stäbchen** Stäbchen sollte man nicht aufrecht in eine Schale Reis stecken. Das erinnert an Bestattungsriten und bringt Unglück.

➡ **Hände** Mit der rechten Hand wird gegrüßt, gewunken und gegessen. Wer mit Menschen malaiischen, indonesischen oder indischen Ursprungs Umgang hat, sollte sich an diese Regeln halten. Die linke Hand wird nur zum Toilettengang benutzt.

➡ **Kopf & Füße** Der Kopf ist für viele Menschen heilig, daher sollte man es vermeiden, den Kopf eines Fremden zu berühren. Die Füße werden als schmutzig erachtet, daher sollte vermieden werden, auf die Füße einer Person zu zeigen, da dies Anstoß erregt.

Sprache

Es gibt es vier offizielle Sprachen: Englisch, Bahasa Malaysia, Mandarin und Tamil. Englisch ist an den meisten Schulen die Hauptunterrichtssprache, und wer Englisch spricht, hat keine Probleme, mit den Einheimischen zu kommunizieren, mit Ausnahme einiger älterer Singapurer oder Chinesen. Weitere Informationen zur Sprache und zu Singlish siehe S. 205.

Stadtspaziergänge

1. Tag

Colonial District, Marina Bay & die Quays (S. 48)

Zum Start ein Frühstück im **Ya Kun Kaya Toast**, wo es Toast mit *kaya* (Kokosmarmelade), Eiern und Kaffee (*kopi*) gibt. Bei einem Spaziergang entlang der **Quays** bieten sich tolle Ausblicke auf die Wolkenkratzer und die Gebäude aus der Kolonialzeit. Sehenswert: das **Asian Civilisations Museum**, das **National Museum of Singapore**, das **Peranakan Museum** sowie die **National Gallery Singapore**.

Mittags In der National Kitchen by Violet Oon (S. 61) einkehren.

Chinatown, Tanjong Pagar & die CBD (S. 71)

Man bekommt im **Sri-Mariamman-Tempel**, im **Buddha Tooth Relic Temple** und im **Thian-Hock-Keng-Tempel** echte Einblicke in das tägliche Leben. Vom Hochhaus **Pinnacle@Duxton** hat man einen spektakulären Ausblick über die Stadt. Im **People's Park Complex** kann man sich bei einer Reflexzonenmassage entspannen. Danach geht es zum Aperitif in die**Amoy Street**, die **Club Street** oder die **Ann Siang Road**.

Abends Leckere asiatische Fusion-Küche gibt es im Ding Dong (S. 79).

Der Norden & das Zentrum von Singapur (S. 124)

Auf der **Nacht-Safari** durch den Zoo kann man majestätische und merkwürdige Kreaturen bestaunen. Durch den Zoo fährt eine kleine Bahn vorbei an Tigern, Leoparden und Fledermäusen.

2. Tag

Little India & Kampong Glam (S. 87)

Wer Singapur mit einer sterilen Geschäftsstadt in Verbindung bringt, wird in Little India eines Besseren belehrt. In den Straßen der Stadt gehen die Schneider ihrem Handwerk nach, die Luft ist erfüllt vom Duft nach Kreuzkümmel und Bollywood-Songs. Im **Sri Veeramakaliamman-Tempel** kann man sich von den Farben und Gesängen inspirieren lassen. Saris gibt es im **Tekka Centre**. Wer mehr über die Geschichte dieses Viertels erfahren möchte, geht ins **Indian Heritage Centre**.

Mittags Im Lagnaa Barefoot Dining wählt man den Schärfegrad selbst aus. (S. 94).

Orchard Road (S. 101)

Am Nachmittag ist man in der klimatisierten Shoppingmeile **Orchard Road** gut aufgehoben. Drucke und Bücher gibt es bei **Antiques of the Orient**, Markenklamotten bei **Robinsons the Heeren** und bei **In Good Company**. Dann ein Cocktail auf der Dachterrasse der **Bar Canary** oder ein Bier in der **Emerald Hill Road**.

Abends Garküche an der Bucht: Satay by the Bay (S. 61).

Colonial District, Marina Bay & die Quays (S. 48)

Wer sein Abendessen bei Satay einnimmt, ist schon inmitten der **Gardens by the Bay**. Für die Erkundung des botanischen Gartens mit Flower Dome und Cloud Forest sollte man viel Zeit mitbringen. Der Hain der Superbäume ist während der Lightshow (19.45 und 20.45 Uhr) spektakulär.

3. Tag

Der Norden & das Zentrum von Singapur (S. 124)

Es lohnt sich, früh aufzustehen, um im weltberühmten Zoo von Singapur mit Orang-Utans zu frühstücken. Das Ausmaß des Zoos lässt sich am besten auf einer geführten Tour mit der kleinen Bahn erkunden. Während der Fütterungszeiten sind die Tiere besonders aktiv und man kann ganz nah an sie herankommen.

Mittags Im Zoo von Singapur gibt es jede Menge Restaurants (S. 126).

Sentosa Island (S. 149)

Nach so viel Natur wird es Zeit für ein wenig ungetrübten Spaß auf Singapurs Vergnügungsinsel **Sentosa**. Auf dem Filmgelände der **Universal Studios** finden sich eine ganze Reihe Attraktionen, die das Herz zum Rasen bringen, aber auch solche der etwas ruhigeren Art. Kleine und große Lebewesen kann man im spektakulären **SEA Aquarium** bestaunen, im **Wave House** auf künstlichen Wellen reiten oder bei **iFly** fallschirmspringen.

Abends Traditionelle griechische Küche im Mykonos on the Bay (S. 153).

Sentosa Island (S. 149)

Den Abend kann man bei Drinks am Strand von Sentosa ausklingen lassen, am besten im familienfreundlichen **Coastes** oder dem etwas abgelegeneren **Tanjong Beach Club**. Wer mit Kindern unterwegs ist, sollte sich die Show **Wings of Time** ansehen, ein Multimillionen-Dollar-Klang-Licht- und Laser-Spektakel.

4. Tag

Inseln & Tagesausflüge (S. 157)

Wer einen Eindruck von Singapur in den 1950er-Jahren erhalten möchte, fährt nach Changi und nimmt t ein Bumboot nach **Pulau Ubin**. Mit dem Mietrad geht es auf ruhigen Straßen weiter und zu Fuß den mangrovenbestandenen Uferweg entlang. Es gibt einen Mountainbike-Park.

Mittags Am Pier von Pulau Ubin gibt es mehrere Fischrestaurants..

Der Osten von Singapur (S. 112)

Nach der Erkundung von Pulau Ubin geht es mit dem Bumboot zurück. Wenn es noch nicht zu spät ist, lohnt sich der Besuch des **Changi Museums mit Kapelle**, in dem die Leidensgeschichte und der Widerstand der Einwohner Singapurs gegen die japanische Besatzung dokumentiert ist. Oder man kann in **Changi Village** shoppen oder bei der **Little Island Brewing Company** auf ein Bier vorbeischauen.

Abends Im No Signboard Seafood in Geylang gibt es hervorragende White Pepper- und Chili-Krabben (S. 118).

Colonial District, Marina Bay & die Quays (S. 48)

Wer das pralle Leben sucht, ist in **Geylang** richtig. Der Rotlichtbezirk liegt in der Nähe von Tempeln und Moscheen und einigen der besten Restaurants Singapurs. Den Abend kann man dann in der Bar des **Smoke and Mirrors** über der **National Gallery Singapore** mit Ausblick auf die Marina Bay und die Licht- und Laser-Show ausklingen lassen.

Wie wär's mit ...

Skyline-Blick

Smoke and Mirrors Diese Bar bietet den spektakulärsten Ausblick auf Singapur. Man kann ihn bei einem Cocktail genießen (S. 65).

ION Sky Aussichtsplattform im 56. Stock des ION Orchard Complex und dazu noch eintrittsfrei (S. 103)

CÉ LA VI SkyBar Von dieser Bar im obersten Stock des Marina Bay Sands Hotel bieten sich atemberaubende Ausblicke auf die Stadt (S. 65).

Southern Ridges Von hier aus kann man sehr schön die sich ständig verändernde Skyline Singapurs sehen. An die Stelle des ursprünglichen Dschungels tritt nach und nach der Asphaltdschungel (S. 146).

1-Altitude Der 360-Grad-Ausblick von der höchsten Skybar Singapurs ist einfach grandios (S. 66).

Kunst

National Gallery Singapore Singapurs neueste kulturelle Errungenschaft zeigt Werke einheimischer Künstler aus dem 19. Jh. sowie zeitgenössische Kunst. (S. 52)

Gillman Barracks Eine beeindruckende Reihe internationaler Galerien mit moderner und zeitgenössischer Kunst. (S. 142)

NUS Museum In diesem Museum in der Universität von Singapur werden alte Töpferarbeiten, moderne Kunst und die Arbeiten des Bildhauers Ng Eng Teng ausgestellt. (S. 142)

8Q SAM Das Singapore Art Museum wird zurzeit für 90 Millionen S$ renoviert (bis 2021).

Peranakan Museum (S. 55)

Besucher können sich die Werke zeitgenössischer Künstler aus Singapur und Asien im SAM at8 Q- Flügel des Museums ansehen. (S. 59)

Angesagte Szenetreffs

Tiong Bahru In diesem Boutiquen-Viertel gibt es jede Menge coole Cafés, unabhängige Buchläden und einige trendige Läden. (S. 80)

Employees Only Die versteckte Nachtbar ist ein Ableger der gleichnamigen Bar in New York. (S. 84)

Tanjong Beach Club Die Bar bietet goldenen Sand, gestreifte Liegestühle und erfrischende Cocktails. (S. 153)

Chye Seng Huat Hardware In Singapurs coolstem Café mit Rösterei dreht sich alles um den Kaffee. Man kann auch an einem Workshop teilnehmen. (S. 93)

Die freie Natur

Die **Southern Ridges** sind eine Hügelkette im Süden Singapurs. Einstiege in den Park sind bei Kent Ridge, Mount Faber oder Hort Park. Eine Wanderung in dieser wunderschönen grünen Oase sollte man keineswegs versäumen. (S. 146)

MacRitchie Reservoir Ein schöner Wanderweg führt zum TreeTop Walk, einer 250 m langen Hängebrücke. (S. 128)

Gardens by the Bay Singapurs Bemühungen, die Gartenstadt in eine „Stadt im Garten" umzuwandeln, sind ihrem Ziel schon ein gutes Stück näher gekommen. (S. 53)

Singapore Botanic Gardens Der Botanische Garten bietet gepflegte Rasenflächen, glasklare Seen und ein kleines Stück naturbelassenen Regenwald. Ein idealer Ort, um einmal der Hektik der Großstadt zu entfliehen. (S. 133)

East Coast Park Der lange, künstlich angelegte Sandstrand eignet sich hervorragend zum Flanieren, Radfahren, Grillen sowie für Wassersport. (S. 116)

Coney Island Wunderschönes Naturschutzgebiet mit spektakulärer Flora und Fauna. (S. 117)

Pulau Ubin Am besten lässt sich die grüne Tropeninsel mit dem Fahrrad erkunden. Unterwegs kann man Warane und Affen sehen. (S. 158)

Chestnut Park Singapurs größter Park verfügt über 8,2 km lange Rad- und Wanderwege. Es gibt die Möglichkeit, Fahrräder zu mieten. (S. 129)

Geschichte

Peranakan-Museum Farbenfrohe historische Artefakte und Multimedia-Displays bringen dem Besucher die Kultur der Straits-Chinesen nahe. (S. 55)

National Museum of Singapore Im Nationalmuseum von Singapur wird die turbulente Geschichte Singapurs zum Leben erweckt, von verbannten Sumatra-Prinzen bis hin zur Unabhängigkeit des Landes. (S. 54)

Asian Civilisations Museum Das Museum beherbergt eine umfangreiche Sammlung von Schätzen aus ganz Asien. Es gehört zu den besten und vielseitigsten Museen der Region. (S. 50)

Changi Museum & Chapel Das Museum widmet sich der bewegenden Geschichte Singapurs während des Zweiten Weltkriegs. (S. 114)

Chinatown Heritage Centre Das Chinatown Heritage Centre gibt Auskunft über die chaotische Vergangenheit des Viertels. (S. 73)

Baba House In einem der schönsten Museen Singapurs erfährt der Besucher Wissenswertes über die alte Kultur der Peranakan. (S. 74)

Battlebox Bunkeranlage aus dem Zweiten Weltkrieg mit unterirdischen Tunneln und Räumen. (S. 59)

Weitere Highlights in Singapur unter:

- Essen (S. 30)
- Ausgehen & Nachtleben (S. 36)
- Unterhaltung & Aktivitäten (S. 39)
- Shoppen (S. 41)

Tempel, Moscheen & Kirchen

Sultan-Moschee Die Moschee mit der goldenen Kuppel ist der Mittelpunkt des Kampong-Glam-Distrikts. (S.91)

Sri-Mariamman-Tempel Einen wahren Farbenrausch bietet der Turm des Tempels (*gopuram*). Und auf der Rückseite ragen die Wolkenkratzer in die Höhe. (S. 75)

Thian-Hock-Keng-Tempel Singapurs berühmter chinesischer Tempel besticht mit seinen Steinlöwen und den kunstvoll geschnitzten Holzbalken. (S. 75)

Saint-Andrew's-Kathedrale Die weiß getünchte und berühmteste Kirche Singapurs wurde von indischen Strafgefangenen erbaut. (S. 57)

Abdul-Gafoor-Moschee In dieser skurrilen Moschee in Little India verschmelzen maurische, indische und englische Architekturstile. Die Sonnenuhr ist ein absolutes Unikat. (S. 90)

Monat für Monat

TOP-EVENTS

Chinesisches Neujahrsfest, Februar

Chingay Festival, Februar

Great Singapore Sale, Anfang Juni bis Mitte August

Formel Eins Grand Prix, September

Januar

Das Jahr beginnt mit dem ausschweifenden Hindu-Fest und Indie-Musik.

Saint Jerome's Laneway Festival

Ein beliebtes Musikfestival, das einen Tag dauert (http://singapore.lanewayfestival.com). In den Gardens by the Bay treten weltbekannte Indie-Musiker auf, die Rock, Folk und elektronische Musik spielen.

Februar

Das Chinesische Neujahrsfest wird in Singapur groß gefeiert. Es gibt zwei arbeitsfreie Tage und lautstarke, farbenfrohe Festivitäten.

Chinesisches Neujahrsfest

Drachentänze und Paraden markieren den Beginn des Neujahrsfestes. Man wünscht sich *Gong xi fa cai* (Ich hoffe, dass du eine Menge Geld gewinnen wirst). Chinatown ist hell erleuchtet, insbesondere die Eu Tong Sen Street und die New Bridge Road, und der Hongbao (www.riverhongbao.sg) an der Marina Bay präsentiert sich mit Markt- und Essensständen, Shows und Feuerwerk.

Thaipusam

Hindus begeben sich vom Tempel Sri Srinivasa Perumal zum Tempel Sri Thendayuthapani und tragen dabei *kavadis* (schwere Metallrahmen, die mit Pfauenfedern, Früchten und Blumen geschmückt sind) (www.thaipusam.sg).

Chingay

Singapurs größte Straßenparade Chingay steigt in zwei Nächten am ersten Wochenende nach dem Chinesischen Neujahrsfest (www.chingay.org.sg). Das multikulturelle Fest präsentiert Löwenträger, Festwagen und andere kulturelle Darbietungen. Karten für einen Tribünenplatz gibt es im Vorverkauf

März

Der Nordost-Monsun lässt nach, und das Quecksilber beginnt zu steigen.

Singapore International Jazz Festival

Das dreitägige Sing Jazz (www.sing-jazz.com) findet an der Marina Bay Sands statt; es präsentiert altbekannte und neue Jazzmusiker aus der ganzen Welt.

April

Im April klettert das Thermometer weiter nach oben, jedoch wird die Temperatur durch Gewitter am Nachmittag abgekühlt.

Erschwingliche Kunstmesse

Die Expo (www.affordableartfair.com/singapore) im F1 Pit Building mit über 40 einheimischen und internationalen Galerien präsentiert Kunstwerke Hunderter Künstler im Wert von 100 bis 15 000 S$ (auch im November).

Mai

Der ruhige Monat führt zum Höhepunkt der Som-

merhitze und der turbulenten Schulferienzeit.

Vesak Day

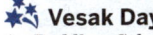

An Buddhas Geburt, Erleuchtung und Tod wird durch Riten erinnert. Dazu gehört die Freilassung von Käfigvögeln als Symbol der Befreiung gefangener Seelen. Im Mittelpunkt stehen der Buddha Tooth Relic Tempel und das Kloster Kong Meng San Phor Kark See.

Juni

Die beginnenden Schulferien in Kombination mit günstigen Schlussverkaufsangeboten ziehen eine Menge Interessenten an. Der Juni gehört zu den heißesten Monaten.

Great Singapore Sale

Der Ausverkauf in Singapur (www.greatsingaporesale.com.sg) dauert von Anfang Juni bis Mitte August. Die Geschäfte auf der Insel reduzieren ihre Preise. Wer das Gedränge verkraftet, kann gute Schnäppchen machen. Früh hingehen!

Hari Raya Puasa

Das auch unter dem Namen Hari Raya Aidilfitri bekannte Fest beendet den Fastenmonat Ramadan (jährlich wechselndes Datum). Während des Ramadan gibt es in Kampong Glam allabendliche Festessen.

Singapore International Festival of Arts

Das Kunstfestival mit Weltklasse-Niveau (http://sifa.sg/sifa) bietet Tanz- und Theateraufführungen. Es wird von Ong Keng Sen, einem der angesehensten Theaterdirektoren Singapurs, organisiert, und findet von Ende Juni bis Anfang September statt.

Juli

Die trockenen Monate dauern an, genauso wie die Schulferien.

Singapore Food Festival

Zwei Wochen wird alles gefeiert, was essbar ist und aus Singapur stammt (www.yoursingapore.com). Die Veranstaltungen umfassen Verkostungen, Abendessen und Rundgänge zum Thema Essen. Das Event zieht sich durch die ganze Stadt.

August

Singapurs bekanntestes Fest, der Nationalfeiertag, wird im August begangen. Auch die weniger patriotisch Gesinnten lieben ihn, denn es ist ein gesetzlicher Feiertag.

Singapore National Day

Singapurs Nationalfeiertag wird am 9. August gefeiert (www.ndp.org.sg) und ist ein beliebtes Spektakel mit Militärparaden, Prozessionen, Darbietungen der Luftwaffe und Feuerwerk. Die Eintrittskarten sind rasch vergriffen. Das Geschehen in der Luft kann man gut vom Marina Bay Sands aus beobachten.

Hungry Ghost Festival

An diesem Tag wandeln die Seelen der Toten auf der Erde, um zu feiern und Spaß zu haben. Die Chinesen legen Essensgaben auf die Straße und zünden Feuer an. Es werden chinesische Opern aufgeführt und es gibt andere Events.

Beerfest Asia

Das Bierfest ist das größte in Asien (www.beerfestasia.com) mit 500 verschiedenen Bierarten, von internationalen Starkbiersorten bis zu Gerstensaft aus Kleinbrauereien. DJs legen auf und es gibt auch Livemusik.

Singapore Night Festival

Das Festival (www.nightfest.sg) findet an zwei Wochenenden statt und bietet spektakuläre Lichtprojektionen, interaktive Installationen, Aktionskunst, Kabarett, Comedy etc.

September

Das Nachtrennen der Formel 1 ist der heißeste Termin im Jahreskalender, deshalb ziehen die Hotels die Preise kräftig an.

Formula One Grand Prix

Das Formel-1-Nachtrennen (www.singapore-f1-grandprix.com) wird rund um die Marina Bay ausgetragen. Das Event wird von Konzerten internationaler Musiker begleitet. Es empfiehlt sich, schon Monate vorher ein Hotelzimmer zu buchen und sich auf hohe Preise einzustellen.

Mid-Autumn Festival

Das auch unter dem Namen Laternenfest bekannte Mid-Autumn (oder Moon Cake) Festival findet bei Vollmond im achten Mondmonat statt. Ganz Chinatown ist mit bunten Laternen geschmückt und die Einheimischen essen Mondkuchen.

Navarathiri

Das Hindu-Fest der „Neun Nächte" ist den Frauen von Siva, Vishnu und Brahma gewidmet und Schauplatz traditioneller indischer Tänze. Hauptveranstaltungsorte sind der Sri Thendayuthapani Temple, der Sri Mariamman Temple und der Sri Srinivasa Perumal Temple.

Oktober

Der Monat zwischen den Monsunen. Obwohl es öfters Gewitter gibt, bleibt die Wetterlage gemäßigt.

Deepavali

Ramas Sieg über den Dämonenkönig Ravana wird mit diesem „Lichtfest" gefeiert. Einen Monat lang erstrahlt Little India im Lichterglanz. Der Höhepunkt der Feierlickeiten ist eine riesige Straßenparty am Vorabend des Feiertags.

November

Wie immer verzeichnet Singapurs Kulturkalender zahlreiche religiöse Feste.

Thimithi

Hindus stellen ihren Glauben unter Beweis, indem sie im Sri-Mariamman-Tempel über glühende Kohlen schreiten.

Dezember

Ein Hauch von Festlichkeit (und Monsunregen) liegt in der Luft, während das Jahr sich dem Ende zuneigt.

ZoukOut

ZoukOut (www.zoukout.com) ist Singapurs größte Tanzparty unter freiem Himmel. Zwei Nächte wird am Siloso Beach in Sentosa gefeiert. Bekannte DJs legen auf.

(Oben) Deepavali, Sri Mariamman Temple (S. 75)
(Unten) River Hongbao Festival, Chinesisches Neujahr

MICHAEL COYNE / GETTY IMAGES ©

ANDREW JK TAN / GETTY IMAGES ©

Reisen mit Kindern

In Singapur ist das Reisen mit Kindern sehr angenehm. Die Stadt ist sicher und sauber, das öffentliche Verkehrssystem funktioniert einwandfrei. Kinder sind willkommen, und es gibt jede Menge Einrichtungen und Vergnügungen für Kinder aller Altersgruppen. So ist es nicht weiter verwunderlich, wenn die Einheimischen die Kinder nach Strich und Faden verwöhnen.

Tierwelt

Zoo von Singapur, Nachtzoo, Fluss-Safari & Vogelpark Jurong

Im Zoo von Singapur (S. 126) kommen die Kinder auf Tuchfühlung mit Orang-Utans und anderen Affenarten. Im Nachtzoo (S. 127) trotten Antilopen vorbei, auf der Fluss-Safari (S. 129) beeindrucken die Manatis, und im Jurong Vogelpark (S. 143) kann man Papageien füttern. Interaktive Shows an allen Veranstaltungsorten (mit Ausnahme der Fluss-Safari) sind ein Highlight.

Inselvergnügen

Sentosa Island

Auf der Insel Sentosa (S. 149) kann man die Sonne genießen. Ältere Kinder haben ihre Freude an den Fahrten in den Universal Studios (S. 151), während die jüngeren am Strand spielen oder sich im Adventure Cove Waterpark (S. 154) nass spritzen.

Pulau Ubin

Diese flache Insel ist der perfekte Ort, um einen Tag mit Radfahren und Erforschen der Insel zu verbringen. Kinder lieben den **Sensory Trail** (☎6542 4108; www.nparks.gov.sg) und die Chek Jawa Wetlands (S. 158), die beide eine große Pflanzen- und Tierwelt aufweisen. Kinderfahrräder und Fahrradhelme können ausgeliehen werden.

Kinderfreundliche Kultur

National Gallery Singapore

Im Keppel Centre for Art Education (S. 52) werden der Fantasie keine Grenzen gesetzt. Es ist eine wunderbare Einrichtung, die die Kreativität und Neugier der Kinder fördert. Sie werden ermutigt, sich mit Kunstobjekten zu befassen und eigene Kunstwerke anzufertigen. Weitere Informationen gibt es auf der Website – Jugendprogramme finden das ganze Jahr statt.

Botanische Renner

Gardens by the Bay

Neben futuristischen Glashäusern, irren Supertrees und dem schwindelerregenden Skywalk beherbergt Singapurs botanisches Meisterwerk (S. 53) auch noch den Children's Garden mit Spielplätzen mit Bewegungssensoren und Baumhäusern.

Spaß an Regentagen

Orchard Road

Wohin, wenn es in Strömen regnet? Natürlich in die Orchard Road (S. 101) mit ihren Einkaufszentren. Hier gibt es Kinos, Imax-Filmtheater und Toys „R" Us. Gute Food Courts, Cafés und unterirdische Fußgängerwege sind reichlich vorhanden.

Mit der Ente unterwegs

Singapore Duck Tours

Auf der Duck Tour (S. 29) geht es in einem hell angestrichenen Amphibienfahrzeug durch Singapur. Die Fahrt ist laut, informativ und fällt total aus dem Rahmen, wenn das Vehikel von der Straße abkommt und in die Marina Bay eintaucht.

Wie die Einheimischen

Überall wartet das authentische Singapur darauf, entdeckt zu werden. Dazu zählen Fahrten mit dem MRT in die Wohnviertel ebenso wie ein preiswertes Bier oder eine günstige Fußreflexzonenmassage.

Preiswertes Bier

Coffeeshops

Ein „Coffeeshop" ist kein Café, das Cappuccino serviert, sondern eher so etwas wie ein „Food Court". Überall auf der Insel sind diese Ansammlungen von Essensständen unter einem zentralen Dach zu finden. Viele haben sogar bis spät in die Nacht, manche sogar rund um die Uhr geöffnet. Sie sind nicht gerade berauschend, dafür aber recht preiswert. Ein großes Tiger-Bier kostet 7 S$ und das Essen ist absolut okay. Außerdem sitzt man im Freien. Coffeeshops gibt es in der Nähe jeder U-Bahn-Station. Hervorzuheben ist Geylang; dort gibt es immer günstiges Essen, Getränke und man kann turbulentes Leben auf den Straßen in Hülle und Fülle erleben.

Happy Hour

Besucher beklagen sich oft über die hohen Getränkepreise in Singapur. Das ist schon berechtigt, aber wer weiß, wann und vor allem wohin er gehen muss, findet auch preiswerte Drinks. In den meisten Bars ist zwischen 12 und 21 Uhr „Happy Hour". Die Angebote reichen von „One-for-one"-Drinks (zwei Getränke zum Preis von einem) bis hin zu Cocktails und Bier zum Preis von 10 S$.

Vorlieben der Einheimischen

Fußreflexzonenmassage

Bei dieser chinesischen Entspannungsmethode wird der zu Behandelnde an den Druckpunkten am Fuß massiert. Theoretisch sind alle Bereiche des Fußes mit den lebenswichtigen Organen verbunden und es ist gut, den Kreislauf in Schwung zu bringen. Das kann aber auch recht schmerzhaft sein. In den meisten Einkaufszentren wird eine Fußreflexzonenmassage angeboten. People's Park Complex (S. 86) in Chinatown ist ein beliebter Therapieort.

Brunch

Da die Singapurer ziemlich hart arbeiten, ist es kein Wunder, dass sie am Wochenende ihren Brunch genießen. Praktisch jedes angesagte Restaurant bietet ein köstliches Brunch-Menu, eine Auswahl von Gerichten, die es normalerweise nicht unbedingt zum Frühstück oder Mittagessen gibt. Brunchzeiten sind von 11 bis 15 oder 17 Uhr. Wer nicht im Voraus buchen kann, sollte frühzeitig erscheinen.

Die Viertel der Einheimischen

Die Orchard Road und der CBD bieten viel für Touristen, aber das wahre kulturelle Leben spielt sich in den Wohnvierteln ab. Fast alle MRT-Bahnen halten an einem Einkaufszentrum. Streifzüge in deren Umgebung sind lohnend, denn dort spielt sich das wirkliche Leben ab: in den Märkten, Coffeeshops, bei Schneidern, Friseuren, an Ständen mit chinesischer Medizin usw. Pulsierende Bezirke sind Tampines, Jurong, Bishan, Toa Payoh und Ang Mo Kio.

Shoppen rund um die Uhr

Wer um 2 Uhr nachts Langeweile verspürt, fährt am besten mit dem Taxi zum Mustafa Centre (S. 98 in Little India. In diesem Shopping Center gibt es alles zu kaufen: Kameras, Diamanten, Bollywood-DVDs, Unterwäsche, Spielzeug, Gewürze, Lebensmittel und noch vieles mehr.

Singapur gratis

Es ist durchaus möglich, einige von Singapurs Top-Sehenswürdigkeiten zu genießen, ohne dafür zu bezahlen, wie z. B. alte Artefakte oder superteure Lightshows. Das wahre Leben spielt sich in den verschiedenen Wohnvierteln der Stadt ab.

Museen & Galerien

Baba House

Man muss im Voraus buchen, wird dafür aber mit einem Gratis-Rundgang durch ein schön renoviertes Peranakan-Gebäude (S. 74) belohnt. Hier lebte einst eine wohlhabende Familie der Straits-Chinesen. Die Architektur und Einrichtung bieten einen interessanten Einblick in die frühere Lebensweise der Menschen in Singapur.

Gillman Barracks

Das Kunstzentrum (S. 142) umfasst elf Galerien. In Wechselausstellungen präsentieren internationale Künstler ihre Werke.

Natur

Der Eintritt in die Naturschutzgebiete und Parks ist kostenlos. Der Botanische Garten (S. 133) mit Rundgängen und Opernaufführungen gehört zu den größten Attraktionen des Landes. Auch die Southern Ridges (S. 146) sind ein Muss. Sie bieten Wanderungen durch den Wald, tolle Architektur und bezaubernde Ausblicke. Auf den schattigen Naturpfaden des MacRitchie Reservoir (S. 128) sieht man jede Menge Affen – keineswegs verpassen sollte man den 250 m langen Treetop Walk.

Straßenszenen

Chinatown

Chinatown ist ein sehenswertes und lebendiges Durcheinander aus Tempeln, medizinischen Kuriositäten, alten Ladenhäusern und lebendigen Tieren, die auf dem Markt feilgeboten werden. Keinen Eintritt zahlt man im Sri Mariamman Temple (S. 75), dem Buddha Tooth Relic Temple (S. 74), dem Chinatown-Complex-Markt (S. 79) und für die Ausstellungen moderner Künstler in der kleinen Galerie Utterly Art (S. 85).

Little India

Singapurs lebhaftes Stadtviertel ist eine Mischung aus Farben, Klängen und Gerüchen. Hypnotische Energie verspürt der Besucher im Sri Veeramakaliamman Temple (S. 89), die Abdul-Gafoor-Moschee (S. 90) erinnert an ein Märchen aus 1001 Nacht und die Geschäfte und Stände in der Dunlop und Buffalo Street laden zum Shoppen ein.

Unterhaltung

Esplanade – Theatres on the Bay

In Singapurs kultigem Kunstzentrum (S. 67) finden zahlreiche kostenlose Veranstaltungen statt, von Musikdarbietungen bis zu Kunstausstellungen und Filmvorführungen. Der Blick vom Dachgarten ist einzigartig.

Gardens by the Bay

Während für die überdachten Gewächshäuser und den OCBC-Skyway Eintritt verlangt wird, sind Singapurs prunkvolle Stadtparks (S. 53) frei zugänglich. Dazu gehören die Heritage Gardens und Marc Quinns riesige Skulptur „Planet“. Highlight ist die zweimal pro Abend stattfindende Klang- und Lichtshow Garden Rhapsody.

Marina Bay Sands

Ähnlich wie Gardens by the Bay glänzt auch Marina Bay Sands (MBS; S. 55) mit seiner zweimal pro Abend stattfindenden Licht-Laser- und Wassershow. Der beste Blick bietet sich vom Central Business District.

Geführte Touren & Flussfahrten

Obwohl Singapur eine der weltweit einfachsten Städte in puncto Selbsterkundung ist, können Führungen die Stadt und ihre Geschichte in unerwarteter Weise erschließen. Die möglichen Touren und Flussfahrten reichen von familienfreundlichen Ausflügen bis zu speziellen Abenteuertrips.

BROEWNIS PHOTO / SHUTTERSTOCK ©

Mit dem Bumboot auf dem Singapore River

Stadtrundtouren

Original Singapore Walks

Auf diesen **Exkursionen** (☎6325 1631; www.singaporewalks.com; Erw. 32–60, Kind (7–12) 15–30 S$; ⏲ Mo–Fr 9–18 Uhr) erfährt man viel Wissenswertes. Zu Fuß geht es durch die Stadtviertel und geschichtsträchtigen Orte. Die Touren dauern 2 ½ bis 3 Stunden. Meistens muss man nicht im Voraus buchen, es reicht, wenn man sich auf der Website nach Zeit und Treffpunkt der Tour erkundigt.

Chinatown Trishaw Night Tour

Die **Exkursion durch Chinatown** (www.viator.com; Erw./Kind unter 13: 88/66 S$) beinhaltet ein Abendessen, den Besuch einer TCM-Praxis (traditionelle chinesische Medizin), eine Fahrt mit der Fahrrad-Rikscha (*trishaw*) über den Nachtmarkt und eine Flussfahrt mit dem Bumboot. Zum Angebot gehört auch ein Hoteltransferservice.

Trishaw Uncle

Diese Firma bietet **Trishaw -Touren** (Karte S. 238; ☎6337 7111; www.trishawuncle.com.sg; Albert Mall Trishaw Park, Queen Street; 30-Minuten-Tour Erw./Kind ab 39/29 S$, 45-Minuten-Tour 49/39 S$; Ⓜ Bugis) durch Bugis und Little India an. Fahrten am Ufer des Singapore River dauern 45 Minuten. Der Trishaw-Terminal befindet sich auf der Queen Street, zwischen dem Fu-Lu-Shou-Complex, dem Albert Centre Market und dem Food Centre.

Hop-On-Hop-Off-Touren

City Sightseeing

Der Doppeldecker-Bus mit offenem Dach (www.singapore7.com; Erw./Kind 43/33 S$) bedient mehrere Routen und fährt durch die Touristengegenden wie z. B. die Orchard Road, Botanic Gardens, Little India, Kampong Glam, die Boat und Clarke Quays, Marina Bay Sands und Chinatown. Die Fahrkarten sind 24 Stunden gültig und man kann beliebig oft aus- und einsteigen.

SIA Hop-On

Die Touristenbusse von Singapore Airlines (Karte S. 230, G3; ☎6338 6877; www.siahopon.com; Suntec Hub, Suntec Mall; 24-Std.-Ticket für Passagiere der Singapore Airlines, Erw./Kind 19,50/14,50 S$, alle anderen 39/29 S$) fahren täglich alle 15–60 Minuten durch die

Haupttouristengegenden. Es gibt vier verschiedene Linien. Die Busse starten vom Suntec Hub, der erste Bus fährt um 8.30, der letzte um 18 Uhr ab und kommt um 19.10 Uhr wieder an. Fahrkarten sind beim Fahrer erhältlich; auf der Website sind Einzelheiten über die Route aufgeführt.

Flusstouren

Singapore Ducktours

In einem umgebauten Amphibienfahrzeug fährt man auf der informativen, einstündigen Fahrt (Karte S. 230, G3; ☎6338 6877; www.ducktours.com.sg; 01-330 Suntec City, 3 Temasek Boulevard; Erw./Kind unter 13: 37/27 S$; ⏰9–18.30 Uhr; Ⓜ Esplanade) zu Land und Wasser durch die Gegend. Im Mittelpunkt stehen die Marina Bay und der Colonial District. Der Fahrkarten-Kiosk und die Abfahrtsstelle befinden sich im Tower 5 der Suntec City, gegenüber dem Nicoll Highway.

Singapore River Cruise

Die rund 40-minütige Fahrt mit dem Bumboot (Karte S. 230, C4; ☎6336 6111; www.rivercruise.com.sg; Fahrt mit dem Bumboot Erw./Kind 25/15 S$; Ⓜ Clarke Quay) führt zwischen den Hafen-Kais und der Marina Bay entlang. Es gibt verschiedene Haltestellen am Singapore River. Der Trip ist äußerst entspannend und bietet spektakuläre Ausblicke auf die Skyline und Marina Bay.

Thematische Touren

Betel Box: The Real Singapore Tours

Diese Insider-Touren (Karte S. 242, D3; ☎6247 7340; www.betelboxtours.com; 200 Joo Chiat Road; Touren 50–80 S$; Ⓜ Paya Lebar) beinhalten kulturelle und historische Rundgänge, Fahrten mit dem Tretroller sowie kulinarische Ausflüge durch Joo Chiat (Katong), Kampong Glam und Chinatown sowie eine nächtliche Tour durch den Rotlichtbezirk Geylang (immer freitags).

Jane's SG Tours

Auf den Black-and-White-Touren (www.janestours.com; Gruppentouren 30–80 S$) zu Privathäusern aus der Kolonialzeit erhält man Einblicke, die einem als Tourist nicht so leicht gewährt werden. Beliebt sind auch Janes andere Touren, die die folgenden Bereiche abdecken: Architektur, Geschichte, Religionen, Pflanzenkunde und Kultur. Am besten einen Monat im Voraus buchen.

East West Planners

Die Exklusiv-Touren (Karte S. 230, E1; ☎9674 5861; www.eastwestplanners.com; 03-03 Tan Chong Tower, 15 Queen Street; Mo–Fr 8.30–17.30; Ⓜ Bras Basah, Bencoolen) befassen sich mit den Gerichten Singapurs und wo man sie am besten essen kann. Das Angebot richtet sich eher an Gäste mit dickem Portemonnaie. Preise und Routen auf Anfrage.

Rundgänge

Bukit Brown Tour

Interessant ist ein Spaziergang (www.facebook.com/groups/bukitbrown) über einen der historischsten Friedhöfe Singapurs, der derzeit von Baumaßnahmen bedroht ist.

Charlotte Chu Tours

Auf diesen Touren, die die weniger bekannten Aspekte über die Tradition, Geschichte und Kultur Singapurs in den Vordergrund stellen, erfährt man, wie die Einheimischen leben, arbeiten, essen und spielen (☎8101 1003; charlottechutours@gmail.com; 3-Std.-Rundgang 240 S$).

Diana Chua

Die Agentur organisiert Touren (☎9489 1999; dianachua1999@yahoo.com.sg; 3-Std.-Tour 240 S$) zu Singapurs Geschichte, Architektur und Religionen. Oft sind sie auf die stattfindenden Festivals abgestimmt. Hin und wieder geht es um esoterische, Themen.

RUNDGÄNGE DURCH DIE STADTVIERTEL

Auf den Rundgängen durch die Stadtviertel erfährt man Wissenswertes über das Singapurer Leben.

➡ Colonial District, Marina Bay & die Quays (S. 58)

➡ Chinatown (S. 76)

➡ Lokales Leben: Tiong Bahru (S. 80)

➡ Little India (S. 90)

➡ Leben der Einheimischen: Jalan Besar (S. 92)

VICHY DEAL / SHUTTERSTOCK ©

Maxwell Food Centre (S. 79)

Essen

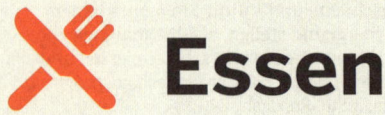

Vom Thema makan *(Essen) sind die Singapurer geradezu besessen. Fast unentwegt reden sie darüber und fotografieren fieberhaft Gerichte, um die Bilder samt Kritik ins Internet zu stellen. So ist es nicht weiter erstaunlich, dass das gute Essen einer der größten Anziehungspunkte Singapurs ist. Als Schmelztiegel der Kulturen hat die Stadt eines der weltweit vielfältigsten und köstlichsten kulinarischen Gefilde hervorgebracht.*

Hawker Centres, Kopitiam & Food Courts

Singapurs berühmte Hawker Centres, *Kopitiams* und Food Courts bieten köstliche Imbissgerichte zu günstigen Preisen. Sie sind immer einen Besuch wert.

Hawker Centres befinden sich in der Regel im Freien und bestehen aus einer Ansammlung von Imbissbuden bzw. Garküchen, die rundum oder teilweise offen sind. In einer etwas rauen, lebhaften Atmosphäre verkaufen sie Speisen der verschiedenen, in Singapur vertretenen Länderküchen.

Food Courts sind nicht viel anderes als Hawker Centres unter dem Dach von klimatisierten Einkaufszentren und ähnlich komplexen Anlagen. Ihre Speisen kosten etwas mehr.

Coffeeshops, auch k*opitiams* genannt (Hokkien: *kopi* = Kaffee, *tiam* = Laden), sind Cafés mit einer offenen Ladenfront, Bedienungen und meistens mehreren Verkaufsständen im Ladenbereich.

Benimmregeln fürs Hawker Centre

- Als Erstes sollte man einen Platz belegen, insbesondere wenn dort viel Betrieb herrscht.

Entweder hält jemand einen Platz frei oder man legt einfach eine Packung Papiertaschentücher auf den Sitz. Sich zu Fremden an einen Tisch zu setzen, ist üblich.

➡ Wenn das Essen an den Tisch gebracht wird, die Tischnummer merken und bei der Bestellung am Stand angeben.

➡ Bei Selbstbedienung bringt jeder sein Essen selbst an den Tisch. Ansonsten wird es einem auch gebracht.

➡ Schlepper, die versuchen, Leute zum Platznehmen zu animieren, und eine Speisekarte auf den Tisch knallen, sollte man ignorieren.

➡ Wenn man mit dem Essen fertig ist, sollte man sein Tablett zurückbringen, obwohl die leeren Teller manchmal auch von Mitarbeitern abgeräumt werden.

Singapurs Restaurants

Die Restaurantszene boomt. In zunehmendem Maße sind internationale Starköche mit einem Restaurant vertreten. Beispielsweise ist der australische Koch Sam Aisbetts Besitzer des Restaurants Whitegrass (S. 64). Hinzu kommt das Iggys, eines der besten Restaurants in Asien (S. 105). Konkurrenz gibt es vom französischen Koch Julien Royer mit seinem neuen Restaurant Odette (S. 63). Ebenfalls beliebt sind die Restaurants einheimischer Köche wie Violet Oon's National Kitchen by Violet Oon (S. 61) sowie Janice Wongs gleichnamiges Restaurant (S. 62).

Nach Vorreitern wie dem Kilo (S. 96) wächst auch die Anzahl gemütlicher Restaurants mit einer lebendigen, weniger formellen Atmosphäre. Zwei der besten – das australische Grillrestaurant Burnt Ends in Keong Saik (S. 78) und das *Izakaya* **Neon Pigeon** (Karte S. 234; ☎6222 3623; www.neonpigeonsg.com; 1 A Keong Saik Road; kleine Gerichte 9–25, große Gerichte16–48 S$; ⌚Mo–Sa 18–24 Uhr; 📶; Ⓜ Outram Park, Chinatown) in Chinatown haben den Ruf der Gastro-Szene in ihrem Viertel erheblich gesteigert.

GUT ZU WISSEN

Preise

In den meisten Restaurants werden auf die Preise 17 % aufgeschlagen: 10 % Servicezuschlag plus 7 % GST. Auf der Speisekarte ist dies mit ++ gekennzeichnet. Die nachstehend aufgeführten Preise gelten für ein Einzelgericht oder ein Hauptgericht einschließlich Servicezuschlag und GST.

**$** unter 10 S$

**$$** 10–30 S$

**$$$** über 30 S$

Öffnungszeiten

➡ Hawker Centre, Food Courts, Cafés: 7–22 Uhr, manchmal auch 24 Std.

➡ Mittelteure Restaurants: 11–23 Uhr

➡ Spitzenrestaurants: 12–14.30 und 18–23 Uhr

Reservierungen

➡ In teuren und angesagten Restaurants sollte man unbedingt vorher reservieren,

➡ in mittelteuren Restaurants für Freitag bis Sonntag.

Trinkgeld

Trinkgeld ist in Singapur nicht notwendig, da die meisten Restaurants einen Servicezuschlag von 10 % erheben. In Hawker Centres gibt niemand Trinkgeld. In Spitzenrestaurants hinterlassen viele Gäste ein Trinkgeld, wenn der Service besonders gut war.

Singapurs Spezialitäten

CHINESISCH

Unter Chinas Regionalküchen ist die kantonesische Küche wohl am besten bekannt. Zu ihren typischen Gerichten zählen *xiao long bao* (Schweinfleischklößchen mit scharfer Sauce gefüllt) und *dim sum* (auch *yum-cha* genannt). Letztere sind kleine, snackartige Gerichte, die im Allgemeinen um die Mittagszeit oder als Sonntagsbrunch in großen, lauten Restaurants gegessen werden. *Hainanese chicken rice* zählt zu Singapurs Nationalgerichten. Diese wohlige Mixtur aus zartem Geflügelfleisch und in Hühnerbrühe gekochtem Reis kommt mit klarer Brühe, Gurkenscheiben, Ingwer, Chili und Sojasoße auf den Tisch.

Ein Großteil der Singapurchinesen spricht Hokkien, die tonale Muttersprache einer ethnischen Gruppe, der Hoklo. Charakteristisch für ihre Küche sind Nudelgerichte wie z. B. *char kway teow* (gebratene Nudeln mit Muscheln, chinesischen Würstchen und dunklen Soßen), *bak chor mee* (Nudeln mit Schweinefleisch, Fleischbällchen und gebratenen Jakobsmuscheln) und *hokkien mee* (gelbe Hokkien-Nudeln mit

Garnelen, die entweder gebraten oder in einer Garnelenbrühe serviert werden).

Gerichte aus Fisch und Meeresfrüchten gehören zu den Spezialitäten der köstlichen Teochew-Küche, darunter die etwas gewöhnungsbedürftige *fish maw* (Schwimmblase eines Fisches). Ein Klassiker ihrer Hausmannskost ist Reisbrei mit Fisch, Schweinefleisch oder Froschschenkel (Letztere sind in Geylang besonders beliebt).

INDISCH

Die würzige südindische Küche ist in Singapur am weitesten verbreitet, z. B. ihr typisches Thali. Diese auf einem Tablett servierte Mahlzeit umfasst traditionell eine große Portion Reis mit mehreren Beilagen in Schälchen, z. B. unterschiedliche Gemüsecurrys, *rasam* (eine scharf-säuerliche Suppe) und ein Dessert.

Singapurs Chinesen lieben indisches Fladenbrot, wie z. B. *roti prata,* das auf einer Kochplatte mit Öl gebacken und dann mit einer Currysauce serviert wird. Lecker sind auch *roti telur* (mit eingebackenem Ei) und das dünne, zu einem Kegel geformte *roti tissue,* dessen Teig beim Backen mit Margarine bestrichen und mit Zucker bestreut wird.

Zu den beliebten vegetarischen indischen Gerichten zählt *masala dosa,* ein dünner, zusammengerollter Pfannkuchen mit Gemüsefüllung. Der muslimischen Küche entstammt das fleischhaltige Gegenstück: *murtabak,* ein papierdünner Pfannkuchen mit einer Füllung aus Eiern und Hammelhackfleisch.

MALAIISCH & INDONESISCH

In ihren Grundzügen ähneln sich die malaiische und indonesische Küche. Zahlreiche Gerichte sind in beiden Küchen vertreten, z. B. *satay* (Grillspieße aus Hühner-, Hammel- oder Rindfleisch) mit einer pikanten Erdnusssoße als Dip oder *ayam goreng* (gebratenes Huhn). Weitere Gemeinsamkeiten sind *rendang, nasi goreng* (gebratener Reis) und *nasi lemak* (Reis in Kokosmilch gekocht) mit verschiedenen Beilagen wie Anchovis, Erdnüssen und ein Curry.

Auf Sumatra prägen insbesondere Currys und Chili die indonesische Kost. Aus der Minangkabau-Region im Westen der Insel stammt *nasi padang,* eine Mahlzeit, bei der jeder die Beilagen zum Reis aus einem breit gefächerten Angebot an würzigen Currys und allerlei kleinen Gerichten selbst auswählt. Im Restaurant genügt ein Fingerzeig und schon landet das Gewünschte auf dem eigenen Teller.

PERANAKAN

In der Peranakan-Küche mischen sich auf einzigartige Weise chinesische Zutaten mit malaiischen Soßen und Gewürzen. Die gebräuchlichsten Würzzutaten sind Frühlingszwiebeln, Chili, *belacan* (malaiische fermentierte Garnelenpaste), Erdnüsse, eingelegte Sojasprossen und Galgant (Thai-Ingwer). Häufig verleiht dickflüssige Kokosmilch den Saucen Geschmack und Konsistenz.

Zu den typischen Gerichten zählt *otak-otak* – eine pastenähnliche Mischung aus Fisch, Kokosmilch, Chili, Galgant und Kräutern, die in ein Bananenblatt eingewickelt und gegrillt wird. Und nicht zuletzt: *ayam buah keluak* – Hühnchen (*ayam)* mit schwarzen Nüssen (*buah keluak*, Frucht des Pangi-Baums) geschmort. Die aus Indonesien importierten Nüsse geben der Soße ein intensives nussiges Aroma und einen kräftigen Geschmack. Genauso lecker schmeckt die charakteristische Peranakan-Laksa, eine herzhafte Kokosmilchsuppe mit Nudeln, frittiertem Tofu und Bohnensprossen.

VEGETARISCH & VEGAN

Im Stadtteil Little India nimmt vegetarisches Essen den ersten Rang ein. Die meisten Food Courts und Hawker Centres bieten zumindest einige vegetarische Gerichte an.

Konsequente Vegetarier müssen allerdings aufpassen. Beispielsweise gelten Gemüsesuppen häufig als vegetarisches Gericht. Doch solch eine Suppe kann durchaus auch Hühnerfleisch und/oder Garnelen beinhalten, und sei es nur als Ausgangsbasis für die Brühe. Wer ein lupenreines vegetarisches Gericht möchte, sollte deshalb bei der Bestellung ausdrücklich betonen: „No meat, no seafood!"

Manche Veganer finden es schwierig, in Singapur das passende Essen auszuwählen. Milchprodukte und andere tierische Nebenprodukte finden jedoch in einem relativ begrenzten, überschaubaren Rahmen Verwendung, mit Ausnahme von Eiern. So braucht ein Veganer eigentlich nur zu erkunden, ob ein vegetarisches Gericht Eier enthält, sofern nicht sofort erkennbar.

Kochkurse

Kurse für die Zubereitung von Singapurs klassischen Gerichten bietet z. B. die empfehlenswerte Kochschule Food Playground

(S. 85). In der Regel dauert ein Kurs drei Stunden und wird bei Bedarf auch auf bestehende individuelle Einschränkungen in der Ernährung zugeschnitten.

Restaurantführer & Blogs

Authentische Informationen, die sich im Detail mit Singapurs kulinarischer Welt befassen, gibt es eigentlich nur auf Englisch. Als Einstieg eignet sich die ausgezeichnete Hawker-Centre-Bibel *Makansutra Singapore* des Singapurer Food-Gurus KF Seetoh und dessen Website http://www.makansutra.com. Neuigkeiten und Bewertungen von Spitzenrestaurants finden sich unter www.sg.dining.asiatatler.com. Empfehlenswert sind folgende Food-Blogger:

www.ieatishootipost.sg Die kompetente Feinschmeckerin Leslie Tay berichtet hauptsächlich über Hawker-Gerichte.

www.sethlui.com Seth hält nach den besten Gerichten Singapurs Ausschau, egal, in welchem Stadtviertel: Er war bereits da und hat darüber geschrieben.

www.misstamchiak.com Die Bloggerin Tam Chiak berichtet bereits seit mehr als zehn Jahren über die Singapurer Restaurantszene.

Essen in den Stadtvierteln

➡ **Colonial District, Marina Bay & die Quays** (S. 60) Die Bezirke decken alles ab, von Gourmetrestaurants prominenter Köche über Food Courts bis hin zu versteckten kulinarischen Kleinodien für Feinschmecker.

➡ **Chinatown, Tanjong Pagar & der CBD** (S. 75) Hawker Centres alter Schule sowie trendige Speiselokale.

➡ **Little India & Kampong Glam** (S. 93) Preiswerte, authentische indische Gerichte in Little India; Speiselokale mit traditioneller malaiischer Küche sowie trendige internationale Lokale in Kampong Glam.

➡ **Orchard Road** (S. 104) Tolle Food Courts, trendige Brunch-Cafés sowie Spitzenrestaurants.

➡ **Der Osten von Singapur** (S. 117) Umfasst die Hochburgen der örtlichen Gastro-Szene: Joo Chiat (Katong) und Geylang.

➡ **Holland Village, Dempsey Hill & Botanischer Garten** (S. 134) Schicke Bistros und schöne Gartenrestaurants.

➡ **Der Norden & das Zentrum von Singapur** (S. 130) Kulinarische Erlebnisse unterschiedlicher Art, von Chilikrabben in einer HDB-Anlage (Sozialwohnungsanlage) bis hin zum trendigen Gourmetmarkt.

➡ **Sentosa Island** (S. 152) Das Angebot ist bunt gemischt, vom Gourmettempel bis zur Fish-and-Chips-Bude am Strand.

➡ **Pulau Ubin** (S. 160) Es gibt einige einfache Restaurants auf der Hauptstraße.

➡ **Südliche Inseln** (S. 161) Auf den Inseln gibt es keine Restaurants, daher sollte man sein Essen mitbringen.

➡ **Der Westen & Südwesten von Singapur** (S. 144) Speiselokale in grüner Umgebung mit erstklassiger Thai- und Peranakan-Küche.

Top-Tipps

Odette (S. 63) Serviert ausgezeichnete französische Kreationen in einem pastellfarbenen Ambiente

Burnt Ends (S. 78) Perfekt gegrillte Fleischgerichte in Keong Saik

National Kitchen by Violet Oon (S. 61) Peranakan-Küche in der National Gallery Singapore

Gluttons Bay (S. 60) Leckeres Hawker-Essen in lockerer Atmosphäre an der Marina Bay

Iggy's (S. 105) Angesagtes, exquisites Speiselokal in der Orchard Road

Momma Kong's (S. 79) Köstliche Chilikrabben in Chinatown

Von günstig bis teuer

$

Gluttons Bay (S. 60) Klassische Hawer-Kost an der Marina Bay

A Noodle Story (S. 75) Japanische Nudeln nach Singapurer Art in Chinatown

Gandhi Restaurant (S. 93) Authentische indische Gerichte mit schnellem Service in Little India

$$

National Kitchen by Violet Oon (S. 61) Hervorragende Gerichte in der National Gallery Singapore

Coconut Club (S. 78) Knuspriges *nasi lemak* auf der Ann Siang Road

Lian He Ben Ji Claypot Rice (S. 79) Töpfe voller frisch gekochter Speisen im Chinatown Complex

$$$

Kilo (S. 96) Schmackhafte Fusionsküche und gediegene Dinner-Club-Atmosphäre in Lavender

Odette (S. 63) Moderne französische Küche in pastellfarbener Umgebung in der National Gallery Singapore

Länder- & Regionalküche

Chinesisch & Peranakan

Paradise Dynasty (S. 104) Köstliche Klöße und Nudeln

Song Fa Bak Kut Teh (S. 60) Dampfende Schweinerippensuppe

National Kitchen by Violet Oon (S. 61) Beliebte Peranakan-Gerichte in noblem Ambiente

Indisch

Lagnaa Barefoot Dining (S. 94) Mild bis scharf gewürzte Speisen in Little India

Gandhi Restaurant (S. 93) Leckere, würzige *thali*, *dosa* und *uttapam*

StraitsKitchen (S. 106) Nobles Büfett-Restaurant abseits der Orchard Road

Malaiisch & Indonesisch

Tambuah Mas (S. 103) Indonesisches Essen in der Orchard Road

Zam Zam (S. 94) Traditionelle *murtabak* im Schatten der Sultan-Moschee

Coconut Club (S. 78) Gehobene *nasi lemak* in Ann Siang Hill

Internationale Küche & Fusionsküche

Kilo (S. 96) Italienisch-japanische Fusionsküche und eine tolle Lounge im ersten Stock

Whitegrass (S. 64) Moderne australische Küche mit japanischen und anderen asiatischen Einflüssen im geschichtsträchtigen Chijmes

Smokey's BBQ (S. 118) Grillrestaurant im amerikanischen Stil im coolen Stadtviertel Joo Chiat (Katong)

Romantisch

ilLido at the Cliff (S. 153) Gutes Essen in schickem, lauschigem Ambiente

Jaan (S. 64) Französische Haute cuisine hoch oben über dem Colonial District

Halia (S. 136) Mit Ingwer gespickte Gerichte, die in einem tropischen Paradiesgarten den Gästen serviert werden

Hawker Centres & Food Courts

Maxwell Food Centre (S. 79) Chinatowns touristenfreundlichstes Hawker Centre

Chinatown Complex (S. 79) Hawker Centre für Experimentierfreudige

Takashimaya Food Village (S. 104) Fantastischer Food Court auf der Orchard Road

Krabben

Momma Kong's (S. 79) Preisgünstig; riesige Brötchen und frische Sri-Lanka-Krabben

No Signboard Seafood (S. 118) Vorzügliche White-Pepper-Crabs im Rotlichtbezirk von Geylang

Eng Seng Restaurant (S. 120) Süße, klebrige Black-Pepper-Crabs vom Feinsten in Joo Chiat (Katong)

Brunch

PS Cafe (S. 78) Café im Kolonialstil mit ausgezeichnetem Frühstück

Wild Honey (S. 105) Den ganzen Tag über kann man hier internationale Frühstücks-Variationen auf der Orchard Road genießen

Common Man Coffee Roasters (S. 63) Das Café in der Nähe des Robertson Quay ist für sein leckeres Frühstück und den köstlichen Kaffee in ganz Singapur bekannt.

Nostalgie & alte Schule

Red Star (S. 78) Schönes Yum-cha-Restaurant am Rand von Chinatown

Colbar (S. 146) Westliche Klassiker auf hainanesische Art in einem ehemaligen Offizierskasino im Westen Singapurs

Samy's Curry Restaurant (S. 135) Aromatische Currys im grünen Dempsey Hill.

Ausgehen in Singapur

Ausgehen & Nachtleben

Ob Cocktailbar, Bierstände oder Cafés, die selbst gerösteten Kaffee zelebrieren – Singapur setzt zunehmend aufs „Schöner Ausgehen". Dazu trägt auch die Nachtclubszene einiges bei, z. B. mit einem futuristischen Club hoch oben in einem Wolkenkratzer oder mit einem angesagten Kellerclub, der auch in Tokio liegen könnte, sowie mit einem Technoclub in Boat Quay.

Cocktail Bars & Lounges

Wer einmal erlebt hat, welch wagemutige, aufregende Drinks die Barkeeper in Singapurs neuer Generation von Cocktailbars rühren und schütteln, vergisst den Singapore Sling. Die Auswahl reicht vom Gomashio im Operation Dagger (S. 82) bis hin zum naturbelassenen Antz im Native (S. 84). Darüber hinaus kredenzt Jekyll & Hyde (S. 83) mit dem Mr. Bean (Wodka, Lao-Ban-Tofu und *kaya*) einen Cocktail mit Lokalkolorit. Mit ihren sorgfältig datierten Drinks erweist die Retro-Cocktailbar in der Hongkong Street 28 (S. 65) der Geschichte und der hohen Kunst des Cocktailmixens eine tiefe Reverenz.

Pubs & Mikrobrauereien

Auch Singapurs Bierszene schneidet alte Zöpfe ab. Immer mehr Bars, Cafés und Restaurants fahren auf der Erfolgsschiene: „Bier aus Mikrobrauereien". Selbst Chinatown mischt mit und bildete mit den ersten Hawker-Centre-Bierständen – The Good Beer Company (S. 83) und Smith Street Taps (S. 83) – die Vorhut. Einen gewichtigen Platz im Biersortiment nimmt das einheimische Jungle Beer (www.junglebeer.com) ein. Die Gründer der Jungle-Beer-Mikrobrauerei beschlossen, ein Bier zu brauen, in dessen Aromen sich Singapurs Wesen widerspiegelt. Wert auf Nuancen und Lokalkolorit legen auch andere Mikrobrauereien, wie z. B. das Alchemist Beer Lab (S. 66), das Level 33 (S. 66) und die Little Island Brewing Company (S. 121).

Cafés und Kaffeeröster

Seit Generationen wird in den *kopitiams* (Coffee Shops) *kopi* (Kaffee) serviert. Doch Singapur wartet nun auch mit weiteren Kaffeespezialitäten auf. Inspiriert von der in Australien gepflegten „hohen Kunst des Kaffeekochens" praktizieren moderne Cafés eine ähnliche Kaffeekultur, z. B. das Ronin (S. 65), das Artistry (S. 97), das Atlas Coffeehouse (S. 137) sowie das Maison Ikkoku (S. 97). Sie achten darauf, dass nur ethisch einwandfreie Kaffeebohnen zum Einsatz kommen. Zum Aufbrühen verwenden sie Espressomaschinen, japanische Kaffee-Syphons sowie AeroPress-Kaffeezubereiter. Es gibt immer mehr Cafés, die ihren Kaffee selbst rösten, zu den besten gehören das Chye Seng Huat Hardware (S. 93) und die Nylon Coffee Roasters (S. 82).

Clubbing

Beliebt ist nach wie vor das Zouk (S. 67). Sein **ZoukOut** (www.zoukout.com), die im Dezember stattfindende Tanzparty, zieht 40 000 Nachtschwärmer und Top-DJs an. Angesagt sind die japanisch-inspirierte Club-Lounge Kyō (S. 84) und der Club Altimate (S. 66). In der Nähe der Quays haben weitere Clubs eröffnet, wie z. B. das Attica (S. 67) und der Techno-Club Headquarters by the Council (S. 66). Der Club **Super 0** (www.super0.sg) veranstaltet am Jahresende erstklassige Tanzpartys. Infos über Singapurs Clubszene bieten www.timeoutsingapore.com/clubs oder www.e-clubbing.com.

Ermäßigungen

Alkoholische Getränke sind teuer, auch kein Wunder bei einer Alkoholsteuer von 25 %. In den meisten Bars kostet ein Bier zwischen 10 und 18 S$, Cocktails schlagen mit 20 bis 30 S$ zu Buche. Zahlreiche Bars locken mit einer Happy Hour, die in der Regel von 17 bis 20 Uhr reicht. Am häufigsten gibt es zwei Drinks für den Preis von einem oder ein billigeres „Hausgetränk". Mittwochs ist die „Ladies Night" angesagt, in der Frauen alkoholische Getränke preisgünstiger oder sogar kostenlos erhalten.

Wer sich mit Plastiktischen und grellem Neonlicht begnügt, kann mit den Einheimischen in den Hawker Centres oder Coffee Shops für 6 S$ eine Flasche Tiger genießen.

GUT ZU WISSEN

Preise

In den meisten Bars werden auf die Preise 17 % aufgeschlagen: 10 % Servicezuschlag plus 7 % GST. Auf der Getränkekarte ist dies mit ++ gekennzeichnet.

Öffnungszeiten

Bars 15–1 oder 3 Uhr

Cafés 10–19 Uhr

Clubs 22–3 oder 5 Uhr

Eintrittspreise

Wenn man weder Türsteher noch Clubmitglieder kennt, muss man sich vor den angesagten Clubs in die Warteschlange einreihen. Wer frühzeitig kommt, braucht die von einigen Bars und Clubs verlangte Cover Charge nicht zu bezahlen.

Ausgehen & Nachtleben in den Stadtvierteln

- **Colonial District, Marina Bay & die Quays** (S. 65) Bars und Clubs in Wolkenkratzern, legendäre Kneipen mit Kolonialzeitflair sowie Bars, Pubs und Clubs fürs Partymachen an den Quays.
- **Chinatown, Tanjong Pagar & der CBD** (S. 81) Hippe Cafés, Cocktaillounges, Hawker-Bierstände, Schwulenbars in der Neil Street und jede Menge Feierabendkneipen in der Club Street.
- **Little India & Kampong Glam** (S. 96) Unkonventionelle Pubs, Cafés mit eigener Rösterei und versteckt liegende Cocktailkneipen
- **Orchard Road** (S. 106) Teestuben und Cafés, Hotelbars und zahllose andere Bars.
- **Der Osten von Singapur** (S. 121) Kneipen mit einheimischem Bier und Cider sowie zwanglose Strandbars.
- **Holland Village, Dempsey Hill & Botanischer Garten** (S. 136) Café-Bistros in Dempsey Hill und laute Expat-Bars in Holland Village.
- **Der Norden & das Zentrum von Singapur** (S. 130) Traditionelle Coffee Shops und ein idyllisches Gartenrestaurant.
- **Sentosa Island** (S. 153) Strandbars mit Palmen, Sandstrand und Pools.
- **Der Westen & Südwesten von Singapur** (S. 146) Kneipe in einem ehemaligen Offizierskasino mit fader Atmosphäre.

Top-Tipps

Smoke and Mirrors (S. 65) Cocktails und eine fantastische Aussicht

Operation Dagger (S. 82) Spektakuläre Cocktails auf der pulsierenden Club Street und in Ann Siang Hill

28 HongKong Street (S. 65) Cocktailklassiker, chronologisch datiert, in einer nicht gekennzeichneten Lounge abseits des Boat Quay

Chye Seng Huat Hardware (S. 93) Café mit eigener Rösterei im hippen Viertel Jalan Besar

Atlas (S. 96) Cocktaillounge aus den 1920er-Jahren mit zwölf Meter hohen Ginregalen in Bugis

Köstliche Cocktails

Tippling Club (S. 82) Wahrhaft Grenzen überschreitende Cocktails

28 HongKong Street (S. 65) Leidenschaftliche Bartender mixen die besten Cocktails mit Grog

Native (S. 84) Absolut überraschende Zutaten und raffinierte Cocktails auf der trendigen Amoy Street

Ah Sam Cold Drink Stall (S. 66) Raffinierter Cocktailschuppen über dem Boat Quay

Manhattan (S. 106) Längst vergessenen Cocktails wird in dieser Bar in der Orchard Road neues Leben eingehaucht

Coole Clubs

Zouk (S. 67) Schauplatz vielseitiger Veranstaltungen im Zentrum des Circular Quay

Headquarters by the Council (S. 66) Hämmernde Techno- und House-Beats in einem Shophouse am Boat Quay

Kyō (S. 84) Japanisch inspirierter Club in einer ehemaligen Bank im CBD

Cherry (S. 107) Dance-Club mit Musik aus den 1980er-Jahren in der Orchard Road

Schöne Ausblicke

Smoke and Mirrors (S. 65) Ungetrübter Ausblick auf die Skyline von Marina Bay

1-Altitude (S. 66) Die weltweit am höchsten gelegene Dachterrassenbar im Herzen des CBD

CÉ LA VI SkyBar (S. 65) Wunderschöner Panoramablick auf die Stadt von der freitragenden Dachterrasse in Marina Bay Sands

Lantern (S. 65) Elegante Dachterrasse mit einzigartigem Ausblick auf Marina Bay

Erfrischendes Bier

Level 33 (S. 66) Lokal gebrautes Bier im 33. Stockwerk

Good Beer Company (S. 83) Wechselndes Sortiment an Biersorten in einem Hawker Centre in Chinatown

Druggists (S. 92) Aus 23 Bierhähnen fließt Craft-Bier im trendigen Jalan Besar

Little Island Brewing Co. (S. 121) Örtlich gebrautes Bier im ungezwungenen Dorf Changi

Alchemist Beer Lab (S. 66) Aus acht glänzenden Zapftürmen fließt hier das flüssige Gold

Guter Kaffee

Chye Seng Huat Hardware (S. 93) Espresso und Filterkaffee vom Feinsten, eigene Rösterei und Kurse zum Thema Kaffee

Nylon Coffee Roasters (S. 82) Kleine, aber feine Espressobar mit Rösterei im Everton Park

Ronin (S. 65) Starker Kaffee hinter großen, dunklen Türen beim Boat Quay

Atlas Coffeehouse (S. 137) Erstklassiger Kaffee in der Nähe der U-Bahn Botanic Gardens

Coffee Break (S. 82) Traditioneller Singapurer *kopi* trifft auf modernere Kaffeesorten am Hawker-Stand in der Amoy Street

Prima entspannen

Tanjong Beach Club (S. 153) Sandstrand, Palmen und großes Schwimmbecken im ruhigeren Teil von Sentosa

Middle Rock (S. 130) Tropische Oase mitten im Bishan Park

Coastal Settlement (S. 121) Café, Bar und Restaurant im verschlafenen, grünen Changi

Green Door (S. 137) Im Garten schlürfen Expats ihre Cocktails

Bars mit Geschichte

Raffles Hotel (S. 66) Mit einem Singapore Sling auf den früheren Gast Somerset Maugham anstoßen

Post Bar (S. 67) Bei einem Drink in dieser Bar aus der Kolonialzeit sollte man elegant gekleidet sein

Colbar (S. 146) Bier in einem ehemaligen Offizierskasino.

Black Swan (S. 83) Bar mit Martinis in einer eleganten Lounge-Bar im CBD

Schöne Weinbars

Wine Connection (S. 67) Breit gefächerte, interessante Weinsorten zu erschwinglichen Preisen am Robertson Quay

Ô Batignolles (S. 83) Französisches Flair und ein wechselndes Sortiment an Boutiqueweinen in der Club Street

Unterhaltung & Aktivitäten

In den Nächten kommt hier jeder auf seine Kosten. Livemusik, Theater und Aktivitäten voller Adrenalin gibt es das ganze Jahr über. Zu bestimmten Zeiten im Jahr scheint der Little Red Dot zu explodieren und man jagt von Autorennen zu Kulturveranstaltungen und begehrten Musik-Events.

Theater

Esplanade – Theatres on the Bay (S. 67) ist einer der Spots von Singapurs Theater- und Tanzszene. Gastspiele von Broadway-Musicals gibt es auf den Bühnen der Marina Bay Sands (S. 55). Bekannte lokale Gruppen, wie etwa Wild Rice (S. 97) oder das Singapore Repertory Theatre (S. 68), treten regelmäßig auf.

Livemusik

Esplanade – Theatres on the Bay veranstaltet regelmäßig freie Performances und ist Sitz des **Singapore Symphony Orchestra** (SSO; Karte S. 230; ☎6602 4245; www.sso.org.sg; 01-02 Victoria Concert Hall, 11 Empress Place; ⏲Mo–Fr 10–18 Uhr; Ⓜ City Hall). Jazzliebhaber kommen im Montreux Jazz Café (S. 107) auf ihre Kosten, dem ersten asiatischen Ableger der an das Montreux Music Festival erinnernden Café-Kette. In Singapur finden immer mehr internationale Veranstaltungen statt, auf denen sich erstklassige Künstler präsentieren, wie z. B. auf dem **Singapore International Jazz Festival** (www.sing-jazz.com; ⏲März–April) oder dem **Saint Jerome's Laneway Festival** (http://singapore.lanewayfestival.com; ⏲Jan./Feb.), .

Chinesische Oper

Auch unter der malaiischen Bezeichnung *wayang* (Performance) bekannt, beinhaltet die Chinesische Oper Aufführungen sowohl im Saal als auch auf der Straße. Letztere finden im Allgemeinen zu religiösen Festen wie dem **Hungry Ghost Festival** (⏲Aug./Sept.) statt. Obwohl ihre Popularität mit der Zeit nachgelassen hat, halten Gruppen wie der Chinese Theatre Circle (S. 84) oder das Kreta Ayer People's Theatre (S. 83) die Tradition aufrecht.

Kino

Singapurer lieben Kino und ein Kinobesuch ist bei einem Preis von 12,50 S$ günstig. Es gibt zahlreiche Multiplex-Kinos, vor allem in den größeren Malls. In den alten Rex Cinemas (S. 97) werden Bollywood-Filme gezeigt, und während des **Singapore International Film Festival** (www.sgiff.com; ⏲Nov.) stehen Independent- und Arthouse-Filme auf dem Programm.

Spaß & Nervenkitzel

Im April findet das Rugbyturnier **Rugby Sevens** (www.singapore7s.sg) statt, bevor im September die Rennwagen der Formel 1 beim **Formula One Grand Prix** (www.singapore-f1-grand-prix.com) durch die Straßen dröhnen. Zu den weiteren Sport-Events zählt der Singapore Marathon im Dezember. Wagemutige kommen auf ihre Kosten, sei es beim Indoor Skydiving, beim (künstlichen) Surfen oder Zip Lining (Seilrutschen) auf Sentosa, beim Wakeboarding im East Coast Park oder Radfahren auf der rustikalen Insel Pulau Ubin.

Spas & Massage

Verwöhnen ist immer ein „Big Business" in Singapur, ob nun im Mini-Reflexzonen-Massagesalon oder im luxuriösen Tagesspa. Spas der Mittel- bis Luxusklasse findet man vor allem in Malls und 5-Sterne-Hotels, darunter Spa Esprit, einem populären Beauty-Imperium. Am unteren Ende der Skala gibt es nahezu überall im People's Park (S. 86) Anbieter für Reflexzonenmassage, Shiatzu und auch Fußpflege mit kleinen, an der Haut knabbernden Fischen (Ichthyo-Therapie). Die Preise variieren von etwa 25 S$ für eine Fuß-Massage bis zu über 200 S$ für eine Ganztagesanwendung.

Top-Tipps

Universal Studios (S. 151) Aufregende Fahrgeschäfte

Singapore Dance Theatre (S. 98) Klassische und moderne Aufführungen

BluJaz Café (S. 97) Jazz in einem unkonventionellen Pub

Comedy Masala (S. 68) Stand-up-Comedy jeden Dienstag in Boat Quay

Pulau Ubin (S. 158) Die Insel ist ein Paradies für Radfahrer.

Die besten Theater

Singapore Repertory Theatre (S. 68) Ein Weltklasse-Repertoire mit saisonal bedingten Shakespeare-Aufführungen im Fort Canning Park

Wild Rice (S. 97) Neu interpretierte Klassiker, neue Werke und eindrucksvolle Kulissen

TheatreWorks (S. 68) Neuaufführungen und internationale Kooperationen

Necessary Stage (S. 122) Lokales, zum Nachdenken anregendes Theater

Die besten Livemusik-Clubs

BluJaz Café (S. 97) Guter Jazz und Blues in Kampong Glam

Timbrè @ The Substation (S. 68) Lokale Bands und Singer-Songwriter im Colonial District

Montreux Jazz Café (S. 107) Gefühlvoller Jazz

Crazy Elephant (S. 68) Rock und Blues in Clarke Quay

Esplanade – Theatres on the Bay (S. 67) Stilvolle Performances, von Klassik bis Rock

Die besten Kinos

VivoCity (S. 147) Das Gold-Class-Multiplex zeigt Hollywood- und Independent-Streifen.

Screening Room (S. 84) Kultige Klassiker in Chinatown

Rex Cinemas (S. 97) Bollywood-Hits am Rand von Little India

Orte zum Verwöhnen

Remède Spa (S. 110) Luxusanwendungen etwas abseits der Orchard Road

People's Park Complex (S. 86) Günstige Behandlungen im stimmungsvollen Chinatown

Spa Esprit (S. 110) Therapie mit Massageölen in einer Apotheke

Kenko Wellness Spa (S. 86) Günstige Spa-Massagen

Top-Wandertouren

Southern Ridges (S. 146) Wandererfreundliche Wege mit schönen Panoramablicken

MacRitchie Reservoir (S. 128) Affen, Warane und ein überdachter Weg

Bukit Timah Nature Reserve (S. 128) Wander- und Radwege durch den wilden Regenwald

Chestnut Park (S. 129) Die über 8 km langen Wanderwege verlaufen parallel zu den Mountainbike-Strecken

Echter Nervenkitzel

iFly (S. 154) Freier Fall, und das sogar ohne Flugzeug

G-Max Reverse Bungy (S. 70) Hier fragt man sich: Ist das ein Vogel oder ein Flugzeug? Nein, das ist man selbst, mit einer Geschwindigkeit von 200 km/h in die Luft geschleudert

Universal Studios (S. 151) Jede Menge Adrenalin in der größten Achterbahn der Welt

Ultimate Drive (S. 70) In einem italienischen Rennwagen durch Singapur rasen

Wave House (S. 155) Wellenreiten in einem Pool in Sentosa

Top-Radtouren

Chestnut Park (S. 129) Über 8 km lange Radwege und zwei Skills Parks im Wald

East Coast Park (S. 116) Feste Radwege, flaches Gelände und eine leichte Meeresbrise

Pulau Ubin (S. 158) Rustikale Insel, ideal für Radfahrer

GUT ZU WISSEN

Preise

- Karten für eine einheimische Theaterproduktion kosten zwischen 20 und 70 S$.
- Veranstaltungsorte, wo einheimische Bands auftreten, verlangen oft keinen Eintritt, manche berechnen nur eine geringe Gebühr.
- Konzerte mit internationalen Stars sind teuer.
- Karten für Big-Budget-Musicals kosten zwischen 65 und 200 S$.
- Sehr tief in die Tasche greifen muss man bei der Singapore Airshow im Februar und während der Formel-Eins-Saison im September – die Hotels verlangen dann das Dreifache.
- Während der Formel Eins fangen die Preise für Tribünenplätze bei 128 S$ pro Tag an, preiswerter sind Walkabout-Karten, die schon ab 78 S$ zu haben sind.

SAM'S STUDIO / SHUTTERSTOCK ©

Läden in Marina Bay Sands (S. 69)

Shoppen

Singapurs Shoppingszene kann der von Hongkong oder Bangkok sicherlich nicht das Wasser reichen, doch ein Flop in Sachen Einzelhandel ist sie definitiv nicht. Jenseits der Shoppingmalls findet sich eine breite Palette an Geschäften – von erlesenen Boutiquen bis hin zu nostalgischen Landkartenlädchen und zeitgenössischen Galerien.

Malls & Boutiquen

Shoppingmalls gibt es in Singapur viele, die Bandbreite der Malls reicht von Hightech-Tempeln wie der ION Orchard Mall (S. 108) bis hin zu Billigzentren wie der Far East Plaza (S. 108). Die Orchard Road gilt als das Mall-Epizentrum; hier ballen sich die Geschäfte - von den gängigen Ladenketten bis hin zu dekadenter Couture. Luxuslabels kommen in Singapur generell teurer als in Hongkong oder in Europa, doch einige Geschäfte geben ab einem gewissen Umsatz einen Rabatt von 10 % bis 15 %. Ein Einkaufserlebnis bieten die Boutiquen mit ihrem Angebot an weniger bekannten und aufstrebenden Modelabels bis hin zu Designobjekten. Hier kann man auch echte Buchraritäten finden. Eine florierende Szene findet sich in der Tiong Bahru und in der Jalan Besar in Little India, auch in der Haji Lane von Kampong Glam.

Elektronik

Singapur ist für Elektronikartikel nicht mehr das Eldorado der Dumpingpreise, doch wer feilscht, kann Geld sparen. Man kann den Verkäufer auch fragen, ob er einem den Kauf noch irgendwie „schmackhaft machen" möchte. Die Elektronik-Mall Sim Lim Square (S. 99) ist für ihr Sortiment und ihre verhandelbaren Preise bekannt, allerdings auch dafür, dass Ahnungslose über den Tisch gezogen werden. Darüber hinaus verkaufen sie

GUT ZU WISSEN

Öffnungszeiten

Malls 10–22 Uhr

Mustafa Centre 24 Stunden

Einzelhandelsgeschäfte 11– 21 oder 22 Uhr

Feilschen & Warenrückgabe

In den Geschäften gelten Festpreise, eine Ausnahme machen Märkte und einige Läden in touristischen Gegenden. Waren können in den Geschäften nicht zurückgegeben werden. Ein Umtausch ist nur möglich, wenn der Artikel originalverpackt und mit dem Etikett versehen ist.

Steuern & Erstattungen

Bei der Ausreise bekommen Besucher unter den folgenden Bedingungen die Mehrwertsteuer (GST) von 7 % für die gekauften Artikel erstattet:

- Mindesteinkauf in einem Einzelhandelsgeschäft im Wert von 100 $ für nicht mehr als drei Artikel, die am gleichen Tag erworben wurden
- Vorlage einer Kopie des eTRS-Belegs, der vom Geschäft ausgestellt wurde Man kann auch die Kreditkarte als Beweis für den Einkauf vorlegen.
- Es besteht die Möglichkeit, den eTRS-Beleg an den Automaten am Flughafen oder Fährterminal zu scannen. Falls die erworbenen Waren, wie am eTRS-Automaten angegeben, einer Überprüfung unterzogen werden, müssen sie zusammen mit der Originalrechnung und dem Boarding Pass am Customs Inspection Counter vorgezeigt werden.

hin und wieder Artikel, die nicht ganz neu sind. Die besten Deals gibt es bei Computern und Kameras: Die Preise sind oft 20 % günstiger als in den größeren Geschäften. Im Schlussverkauf kann man einen Computer oder eine Kamera schon für die Hälfte des empfohlenen Preises erwerben.

Kunst & Antiquitäten

Wer Kunst oder Antiquitäten erstehen möchte, sollte das Original von der Kopie unterscheiden können. Asiatische Antiquitäten lassen sich gut in Chinatown, in der Dempsey Road oder im Tanglin Shopping Centre (S. 108) kaufen. Sammler zeitgenössischer Kunst aus Asien werden in den Gillman Barracks (S. 142) und im Kunstzentrum Old Hill Street Police Station (S. 59) fündig. Erschwinglichere Kunst von Künstlern aus der Region ist im Utterly Art (S. 85) und auf der **Affordable Art Fair** (☎6220 5682; www.affordableartfair.com/singapore; ⏲April & Nov.) erhältlich. Letztere präsentiert Werke einheimischer Künstler wie z. B. Billy Ma. Typische Artikel aus Singapur findet man im Treasure Trove, bei Tong Mern Sern Antiques (S. 85), im **Polar Arts of Asia** (Karte S. 244; ☎9835 5955; 02-16 Far East Shopping Centre, 545 Orchard Road; ⏲Mo–Fr 11–17.30, Sa bis 15.30 Uhr; Ⓜ Orchard) oder bei Antiques of the Orient (S. 109).

Kunsthandwerk & Stoffe

Little India ist eine gute Adresse, um Gewürze, Dekoartikel und Saris zu kaufen – eine Auswahl bietet das Tekka Centre (S. 93), edlere Saris sind bei **Nalli** (Karte S. 238; ☎6299 3949; www.nallisingapore.com.sg; 10 Buffalo Road; ⏲10–19 Uhr; Ⓜ Little India) erhältlich. Wer einen Orientteppich erstehen möchte, sollte das Viertel Kampong Glam aufsuchen. Jede Menge Händler gibt es auf der Arab Street, wo auch Sifr Aromatics (S. 99) zu Hause ist. Farbenfrohe Peranakan-Kleidung und traditionelle Batikstoffe kann man im Stadtviertel Katong kaufen.

Shoppen in den Stadtvierteln

- **Colonial District, Marina Bay & die Quays** (S. 68) Shopping Malls, Elektronik zu Schnäppchenpreisen sowie Mode, Bücher und Kunst
- **Chinatown, Tanjong Pagar & der CBD** (S. 84) Antiquitäten, Lebensmittel, Medizin, lokale Kunst und eine Modeboutique
- **Little India & Kampong Glam** (S. 98) Gewürze, Räucherwerk und Saris in Little India; Teppiche, Parfüm und Indie-Boutiquen in Kampong Glam
- **Orchard Road** (S. 108) Shopping-Eldorado
- **Der Osten von Singapur** (S. 122) Traditionelle Artikel von Peranakan-Kleidung, Pantoffeln und Porzellan bis hin zu Batiken und malaysischen und indonesischen Lebensmitteln
- **Holland Village, Dempsey Hill & Botanischer Garten** (S. 137) Hochkarätige Kunst und Antiquitäten in Dempsey Hill
- **Der Westen & Südwesten von Singapur** (S. 147) Shoppingmalls mit guter U-Bahn-Verbindung in Harbour Front und Jurong East.

Top-Tipps

Orchard Road (S. 101) In der Straße mit dem berühmtesten Einkaufsparadies der Welt ist wirklich alles erhältlich

Raffles Hotel Arcade (S. 69) Andenkenkauf in kultiger Umgebung

Little India (S. 98) Enge Gassen, die nach Gewürzen duften, und ein schönes Ambiente

Antiques of the Orient (S. 109) Ein Stück Singapurer Geschichte für zu Hause

Die schönsten Luxus-Malls

ION Orchard Mall (S. 108) Nobelmarken in Singapurs tollster Mall

Shoppes at Marina Bay Sands (S. 69) Luxus an der Bucht und hier gibt es das erste schwimmende Louis-Vuitton-Geschäft der Welt

Paragon (S. 109) Begehrte Marken und eine Etage für Kinder

Hilton Shopping Gallery (S. 108) Nicht ganz einfach zu findende Topadresse

Die besten Mittelklasse-Malls

313@Somerset (S. 108) Die üblichen Labels und dazu eine pulsierende Atmosphäre direkt über der Metro-Station Somerset

ION Orchard Mall (S. 108) Alles, von H & M bis Uniqlo und Zara, im Herzen der Orchard Road

VivoCity (S. 147) Unmengen von Marken mittlerer Preislage in der größten Mall Singapurs

Tanglin Mall (S. 108) Hübsche Boutiquen, wo Expats und Yuppies kaufen

Die besten einheimischen & unabhängigen Designer

In Good Company (S. 108) Vielgepriesene einheimische Mode mit modernem geometrischem Design

Supermama (S. 99) Hübsche, vor Ort hergestellte Geschenkartikel mit typisch Singapurer Themen

Beyond The Vines (S. 110) Stilvolle Boutique mit praktischer, angenehm zu tragender Kleidung in warmen Pastelltönen

Naiise (S. 68) Paradies für Design-Liebhaber mit örtlich hergestellten Geschenkartikeln und Haushaltswaren

Forum (S. 108) Klamotten allerlei Labels mit Kultstatus, von leger bis schick

i.t (S. 109) Hippe Designer in einem Hongkonger Concept Store im Wisma Atria

Die schönsten Andenken

Raffles Hotel Arcade (S. 69) Alles von Nostalgiepostern bis hin zu Tee in allen Geschmacksvarianten und dicken Wälzern.

Antiques of the Orient (S. 109) Schöne alte Landkarten, Drucke und Fotos von Singapur und der Region

Rumah Bebe (S. 122) Peranakan-Mode, Accessoires und Kunsthandwerk im Viertel Joo Chiat (Katong)

Naiise (S. 68) Allerlei Artikel mit hübschem Design sowie Haushaltswaren

Tea Chapter (S. 82) Gute Teesorten und Teeutensilien in Chinatown

Die schönsten Kunstartikel & hochwertige Antiquitäten

Tanglin Shopping Centre (S. 109) Hochwertige asiatische Antiquitäten und Kunst in einer traditionellen Mall

Chan + Hori Contemporary (S. 142) Angesehene Galerie mit Werken zeitgenössischer, aufstrebender Künstler aus Singapur

Utterly Art (S. 85) Erschwingliche Kunst aus der Region in einer winzigen Galerie in Chinatown

Shang Antique (S. 136) Stimmungsvolle Tempelartefakte und nostalgischer Nippes aus Asien im Dempsey-Hill-Viertel

Die besten Technikläden

Sim Lim Square (S. 99) Elektronik auf sechs Etagen in Singapurs größter Technik-Mall

Mustafa Centre (S. 98) Kein Mangel an elektronischem Tinnef, und das 24 Stunden am Tag

Cathay Photo (S. 70) Hier dreht sich alles ums Fotografieren

Die besten Design-Läden

Supermama (S. 99) Zeitgenössische Designerstücke zum Thema Singapur

Bynd Artisan (S. 137) Schreibwaren nach Maß und handgefertigte Tagebücher aus Leder

Scene Shang (S. 99) Asiatisches Design mit zeitgenössischem Touch, von kleineren Artikeln bis zu Möbelstücken

Naiise (S. 68) Haushaltswaren und allerlei Flitter in attraktivem Design

Singapur erkunden

SINGAPURS HIGHLIGHTS

Buddha Tooth Relic Temple (S. 74)

Stadtviertel im Überblick

1 Colonial District, Marina Bay & die Quays S. 48

Im einstigen britischen Regierungsviertel befinden sich Kolonialbauten, Museen und die Strecke für das Nachtrennen der Formel 1. Risikofreudige Spieler versuchen ihr Glück an der Marina Bay. Durchflossen werden die Viertel vom Singapore River, der die drei Quays verbindet, an denen Restaurants, Clubs und Bars liegen.

2 Chinatown, Tanjong Pagar & der CBD S. 71

Obwohl Singapurs Chinatown nur noch ein zahmer Abklatsch von früher ist, lohnen die Tempel und Kulturzentren sowie die florierende Restaurant- und Barszene durchaus einen Besuch. Der CBD ist berühmt für seine beeindruckende, stetig wachsende Skyline. Dachbars findet man in der Nachbarschaft von alten Tempeln – vor der Kulisse des Finanzzentrums, das für diesen Wohlstand verantwortlich ist.

3 Little India & Kampong Glam S. 87

Little India bietet einen Einblick in Singapurs kühne Vergangenheit – es ist wild, wirr und macht einfach Spaß. Gewürzhändler laden ihre Waren auf den schmalen Gehwegen ab und indische Arbeiter strömen jedes Wochenende in das Viertel. Kampong Glam, die frühere Residenz des örtlichen Sultans, ist eine bunte Mischung aus muslimischen Läden und Lokalen, schicken Bars und Boutiquen.

4 Orchard Road S. 101

Wer das Einkaufen liebt, wird in diesen endlos erscheinenden Einkaufszentren sein Paradies finden. Ein wenig Geschichte bietet ein Spaziergang auf der Emerald Hill Road, die von hübschen Häusern der Peranakan gesäumt ist.

5 Der Osten von Singapur S. 112

Geylang ist eine eigenartige Mischung aus Tempeln, Moscheen, Bordellen und kultigen Restaurants. East Coast Park eignet sich perfekt für Radtouren und Picknicks am Strand, während im benachbarten JooChiat (Katong) die Kultur der Peranakan vorherrscht. An der äußersten Spitze der Insel treffen Besucher auf das Changi Museum & Chapel und auf die Bumboote nach Pulau Ubin.

6 Der Norden & das Zentrum von Singapur S. 124

Von Baumgipfeltouren am MacRitchie Reservoir bis zu den Wander- und Radwegen im Chestnut Park gibt es viele Attraktionen für sportliche Naturliebhaber. Wer nicht wandern möchte, kann großartige Tempel und den Zoo besuchen sowie auf Night Safari und die neue River Safari gehen.

7 Holland Village, Dempsey Hill & Botanischer Garten S. 131

Das schicke Holland Village ist vielleicht keine Top-Destination, aber die Boutiquen und Cafés gewähren einen guten Einblick in das Leben der Expats. Noch grüner ist der umgebaute Kasernenkomplex Dempsey Hill mit vielen Antiquitätenhändlern, Boutiquen, Cafés und relaxten Bistros. Highlight ist jedoch der Botanische Garten, denn die Mischung aus seltenen Orchideen, dichtem Regenwald und romantischen Speisemöglichkeiten ist herrlich.

8 Der Westen & Südwesten von Singapur S. 140

Nach einer Wanderung über die großartigen Southern Ridges geht es in die Gillman Barracks, wo erstklassige Kunst wartet. Noch weiter westlich liegen die familienfreundlichen Attraktionen des Jurong Bird Park sowie das Science Centre.

9 Sentosa Island S. 149

Singapurs Vergnügungsinsel steht mit ihren ehrgeizigen Themenparks, einem atemberaubenden Aquarium bis hin zu Zip-Lines, künstlicher Meeresbrandung und hippen Strandbars für uneingeschränktes Vergnügen im Stadtstaat.

Colonial District, Marina Bay & die Quays

Highlights

❶ **Asian Civilisations Museum** (S. 50) Die wahrscheinlich schönste Sammlung an asiatischen Kunstschätzen in ganz Südostasien bewundern. So lassen sich die historischen Verbindungen zwischen den unterschiedlichen asiatischen Völkern und Kulturen entdecken und verstehen.

❷ **Gardens by the Bay** (S. 53) In Singapurs spektakulärem Botanischen Garten in eine Science-Fiction-Zukunft eintauchen.

❸ **Marina Bay Sands** (S. 55) Die baulichen Ambitionen Singapurs von der Spitze dieses weltweit bedeutenden Gebäudes bestaunen.

❹ **National Museum of Singapore** (S. 54) Im attraktiven Nationalmuseum auf eine spannende Zeitreise durch die Geschichte Singapurs gehen.

❺ Die farbenfrohe Kultur der Peranakan, einer in Malaya lebenden ethnischen Gruppe, im **Peranakan Museum** (S. 55) kennenlernen.

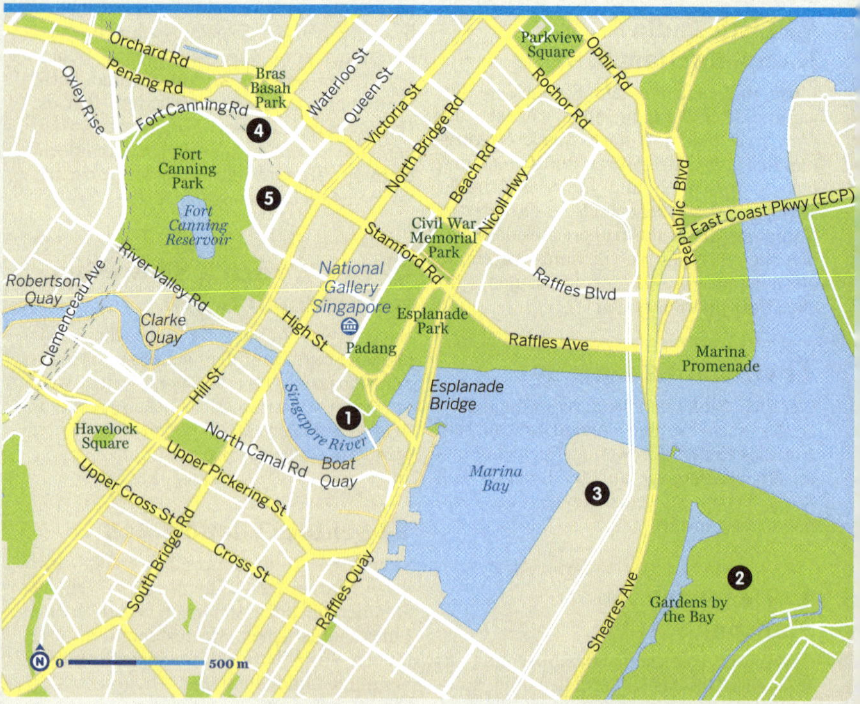

Mehr Details siehe Karte S. 230 und S. 232

Colonial District, Marina & die Quays erkunden

Hier schlägt das Herz von Singapur: großartige Kolonialgebäude, Meisterwerke der modernen Architektur, herausragende Museen und Parks, dazu eine lebendige Restaurant-, Bar- und Clubszene am Fluss.

Die MRT-Station City Hall verbindet die Viertel. Von hier geht es nordwestwärts über die Stamford Road zu den Museen. In Gegenrichtung führt der Weg zur Marina Bay, wo sich Marina Bay Sands, Gardens by the Bay und das Esplanade – Theatres by the Bay befinden. Um die City Hall MRT liegen typische Kolonialbauten, u. a. das Raffles Hotel und die Saint Andrew's Cathedral.

Weiter südlich lohnt sich der abendliche Besuch der drei Kais am Fluss. Es gibt ein paar gute Bars unter den Touristenlokalen am Boat Quay und viele Partygänger am lauten Clarke Quay. Direkt hinter dem Clarke Quay erstreckt sich der idyllische Fort Canning Park.

Lokalkolorit

- **Ausländische Enklaven** Essen, trinken und shoppen im Peninsula Plaza (S. 70), Singapurs inoffiziellem „Little Burma": Hier treffen sich die Wanderarbeiter.
- **Jogging** Die Laufschuhe anziehen und dann einfach mit den Einheimischen früh morgens durch Marina Bay gehen oder joggen. Die Runde um die Bucht ist rund 3,5 km lang. Ein Abstecher zu den Quays ist eine gute Verlängerung.
- **Marina Barrage** Das „grüne Dach" der Marina Barrage (S. 57) ist ein beliebter Treff bei Familien, verliebten Paaren und Drachenenthusiasten. Von hier bieten sich faszinierende Blicke auf die Skyline und auf die Straße von Singapur. Am schönsten ist es jedoch bei Sonnenuntergang.

An- & Weiterreise

- **MRT** Das MRT-Liniennetz ist auf den Verkehrsknotenpunkt City Hall ausgerichtet, der über unterirdische Malls auch mit der Esplanade verbunden ist. Von dort gelangt man zur Marina Bay. Raffles Place (East West Line) ist die nächste Haltestelle für die Quays. Die MRT-Station Bayfront (Downtown Line) bedient Marina Bay Sands, Gardens by the Bay sowie Fort Canning.
- **Bus** Das Gebiet ist gut durch Busse erschlossen. Wichtige Haltestellen liegen direkt vor dem Raffles Hotel und vor der Saint Andrew's Cathedral an der North Bridge Road. Buslinie 2 fährt die Victoria Street und die Hill Street entlang. Die Buslinien 51, 61, 63 und 80 befahren die North Bridge Road. Die Beach Road wird von den Buslinien 100, 107 oder 961 abgefahren, auf der Bras Basah Road fahren die Linien 14, 16, 77 und 111.

Top-Tipp

Viele Museen in Singapur bieten kostenlose Führungen. Einige Museen bieten auch kostengünstigere Kombitickets. Die meisten Bars der Gegend haben zwischen 17 und 20/21 Uhr eine Happy Hour. Dann gibt es entweder günstigere Drinks oder zwei zum Preis von einem. Mehrere Bars und Clubs veranstalten wöchentlich auch „Ladies Nights" (zumeist am Mittwoch). Dann haben Frauen kostenlosen Zugang und bekommen manchmal sogar die Getränke gratis.

Die schönsten Attraktionen

- National Gallery Singapore (S. 52)
- Gardens by the Bay (S. 53)
- National Museum of Singapore (S. 54)
- Asian Civilisations Museum (S. 50)

Details siehe S. 55.

Gut essen

- National Kitchen by Violet Oon (S. 61)
- Odette (S. 63)
- Artichoke (S. 62)
- Gluttons Bay (S. 60)

Details siehe S. 60.

Nett ausgehen

- Smoke and Mirrors (S. 65)
- Lantern (S. 65)
- 28 HongKong St (S. 65)
- Ronin (S. 65)

Details siehe S. 65.

HIGHLIGHTS
ASIAN CIVILISATIONS MUSEUM

Das beeindruckende Asian Civilisations Museum beherbergt in ganz Südostasien die umfangreichste Sammlung asiatischer Schätze. Auf drei Ebenen präsentieren die sehr schön gestalteten Galerien zum einen die Geschichte Singapurs als Hafenstadt, zum anderen geht es um die Geschichte, die Kulturen und Religionen von Südostasien, China, dem indischen Subkontinent und dem islamischen Westasien – sowie den jeweiligen Verbindungen untereinander. Diese Aspekte werden dann im Kontext von Asien und dem Rest der Welt weiter erkundet.

Tang-Schiffswrack

Mehr als 1000 Jahre lag das Tang-Schiffswrack auf dem Boden des Meeres. Die Ladung bietet einen Einblick in die Handelsgeschichte Asiens im 9. Jh. An Bord befanden sich exquisite Gegenstände, darunter 60 000 Keramiken aus der Tang-Dynastie. Diese Entdeckung war wie der Fund eines verborgenen Schatzes. Die grandiosen Changsha-Schüsseln tragen ein nachgebautes Holzboot, das durch Kokosnuss-Seile zusammengehalten wird. Das eigene Spiegelbild wird man in den verzierten Bronzespiegeln leider nicht entdecken, denn die Silberanteile haben sich durch die Jahrhunderte unter Wasser komplett geschwärzt. Einer war bereits zum Zeitpunkt des Schiffsuntergangs eine Antiquität und ist nun mehr als 2000 Jahre alt!

Handel

So wie die Menschen durch die Region zogen, wanderten auch ihre Ideen, ihr Geschmack und ihre Güter mit. Die Porzellansammlung demonstriert das besonders gut, weil

NICHT VERSÄUMEN

- Den 1000 Jahre alten Schatz des Tang-Schiffswracks
- Keramiken aus China und dem Mittleren Osten, Trade Gallery
- Einfarbige chinesische Keramiken
- Terrakotta-Kopf des Bodhisattva

PRAKTISCH & KONKRET

- Karte S. 230, E6
- ☎ 6332 7798
- www.acm.org.sg
- 1 Empress Place
- Erw./Kinder unter 6 Jahren 8 S$/frei, Fr 19–21 Uhr halber Preis
- Sa–Do 10–19, Fr 10–21 Uhr
- M Raffles Place

sie auch die Geschichte der verschiedenen Regionen erzählt, in denen die Stücke entstanden. Auf keinen Fall sollte man die kräftigen blauweißen Keramiken aus China und dem Mittleren Osten versäumen – ein Highlight ist das Shisha-Gefäß in Form eines Elefanten. Ursprünglich handelte es sich dabei um einen langweiligen alten Wasserkrug, der aber mittels Metall und Silber zu diesem großartigen Objekt umgeformt wurde. Für einen etwas anderen Geschmack ist die hellbunte Terrine mit Unterteller aus einem Wildschweinkopf – komplett mit offenen Nasenlöchern, damit der Dampf entweichen kann. Auf dem Tisch des Besitzers muss das Stück ein ziemliches Spektakel veranstaltet haben.

Die Tang-Dynastie ist aber nicht nur für ihr Porzellan bekannt: Das reich mit Silber verzierte Tee-Service stammt aus China und gehört zu den wenigen Stücken, die noch in ihrer ursprünglichen Verpackung erhalten blieben.

Antike Religionen

Ab dem 3. Jh. v. Chr. verbreiteten sich alte indische Religionen auch in anderen Teilen Asiens, insbesondere der Hinduismus und Buddhismus. Diese Galerie zeigt den Wandel in den religiösen Bildern und Darstellungen, als sich neue Überzeugungen mit alten vermischten. Absolut beeindruckend ist der großartige Terrakotta-Kopf eines Bodhisattva. Seine Haarpracht, sein Bart und sein Kopfschmuck sind unglaublich detailliert herausgearbeitet.

Die Galerie befindet sich allerdings noch immer im Aufbau, weil das Museum plant, noch tiefer in die Transformationsprozesse dieser und anderer Religionen in Asien vorzudringen.

Chinesische Keramiken

Die chinesische Porzellansammlung präsentiert eine große Palette an Objekten aus gebrannter Tonerde, von rudimentären Töpfen bis zu feinem Porzellan. Gezeigt werden einige der künstlerisch wertvollsten Objekte Chinas. Erläutert werden die verschiedenen Regionen, Brennöfen und -techniken sowie die unterschiedlichen Nutzungsformen für die Objekte. Besonders interessant ist die Sektion zu Beerdigungen und Ritualen. Manche Besucher mögen die groben Miniaturfigürchen für die Han-Grabmäler sogar leicht verstörend finden.

Unbedingt sehenswert sind die monochromen Keramiken, die jede Form von Verzierung und Mustern vermissen lassen. Sie wirken außergewöhnlich beruhigend – die weißen Xing-Keramiken sind die schönsten der Sammlung.

EMPRESS PLACE BUILDING

Das Museum ist im stattlichen Empress Place Building untergebracht. Es wurde von dem britischen Architekten John Frederick Adolphus McNair entworfen und 1865 von indischen Strafgefangenen errichtet. Ursprünglich residierte hier die britische Kolonialverwaltung. Architekturliebhaber schätzen die elegante Mischung aus neopalladianischem Klassizismus und tropischen Elementen – wie den hölzernen Jalousien und der weiten Schatten spendenden Vorhalle. 2015 wurden zwei neue Flügel angebaut, die von der einheimischen Architektur- und Designfirma GreenhilLi entworfen wurden. Die modernen Anbauten harmonieren wunderbar mit dem alten Gebäude.

TOP-TIPP

- Die Galerien auf der dritten Ebene sind nur über die Treppen und den Lift auf der Rückseite zu erreichen.
- Morgens ist es am ruhigsten im Museum.
- Wer durch den Eingang von der Flussseite kommt, sollte das Museum unbedingt durch die Haupthalle verlassen, um die beeindruckende Fassade sehen zu können.

JENNY ZHANG / SHUTTERSTOCK ©

HIGHLIGHTS
NATIONAL GALLERY SINGAPORE

In zehn Jahren Bauzeit entstand die Nationalgalerie für 530 Mio. S$. Nun ist sie eine würdige Heimstätte für eine der weltweit bedeutendsten Sammlungen kolonialer und postkolonialer südostasiatischer Kunst. Untergebracht ist sie in der historischen City Hall und dem ehemaligen Gerichtsgebäude des Old Supreme Court. Die rund 8000 Exponate mit südostasiatischer Kunst vom 19. Jh. bis heute verteilen sich auf zwei große Ausstellungsbereiche.

Die Gebäude

Ein Aluminium- und Glasbaldachin verbindet das ehemalige Rathaus und das einstige Gericht. So entstand mit 64 000 m² die größte Ausstellungsfläche Singapurs für visuelle Kunst. Um wirklich würdigen zu können, wie die beiden massiven Kolonialbauten scheinbar nahtlos miteinander verbunden wurden, sollte man den Eingang von der Saint Andrew's Road nehmen. Führungen gibt es täglich.

Dauerausstellung

Unter dem Titel „Siapa Nama Kamu?" (Malaiisch für „Wie heißen Sie?") präsentiert die DBS Singapore Gallery eine Ausstellung zur Kunst in Singapur vom 19. Jh. bis heute. Verzückend ist das *Portrait of Lee Boon Ngan*, aber auch *Chair* verzaubert. Die UOB Southeast Asia Gallery fokussiert sich auf die Kunst und die künstlerischen Verbindungen der südostasiatischen Region. Dort wird man mit Raden Salehs *Forest Fire* sowie dem *Wounded Lion* konfrontiert.

Für die Kids

Junge Kulturfans sollten in der Nationalgalerie das Keppel Centre for Art Education ansteuern. Dort werden für Kinder innovative Kunsterlebnisse für alle Sinne angeboten.

NICHT VERSÄUMEN

- Raden Salehs *Forest Fire* und *Wounded Lion*
- *Chair* von Matthew Ngui
- Ausblick vom Padang Deck im sechsten Stock

PRAKTISCH & KONKRET

- Karte S. 230, E4
- www.nationalgallery.sg
- St Andrew's Road
- Erw./Kind 20/15 S$
- So–Do 10–19, Fr–Sa 10–22 Uhr
- (WLAN)
- (M) City Hall

HIGHLIGHTS
GARDENS BY THE BAY

Willkommen im botanischen Garten der Zukunft mit einer Bio-Kuppel aus der Raumfahrtära, Hightech-Superbäumen und recht skurrilen Skulpturen. Die Attraktion hat rund 1 Mrd. S$ gekostet und erstreckt sich auf über 101 ha, die dem Meer abgetrotzt wurden. Gardens by the Bay ist ein ambitioniertes Meisterwerk städtischer Planung und begeistert alle.

Die Gewächshäuser

In den asymmetrisch angeordneten Gewächshäusern sind 217 000 Pflanzen von 800 Arten beheimatet. Der Komplex ragt wie gigantische Papierschiffchen neben der Marina Bay empor. Der Flower Dome erzeugt ein trockenes, mediterranes Klima und beherbergt zugleich das Restaurant Pollen (S. 65), das viele Zutaten aus dem Garten bezieht. Im Cloud Forest Dome wird tropisches Bergklima simuliert. Im Zentrum steht ein 35 m hoher Berg mit Wasserfall.

Super-Bäume & Skulpturen

Science Fiction trifft auf Botanik an den „Super-Bäumen". Die 18 mit Stahl verkleideten Betonstrukturen sind eigentlich massive Abgasapparate für die Biomasse-Dampfturbinen des Botanischen Gartens, die den Strom für die Gewächshäuser erzeugen. In 22 m Höhe verbindet der OCBC Skyway sechs Super-Bäume am Supertree Grove (siehe Foto). Täglich um 19.45 und 20.45 Uhr präsentieren die Supertrees eine großartige Licht- und Sound-Show.

Am beeindruckendsten unter den Kunstwerken des Botanischen Gartens ist Mark Quinns Werk *Planet* (2008). Zu sehen ist ein riesiges, sieben Tonnen schweres schlummerndes Bronze-Baby, das scheinbar über dem Boden schwebt.

NICHT VERSÄUMEN

- Flower Dome und Cloud Forest Dome
- Supertree Grove
- *Planet*-Skulptur

PRAKTISCH & KONKRET

- Karte S. 232, C2
- ☎6420 6848
- www.gardensbythebay.com.sg
- 18 Marina Gardens Drive
- Garten frei, Gewächshäuser Erw./Kinder unter 13 Jahren 28/15 S$, OCBC Skyway Erw./Kinder unter 13 Jahren 8/5 S$
- ⏲5–2 Uhr, Gewächshäuser & OCBC Skyway 9–21 Uhr, Kassenschluss 20 Uhr
-
- Ⓜ Bayfront

HIGHLIGHTS
NATIONAL MUSEUM OF SINGAPORE

Einfallsreich, wunderbar eingerichtet und brillant designt – das Nationalmuseum sollte man eigentlich mindestens zweimal besuchen. Es wurde kürzlich renoviert und umgestaltet, sodass nun multimediale Ausstellungen das Bild bestimmen. So erwacht die ereignisreiche Geschichte Singapurs zu neuem Leben.

Ausstellungsbereiche

Die History Gallery präsentiert zahlreiche geschichtliche Exponate und Darstellungen. Besucher schauen in eine Opiumhöhle, werden mit erschütternden Berichten aus der Zeit der japanischen Besatzung konfrontiert und können sogar den Gestank des Singapore River aus früheren Tagen riechen! Auf Ebene 2 wurden Eindrücke vom Leben im Singapur der letzten 100 Jahre neu erschaffen. Wie wäre es mit dem quirligen Leben und der Mode der Kolonialzeit? Aber auch Geschichten vom Überlebensgeist und den Hoffnungen der Kriegsgeneration dürfen nicht fehlen. Zum Abschluss zeigt sich Singapur als Nation, die durch Kunst und Kultur gewachsen ist. Die Ausstellung Desire and Dangerist den botanischen Aquarellen aus dem 19. Jh. gewidmet, die von Singapurs Kommandanten, William Farquhar, in Auftrag gegeben worden waren.

Das Gebäude

Der großartige neoklassizistische Flügel wurde 1887 als Raffles Library and Museum erbaut. Atemberaubend ist die Rotunde, die mit 50 Buntglaspaneelen verziert wurde. Ein schicker Anbau führt zu einer Glaspassage, von wo sich sowohl das Äußere des Kuppelbaus, als auch die 16 m hohe Glasrotunde bewundern lässt.

NICHT VERSÄUMEN

- Historische Sammlung sowie die Ausstellung Desire and Danger
- Das Leben in Singapur in den letzten 100 Jahren
- Wechselausstellungen
- Architektur

PRAKTISCH & KONRKET

- Karte S. 230, D2
- ☎ 6332 3659
- www.nationalmuseum.sg
- 93 Stamford Road
- Erw./Kinder, Studenten & Rentner 15/10 S$
- ⏰ 10–19 Uhr, letzter Einlass 18.30 Uhr
- P 📶
- M Dhoby Ghaut, Bencoolen

SEHENSWERTES

NATIONAL GALLERY SINGAPORE KUNSTGALERIE
Siehe S. 52.

GARDENS BY THE BAY BOTANISCHER GARTEN
Siehe S. 53.

ASIAN CIVILISATIONS MUSEUM MUSEUM
Siehe S. 50.

NATIONAL MUSEUM OF SINGAPORE MUSEUM
Siehe S. 54.

★MARINA BAY SANDS KASINO
Karte S. 232 (www.marinabaysands.com; Marina Bay; 📶; Ⓜ Bayfront) Entworfen vom israelstämmigen Architekten Moshe Safdie ist Marina Bay Sands ein weitläufiger Komplex aus Hotel, Kasino, Einkaufszentrum, Theater, Ausstellungszentrum und Museum. Blickfang sind natürlich die drei 55-stöckigen Türme des Marina Bay Sands Hotels (S. 175), die durch den großartigen SkyPark (S. 65) verbunden und „überdacht" werden. Einen Drink mit einzigartigem Ausblick gibt es im CÉ LA VI (S. 65). Oder wie wäre es mit einer Show in den MasterCard Theatres oder einem sehr teuren Einkaufsbummel bei Shoppes (S. 69)?

★PERANAKAN MUSEUM MUSEUM
Karte S. 230 (☎6332 7591; www.peranakanmuseum.org.sg; 39 Armenian Street; Erw./Kinder unter 7 Jahren 10 S$/frei, Fr 19–21 Uhr halber Eintrittspreis; ⏲Sa–Do 10–19, Fr 10–21 Uhr; Ⓜ City Hall, Bras Basah) Dies ist der beste Ort, um das reiche Erbe der Peranakan zu erkunden, der Nachfahren der sogenannten Straits-Chinesen, die nach Singapur einwanderten. Die thematisch geordneten Ausstellungsbereiche decken die verschiedenen Aspekte der Peranakan-Kultur ab, von der traditionellen zwölftägigen Hochzeitszeromonie bis zu Kunsthandwerk, Spiritualität und Festen.

Sehenswert sind die kunstvoll verzierten zeremoniellen Kostüme und die wunderschönen Perlenstickereien, die wunderbar geschnitzten Hochzeitsbetten sowie das seltene Porzellangeschirr. Ein besonders kurioses Beispiel für die Mischkultur der Peranakan ist ein Paar viktorianischer Glockengläser, in denen die Figuren von Jesus und der Muttergottes mit chinesisch anmutenden Blumen und Rebengewächsen verziert wurden.

Im Museum kann man auch gestickte Taschen, sogenannte *kebayas* (traditionelle Blusen), Keramiken sowie Bücher zur Geschichte, zum Essen und zur Architektur der Peranakan erwerben.

MARINA BAY SANDS

Man kann das Projekt lieben oder hassen, aber sicherlich bewundert jeder den einzigartigen Wagemut hinter dem 5,7 Mrd. S$ teuren Komplex Marina Bay Sands am südlichen Ufer der Marina Bay. Hier ist genug Platz für ein Hotel, Kasino, Theater, Konferenzzentrum, Einkaufscenter sowie für ein Museum. Erschaffen wurde das Ganze vom Architekten Moshe Safdie, der in Israel geboren wurde. Das Highlight der Anlage ist das Marina Bay Sands Hotel (S. 175), dessen drei 55-stöckigen Türme von aneinandergelehnten Kartenstapeln inspiriert wurden. Oben werden die Türme durch den 1,2 ha großen SkyPark verbunden.

Von dort bietet sich ein einzigartiger Panoramablick. Der weltberühmte Infinity Pool steht leider nur Hotelgästen zur Verfügung, aber das Observation Deck (S. 65) steht allen offen. Die Terrasse ist nicht überdacht, sodass man sich gegen die Sonne schützen und einen Hut tragen sollte. An nassen Tagen lohnt sich der Besuch nicht.

Der Hang zur Selbstdarstellung zeigt sich beim Marina Bay Sands auch beim nächtlichen **Spectra** (☎6688 8868; Event Plaza, Promenade; ⏲So–Do 20 & 21, Fr–Sa 20, 21 & 22 Uhr; Ⓜ Bayfront) GRATIS. Die 15-minütige extravagante Show besteht aus sich kreuzenden Laserstrahlen, Wasserspielen und Videoprojektionen, begleitet von einem dröhnenden Soundtrack. Das Thema „Reise einer multikulturellen Gesellschaft in das kosmopolitische Stadtthema" ist leider kaum nachzuvollziehen, aber die technische Brillanz der Show steht natürlich außer Frage. Den besten Blick darauf genießt man von der Stadtseite der Marina Bay.

RAFFLES HOTEL BEDEUTENDES GEBÄUDE

Karte S. 230 (☎6337 1886; www.raffleshotel.com; 1 Beach Road; Ⓜ City Hall, Esplanade) Jedes altehrwürdige Hotel benötigt von Zeit zu Zeit eine Frischzellenkur und Singapurs bekanntester Traumpalast bekommt gerade genau das. Die großartige Elfenbein-Frontfassade, der berühmte Sikh-Türsteher und das üppig tropisch-grüne Anwesen ist hinter Baugerüsten verschwunden und wird der Allgemeinheit erst wieder Mitte 2018 zur Verfügung stehen. Das Hotel wurde im Jahr 1887 eröffnet, und zwar als ein bescheidener Bungalow mit zehn Zimmern am Strand. Dieser ist durch Landgewinnungsmaßnahmen längst verschwunden. Momentan lässt sich nur erraten, welche luxuriöse Dekadenz die Besucher nach der aktuellen Renovierung erwartet.

Gründer des Hotels waren die Sarkies-Brüder, die aus Armenien eingewandert waren. Sie besaßen zwei weitere luxuriöse Kolonialhotels: das Strand in Yangon (Rangun) sowie das Eastern & Oriental in Penang. Die Blütezeit des Hotels in Singapur begann 1899 mit der Eröffnung des Hauptgebäudes, das auch heute noch von den Gästen genutzt wird. Es dauerte nicht lange, bis das Raffles zu einem Synonym für orientalischen Luxus wurde. Der Werbeslogan lautete: „Ein legendäres Symbol für die Märchenwelt des exotischen Ostens". Joseph Conrad und Somerset Maugham erwähnten das Hotel in ihren Werken. Der berühmte Singapore Sling wurde hier 1915 erstmals vom Barmann Ngiam Tong Boon gemixt. Wesentlich prosaischer war es, dass ein Tiger, der einem Wanderzirkus in der Umgebung entflohen war, 1902 hinter dem Billardzimmer erschossen wurde. In den 1970er-Jahren war das Hotel dann aber nur noch ein Schatten seiner selbst und

DIE QUAYS DER STADT

Der Uferabschnitt am Fluss, der den Colonial District vom CBD trennt, ist auch als „the Quays" bekannt. Der Singapore River verbindet heutzutage die drei Quays und bei einem Spaziergang erkennt man gut, wie sich der Handel in Singapur über die Jahrzehnte verändert hat: Vom Dreck und Gestank früherer Tage bis zum glitzernden Stahl und Glas des heutigen Finanzdistrikts.

Boat Quay (Karte S. 230; Ⓜ Raffles Place, Clarke Quay) Dieser Quay war einst das Handelszentrum von Singapur. Bis in die 1960er-Jahre war er wirtschaftlich sehr bedeutend, doch Mitte der 1980er-Jahre waren zahlreiche Lagerhäuser heruntergekommen, weil sich die Firmen woanders auf der Insel angesiedelt hatten. Dann wurde das Gelände von der Regierung unter Denkmalschutz gestellt und die Umwandlung zu einem wichtigen Ausgehviertel begann. Hier tummeln sich nun Touristenbars und -geschäfte, während Angestellte mit Speisekarten in der Hand die Massen in ihre Restaurants am Ufer locken. Anspruchsvolle Gäste meiden diese Lokale, um es sich in der wachsenden Zahl von angesagten Cafés und Bars in den Straßen hinter der Hauptmeile bequem zu machen.

Clarke Quay (Karte S. 230; www.clarkequay.com.sg; 📶; Ⓜ Clarke Quay, Fort Canning) Der Quay wurde nach dem zweiten britischen Gouverneur von Singapur, Sir Andrew Clarke, benannt. Es ist der beliebteste der drei Quays. Die unzähligen Bars, Restaurants und Clubs locken jeden Abend Scharen von Gästen an. Wie viel Zeit man dort verbringt, hängt vom persönlichen Geschmack ab. Wer Pastellfarben, Design im Märchen-Stil sowie Bars für echte Jungs und Girls mag, der wird hier schnell in seinem Element sein. Wer es etwas cooler und mit mehr Understatement bevorzugt, sollte sich aber ein anderes Ziel aussuchen.

Robertson Quay (Karte S. 230; Ⓜ Clarke Quay, Fort Canning) Am entferntesten Flussbereich wurde der Robertson Quay einst als Lagerhafen genutzt. Einige der alten *godown* (Lagerhäuser) wurden in der Zwischenzeit in Bars und Party-Locations für Privatclubs umgewandelt. Die Stimmung ist etwas „erwachsener" als am Clarke Quay. Deshalb kommen eher Leute über 30 hierher, die mehr an gutem Wein und Essen sowie Unterhaltung interessiert sind. Westlich der Saiboo Street eröffneten ebenfalls eine Reihe von renommierten Uferlokalen.

entkam 1987 der Abrissbirne nur durch die Eintragung als National Monument. 1991 folgte dann die Wiedereröffnung nach einer 160 Mio. S$ teuren Renovierung.

ARTSCIENCE MUSEUM MUSEUM

Karte S. 232 (☎66888826; www.marinabaysands.com/museum; Marina Bay Sands; Durchschnittspreis Erw./Kinder unter 13 Jahren 17/12 S$, Kinder unter 2 Jahren frei; ⌚10–19 Uhr, letzter Einlass 18 Uhr; Ⓜ Bayfront) Designt vom umtriebigen Architekten Moshe Safdie sieht das Gebäude wie eine riesige weiße Lotusblüte aus, die von einem Lilienteich umgeben wird. Das Museum präsentiert bedeutende internationale Sonderausstellungen aus den Bereichen Kunst, Design, Medien, Wissenschaft und Technologie. Erkundet wird beispielsweise die Flora und Fauna der Tiefsee. Zudem werden weltberühmte Industriedesigner vorgestellt.

FORT CANNING PARK PARK

Karte S. 230 (www.nparks.gov.sg; eingerahmt von Hill St, Canning Rise, Clemenceau Avenue & River Valley Rd; Ⓜ Dhoby Ghaut, Clarke Quay, Fort Canning) Vor der Ankunft von Thomas Stamford Raffles in Singapur mieden die Einheimischen noch aus Respekt vor einem verehrten Schrein des Sultans Iskandar Shah den heutigen Fort Canning Hill. Damals wurde er noch Bukit Larangan („Verbotener Berg") genannt. Heute ist der Hügel als Fort Canning Park ein grüner Rückzugsort, um der Hitze der Straßen zu entkommen. Ein Spaziergang führt unter den riesigen, Schatten spendenden Bäumen hinweg zu den Gewürzgärten. Im Battlebox Museum (S. 59) wird die Kapitulation von Singapur im Zweiten Weltkrieg thematisiert.

MINT MUSEUM OF TOYS MUSEUM

Karte S. 230 (☎6339 0660; www.emint.com; 26 Seah St; Erw./Kind 15/7,50 S$; ⌚9.30–18.30 Uhr, letzter Sa im Monat bis 21.30 Uhr; Ⓜ City Hall, Esplanade) Auf den vier Ebenen vermitteln die rund 50 000 alten Spielzeuge nostalgische Erinnerungen an die Kindheit. Gezeigt wird alles von seltenen Flash-Gordon-Comics und Supersonic-Spielzeuggewehren bis zu originalen Micky-Maus-Puppen und politisch unkorrekten „Negerpuppen" aus dem Japan der 1930er-Jahre.

Ungewöhnliches Spielzeug gibt es im Shop, während Erwachsene sich in der benachbarten **Mr Punch Rooftop Bar** (Karte S. 230; ☎6339 6266; www.mrpunch.com; ⌚Mo–Do 15–23.30, Fr 15–2, Sa 11–23.30, So 11–18 Uhr; Ⓜ City Hall, Esplanade) einen echten Drink genehmigen können. Am letzten Samstag im Monat ist der Eintritt zwischen 18.30 und 21.30 Uhr kostenlos.

NATIONAL LIBRARY BÜCHEREI

Karte S. 230 (☎6332 3255; www.nlb.gov.sg; 100 Victoria St; ⌚10–21 Uhr; P 📶; Ⓜ Bugis, Bras Basah) Entworfen vom malaysischen Architekten und Ökologen Ken Yeang ist das weiße geschwungene Gebäude Heimat für viele Einrichtungen, darunter die Nationalbibliothek und ein Schauspielzentrum. Hauptattraktion für Besucher ist die Ausstellung mit wunderbaren Asienkarten auf Ebene 10 – einige entstanden bereits im 16. Jh. Auch die kostenlosen Ausstellungen der Bibliothek sind sehenswert. Wer mit Kindern kommt, sollte die Kinderbücherei im Untergeschoss aufsuchen, die wie ein kleiner Wald aufgemacht wurde.

MARINA BARRAGE PARK

Karte S. 232 (☎6514 5959; www.pub.gov.sg/marinabarrage; 8 Marina Gardens Drive; ⌚0–24 Uhr; 🚌400, Ⓜ Bayfront) Singapurs Erfindungsreichtum lässt sich an der Marina Barrage sehr gut ablesen: Es handelt sich sowohl um einen Schutzdamm für den Marina Channel wie auch um einen großartigen Park mit beeindruckendem Panoramablick auf die Skyline der Stadt. Vor Ort befindet sich zudem die Sustainable Singapore Gallery, die nach umfangreichen Renovierungsarbeiten etwa Mitte 2017 wieder eröffnet werden soll. Zu sehen sind faszinierende Fotos und Archivbilder des Singapore River, bevor er völlig umgestaltet wurde. Es gibt auch ein Arbeitsmodell der Marina Barrage selbst. Auf dem Rasen des Parks lassen die Einheimischen ihre bunten Drachen steigen.

SAINT ANDREW'S CATHEDRAL KIRCHE

Karte S. 230 (☎6337 6104; www.cathedral.org.sg; 11 St Andrew's Rd; ⌚Mo–Sa 9–17 Uhr; Ⓜ City Hall) Von schottischen Kaufleuten gegründet und von indischen Gefangenen gebaut, steht diese Kathedrale im Zuckerbäckerstil in starkem Kontrast zu den umgebenden modernen Stahl- und Glasbauten. Im Jahr 1838 errichtet, wurde sie nach einem Blitzeinschlag abgerissen und 1862 in der heutigen Form wiederaufgebaut.

Sie ist eines der schönsten in Singapur noch existierenden Beispiele englischer neogotischer Architektur. Zu den interessanten in die Tropen passenden Details zählen die

Stadtspaziergang
Kolonialzeit bis Avantgarde

START RAFFLES HOTEL
ZIEL MARINA BAY SANDS
LÄNGE/DAUER 4 KM; 4–5 STUNDEN

Los geht es am 1 **Raffles Hotel** (S. 56), um die Elfenbeinfassade, die Arkaden im Kolonialstil sowie die tropischen Gärten zu bewundern. Über die North Bridge Road geht es nach links in die elegante 2 **Saint Andrew's Cathedral** (S. 57), die im Zweiten Weltkrieg als Notkrankenhaus genutzt wurde. Nach Süden über die Saint Andrew's Road passiert man die City Hall und den Old Supreme Court, die heutzutage die 3 **Nationalgalerie** (S. 52) beherbergen. Dahinter liegt am Parliament Place der 4 **New Supreme Court** (S. 60), ein Science-Fiction-Statement. Zurück an der Ecke zur Saint Andrew's Road sieht man etwas tiefer gelegen an einem Linksschwenk das 5 **Victoria Theatre & Concert Hall** (S. 60), eines der ersten neo-viktorianischen Gebäude in Singapur. Davor steht die originale Raffles-Statue, die einst am Padang stand. An der Uferpromenade am Singapore River lassen sich die mächtigen Türme des CBD angemessen würdigen. Die Wolkenkratzer sind deutlich höher als die 6 **Old Hill Sreet Police Station** (S. 59) an der Ecke zur Hill Sreet. Bei der Fertigstellung 1934 wurde dieses Gebäude noch als Wolkenkratzer bezeichnet. Jenseits der Elgin Bridge geht es hinab zum 7 **Boat Quay** (S. 56). In den früheren Ufergebäuden befinden sich nun Bars und Restaurants. In dem Viertel sind auch großartige Skulpturen zu sehen, u. a. Fernando Boteros *Bird* und Salvador Dalís *Homage to Newton*. Am Fluss entlang kommt man zur 8 **Cavenagh Bridge**. Daneben ragt das Fullerton Hotel auf, das bis 1996 Singapurs Hauptpostamt war.

Vor der 9 **Merlion-Statue** (S. 59) lassen sich „verrückte" Fotos schießen, dann geht es weiter zum 10 **Esplanade – Theatres on the Bay** (S. 67). Weiter in östlicher Richtung führt die Marina Promenade zur 11 **Helix Bridge**, wo der Panoramablick auf die Skyline von Singapur nur durch die grandiose Aussicht vom Sands SkyPark auf dem Dach des 12 **Marina Bay Sands** (S. 55) übertrumpft wird.

Buntglasfenster in den Westwänden und die *porte-cochère* (Toreinfahrt): Sie dient dazu, Fahrgäste zu schützen.

8Q SAM
MUSEUM

Karte S. 230 (☎6589 9580; www.singaporeartmuseum.sg; 8 Queen St; Erw./Studenten & Rentner 6/3 S$, Fr 18–21 Uhr frei; ⌚Sa–Do 10–19, Fr 10–21 Uhr; Ⓜ Bras Basah, Bencoolen) Der jüngere Ableger vom **Singapore Art Museum** (SAM; Karte S. 230; 71 Bras Basah Rd; Ⓜ Bras Basah), das bis 2021 völlig umgestaltet wird, ist nach seiner Adresse benannt. Auf vier Ebenen wird zeitgenössische Kunst präsentiert, von schrägen Installationen bis zu Videokunst und multimedialen Statements.

BATTLEBOX
MUSEUM

Karte S. 230 (☎6338 6133; www.battlebox.com.sg; 2 Cox Terrace; Erw./Kind 18/9 S$; ⌚Führungen Mo 13.30, 14.45 & 16, Di–So 9.45, 11, 13.30, 14.45 & 16 Uhr; Ⓜ Dhoby Ghaut) Eine Tour durch das Battlebox führt durch das frühere Hauptquartier der Briten im Zweiten Weltkrieg. Die seltsame Stimmung und tödliche Stille des unterirdischen 26-Zimmer-Komplexes dringt schnell zu einem durch. Kriegsveteranen und das britische Imperial War Museum halfen bei der authentischen Ausstattung der Bunker. Lebensgroße Modelle zeigen die schmachvolle Kapitulation vor den japanischen Truppen am 15. Februar 1942. Japanische Morse-Codes sind noch immer an den Wänden eingeritzt. Echte Enthusiasten können jeden Montag und Donnerstag um 14 Uhr (außer an öffentlichen Feiertagen) an der **Führung „Of Graves, Guns & Battles"** (Erw./Kind 32/15 S$) teilnehmen, die auch Fort Canning Hill mit einschließt.

SINGAPORE FLYER
RIESENRAD

Karte S. 232 (☎6333 3311; www.singaporeflyer.com.sg; 30 Raffles Avenue; Erw./Kinder unter 13 Jahren 33/21 S$; ⌚Kartenschalter 8–22 Uhr, Riesenrad 8.30–22.30 Uhr, letzte Fahrt 22 Uhr; Ⓜ Promenade) Inzwischen hat der High Roller in Las Vegas den Titel als „Größtes Riesenrad der Welt" an sich gerissen, doch der Panoramablick vom 165 m hohen Flyer in Singapur ist immer noch atemberaubend. Bei klarer Sicht schweift der Blick während der halbstündigen Fahrt über Colonial District, CBD und Marina Bay, zu den Wohnhochhäusern im Osten und über das von vielen Schiffen befahrene Südchinesische Meer. Der Bau des Riesenrads wird in einer Multimedia-Ausstellung veranschaulicht.

SINGAPORE TYLER PRINT INSTITUTE
GALERIE

(STPI; ☎6336 3663; www.stpi.com.sg; 41 Robertson Quay; ⌚Mo–Fr 10–19, Sa 9–18 Uhr, kostenlose Führungen Di & Do 11.30, Sa 14 Uhr; Ⓜ Fort Canning) GRATIS Der US-amerikanische Meisterdrucker Kenneth E. Tyler hat das STPI gegründet. Das Institut arbeitet sowohl mit etablierten wie aufstrebenden Künstlern zusammen, um avantgardistische – oft auch überraschende – Druckkunst zu erschaffen. Ausgestellt werden sowohl heimische wie internationale Namen. Die Samstagstour findet in der Druckerei selbst statt.

MERLION
MONUMENT

Karte S. 230 (1 Fullerton Rd; Ⓜ Raffles Place) Irgendwann in den 1980er-Jahren erfand jemand von der Tourismuszentrale einen Mythos über ein Wesen, das halb Fisch, halb Löwe ist, und die Touristen halfen, es als Sehenswürdigkeit in Singapur zu etablieren (wobei niemand sagt, dass es schön sei). Der Besuch der 165 000 S$ teueren Kreatur lohnt sich nicht wirklich, doch die Aussicht über die Marina Bay lässt einen Besuch durchaus erfreulich erscheinen. Außerdem sollte man unbedingt eine Rundfahrt auf Singapurs sich ständig wandelnden Wasserwegen einplanen.

OLD HILL STREET POLICE STATION
GALERIE

Karte S. 230 (ehem. MICA-Gebäude; 140 Hill St; ⌚10–19 Uhr; Ⓜ Clarke Quay, Fort Canning) GRATIS Die Old Hill Street Police Station ist ein architektonischer Hingucker, der für seine Technicolor-Fensterläden und sein Neorenaissance-Design bekannt ist. Heute sind hier eine Reihe von bekannten kommerziellen Kunstgalerien untergebracht, die erfolgreich regionale Künstler promoten, darunter die **Art-2 Gallery** (☎6338 8713; www.art2.com.sg; 01-03 Old Hill Street Police Station; ⌚Mo–Fr 11–19 Uhr) und die Galerie **Cape of Good Hope** (☎6733 3822; www.capeofgoodhope.com.sg; 01-06 Old Hill Street Police Station; ⌚Mo–Sa 11–19, So 12–18 Uhr). Hier befindet sich auch die **Redot Fine Art Gallery** (☎6222 1039; www.redotgallery.com; 01-08 Old Hill Street Police Station; ⌚Di–Sa 12–19 Uhr), die sich als Einzige in Singapur auf indigene Kunst aus Australien spezialisiert hat.

ARMENISCHE KIRCHE
KIRCHE

Karte S. 230 (www.armenianshasia.org; 60 Hill St; ⌚9–18 Uhr; Ⓜ City Hall) Die Armenier waren die erste christliche Gemeinde, die in Singapur ein dauerhaftes Gotteshaus errichteten. Die klassizistische Kirche des bedeutenden Kolonialarchitekten George Coleman wurde im Jahr 1836 in Form eines griechischen Kreuzes errichtet und dem hl. Gregor („dem Erleuchteten") geweiht. Die eleganten dorischen Säulen und Pfeiler sind im römischen Stil gehalten. Der Turm wurde in den 1850er-Jahren ergänzt. Auf dem Friedhof liegt Agnes Joaquim (1854–1899) begraben. Sie züchtete dereinst Singapurs Nationalblume – die Orchidee Vanda „Miss Joaquim".

ESSEN

★GLUTTONS BAY HAWKER $

Karte S. 230 (www.makansutra.com; 01-15 Esplanade Mall, 8 Raffles Avenue; Gerichte ab 4,50 S$; ⏲Mo–Do 17–2, Fr–Sa 17–3, So 16–1 Uhr; ⓂEsplanade, City Hall) Die vom *Makansutra Food Guide* ausgewählte Reihe fliegender Händler ist ein großartiger Ausgangspunkt, um die Küche Singapurs kennenzulernen. Die Entscheidung zwischen Austern-Omelett, Satay, gebratenem Stachelrochen und Karottenkuchen (am besten die schwarze Variante wählen) fällt wirklich schwer.

Die günstige, sehr zentrale Lage an der Bay lockt zahlreiche Menschen an, deshalb sollte man entweder ziemlich früh oder aber ziemlich spät hierher kommen, um nicht allzu lange auf einen freien Tisch warten zu müssen.

SONG FA BAK KUT TEH CHINESISCH $

Karte S. 230 (☎6533 6128; www.songfa.com.sg; 11 New Bridge Rd; Gerichte 3,20–11,50 S$; ⏲Di–So 9–21.15 Uhr; ⓂClarke Quay) Wer Zuwendung sucht, findet sie mit der *bak kut teh* (Schweinerippchensuppe) in diesem Lokal mit Kultstatus. Wörtlich übersetzt heißt die Suppe „Fleischknochentee", es handelt sich um ein wohltuendes warmes Gericht aus fleischigen Schweinerippchen, die in einer scharfen Brühe mit Kräutern, Gewürzen und ganzen Knoblauchzehen gekocht werden. Die Rippchen sind himmlisch zart und zergehen im Mund. Das Per-

CRICKET, GERICHTE & KULTUR: PADANG & UMGEBUNG

Das offene Feld des **Padang** (Karte S. 230; ⓂCity Hall, Esplanade) dient dem Singapore Cricket Club selbst in tropischer Hitze als Spielfeld. Die Mitglieder feuern ihre Jungs von ihrem Pavillon aus an. Kricket wird noch immer am Wochenende gespielt. Am anderen Ende des Feldes befindet sich der Singapore Recreation Club.

Dieser etwas uninspiriert wirkende Ort hat jedoch historisch gesehen eine dunkle Seite. Denn hier trieben die siegreichen Japaner 1942 die Europäer zusammen, bevor sie sie zum Changi-Gefängnis abführten. Neben dem rekonstruierten Monstrum des Singapore Recreation Club (der aussieht, als sei er aus Spielzeugbauklötzen erbaut worden), wird der Padang von einer Reihe ansehnlicher Kolonialgebäude und diversen Denkmälern umgeben, die sich bei einem gemütlichen Spaziergang erkunden lassen.

Am südlichen Ende befindet sich das **Victoria Theatre & Concert Hall** (Karte S. 230; ☎6908 8810; www.vtvch.com; 11 Empress Place; ⏲10–21 Uhr; ⓂRaffles Place). Das Theater mit Konzerthalle wurde kürzlich renoviert und war früher das Rathaus. Bereits im Jahr 1827 entstand das **Old Parliament House** (The Arts House; Karte S. 230; ☎6332 6900; www.theartshouse.sg; 1 Old Parliament Lane; ⏲10–22 Uhr; ⓂCity Hall), Singapurs ältestes Regierungsgebäude. Einstmals war es ein privates Herrenhaus, danach ein Gericht, später der Tagungsort der Kolonialregierung sowie schließlich das Parlamentsgebäude für das unabhängige Singapur. Heute befindet sich hier ein Kunst- und Kulturzentrum namens Arts House.

Entlang der Saint Andrew's Road entstand 1939 der Old Supreme Court. Zehn Jahre zuvor wurde die City Hall errichtet. Beide wurden nun vereint, um der großartigen Nationalgalerie (S. 52) eine repräsentative Heimat zu geben. Gleich nebenan befindet sich der **New Supreme Court** (Karte S. 230; ☎6336 0644; 1 Supreme Court Lane; ⓂCity Hall). Die scheibenförmige Krone ist eine Antwort des 21. Jhs. auf die ältere Schwesterkuppel. Just in der City Hall verkündete Lord Louis Mountbatten 1945 die japanische Kapitulation, während hier 20 Jahre später Lee Kuan Yew die Unabhängigkeit Singapurs ausrief. Ziemlich ehrfürchtig wirkt die neogotische Saint Andrew's Cathedral (S. 57), die unter den kolonialen Schönheiten des Padang nicht fehlen darf.

ESSEN AN DER PURVIS STREET

Keinesfalls im Schatten der benachbarten Seah Street steht die Purvis Street (Ⓜ City Hall, Esplanade), denn sie wird von zahllosen Restaurants gesäumt, von denen viele exzellent sind. Wer ausreichend Kleingeld mitbringt, wird sich auf italienische Küche freuen im **Garibaldi** (Karte S. 230; ☎6837 1468; www.garibaldi.com.sg; 01-02, 36 Purvis St; Hauptgerichte 28–38 S$, feste Mittagsmenüs ab 39 S$; ⏲12–14.30, 18.30–0.30 Uhr). Französisch geht es zu bei **Gunther's** (Karte S. 230; ☎6338 8955; www.gunthers.com.sg; 01-03, 36 Purvis St; festes Mittagsmenü 38 S$, Hauptgerichte 28–125 S$; ⏲Mo–Fr 12–14.30, 18.30–22, Sa 18.30–22 Uhr). Fleischliebhaber schätzen das **Salted and Hung** (Karte S. 230; ☎6358 3130; www.saltedandhung.com.sg; 12 Purvis St; Gerichte 12–65 S$, Platte für mehrere Personen 75 S$, feste Mittagsmenüs ab 25 S$; ⏲Mo–Fr 11.30–14, 17–22, Sa 11.30–15.30, 18–22 Uhr; 📶). Auf den Tisch kommen fast alle möglichen tierischen Körperteile. Exzellenten traditionellen Hühnchenreis gibt es im mehr als 50 Jahre alten Yet Con (s. unten), während bei **Jai Thai** (Karte S. 230; ☎6336 6908; www.jai-thai.com; 27 Purvis St; Gerichte 6–14 S$; ⏲11.30–15, 18–21.30 Uhr). natürlich thailändische Spezialitäten angesagt sind. Die französische Küche im **Saveur** (Karte S. 230; ☎6333 3121; www.saveur.sg; 01-04, 5 Purvis St; Hauptgerichte 15–30 S$, feste Menüs mittags/abends 22,90/29,90 S$; ⏲12–21.30 Uhr) ist sowohl lecker, als auch großzügig bemessen – und dazu auch noch überraschend günstig für diese Gegend.

sonal füllt auf Wunsch gerne die Schüssel nochmals mit Suppe, wenn man noch nicht satt ist.

SATAY BY THE BAY — HAWKER $

Karte S. 232 (☎6538 9956; www.gardensbythebay.com.sg; Gardens by the Bay, 18 Marina Gardens Drive; Gerichte ab 4 S$; ⏲Öffnungszeiten variieren, Getränkestand 0–24 Uhr; Ⓜ Bayfront) Die Streetfood-Stände des Gardens by the Bay befinden sich in einer beneidenswerten Location, neben der Marina Bay und weit weg vom Lärm des Stadtverkehrs. Vor allem abends und nachts wird es besonders stimmungsvoll. Am leckersten ist das Satay, das im Freien auf der großen Holzterrasse genossen wird. Wie zu erwarten sind die Preise etwas höher als bei den abseits gelegenen Straßenständen, sodass die meisten Gerichte hier 8–10 S$ kosten.

YET CON — CHINESISCH $

Karte S. 230 (☎6337 6819; 25 Purvis St; Hühnchenreis 6 S$; ⏲11–21.30 Uhr; Ⓜ City Hall, Esplanade) Das Yet Con im Retro-Stil serviert seit 1940 herausragenden Hühnchenreis aus Hainan. Es wäre falsch, ein hübsches Ambiente oder freundlichen Service zu erwarten. Doch das Hühnchen lohnt sich; es ist zart, wunderbar gewürzt und wird dem Mix aus alten Stammgästen und jungen Gourmets von streng aussehenden Damen serviert. Der große Andrang sollte nicht abschrecken, in der Regel geht es schnell.

RASAPURA MASTERS — HAWKER CENTRE $

Karte S. 232 (☎66886888; www.marinabaysands.com; B2-50 Shoppes at Marina Bay Sands, 2 Bayfront Avenue; Gerichte ab 5 S$; ⏲0–24 Uhr, Öffnungszeiten variieren; 📶; Ⓜ Bayfront) Wer seinen Imbiss mit einer Klimaanlage als Beilage mag, sollte diesen lebhaften, glitzernden Food Court im Untergeschoss des Marina Bay Sands ansteuern. Die Stände decken zahlreiche Geschmacksrichtungen ab, vom japanischen Ramen und koreanischen Kimchi bis zu Braten aus Hongkong und örtlichem *bak kut teh* (Schweineknochen-Teesuppe). Während des Essens kann man den Kids beim Schlittschuhlaufen auf der Bahn nebenan zuschauen.

★ NATIONAL KITCHEN BY VIOLET OON — PERANAKANISCH $$

Karte S. 230 (☎9834 9935; www.violetoon.com; 02-01 National Gallery Singapore, 1 St. Andrew's Rd; Gerichte 15–42 S$; ⏲12–14.30, 18–21.30 Uhr, High Tea 15–16.30 Uhr; Ⓜ City Hall) Küchenchefin Violet Oon ist eine nationale Ikone, die für ihre authentischen peranakanischen Speisen (chinesisch-malaiische Fusionküche) innig geliebt wird. Deshalb erhielt sie das Angebot, ihr jüngstes Lokal in der großartigen Nationalgalerie (S. 52) zu eröffnen. Auf den Tisch kommen Delikatessen wie süß-scharfe *kueh pie ti* (Teigtaschen gefüllt mit Garnelen und Jam-Bohnen), trockene Laksa-Suppe und Rindfleisch-Rendang. Tische muss man allerdings schon zwei

Wochen im Voraus buchen. Wie der Name schon verspricht, kümmert sich das Restaurant auch um die anderen kulinarischen Traditionen Singapurs. Die Palette reicht von Indien über Eurasien bis nach Hainan. Der High Tea ermöglicht eine wunderbare Kostprobe von Violets Lieblingsspeisen für eine perfekte Nachmittagspause. In der Stadt gibt es mehrere weitere **Filialen**, z. B. am Clarke Quay (Karte S. 230; ☎9834 9935; 01-18, 3B River Valley Rd; ⌚18–22.30 Uhr; Ⓜ Clarke Quay, Fort Canning). Das Lokal in der Nationalgalerie ist jedoch die beste Adresse.

JANICE WONG CHINESISCH $$

Karte S. 230 (☎9712 5338; www.janicewong.com.sg; 01-63 National Museum of Singapore, 93 Stamford Rd; Hauptgerichte 16–30 S$; ⌚Mo–Sa 11–22.30, So 11–17 Uhr; Ⓜ Dhoby Ghaut, Bencoolen) Die heimische Köchin Janice Wong ist allgemein bekannt für ihre atemberaubenden nächtlichen Desserts in der 2am Dessert Bar (S. 134). Kürzlich eröffnete sie ein neues Flaggschiff-Restaurant im Nationalmuseum (S. 54). Zusammen mit der Köchin Ma, mit der sie schon an dem Kochbuch *Dim Sum* zusammengearbeitet hat, bilden ihre Knödel und modernen chinesischen Gerichte den Kern der Speisekarte. Die Knödel-Hausspezialität „signature five dumplings" sind ein wahres Fest für die Augen und den Gaumen.

ARTICHOKE MEDITERRAN $$

(☎6336 6949; www.artichoke.com.sg; 161 Middle Rd; Gerichte 8–38 S$; ⌚Di–Fr 18.30–21.45, Sa 11.30–14.45, 18.30–21.45, So 11.30–14.45 Uhr; Ⓜ Bras Basah, Bencoolen) Das Café-ähnliche Artichoke liegt etwas abgeschieden in einem gemütlich eingerichteten Gebäude hinter einer alten Kirche. Hier ist das Reich von Koch Bjorn Shen, der mit Street Food begann. Sein Markenzeichen ist die Küche aus dem Nahen und Mittleren Osten,

DIE KUNST DES HIGH TEA

Für ein kleines Nachmittagsvergnügen (entsprechend gekleidet) gibt es kaum etwas Schöneres als High Tea. Es ist nicht nur ein zivilisiertes Gegenmittel für Singapurs rasantes Tempo und die hohen Temperaturen, es ist auch die perfekte Erholung am Nachmittag. Auch wenn die meisten Luxushotels High Tea im Programm haben, ist das Angebot doch nicht überall gleich. Wer den richtigen Ort auswählt, kann im Prinzip ein spätes Mittagessen genießen. Die dampfenden Teekännchen (oder, wenn es sein muss, auch ein Glas Champagner) werden von einer großen Auswahl an süßen und pikanten Delikatessen begleitet.

Singapurs besten High Tea gibt es wahrscheinlich an der Uferpromenade im vornehmen **Landing Point** (Karte S. 230; ☎6333 8388; www.fullertonbayhotel.com; Fullerton Bay Hotel, 80 Collyer Quay; High Tea pro Erw. 45 S$, mit 1 Glas Champagner 65 S$, pro Kind 22 S$; ⌚So–Do 9–24, Fr–Sa 9–1 Uhr, High Tea Mo–Fr 15–17.30, Sa–So 12–15, 15.30–18 Uhr; 📶; Ⓜ Raffles Place). Reservierungen sind absolut ratsam: werktags einen Tag, an Wochenenden zwei Wochen im Voraus. Dann kleidet man sich angemessen und bricht mit leerem Magen auf. Die TWG-Tees mit blauem Band passen hervorragend zu den Gourmethäppchen wie Gurken-Sandwiches mit *ikura* (Rogen), wunderbar zarten Boston-Hummer-Törtchen und himmlisch mundender Schokoladentorte. Den meisten Gästen reicht ein Stückchen nicht, was kein Problem ist, denn der dreistöckige Tortenständer wird regelmäßig nachgefüllt.

Der wohl größte Konkurrent des Landing Point ist im Ritz-Carlton die **Chihuly Lounge** (Karte S. 232; ☎6434 5288; www.ritzcarlton.com/en/hotels/singapore; Ritz-Carlton Millenia Singapore, 7 Raffles Avenue; High Tea ab 49 S$; ⌚9–1 Uhr, High Tea wochentags 12–17 Uhr, an Wochenenden 14.30–17 Uhr; 📶; Ⓜ Promenade). Die 8-Gänge-Version lässt die erlesene Kundschaft an genauso erlesenen Köstlichkeiten knabbern. Passenderweise wird die lichtdurchflutete Lounge von einer originalen Dale-Chihuly-Glasskulptur geschmückt. Sie ist Teil der beachtenswerten hoteleigenen Sammlung moderner Kunst, deren Wert auf rund 5 Mio. S$ geschätzt wird. Hier sind Werke u. a. von Andy Warhol, David Hockney und Frank Serra versammelt. Wenn der Teepott leer und der Magen voll ist, kann man an der Rezeption einen kleinen Führer zu den Meisterwerken erhalten. Für den High Tea sollte man wochentags zwei Tage, an den Wochenenden rund ein bis zwei Wochen im Voraus buchen.

angereichert mit einigen radikalen Ideen. So gibt es gegrillten Oktopus mit Trüffeln, Kichererbsen-Hummus und eingelegten Paprika. Hühnchenspieße werden mit libanesischen Pickles und Knoblauchcreme oder einem Dip mit selbst geräuchertem Lachs gereicht. Die Platten für mehrere Personen sind sehr verlockend.

SUPER LOCO CUSTOMS HOUSE

MEXIKANISCH **$$**

Karte S. 232 (☎6532 2090; www.super-loco.com/customshouse; 01-04 Customs House, 70 Collyer Quay; Hauptgerichte 8–23 S$; ⊙Mo–Fr 12–24, Sa 17–24 Uhr; ; Ⓜ Raffles Place, Downtown) Die Lage am Hafen ist perfekt und die Lichterketten sind sehr modisch, sodass dieses mexikanische Restaurant eine relaxte Atmosphäre in den ansonsten eher steifen Geschäftsbezirk von Singapur bringt. Die Hausspezialität sind Tacos sowie das *de cangrejo*. Mit scharf gewürzten, aber weichen Krabben sowie Ananas ist das Gericht ein echter Hit. Gegen den Durst hilft eine der zehn verschiedenen Margarita-Drinks. Getoppt wird das alles durch den umwerfenden Blick auf das Marina Bay Sands.

PIZZERIA MOZZA

ITALIENISCH **$$**

Karte S. 232 (☎6688 8522; www.singapore.pizzeriamozza.com; B1-42/46 Shoppes at Marina Bay Sands, 2 Bayfront Avenue; Pizza 20–38 S$; ⊙12–23 Uhr; Ⓜ Bayfront) Dieser beliebte Pizzaladen gehört u. a. dem umtriebigen New Yorker Koch Mario Batali. Günstig speist sich hier nicht, aber es ist eines der wenigen Lokale im Marina Bay Sands mit einem Starkoch, für das man nicht eine Hypothek aufs eigene Haus aufnehmen muss. Sowohl die Antipasti, als auch die Panini sollten selbst die kritischste italienische Großmutter zufriedenstellen. Doch das Highlight ist die Pizza aus dem Holzofen, mit einer absolut himmlisch knusprigen Kruste.

Pasta-Liebhaber sollten das Schwester-Restaurant Osteria Mozza direkt nebenan aufsuchen. Man kann aber leider nicht von der jeweils anderen Speisekarte wählen.

COMMON MAN COFFEE ROASTERS

CAFÉ **$$**

(☎6836 4695; www.commonmancoffeeroasters.com; 22 Martin Rd; Hauptgerichte 14–29 S$; ⊙7.30–18 Uhr; ; Ⓜ Fort Canning) Das geräumige Café mit coolem Industriecharme serviert nicht nur erstklassigen Kaffee, sondern auch sehr leckeres Essen. Die Zutaten sind superfrisch und die Kombinationen einfach, aber kreativ. So werden ganztags beliebte Frühstücksleckereien angeboten wie z. B. weichgekochte Eier in einem Teigmantel mit cremigem Hummus sowie Feta, Oliven, Gurken und Tomaten oder aber mittags Quinoa-Salat mit gegrillten Süßkartoffeln, Spinat, Minze, Koriander, Ziegenkäse und Honig-Rosinen-Joghurt.

WAH LOK

CHINESISCH **$$**

Karte S. 230 (☎6311 8188; www.carltonhotel.sg; Level 2, Carlton Hotel, 76 Bras Basah Rd; Dim Sum 5,40–12 S$, Hauptgerichte 22–40 S$; ⊙Mo–Sa 11.30–14.30, 18.30–22.30, So 11–14.30, 18.30–22.30 Uhr; P; Ⓜ City Hall, Bras Basah) Dieser elegante kantonesische Klassiker serviert eines der besten Dim-Sum-Mittagessen. Hierher kommen keine Tanten mit Einkaufswägelchen, die Yum-Cha-Speisen schmecken wunderbar und die freundlichen Kellner warten darauf, die Bestellung entgegennehmen zu können. Zu den Favoriten zählen *xiao long bao* (Suppenknödel) sowie gebackenes Schweinefleisch im Brötchen. Am Wochenende gibt es zwei Zeiten zum Mittagessen – man sollte gut eine Woche im Voraus reservieren.

★ODETTE

MODERN FRANZÖSISCH **$$$**

Karte S. 230 (☎6385 0498; www.odetterestaurant.com; 01-04 National Gallery Singapore, 1 St Andrew's Rd; Mittagessen ab 98 S$, Abendessen ab 228 S$; ⊙Di–Sa 12–13.30, Mo–Sa 19–21 Uhr; ; Ⓜ City Hall) Über diesen Newcomer auf der eigentlich recht gesättigten Gourmetszene in Singapur wurde schon vor dessen Eröffnung ausführlich diskutiert. Unter Julien Royer, dem ehemaligen Koch des Jaan, wird die moderne französische Küche von den Jahreszeiten inspiriert und fachmännisch zusammengestellt.

Das Lokal ist auch visuell atemberaubend: Die Farbpalette ist in sanften Tönen gehalten und die in der Luft schwebenden Installationen stammen vom heimischen Künstler Dawn Ng. Hier muss man mindestens einen Monat im Voraus buchen und dann die Kreditkarte bereithalten.

★JUMBO SEAFOOD

CHINESISCH **$$$**

Karte S. 230 (☎6532 3435; www.jumboseafood.com.sg; 01-01/02 Riverside Point, 30 Merchant Rd; Gerichte ab 14 S$, Chilikrabben je Kilo ca. 78 S$; ⊙12–14.15, 18–23.15 Uhr; Ⓜ Clarke Quay) Wer Lust auf Chili Crab hat, ist hier genau richtig. Die Sauce schmeckt süß und nussig und ist mit genau der richtigen Menge Chili verfeinert. Unbedingt einige *mantou* (ge-

KOPI-KULTUR

Es gibt nur wenige Dinge in Singapur, die entspannender sind, als in einem *kopitiam* (Café) die Beine bei einem klassischen *kopi* (Kaffee) auszustrecken. Der markante Geschmack kommt von der Art der Röstung, die mit Zucker und Margarine stattfindet. Als Ergebnis gibt es einen dunklen und starken Kaffee mit zarter Karamell- und Butter-Note. *Kopi* wird entweder schwarz oder mit Kondensmilch getrunken.

Hier die wichtigsten *Kopi*-Begriffe, die sich auch für *teh* (Tee) nutzen lassen.

Kopi Kaffee mit Kondensmilch. Kein Zucker, die Kondensmilch sorgt für die Süße.

Kopi-O Schwarzer Kaffee mit Zucker.

Kopi-O kosong Schwarzer Kaffee ohne Zucker (*kosong* bedeutet auf Malaiisch „nichts" oder „null").

Kopi-C Kaffee mit Kondensmilch und Zucker (das C steht für Carnation, eine beliebte Kondensmilchmarke).

Kopi-C kosong Kaffee mit Kondensmilch, aber ohne Zucker.

Kopi peng Eiskaffee mit Kondensmilch.

Kopi gao Wörtlich „dicker" Kaffee (ähnlich wie ein doppelter Espresso).

Kopi poh Ein „leichter" Kaffee.

bratene Hefebrötchen) bestellen, um damit die Sauce aufzutunken.

In allen Jumbo-Filialen wird dieses Gericht hervorragend zubereitet, für diese Filiale spricht die schönste Lage am Fluss.

Ein Kilo Krabben (oder 1,5 kg für besonders Hungrige) reichen in der Regel für zwei Personen. Plant man den Besuch gegen Ende der Woche, sollte man unbedingt vorher reservieren.

JAAN
FRANZÖSISCH **$$$**

Karte S. 230 (☎6837 3322; www.jaan.com.sg; Level 70, Swissôtel The Stamford, 2 Stamford Rd; Mittag-/Abendessen feste Menüs ab 88/238 S$; ⏲Mo–Sa 12–14.30, 19–22.30 Uhr; ✎; Ⓜ City Hall, Esplanade) 70 Stockwerke über der Stadt ist das schicke und intime Jaan das Reich des britischen Kochs Kirk Westaway, der bei seinem Vorgänger, dem französischen Koch Julien Royer, Souschef war. Seit der Übernahme hat Westaway seine Gäste schlicht verzaubert mit seiner kunstvollen Küche, die ihm auch einen Michelin-Stern eingebracht hat. Die Speisekarte ändert sich mit den Jahreszeiten, die Speisen sind erstklassig und die Präsentation wie auf einer Bühne. Hier sollte man unbedingt vorab buchen und, wenn möglich, einen Fensterplatz reservieren.

WHITEGRASS
MODERN AUSTRALISCH **$$$**

Karte S. 230 (☎6837 0402; www.whitegrass.com.sg; 01-26/27 Chijmes, 30 Victoria St; 2-/3-/5-/8-Gänge-Mittagessen 48/64/135/220 S$, 3-/5-/8-Gänge-Abendessen 108/170/255 S$; ⏲Mi–Sa 12–14, Di–Sa 18–21.30 Uhr; ✎; Ⓜ City Hall, Bras Basah) Im Gourmet-Restaurant Whitegrass von Koch und Besitzer Sam Aisbett ist alles bis ins kleinste Detail perfekt abgestimmt. Von den australischen Zutaten bis zu den Steakmessern von Roland Lannier und dem Wandgemälde des heimischen Illustrators MessyMsxi (dies ist keine Tapete!) wirkt alles mühelos schick. Die Speisen verraten japanische und asiatische Einflüsse. Ein Leckerbissen ist die Meerbrasse mit Fremantle-Oktopus, Fenchelcreme, gegrillten Gurken, Strandsoden, geröstetem Tintenfisch und einer Safran-Brühe. Vor der Reservierung sollte man am besten auf der Webseite auch die Gebühren für eine (etwaige) Stornierung beachten.

WAKU GHIN
JAPANISCH **$$$**

Karte S. 232 (☎6688 8507; www.marinabaysands.com/restaurants/celebrity-chefs/waku-ghin; L2-01 Shoppes at Marina Bay Sands, 2 Bayfront Avenue, Zugang via Lift A oder B; Degustationsmenü 450 S$; ⏲feste Zeiten 17.30 & 20 Uhr; Ⓜ Bayfront) Die kulinarische Raffinesse und die exquisitie Qualität des 10-Gänge-Degustationsmenüs des hochgelobten Kochs Tetsuya Wakuda lässt alle Gastro-Kritiker verstummen. Für zwei Personen muss man allerdings beinahe 1000 S$ einplanen – und die Rechnung steigt noch, wenn man mehr als nur Leitungswasser trinken möchte.

Der kürzlich verliehene Michelin-Stern hat den exklusiven Charme des Restaurants noch weiter unterstrichen.

POLLEN EUROPÄISCH **$$$**

Karte S. 232 (☎6604 9988; www.pollen.com.sg; Flower Dome, Gardens by the Bay, 18 Marina Gardens Drive; Hauptgerichte 39–68 S$, 5-Gänge-Degustationsmenü (abends) 168 S$; ⌚Mi–Mo 12–14.30, 18–21.30 Uhr, Pollen Terrace Café 9–21 Uhr; Ⓜ Bayfront) Im Flower Dome des Gardens by the Bay's (freier Eintritt für Restaurantgäste) ist das luxuriöse Pollen der Singapur-Ableger des Londoner Pollen Street Social. Auf der Speisekarte finden sich kunstvoll zubereitete europäische Gerichte mit sorgfältig ausgesuchten Zutaten, die auch leichte asiatische Einflüsse verraten. Das feste dreigängige Mittagsmenü (55 S$) ist das Geld wert. Im Café oben wird Mi–Mo von 15–17 Uhr auch High Tea serviert (mindestens zwei Wochen im Voraus buchen). Das Pollen bietet zudem regelmäßig einen kostenlosen Shuttle-Bus zwischen dem Haupteingang des Botanischen Gartens und dem Restaurant.

AUSGEHEN & NACHTLEBEN

★28 HONGKONG STREET COCKTAILBAR

Karte S. 230 (www.28hks.com; 28 Hongkong St; ⌚Mo–Do 17.30–1, Fr–Sa 17.30–3 Uhr; Ⓜ Clarke Quay) Die sanfte Beleuchtung des 28HKS lässt die Konturen in dem unmarkierten Geschäftshaus aus den 1960er-Jahren etwas verschwimmen. Die Sitzecken sind gemütlich und die Barmixer verwandeln enthusiastisch Grog in etwas Großartiges. Die himmlischen Cocktails sind nach ihrem Alkoholgehalt markiert. Erfrischend ist der Planter's Punch mit Rum, Grenadine, Zitrus und Darjeeling-Tee. Klassiker vom Fass, seltene Biere und leckere Küche sind sozusagen das Tüpfelchen auf dem i.

★SMOKE AND MIRRORS BAR

Karte S. 230 (☎9234 8122; www.smokeandmirrors.com.sg; 06-01 National Gallery Singapore, 1 St Andrew's Rd; ⌚Mo–Fr 15–24, Sa–So 12–2 Uhr; Ⓜ City Hall) Diese schicke Bar bietet vom Dach der Nationalgalerie den besten Panoramablick auf Singapur. Der Blick gleitet über Padang zum Marina Bay Sands und wird von den Hochhäusern zu beiden Seiten eingerahmt. Wer vor dem Sonnenuntergang hier eintrifft, kann mit einem Drink in der Hand die Verwandlung der Stadt vom Tag zur Nacht bewundern. Man sollte vorab unbedingt reservieren und um Sitze in der ersten Reihe bitten.

★LANTERN BAR

Karte S. 230 (☎6333 8388; www.fullertonbayhotel.com; Fullerton Bay Hotel, 80 Collyer Quay; ⌚So–Do 8–1, Fr–Sa 8–2 Uhr; Ⓜ Raffles Place) Angesichts der Hochhäuser im umliegenden Businessviertel wirkt das Gebäude etwas klein. Und die Drinks werden in Plastikbechern serviert (nicht sehr umweltbewusst). Aber dennoch bleibt das Lantern ein magischer Ort für einen anspruchsvollen Abenddrink. Warum? Es gibt flackernde Laternen, einen glitzernden Swimmingpool mit Glasrand – der allerdings nur für Gäste des Fullerton Bay Hotel (S. 174) reserviert ist – und dazu eine romantische Aussicht auf die Marina Bay.

Um nicht abgewiesen zu werden, sollte man zwei oder drei Tage im Voraus buchen, besonders an den Wochenenden.

CÉ LA VI SKYBAR BAR

Karte S. 232 (☎6508 2188; www.sg.celavi.com; Level 57, Marina Bay Sands Hotel Tower 3, 10 Bayfront Avenue; ⌚12 Uhr bis spät; Ⓜ Bayfront) Oben auf dem SkyPark, der wiederum das Marina Bay Sands krönt, ermöglicht diese Bar einen atemberaubenden Ausblick auf die Skyline von Singapur und darüber hinaus. Ab 18 Uhr gilt ein Dress Code (keine Shorts, Singlets oder Flipflops); ab 19 Uhr bestimmen Live-DJs den Sound.

Tipp: Man sollte sich die 30 S$ Eintrittsgebühr für das **Sands SkyPark Observation Deck** (Karte S. 232; ☎6688 8826; Erw./Kinder unter 13 Jahren 23/17 S$; ⌚Mo–Do 9.30–22, Fr–So 9.30–23 Uhr) sparen und einfach hierher kommen – bei einem guten Cocktail lässt sich derselbe Ausblick wunderbar genießen! Zugang ist durch die Hotellobby des Marina Bay Sands.

RONIN CAFÉ

Karte S. 230 (http://ronin.sg; 17 Hongkong St; ⌚Mo–Fr 8–18, Sa–So 8–19.30 Uhr; Ⓜ Clarke Quay) Das Ronin versteckt sich hinter einer abgedunkelten Glastür. Dahinter wartet eine brutalistische Kombi aus grauem Beton, unverputzten Rohren und tiefhängenden Lampen. Da denkt man schnell an unsanfte Verhöre. Doch Gott sei Dank werden nur ein weicher australisch-genuesischer Kaffee sowie diverse Teespezialitäten auf-

TANZEN BIS ZUM MORGENGRAUEN

Singapur gilt bei manchen als reine Geschäftsmetropole ohne jeden Fun, die bei Dunkelheit einfach so ins Bett geht. Doch für Nachteulen und Tanzfreaks ist gut gesorgt – man muss nur wissen, wo es abgeht. Der Mega-Club Zouk ist Singapurs berühmteste Adresse. Hier wird im Disko-Licht zu den Sounds von örtlichen und internationalen DJs getanzt. Das Partyleben auf ein neues Level hebt das **Altimate** (Karte S. 230; ☎6438 0410; www.1-altitude.com; Level 61, 1 Raffles Place; Eintritt inkl. 1 Getränk 30 S$; ⌚Fr–Sa 22–4 Uhr; Ⓜ Raffles Place). Der futuristisch wirkende Club ist voll ausgerüstet mit Neonbeleuchtung, digitaler Technik und virtuellen Avatars, nicht zu vergessen die atemberaubende Aussicht. Wer nicht gerne riesige Clubs besucht, sollte das eher unscheinbare **Headquarters by the Council** (Karte S. 230; ☎8125 8880; www.facebook.com/headquarters.sg; Level 2, 66 Boat Quay; Eintritt inkl. 1 Getränk 15 S$; ⌚Mi–Fr 22–3, Sa 22–4 Uhr; Ⓜ Clarke Quay) aufsuchen. In dieser kleinen ladenähnlichen Tanzlocation gibt es keine spektakuläre Lightshow, sondern nur einen einsamen Laser. Dafür eignen sich die Techno- und House-Rhythmen perfekt zum Abtanzen.

getischt. Zur einfachen Essensauswahl zählen das selbst gemachte Müsli sowie die Gourmet-Paninis; nur Bargeld, Kreditkarten werden nicht akzeptiert.

AH SAM COLD DRINK STALL — COCKTAILBAR

Karte S. 230 (☎6535 0838; www.facebook.com/AhSamColdDrinkStall; 60A Boat Quay; ⌚Mo–Do 18–24, Fr–Sa 18–3 Uhr; Ⓜ Clarke Quay, Raffles Place) Oberhalb der recht schnöden 08/15-Kneipen am Boat Quay ist diese Cocktailbar etwas für Eingeweihte und Kenner der Szene. An den Wänden hängen alte Poster aus Hongkong und man fühlt sich eher auf einer privaten Party, als in einer öffentlichen Bar. Das Ah Sam hat sich auf asiatische Mixturen spezialisiert. Sobald die Gäste dem Bartender ihre Vorlieben mitgeteilt haben, rühren, schütteln und mixen diese sehr clevere und leckere Kreationen zusammen.

ALCHEMIST BEER LAB — CRAFT-BIER

Karte S. 230 (☎6543 9100; www.facebook.com/AlchemistBeerLab; B1-16 The South Beach, 26 Beach Rd; ⌚So–Do 16–1, Fr–Sa 16–2 Uhr; Ⓜ Esplanade) Craft-Bier-Kenner fühlen sich in diesem „Labor" wie im Hopfenhimmel. Das schicke neue Brauhaus gehört der heimischen Little Island Brewing Co. Alle Augen richten sich sofort auf die 16 schimmernden Infusionstürme, die ersten für Bier in Asien. Acht davon zapfen Bier vom Fass, die anderen sind für die magische Beimischung der Geschmackszutaten verantwortlich. Da geht es beispielsweise um Marshmallow, Vanille oder Ananas, je nach Laune der Braumeister.

LEVEL 33 — MIKROBRAUEREI

Karte S. 232 (☎6834 3133; www.level33.com.sg; Level 33, Marina Bay Financial Tower 1, 8 Marina Boulevard; ⌚Mo–Mi 11.30–24, Do–Sa 11.30–2, So 12–24 Uhr; 📶; Ⓜ Downtown) In einem Land, das von „einzigartigen" Geschäftsangeboten besessen ist, gewinnt das Level 33 klar das Rennen, denn angeblich handelt es sich um die weltweit höchstgelegene „urbane Craft-Brauerei". Hier wird Lager, Pale Ale, Stout, Porter und Weizenbier gebraut. Man kann sich durch die Auswahl trinken und dabei den großartigen Ausblick über Marina Bay genießen. Wer auf einen guten Deal steht: Die Biere sind vor 20 Uhr günstiger.

1-ALTITUDE — BAR

Karte S. 230 (☎6438 0410; www.1-altitude.com; Level 63, 1 Raffles Place; Eintritt inkl. 1 Getränk 30 S$, ab 21 Uhr 35 S$; ⌚So–Di 18–2, Do 18–3, Mi & Fr–Sa 18–4 Uhr; Ⓜ Raffles Place) Auf einer dreieckigen Terrasse 282 m über der Straße ist die Bar derzeit die weltweit höchste Bar im Freien. Der Rundum-Panoramablick fällt auf Hochhäuser, koloniale Wahrzeichen und die vielen Schiffe vor der Küste. Frauen erhalten freien Eintritt und mittwochs die ganze Nacht über Martinis für 10 S$. Am „Get Busy Thursday" stehen Hip-Hop und R&B-Hits im Fokus. Für Herren gilt: keine Shorts oder Sandalen.

RAFFLES HOTEL — BAR

Karte S. 230 (www.raffles.com; 1 Beach Rd; Ⓜ City Hall, Esplanade) Sobald das imposante Raffles Hotel Mitte 2018 nach der Komplettsanierung wieder öffnet, können die Gäste wie früher Drinks im weißen Ambiente und dichten Tropenbewuchs der Kolonialarchitektur genießen. Der Langzeit-Hit Singapore Sling wird wieder über die Theke der Long Bar gereicht. Wer etwas mehr Raum haben möchte, sollte den Raffles Courtyard mit dem Brunnen aufsuchen oder sich wie ein Raj auf der Veranda des **Bar & Billiard Room** (☎6412 1816; ⌚So–Do 11–0.30, Fr–Sa 11–1.30 Uhr) einen Drink genehmigen. Die aktuellen Öffnungszeiten werden auf der Webseite angezeigt.

LOOF
BAR

Karte S. 230 (☎6337 9416; www.loof.com.sg; 03-07, Odeon Towers Building, 331 North Bridge Rd; ⌚Mo–Do 17–1, Fr–Sa 17–2 Uhr; 📶; Ⓜ City Hall, Bras Basah) Das warme rote Neonlicht des freundlichen Loof scheint zu sagen: „Schön, dass Sie heraufgekommen sind." Der Name ist eine Singlisch-Spielart des Wortes „Roof" (Dach). Von der begrünten Dachterrasse schweift der Blick über das Raffles Hotel und das Marina Bay Sands mit einem Singapore Sour in der Hand. Die preisgünstige Happy Hour werktags dauert von 17 bis 20 Uhr. Dabei steigen die Getränkepreise im Stundentakt.

WINE CONNECTION
WEINBAR

Karte S. 230(☎6235 5466; www.wineconnection.com.sg; 01-19/20 Robertson Walk, 11 Unity St; ⌚Mo–Do 11.30–1, Fr–Sa 11.30–2, So 11.30–23 Uhr; 📶; Ⓜ Fort Canning) Weinliebhaber schätzen diesen gut bestückten Weinladen mit dazugehöriger Bar am Robertson Quay. Das Team arbeitet eng mit Winzern aus der ganzen Welt zusammen, sodass es keine Zwischenhändler gibt. Die Weinkarte ist abwechslungsreich und die Preise sind sehr günstig. Ein Glas Wein gibt es ab 7 S$ und Flaschen schon ab 30 S$. Dazu werden ansprechende Salate und Tartines serviert – und nicht zu vergessen die erstklassigen Käsesorten von der hervorragend duftenden Cheese Bar nebenan.

POST BAR
BAR

KarteS. 230 (☎6733 8388; www.fullertonhotel.com; Fullerton Hotel, 1 Fullerton Rd; ⌚17–2 Uhr; Ⓜ Raffles Place) Die ursprüngliche Decke des Postamtes wurde beibehalten, doch die Skulpturen und die ziemlich futuristische Bodenbeleuchtung sind modern. So strahlt die Post Bar Klasse aus, ohne snobistisch zu wirken. Die Cocktails sind klasse und wurden nach den Postleitzahlen ihres Erfindungsortes benannt. Bei Facebook finden sich aktuelle Infos zu Themennächten – die klassischen Swing Nights am Dienstag machen Spaß und bringen die Gäste gut ins Schwitzen! Es lohnt, sich hierfür in Schale zu schmeißen.

☆ UNTERHALTUNG

★ZOUK
CLUB

Karte S. 230 (www.zoukclub.com; 3C River Valley Rd; Eintritt Frauen/Männer 30/35 S$ inkl. 2 Getränke; ⌚Zouk Mi, Fr 21–3, Sa 21–4 Uhr, Phuture Mi, Fr 21–3, Do 21–2, Sa 21–4 Uhr, Red Tail So–Di 18–23, Mi, Fr 19–3, Sa 19–4 Uhr, Capital Do 21–2, Fr 21–3, Sa 21–4 Uhr; Ⓜ Clarke Quay, Fort Canning) Nach einer großen Abschiedsparty an der früheren Location hat sich der legendäre Club nun am dynamischen Clarke Quay angesiedelt. Hier legen einige der weltbesten DJs für die Schickimicki-Szene Singapurs auf – der wohl heißeste Ort zum Feiern.

Im Hauptclub gibt es auf zwei Ebenen Tanzflächen zu dröhnenden Sounds und unwirklicher Beleuchtung. In dem von Graffiti übersäten Phuture ist hingegen mehr Hip-Hop angesagt.

ATTICA
CLUB

Karte S. 230 (☎6333 9973; www.attica.com.sg; 01-03 Clarke Quay, 3A River Valley Rd; ⌚Mi–Sa 22 Uhr bis spät; Ⓜ Clarke Quay, Fort Canning) Das Attica hat sich eine getreue Gefolgschaft unter Singapurs wankelmütigen Clubbesuchern gesichert. Es orientiert sich an den hippsten Clubs New Yorks, allerdings dann doch mit kleinen Einbußen auf dem Weg über den Pazifischen Ozean. Den Einheimischen zufolge gehen die in Singapur lebenden Ausländer am Wochenende dorthin, meist in den Innenhof. Die Musik umfasst Titel aus den aktuellen Charts, House und R&B; die Website des Attica informiert auch über Themenabende.

ESPLANADE – THEATRES ON THE BAY
KULTURZENTRUM

Karte S. 230 (☎6828 8377; www.esplanade.com; 1 Esplanade Drive; ⌚Theaterkasse 12–20.30 Uhr; 📶; Ⓜ Esplanade, City Hall) Singapurs 600 Mio. S$ teures Esplanade – Theatres on the Bay bietet ein Nonstop-Programm an internationalen und heimischen Produktionen sowie kostenlose Open-Air-Veranstaltungen. Eintrittskarten bucht man über **Sistic** (☎6348 5555; www.sistic.com.sg; Level 4 Concierge, ION Orchard, 2 Orchard Turn; Ⓜ Orchard). Die anfänglich umstrittenen Aluminium-Hüllen wurden mit Fliegenaugen, schmelzenden Honigwaben und zwei auf dem Kopf liegenden Stinkefrüchten verglichen. Eigentlich sollen sie aber auf die traditionelle asiatische Kunst des Schilfrohr-Flechtens verweisen und die natürliche Lichtausbeute maximieren. Mehr als 15 Jahre nach der Eröffnung im Jahr 2002 ist das Gebäude mittlerweile als Teil der städtischen Skyline akzeptiert worden.

Beheimatet ist hier das hoch geschätzte Singapore Symphony Orchestra (SSO), das in einem technisch erstklassigen Konzertsaal für rund 1800 Gäste auftritt. Dazu kommt ein Theater mit 1940 Sitzen. Angeboten wird ein vollgepacktes Programm aus Musik, Theater und Tanz von heimischen wie internationalen Ensembles. Die Webseite liefert Informationen zu den aktuellen Veranstaltungen, darunter regelmäßig auch kostenlose Konzerte. Versäumen sollte man auch nicht, auf der hübschen Dachterrasse in der Bar **Orgo** (Karte S. 230; ☎6336 9366; www.orgo.sg; ⌚18–1.30 Uhr) einen Drink zu nehmen.

SINGAPORE CHINESE ORCHESTRA
KLASSISCHE MUSIK

(☎6557 4034; www.sco.com.sg; Singapore Conference Hall, 7 Shenton Way; ⌚Mo–Fr 8.30–18 Uhr; Ⓜ Tanjong Pagar, Downtown) Mit traditionellen Instrumenten wie *Liuqins, Ruans* und *Sanxians* verwöhnt das SCO die Zuhörer das ganze Jahr über mit klassischer chinesischer Musik. Die Konzerte finden in der ganzen Stadt an unterschiedlichen Orten statt und manchmal gibt es gemeinsame Auftritte mit Jazz-Musikern.

COMEDY MASALA
COMEDY

Karte S. 230 (☎8525 7414; www.comedymasala.com; 69 Circular Rd; Erw./Student 25/15 S$; ⌚Di 20 Uhr; Ⓜ Raffles Place, Clarke Quay) Zeit für ein herzhaftes Lachen? Dann ist die Hero Bar an einem Dienstagabend genau der richtige Ort. Nach den Shows sorgt eine Live-Band weiter für gute Stimmung. Es gibt normalerweise nur Plätze zum Stehen. Wer sich dennoch setzen möchte, muss über die Webseite buchen; die Eintrittskarten sind sogar etwas günstiger.

TIMBRÈ @ THE SUBSTATION
LIVEMUSIK

Karte S. 230 (☎6338 8030; www.timbre.com.sg; 45 Armenian St; ⌚Di–Do & So 18–1, Fr–Sa 18–2 Uhr; Ⓜ City Hall, Bras Basah) Das junge Publikum stellt sich vor der beliebten Live-Arena ohne zu murren in die Schlange. Auf der Bühne stehen im regelmäßigen Wechsel lokale Bands und Singer-Songwriter, die alles von Pop und Rock bis zu Folk spielen. Die Gäste können sich mit Suppen, Salaten, Tapas und Gerichten wie Hühnchenflügel und Trüffelfritten sättigen.

THEATREWORKS
THEATER

(☎6737 7213; www.theatreworks.org.sg; 72-13 Mohamed Sultan Rd; 🚌32, 54, 139, 195; Ⓜ Fort Canning) TheatreWorks, eine der experimentelleren Theatergruppen Singapurs, wird vom schillernden künstlerischen Direktor Ong Keng Sen geleitet. Es ist eine Mischung aus regionalen Produktionen und internationaler Zusammenarbeit, präsentiert auf der Heimatbühne der Gruppe, einem früheren Reislager beim Robertson Quay.

SINGAPORE REPERTORY THEATRE
THEATER

Karte S. 230 (☎6221 5585; www.srt.com.sg; KC Arts Centre, 20 Merbau Rd; Ⓜ Fort Canning) Beheimatet im KC Arts Centre tritt das SRT-Ensemble aber auch auf anderen Bühnen auf. Die Truppe ist auf internationale und moderne Stücke aus Singapur spezialisiert. Das Programm gibt es auf der Webseite.

CRAZY ELEPHANT
LIVEMUSIK

Karte S. 230 (☎6337 7859; www.crazyelephant.sg; 01-03/04 3E River Valley Rd; ⌚Mo 17–1, Di–Do & So 17–2, Fr–Sa 17–3 Uhr; Ⓜ Clarke Quay, Fort Canning) Bei Locations, die sich selbst als „crazy" bezeichnen, sollten eigentlich die Alarmglocken angehen, doch jenseits der Türschwelle werden sie sofort übertönt. Diese touristische und mit Graffiti übersäte Rockbar ist biergeschwängert, laut und voll männlichem Adrenalin. Die Musik reicht von von Rock bis zu funkigem Blues. Von 17–21 Uhr gibt es eine Happy Hour, die Musiker treten erst gegen 22 Uhr auf.

SHOPPEN

Die Gegend leidet nicht unter einem Mangel an Einkaufszentren, die von Mode bis zu Elektrowaren alles verkaufen. Aber es gibt auch eine Handvoll attraktiver Boutiquen, die lokale Kunst und Design sowie unabhängige Mode und Haushalts-Accessoires anbieten.

NAIISE
GESCHENKE & SOUVENIRS

Karte S. 230 (☎6252 7701; www.naiise.com; 02-23 Central, 6 Eu Tong Sen St; ⌚11–22 Uhr; Ⓜ Clarke Quay) Auf der Suche nach einzigartigen und ausdrucksvollen Andenken an die Zeit in Singapur? Dann sollte dieser Designer-Laden auf der Liste stehen. Freche Postkarten, lustige Drucke von heimischem Essen, Candy-förmige Kissen und sogar *Nasi-Lemak*-Tee wird hier genauso verkauft wie Haushalts-Accessoires. Die kreativen Besitzer bieten auch Workshops zu Kalligrafie, Aquarellmalerei und Terrarium-Bau an.

KAPOK GESCHENKE & SOUVENIRS

Karte S. 230 (☎6339 7987; www.ka-pok.com; 01-05 National Design Centre, 111 Middle Rd; ⌚11–21 Uhr; Ⓜ Bugis, Bras Basah) Im National Design Centre präsentiert Kapok wunderbar designte Produkte aus Singapur und anderen Gegenden. Die eigene Welt lässt sich mit heimischem Schmuck von Amado Gudek, Düften von Code Deco und Armbanduhren von HyperGrand hervorragend restylen. Importiert wurden italienische Portemonnaies, französische T-Shirts und nordische Kuriertaschen. Nach dem Einkaufsstress lassen sich die Batterien im angeschlossenen Café wieder aufladen.

RAFFLES HOTEL ARCADE EINKAUFSZENTRUM

Karte S. 230 (www.raffles.com; 328 North Bridge Rd; Ⓜ City Hall, Esplanade) Als Teil des Hotelkomplexes sind in der Raffles Hotel Arcade weltbekannte Marken angesiedelt. Wie das Hotel soll die Arcade nach der Renovierung Mitte 2018 wieder eröffnen, um dann erneut wohlsituierte Kunden und Windowshopper anzulocken. Der Souvenirladen ist für sein ausgefallenes Sortiment und seine Qualität bekannt. Es gibt alte Hotelposter, Seidenkissen sowie Schreibwaren, Tee-Service und Badeartikel mit dem Raffles-Logo.

BASHEER GRAPHIC BOOKS BÜCHER

Karte S. 230 (☎6336 1917; www.basheergraphic.com; 04-19 Bras Basah Complex, 231 Bain St; ⌚Mo–Sa 10–20, So 11–18.30 Uhr; Ⓜ Bugis, Bras Basah) Warum nicht den Kaffeetisch mit Design-Büchern und -Magazinen verschönern? Der Laden im Bras Basah Complex (vor Ort bekannt als „Book City") hat (fast) alles im Angebot, von Fashionbänden bis zu Kunst-, Architektur- und Stadtplanungstiteln. Kunden können sich die Bücher auch gerne nach Hause schicken lassen – einfach die Mitarbeiter fragen.

ROXY DISC HOUSE MUSIK

Karte S. 230 (☎9061 3491; www.roxydischouse.com; 03-42 The Adelphi, 1 Coleman St; ⌚Mo–Sa 13–19, So 14–19 Uhr; Ⓜ City Hall) In den dicht gedrängten Reihen des Roxy gibt es Musik auf Vinyl und auf CDs, neu und gebraucht. Den Löwenanteil nehmen Jazz und Blues ein; Sammlereditionen gibt es sowohl mit englischem als auch mit chinesischem Text. Der Laden liegt im dritten Stockwerk des Adelphi, ein Einkaufzentrum mit zahlreichen Elektronikgeschäften.

CAT SOCRATES GESCHENKE & SOUVENIRS

Karte S. 230 (☎6333 0870; www.catsocrates.com.sg; 02-25 Bras Basah Complex, 231 Bain St; ⌚Mo–Sa 12–20, So 13–19 Uhr; Ⓜ Bugis, Bras Basah) Bislang kein Retro-Spielzeugauto aus China gefunden? Und was ist mit dem Geschenkpapier von Pan Am? Die Chancen stehen gut, das Gewünschte in diesem ungewöhnlichen Shop im Bras Basah Complex („Book City") zu finden. Auch Laptop-Taschen aus Filz, schräge Täschchen sowie supercoole Singapur-Souvenirs finden sich auf den Regalen. So gibt es grafische Postkarten mit Stadtmotiven und Notizbücher aus der Nachbarschaft.

SHOPPES AT MARINA BAY SANDS EINKAUFSZENTRUM

Karte S. 232 (☎6688 6888; www.marinabaysands.com; 10 Bayfront Avenue; ⌚So–Do 10.30–23, Fr–Sa 10.30–23.30 Uhr; 📶; Ⓜ Bayfront) Von Miu-Miu-Pumps und Prada-Kleidern bis zu Blazern von Boggi Milano lässt sich in diesem Tempel für Anspruchsvolle die Kreditkarte vielfach einsetzen. Auch wenn es sich um eines der größten Luxus-Einkaufszentren in Singapur handelt, ist es hier nie überfüllt. Das ist toll, falls die Massen an der Orchard Road doch etwas abschreckend wirken. An der Marina Bay befindet sich auch der schwimmende Louis-Vuitton-Laden.

ROYAL SELANGOR GESCHENKE & SOUVENIRS

Karte S. 232 (☎6688 7167; www.royalselangor.com; B2-92 Shoppes at Marina Bay Sands, 10 Bayfront Avenue; ⌚10.30–23 Uhr; Ⓜ Bayfront) Der Zinnspezialist aus Malaysia ist vielleicht nicht besonders hip, der Schmuck gefällt aber auch sehr modischen Teens. Das beste hier ist die School of Hard Knocks (SOHN), bei der Gruppen von zwölf Personen Zinn zu gehämmerten Meisterwerken schlagen.

RAFFLES CITY EINKAUFSZENTRUM

Karte S. 230 (☎6318 0238; www.rafflescity.com.sg; 252 North Bridge Rd; ⌚10–22 Uhr; 📶; Ⓜ City Hall) Das Raffles City bietet ein Atrium sowie ein dreistöckiges Modekaufhaus von Robinsons sowie eine Reihe von feschen

Taschen- und Kofferläden, darunter Coach, Tumi und Kate Spade. Auf Ebene 3 finden sich die Kinderboutiquen. Für hochwertige Kunst von etablierten und aufstrebenden Künstlern aus Asien und dem Westen ist die Galerie **Ode to Art** (Karte S. 230; ☎6250 1901; www.odetoart.com; 01-36 Raffles City; ⊙11–21 Uhr) die richtige Adresse. Hungrig? Dann wartet der ansprechende Food Court im Untergeschoss.

PENINSULA PLAZA EINKAUFSZENTRUM

Karte S. 230 (www.peninsulaplaza.com.sg; 111 North Bridge Rd; ⊙9–21 Uhr; M City Hall) Diese Mall wirkt wie „Klein Burma", denn hier drängen sich Lebensmittelgeschäfte und Lokale mit Produkten und Gerichten aus Myanmar (früher Burma). Ein Tipp ist das **Inle Myanmar** (Karte S. 230; ☎6333 5438; www.inlemyanmar.com.sg; B1-07 A/B Peninsula Plaza; Gerichte 8–25 S$; ⊙11–22 Uhr; 📶). Es gibt auch Wechselstuben und im Erdgeschoss den besten Kameraladen von ganz Singapur – der allerdings nicht unbedingt der preisgünstigste ist: **Cathay Photo** (Karte S. 230; ☎6337 4274; www.cathayphoto.com.sg; 01-11 Peninsula Plaza; ⊙Mo–Sa 10–19 Uhr).

CITYLINK MALL EINKAUFSZENTRUM

Karte S. 230 (☎6339 9913; www.citylink.com.sg; 1 Raffles Link; ⊙10–22 Uhr; M City Hall, Esplanade) Dieser scheinbar endlose Tunnel, der vom New Yorker Architekturbüro Kohn Pedersen Fox entworfen wurde, verbindet die MRT-Station City Hall mit der Suntec City und dem Esplanade – Theatres on the Bay. Hier lässt sich leicht der Hitze oder dem Regen entkommen. Von den Hotels an der Marina Bay ist die Mall zudem eine gute Verbindungsmöglichkeit ins Stadtzentrum.

MARINA SQUARE EINKAUFSZENTRUM

Karte S. 230 (☎6339 8787; www.marinasquare.com.sg; 6 Raffles Boulevard; ⊙10–22 Uhr; M City Hall, Esplanade) Mehr als 250 Läden, darunter viele internationale Markennamen wie Desigual, Zara und Muji, füllen das riesige Einkaufszentrum. Es befindet sich zentral in der Gegend des Marina Centre und ist gut verbunden mit der CityLink Mall, der Suntec City, dem Millenia Walk und dem Esplanade – Theatres on the Bay.

SUNTEC CITY EINKAUFSZENTRUM

Karte S. 230 (☎6266 1502; www.sunteccity.com.sg; 3 Temasek Boulevard; ⊙10–22 Uhr; 📶; M Esplanade, Promenade) Weitläufig, verwirrend und oft frustrierend unzugänglich verfügt das Suntec über internationale Markengrößen wie Uniqlo, Fossil, Kiehl's und Aesop sowie Restaurants, Cafés, Food Courts und eine große Filiale der Supermarktkette Giant Hyperfresh. Das Highlight ist aber der **Fountain of Wealth** (Karte S. 230; ⊙10–12, 14–16, 18–19.30 Uhr). Der „Brunnen des Reichtums" wurde als weltweit größter Brunnen ins Guinnessbuch der Rekorde eingetragen.

SPORT & AKTIVITÄTEN

ULTIMATE DRIVE ABENTEUERSPORT

Karte S. 232 (☎6688 7997; www.ultimatedrive.com; Tower 3, 01-14 Marina Bay Sands Hotel, 10 Bayfront Avenue; Fahrt als Fahrer/Passagier ab 298/238 S$; ⊙9–22 Uhr; M Bayfront) Sich richtig aufbrezeln und dann mit großer Geste in einen Ferrari California (rot), Lamborghini Gallardo Spyder (orange) oder McLaren MP4-12 (weiß) einsteigen, um eine heiße Runde zu drehen. Dieser Hauch von Luxus kann für 15–60 Minuten getestet werden – man kann ja auch mal träumen, oder? Ein weiterer Startort ist zwischen 10 und 20 Uhr die Suntec City (s. links) am Eingang zum Konferenzzentrum (01-K27).

WILLOW STREAM SPA, WELLNESS

Karte S. 230 (☎6431 5600; www.willowstream.com/singapore; Level 6, Fairmont Hotel, 80 Bras Basah Rd; Behandlungen ab 148 S$; ⊙7–22 Uhr, Behandlungen ab 9 Uhr; M City Hall, Esplanade) In diesem Spa kann man sich verwöhnen lassen: Jacuzzis, Tauchbecken, Zimmer, die mit aromatischen Düften bedampft werden, und Personal, das erst dem Gesicht eine angenehme Behandlung zukommen lässt, bevor es alle Verspannungen aus dem Körper herausdrückt und -knetet. Im Haus befindet sich auch ein Friseursalon.

GX-5 EXTREME SWING ABENTEUERSPORT

Karte S. 230 (☎6338 1766; www.gmaxgx5.sg; 3E River Valley Rd; Erw./Student pro Fahrt 45/35 S$, inkl. G-Max Reverse Bungy 69/50 S$; ⊙14 Uhr bis spät; M Clarke Quay, Fort Canning) Ein etwas entspannteres Vergnügen wird direkt neben dem **G-Max Reverse Bungy** (Erw./Student pro Fahrt 45/35 S$, inkl. GX-5 Extreme Swing 69/50 S$; ⊙14 Uhr bis spät) geboten. Während es beim G-Max senkrecht fallend in die Tiefe geht, schwingen die Gäste des GX-5 wie in einer Schaukel hoch über dem Singapore River – in einem „etwas" verträglicheren Tempo.

Chinatown, Tanjong Pagar & der CBD

Highlights

❶ **Chinatown Heritage Centre** (S. 73) Das beeindruckende Museum besuchen und dabei die unbeschreiblichen Leiden, die zerstörerischen Versuchungen und die unglaubliche Widerstandskraft der Einwanderer nachempfinden, die diesem Stadtviertel seinen Namen gaben.

❷ **Chinese Theatre Circle** (S. 84) Den Stars der Show in diesem informellen Teehaus begegnen.

❸ **Ya Kun Kaya Toast** (S. 77) Nicht im Hotel frühstücken, sondern in dem altmodischen Café mit traditionellem Angebot.

❹ **Burnt Ends** (S. 78) Den Ess-Stäbchen eine Pause gönnen und dafür das fantastisch gegrillte Fleisch in diesem angesagten Restaurant probieren.

❺ **Operation Dagger** (S. 82) Die Nacht mit Trinken, Plaudern und Flirten in dieser Kellerbar an der Club Street verbringen, der wichtigsten Vergnügungsmeile von Singapur.

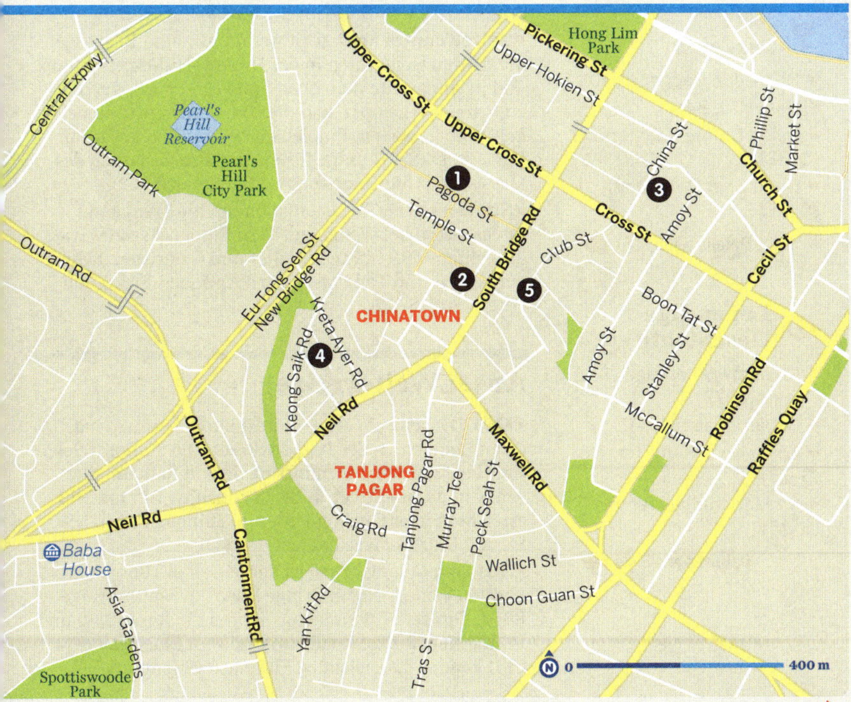

Mehr Details siehe Karte S. 234 und S. 237

Top-Tipp

Genau wie überall sonst in Singapur lohnt es sich auch in den heißen Bars rund um die Chinatown, von der Happy Hour (normalerweise bis 20 oder 21 Uhr) zu profitieren. Wem das noch immer zu teuer ist, der kann sich auch ein Bier in einem Hawker Centre auf einem Streetfood-Markt gönnen.

Gut essen

- Burnt Ends (S. 78)
- A Noodle Story (S. 75)
- Momma Kong's (S. 79)
- Hong Kong Soya Sauce Chicken Rice & Noodle (S. 77)
- Ding Dong (S. 79)

Details siehe S. 75.

Nett ausgehen

- Operation Dagger (S. 82)
- Native (S. 84)
- Nylon Coffee Roasters (S. 82)
- Good Beer Company (S. 73)

Details siehe S. 81.

Lebendige Geschichte

- Chinatown Heritage Centre (S. 73)
- Baba House (S. 74)
- Thian Hock Keng Temple (S. 75)
- Sri Mariamman Temple (S. 75)

Details siehe S. 74.

Chinatown, Tanjong Pagar & den CBD erkunden

Abgesehen vom faszinierenden Chinatown Heritage Centre sind die Sehenswürdigkeiten eher nett als umwerfend, aber umso besser kann man sich auf das eigentlich Wichtige konzentrieren – das Essen. Der Morgen beginnt mit einem traditionellen Singapur-Frühstück in einem *kopitiam* (Coffeeshop). Mittags drängt sich alle Welt in den Hawker Centres von Chinatown. Am Abend locken viele feine Restaurants mit Nationalküchen von echt mexikanisch bis hin zu sehr scharf südostasiatisch.

Zwischen den Mahlzeiten gibt es Antiquitätenhändler, Kunstgalerien oder den ein oder anderen Tempel zu besichtigen. Zu bewundern sind die schön renovierten Ladenhäuser der luxussanierten Straßen von Duxton Hill (südlich von Chinatown).

Die Skyline ist am schönsten von einer der Dachterrassenbars (Ann Siang Road oder Club Street) zu sehen.

Lokalkolorit

Hawker Centres Es ist ein Wunder, dass Singapurs teure Restaurants überhaupt existieren können, denn die billigen Lokale in den Hawker Centres sind ausgesprochen gut. Ausprobieren sollte man zumindest das Food Centre (S. 79) an der Maxwell Road.

Kaffee contra kopi Auch wenn Cafés und Röstereien der dritten Generation in der Duxton-Hill-Gegend hipp und in sind, sollte man doch unbedingt auch einen einheimischen *kopi* ("koh-pieh") in einem traditionellen *kopitiam* genießen. Empfehlenswert sind das Ya Kun Kaya Toast (S. 77) und – für exotischere Varianten des klassischen Getränks – das Coffee Break (S. 82).

Souvenirs Die Touristenfallen um die Trengganu Street bieten bei Weitem nicht so Eindrucksvolles wie die echten Antiquitätenhändler und Galeristen. Sehr zu empfehlen sind Tong Mern Sern Antiques (S. 85) und Utterly Art (S. 85).

An- & Weiterreise

MRT Die zentrale MRT-Haltestelle Chinatown hat ihren Eingang an der Pagoda Street. Die Station Telok Ayer liegt günstig für Imbisslokale und Bars um die Amoy und Club Street. Weiter südlich ist Duxton Hill erreichbar über Outram Park und Tanjong Pagar. Die Station Raffles Place bedient den CBD.

Bus Vom Colonial District verkehren die Busse 61, 145 und 166 von der North Bridge Road zur South Bridge Road. Von der Hill Street aus fahren die Busse 2, 12 und 147 die New Bridge Road entlang. Vom Fluss und dem CBD kommt man leicht zu Fuß nach Chinatown.

HIGHLIGHTS
CHINATOWN HERITAGE CENTRE

Das Chinatown Heritage Centre zeigt die chaotische, farbenfrohe und skandalöse Vergangenheit des Viertels. Das liebenswerte Durcheinander von alten Fotografien, persönlichen Erinnerungen und nachgebauten Lebensräumen erlaubt einen anschaulichen Spaziergang durch die Höhen und Tiefen des Stadtteils. Nach einem Besuch präsentieren sich die heute sanierten Straßen von Chinatown in einem ganz anderen Licht.

Schneiderladen & Wohnzellen

Die Reise ins alte Singapur beginnt im Erdgeschoss mit einem nachgebauten Schneiderladen sowie dem Arbeitsbereich und dem sehr beengten Wohnbereich für die Familie und die Auszubildenden. In den frühen 1950er-Jahren wimmelte es an der Pagoda Street nur so von Schneiderläden und dieses Museumsexemplar ist ungeheuer detailgetreu.

Nachgebaute Wohnzellen

Die Zeitreise geht im ersten Stock weiter. Hier ist eine Reihe der zellenartigen Wohnkabinen zu sehen, die genau nach den Erinnerungen und Erzählungen der früheren Bewohner entstanden. Sie erlauben einen Blick in die ärmlichen Wohnverhältnisse der opiumabhängigen Coolies und der stoischen Samsui-Frauen. Sogar eine achtköpfige Familie wohnte so! Jede Kabine wurde von Ungeziefer geplagt.

Frühe Pioniere

Im obersten Geschoss gehen Besucher auf die gefährliche Reise, die Einwanderer von China bis nach Singapur brachte. Gezeigt werden auch die Sitten und die Bedeutung der Familiennetzwerke. Die Sago Lane, „Straße der Toten", gewährt einen faszinierender Einblick in den Totenkult.

NICHT VERSÄUMEN

- Historische Anekdoten
- Nachgebaute Wohnzellen
- Sago Lane
- Die brillante Audiotour (inkl.)

PRAKTISCH & KONKRET

- Karte S. 234, D2
- ☎6224 3928
- www.chinatownheritagecentre.com.sg
- 48 Pagoda St
- Erw. 15 S$, Kinder unter 13/7 Jahren 11 S$/frei
- ⏲9–20 Uhr, am 1. Montag im Monat geschl.
- Ⓜ Chinatown

SEHENSWERTES

CHINATOWN HERITAGE CENTRE MUSEUM

Siehe S. 73.

★BUDDHA TOOTH RELIC TEMPLE BUDDHISTISCHER TEMPEL

Karte S. 234 (☎6220 0220; www.btrts.org.sg; 288 South Bridge Rd; ⏲7–19 Uhr, Reliquienbesichtigung 9–18 Uhr; Ⓜ Chinatown) GRATIS Der riesige, fünfstöckige buddhistische Schrein wurde erst im Jahr 2008 eingeweiht, aber die reiche Innenausstattung und die Ausstellung über buddhistische Kunst erzählen jahrhundertealte Geschichten. Die darin enthaltene Reliquie soll der linke Eckzahn des Buddha sein, der aus der Asche seiner Feuerbestattung im nordindischen Kushinagar geborgen wurde. Seine Echtheit wird zwar angezweifelt, doch die Reliquie genießt VIP-Status im Innern einer 420 kg schweren, massivgoldenen Stupa in einem kunstvoll verzierten Raum im vierten Stock. Weitere verehrte Artefakte, darunter Knochen- und Zungenreliquien zeigt das Museum im dritten Stock. Einen Ort der Ruhe und Kontemplation bietet der friedliche Dachgarten mit seiner Pagode und einer riesigen Gebetsmühle.

★THIAN-HOCK-KENG-WANDGEMÄLDE VON YIP YEW CHONG ÖFFENTLICHE KUNST

Karte S. 234 (www.yipyc.com; Amoy St, Rückwand des Thian-Hock-Keng-Tempels, 158 Telok Ayer St; Ⓜ Telok Ayer) Auf 44 m Breite erzählt dieses Wandgemälde des Singapurer Street-Art-Künstlers Yip Yew Chong die Geschichte der frühen Hokkien-Einwanderer. Sein Werk befindet sich außen auf der Rückseite des Thian-Hock-Keng-Tempels (S. 75). Die Geschichte beginnt auf der rechten Seite und folgt dem mühsamen Weg der Einwanderer von der Abreise in China bis zur Ankunft in Singapur. Dargestellt werden die Opfer, Leiden und Freuden, die sie auf dem langen Weg erfuhren. Die versteckten Geheimnisse des Wandgemäldes erfahren Besucher über die LocoMole-App: Die Instruktionen dafür befinden sich links am Rand des Wandgemäldes. Der Künstler ist übrigens nur am Wochenende kreativ, unter der Woche arbeitet er als Buchhalter.

HIGHLIGHTS
BABA HOUSE

Einige Gehminuten westlich der Chinatown liegt das Baba House, eines der am besten erhaltenen Häuser in Singapur, um die Peranakan-Kultur zu erleben. Das wunderschöne dreistöckige Gebäude wurde der National University of Singapore (NUS) von einem Familienmitglied gestiftet, das hier gewohnt hatte. Die NUS renovierte Baba House dann so, wie es nach den Familienberichten 1928 ausgesehen haben mag. Damals erlebte das Haus seine Blütezeit.

Im Inneren öffnet sich ein hervorragender Blick in die Lebenswelt einer reichen pernakanischen Familie vor einem Jahrhundert. Bemerkenswert sind die sehr gut erhaltenen Möbel und Antiquitäten sowie die kunstvollen architektonischen Details. Erzählt wird die Geschichte des Hauses und seiner früheren Bewohner, deren alte originale Familienfotos noch immer an den Wänden hängen. Die eleganten Schlafzimmer im zweiten Stock sind eine Sehenswürdigkeit für sich. Sehr schön ist die *tenong*, eine Hochzeits-Geschenkebox, die einen Ehrenplatz innehat.

Baba House kann nur im Rahmen einer einstündigen Führung besucht werden, die Mo, Di, Do und Sa angeboten wird. Die exzellente Tour ist kostenlos, aber man muss sich im Voraus telefonisch anmelden, denn E-Mails werden leider nicht immer beantwortet.

NICHT VERSÄUMEN

- Originale Fotos
- Möbel im Stil der Peranakan
- Kunstvolle architektonische Details
- *Tenong*, eine Hochzeits-Geschenkebox

PRAKTISCH & KONKRET

- Karte S. 237, A4
- ☎6227 5731
- http://babahouse.nus.edu.sg
- 157 Neil Rd
- Eintritt frei
- ⏲Einstündige Touren Mo 14, Di 14 & 18.30, Do 10, Sa 11 Uhr
- Ⓜ Outram Park

THIAN HOCK KENG TEMPLE TAOISTISCHER TEMPEL

Karte S. 234 (☎6423 4616; www.thianhockkeng.com.sg; 158 Telok Ayer St; ⏲7.30–17.30 Uhr; Ⓜ Telok Ayer) GRATIS Erstaunlicherweise ist der älteste und bedeutendste Hokkien-Tempel in Chinatown zumeist ein Paradies der Stille. Er wurde 1839–1842 errichtet und war einst der wichtigste Ankerplatz für chinesische Schiffe, bevor die Landgewinnungsmaßnahmen das Ufer weit hinausgeschoben haben. Wie nicht anders zu erwarten ist der Tempelbau voller Symbolik: Die Steinlöwen am Eingang halten böse Geister zurück, während die im zentralen Saal aufgemalten Phönixe und Pfingstrosen Frieden sowie Glück verkünden. Ungewöhnlich ist, dass die Tempeltore schottisch und die Ziegel niederländisch sind.

SINGAPORE MUSICAL BOX MUSEUM MUSEUM

Karte S. 234 (☎6221 0102; www.singaporemusicalboxmuseum.org; 168 Telok Ayer St; 40-minütige Führung pro Pers. 12 S$; ⏲Mi–Mo 10–18 Uhr; Ⓜ Telok Ayer) Der Rundgang durch die Musikgeschichte fasziniert durch die Melodien aus antiquierten Spieluhren. Einige davon sind mehr als 200 Jahre alt. Das Innenleben der ersten Spieluhr ist noch recht einfach gestrickt. Aber es gibt auch schrankgroße Exemplare, die mehrere Instrumente nachahmen. Eine Spieluhr war sogar für die *Titanic* vorgesehen, traf aber nicht rechtzeitig ein! Hier gibt es für jeden etwas: Ältere Besucher lieben die altmodischen Melodien, während jüngere Besucher staunen, wie der erste iPod ausgesehen hat.

SINGAPORE CITY GALLERY MUSEUM

Karte S. 234 (☎6321 8321; www.ura.gov.sg/citygallery; URA Centre, 45 Maxwell Rd; ⏲Mo–Sa 9–17 Uhr; Ⓜ Chinatown, Tanjong Pagar) GRATIS In dieser interaktiven Stadtplanungsausstellung werden die für Singapur geplanten Entwicklungen vorgestellt. Sie zeigen, wie ernst es der Regierung damit ist, Land zu gewinnen und Wohntürme zu erstellen. Interessant ist das 11 x 11 m große Modell der Innenstadt, das zeigt, wie Singapur aussehen wird, wenn die Projekte realisiert sein werden.

SRI MARIAMMAN TEMPLE HINDUISTISCHER TEMPEL

Karte S. 234 (☎6223 4064; www.smt.org.sg; 244 South Bridge Rd; Foto-/Videoticket 3/6 S$; ⏲5.30–12 & 18–21 Uhr; Ⓜ Chinatown) GRATIS Der älteste Hindu-Tempel von Singapur befindet sich paradoxerweise mitten in Chinatown. Der erste Tempel entstand 1823 und wurde 1843 neu gebaut. Ein Highlight ist der mit bunten Figuren in den 1930er-Jahren reich verzierte *gopuram* (Turm) über dem Eingang, der auf den südindischen dravidianischen Stil verweist. Skulpturen von heiligen Kühen zieren die umgebenden Mauern, während der *gopuram* mit kitschigen Gipsfiguren übersät ist, die Brahma den Schöpfer, Vishnu den Bewahrer und Shiva den Zerstörer darstellen.

PINNACLE@DUXTON AUSSICHTSPUNKT

Karte S. 234 (☎8683 7760; www.pinnacleduxton.com.sg; Block 1G, 1 Cantonment Rd; Skybridge (50. Stock) 6 S$; ⏲9–21.30 Uhr; Ⓜ Outram Park) Einen konkurrenzlos guten und günstigen (6 S$) Ausblick über die Stadt gibt es vom Dach auf dem 50. Stock des Pinnacle@Duxton. Skybridges verbinden die sieben Türme und bieten einen grandiosen Rundblick über die Stadt, den Hafen und das Meer. Der Kartenschalter auf Ebene 1 im Block G ist leicht zu übersehen. Dort wird die Ez-Link-Transportkarte registriert, bevor es mit dem Lift in den 50. Stock geht. Dort hält man die Karte an den Durchlass – man muss aber schon direkt vor dem Drehkreuz stehen.

SENG WONG BEO TEMPLE TAOISTISCHER TEMPEL

Karte S. 237 (☎6221 9930; 113 Peck Seah St; ⏲8–17 Uhr; Ⓜ Tanjong Pagar) GRATIS Versteckt hinter roten Pforten liegt unweit der MRT-Haltestelle Tanjong Pagar dieser von Touristen selten besuchte Tempel. Er ist dem chinesischen Stadtgott geweiht, der nicht nur für das Wohlergehen der Metropole sorgt, sondern auch die Seelen der Toten in die Unterwelt führt. Er ist zudem der einzige Tempel in Singapur, der noch Geisterhochzeiten abhält und so Eltern hilft, für früh verstorbene Kinder Hochzeiten im Jenseits zu arrangieren.

ESSEN

★A NOODLE STORY NUDELN $

Karte S. 234 (☎9027 6289; www.anoodlestorydotcom.wordpress.com; 01-39 Amoy Street Food Centre, Ecke Amoy & Telok Ayer Streets; Nudeln 7–9 S$; ⏲Mo–Fr 11.15–14.30, 17.30–19.30, Sa 10.30–13.30 Uhr; Ⓜ Telok Ayer) Schon die sich

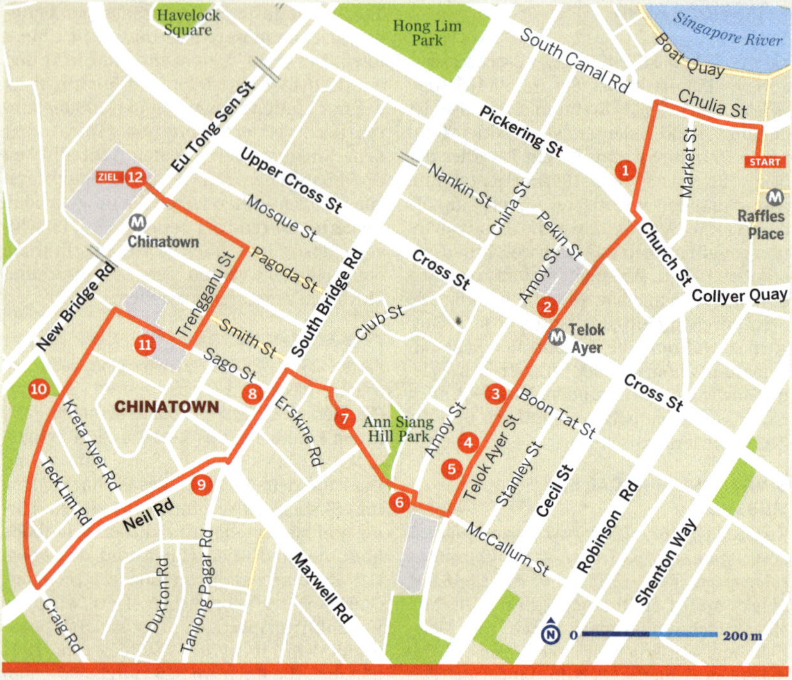

Stadtspaziergang Chinatown

START MRT-STATION RAFFLES PLACE
ZIEL PEOPLE'S PARK COMPLEX
LÄNGE/DAUER 2,5 KM; 2½ STUNDEN

Von der MRT-Haltestelle Raffles Place läuft man zunächst auf der Chulia Street Richtung Westen, anschließend auf der Phillip Street Richtung Süden bis zum 1 **Wak Hai Cheng Bio Temple** (☎6737 9555; ⌚8–17 Uhr). Auf der anderen Seite der Church Street folgt man der Telok Ayer Street bis zum 2 **Ying Fo Fui Kun**, einem zweistöckigen Gebäude (1822). Noch heute wird es von Singapurs Hakka-Chinesen genutzt. An der Ecke zur Boon Tat Street liegt der 3 **Nagore Durgha Shrine** (1828–1830), eine von Chulia-Muslimen aus Südindien erbaute Moschee. In der Nähe befinden sich der 4 **Thian Hock Keng Temple** (S. 75) und die 5 **Al-Abrar-Moschee** (1850).

Dann geht es rechts in die Amoy Street mit dem 6 **Siang Cho Keong Temple** im Haus Nr. 66. Links vom Eingang befindet sich ein „Drachenbrunnen", in den man eine Münze werfen und sich etwas wünschen kann. Gleich in der Nähe führt ein kleiner Torbogen zum Ann Siang Hill Park. Dort gehen Fußwege zum höchsten Punkt von Chinatown und zur 7 **Ann Siang Road**. In einigen dieser Häuser waren einst Clubs untergebracht– bemerkenswert sind einige Jugendstilfassaden (Nr. 15, 17 und 21). Dann links in die South Bridge Road zum 8 **Buddha Tooth Relic Temple** (S. 74). An der Ecke von South Bridge Road, Neil Road und Tanjong Pagar Road befindet sich die dreieckige 9 **Jinriksha Station**, einst ein Depot für Laufrikschas. Von der Neil Road biegt man in die Keong Saik Road ab. An der Kreuzung mit der Kreta Ayer Road steht der hinduistische 10 **Layar Sithi Vinygar Temple** (1925). Sein fünfstufiger *gopuram* über dem Eingang entstand 2007.

Der Keong Siak Road folgend, stößt man bald auf den 11 **Chinatown Complex** (S. 79), wo es günstiges Essen gibt, oder folgt der Trengganu Street, biegt links in die Pagoda Street und geht über die Fußgängerbrücke zum 12 **People's Park Complex** (S. 86) für eine Reflexzonenmassage.

windende Warteschlange und die prophylaktische Entschuldigung an der Fassade („Wir sind vielleicht schon vor der offiziellen Schließzeit ausverkauft") künden davon, dass dieser Stand ein Publikumsmagnet ist. Es gibt jeweils nur ein Gericht und zwar Ramen mit Singapurer Einschlag, zubereitet von den beiden jungen Köchen Gwern Khoo und Ben Tham. Die japanische Spezialität trifft hier auf *mee* (Nudeln) und wird zu einem reinen Vergnügen in einer Schüssel, die von einer knusprigen Garnele im Kartoffelmantel gekrönt wird.

★HONG KONG SOYA SAUCE CHICKEN RICE & NOODLE — STREETFOOD $

Karte S. 234 (02-126 Chinatown Complex, 335 Smith St; Gerichte 2–3 S$; ⌚Mo, Di, Do & Fr 10.30–19, Sa & So 8.30–19 Uhr; Ⓜ Chinatown) Der bescheidene Streetfood-Stand von Herrn Chan Hon Meng wurde durch einen kürzlich verliehenen Michelin-Stern plötzlich ins kulinarische Rampenlicht gerückt. Die Wartezeit kann mittlerweile bis zu drei Stunden betragen. Zu den kulinarischen Highlights zählen das zarte Hühnchen in Sojasoße sowie das karamellisierte Schweinefleischgericht *pork char siew*, serviert mit Reis oder perfekt zubereiteten Nudeln. Lohnt sich das Warten? Auf jeden Fall!

Aufgrund des großen Erfolgs seines Stands hat Chan Hong Meng bereits drei weitere Stände eröffnet. Der nächstgelegene befindet sich unmittelbar vor dem Chinatown Complex an der Smith Street. Das helle rot-blaue Schild weist den Weg. Die Speisekarte ist hier umfangreicher, dafür sind die Preise höher (Gerichte 3–10 S$) und das Ambiente ist steriler – das Original ist definitiv netter.

J2 FAMOUS CRISPY CURRY PUFF — STREETFOOD $

Karte S. 234 (01-21 Amoy Street Food Centre, Ecke Amoy & Telok Ayer Street; Curry Puffs 1,20–1,50 S$; ⌚Mo–Sa 8–16 Uhr; Ⓜ Telok Ayer) Die goldenen Curry-Blätterteigtaschen sind ein beliebter Snack in Singapur und hier sind sie superb. Besonders lecker ist die Variante mit Hühnchen mit einer nicht zu kräftigen Soße und flockig-knusprigem Blätterteig. Die Warteschlange ist oft lang, sodass man lieber nach dem Mittags-Ansturm kommen sollte. Den Snack genießt man heiß.

CHOP TAI CHONG KOK — BÄCKEREI $

Karte S. 234 (☎6227 5701; www.taichongkok.com; 34 Sago St; Gebäck ab 1 S$; ⌚Mo 9.30–18, Di–So 9.30–20 Uhr; Ⓜ Chinatown) Chop Tai Chong Kok ist seit 1938 eine traditionelle Bäckerei mit süßen Leckereien. Für Unentschlossene ist die Hausspezialität ein Tipp: „Mondgebäck" mit Lotuspaste. Einst war die Sago Street für ihre Sago-Fabriken und die Bordelle bekannt. Heutzutage wird hier alles von gegrilltem Fleisch bis zu Töpferwaren feilgeboten.

CI YAN ORGANIC VEGETARIAN HEALTH FOOD — VEGETARISCH $

Karte S. 234 (☎6225 9026; www.facebook.com/ciyanveg; 8–10 Smith St; Hauptgerichte 4–8 S$; ⌚12–22 Uhr; 🖉; Ⓜ Chinatown) Exzellentes Essen, ein freundlicher Manager und eine informelle Atmosphäre machen das schnörkellose vegetarische Lokal im Herzen der Chinatown zu einer guten Adresse. Zumeist gibt es nur fünf oder sechs Gerichte. Darunter können z. B. ein leckeres Angebot mit braunem Reis sein sowie Vollkorn-Hamburger, vegetarische Penang-Laksa-Suppe oder Mandeltofu. Die Gerichte werden täglich auf die schwarze Tafel geschrieben. Es gibt zudem eine interessante Auswahl an Obstsäften.

JING HUA XIAO CHI — CHINESISCH $

Karte S. 234 (Qun Zhong Eating House; ☎6221 3060; www.jinghua.sg; 21 Neil Rd; Gerichte 3,50–11 S$; ⌚Do–Di 11.30–15, 17.30–21.30 Uhr; Ⓜ Chinatown) Die Einheimischen sind bei Jing Hua noch immer in der Überzahl. Bei Halogenbeleuchtung wird ein begrenztes, aber zufriedenstellendes Repertoire an nordchinesischen Klassikern geboten, darunter z. B. Schweinefleischknödel, Nudeln mit Schweinehackfleisch und Soja-Soße sowie Pfannkuchen mit Roter-Bohnen-Soße. Anstatt des nur mäßig interessanten *xiao long bao* empfiehlt sich die chinesische Pizza, ein herzhaftes, frittiertes Gebäck mit Hackfleisch, Gemüse und geraspeltem Ingwer. Nur Barzahlung möglich.

YA KUN KAYA TOAST — CAFÉ $

Karte S. 234 (☎6438 3638; www.yakun.com; 01-01 Far East Square, 18 China St; Kaya-Toast-Set 4,80 S$, Kopi 1,80 S$; ⌚Mo–Fr 7.30–19, Sa 7.30–16.30, So 8.30–15 Uhr; Ⓜ Telok Ayer) Das helle Retrocafé gehört jetzt zwar zu einer Kette, ist aber weiterhin eine Institution. Hier lässt sich der Tag genauso beginnen, wie die Einheimischen es lieben. Die Spezialität ist der Buttertoast mit *kaya* (Kokosnussmarmelade), eingetaucht in weichgekochte Eier und abgeschmeckt mit weißem Pfeffer und einem Schuss Sojasoße. Dazu gibt es einen starken *kopi* (Kaffee). Die Tische draußen sind ein guter Ort, um den Einheimischen während der Rushhour zuzuschauen.

FAT PRINCE TÜRKISCH **$$**

Karte S. 234 (☎6221 3683; www.fatprincesg.com; 48 Peck Seah St; Mezze-Teller 12–14 S$; ⊙Mo–Fr 11.30–15 & Mo–Sa 18–24 Uhr, Brunch Sa & So 11.30–15 Uhr; Ⓜ Tanjong Pagar) Der „fette Prinz" ist nur spärlich beleuchtet, dafür glänzt er verlockend in goldenem Glitzer und mit Sitzen aus blauem Samt. Zum Auftakt sind ein leckerer Cocktail oder ein hausgemachtes türkisches Sodawasser eine gute Idee. Die Gerichte sind für mehrere Personen gedacht. Besonders lecker sind Kebab und die scharfen Adalar-Garnelen; unbedingt reservieren.

COCONUT CLUB MALAYSISCH **$$**

Karte S. 234 (☎6635 2999; www.thecoconutclub.sg; 6 Ann Siang Hill; Hauptgerichte 12,80 S$; ⊙Di–Sa 11–15 & 18–21.30, So 11–15 Uhr; Ⓜ Chinatown, Telok Ayer) Hier gibt es kein 08/15-*nasi lemak*, sondern vor allem eine spezielle malaysisch-westafrikanische Kokosnussart. Die Hühnchen sind sehr knusprig in ihrer verführerischen Zitronengras-, Ingwer- und Galangal-Kruste. Das *sambal* (eine Soße aus gebratenem Chili, Zwiebeln und Garnelenpaste) ist jedoch eher mild. Etwas Platz für das erfrischende Dessert *cendol* sollte noch bleiben.

RED STAR CHINESISCH **$$**

Karte S. 234 (☎6532 5266; www.redstarrestaurant.com.sg/; Level 7, 54 Chin Swee Rd; Yum Cha ab 3,50–8 S$; Yum Cha 8–15 Uhr, Abendessen 18–22 Uhr; Ⓜ Chinatown) Das klassisch wirkende Red Star ist ein Hotspot für sehr kampfbereite Tanten, die sogar mit Rollator kommen. Hier gibt es hervorragendes Yum Cha im Hongkong-Stil. Lecker sind das Schweinefleisch-Bao sowie das *liu sha bao*. Letzteres ist ein weiches Brötchen gefüllt mit gesalzenem Eigelb-Pudding. Das Restaurant befindet sich etwas versteckt im siebten Stock eines HDB-Hochhauses; auf die roten Schilder achten.

LUCHA LOCO MEXIKANISCH **$$**

Karte S. 234 (☎6226 3938; www.facebook.com/pg/LuchaLocoSingapore; 15 Duxton Hill; Tacos 9–10 S$, Quesadillas 14–16 S$; ⊙Di–Fr 12–15 & Di–Sa 17 Uhr bis spät; Ⓜ Tanjong Pagar) Auf dem belebten Duxton Hill hält das Lucha Loco die Massen mit flirtenden Barkeepern, cooler Atmosphäre und mexikanischem Essen bei Laune, das einem das Wasser im Mund zusammenlaufen lässt. Natürlich sind auch die Ceviches, *tostaditas* und die süchtig machenden *elotes* (Mais gerollt in Mayonnaise und Cotija-Käse) ein guter Tipp. Aber die Tapas, die reichlich mit frischen Zutaten belegt werden, sind der eigentliche Hit. Ohne Reservierung kommt man am besten früh oder spät, bestellt sich einen Mescal und wartet auf einen Tisch.

BLUE GINGER PERANAKANISCH **$$**

Karte S. 234 (☎6222 3928; www.thebluegin ger.com; 97 Tanjong Pagar Rd; Hauptgerichte 7–38 S$; ⊙12–14.15 & 18.30–21.45 Uhr; Ⓜ Tanjong Pagar) Das elegante Blue Ginger ist eines der wenigen Lokale in Singapur, das die scharf-sauren Gerichte der Küche der Peranakan anbietet, die Einflüsse aus der chinesischen und der malaiischen Küche verbindet. Besonders empfehlenswert sind *kueh pie ti* (geriebene Bambussprossen und Rüben mit Shrimps in gebackenen *pie-tee*-Schälchen garniert), *sambal terong goreng* (scharf gebratene Auberginen) und hervorragend abgeschmecktes Nonya-Fischkopf-Curry. Reservierung empfohlen.

PS CAFE INTERNATIONAL **$$**

Karte S. 234 (☎9797 0648; www.pscafe.com; 45 Ann Siang Rd; Hauptgerichte 24–40 S$; ⊙Mo–Mi 11.30–23, Do 11.30–24, Fr 11.30–1, Sa 9.30–1, So 9.30–23 Uhr; Ⓜ Chinatown, Telok Ayer) Von der Theke aus schwarzem Marmor im Erdgeschoss bis zu den makellosen Tischtüchern, den gepolsterten Chesterfield-Bänken und den Damen in Dior-Outfit ist in diesem stark duftenden Schmuckstück in jeder Ecke kolonialer Glamour angesagt. Hier werden der aktuelle Stand der Börse gecheckt oder die neuesten Urlaubserlebnisse ausgetauscht. Dazu kommt verführerische Bistroküche auf den Tisch, wie z. B. ein Salat aus kurz angebratenem Thunfisch mit einem cremigen Wasabi-Dressing. Auch der Miso-Kabeljau ist himmlisch. Kleine Kinder sind hier leider nicht willkommen, man muss sogar das Alter der eigenen Teenager mit einem Ausweis belegen (kein Scherz).

★ **BURNT ENDS** BARBECUE **$$$**

Karte S. 234 (☎6224 3933; www.burntends.com.sg; 20 Teck Lim Rd; Gerichte 8–45 S$; ⊙Mi–Sa 11.45–14 & 18–23, Di 18–23 Uhr; Ⓜ Chinatown, Outram Park) Die besten Sitze des Hotspots für moderne australische Küche befinden sich an der Theke. Von dort kann man

INSIDERWISSEN

IM FOKUS: DIE HAWKER CENTRES

Neulinge in Singapur sollten unbedingt auch ein sog. Hawker Centre mit den vielen Streetfood- und Garküchen-Ständen besuchen, um mit den Einheimischen eine günstige und leckere Mahlzeit zu genießen.

Maxwell Food Centre (Ecke Maxwell & South Bridge Road; Gerichte ab 2,50 S$; ⏲Standöffnungszeiten variieren; Ⓜ Chinatown) Das touristischste Hawker Centre in Chinatown ist für Einsteiger perfekt und vor allem mittags zu empfehlen. Top-Gerichte sind Reis-Haferbrei von Zhen Zhen Porridge sowie duftender Hühnchenreis von Tian Tian Hainanese Chicken Rice.

Chinatown Complex (335 Smith St; Gerichte ab 3 S$; ⏲Standöffnungszeiten variieren; Ⓜ Chinatown) Kenner und Gourmets gehören zu den Kunden. Sie stellen sich sofort an für Hong Kong Soya Sauce Chicken Rice and Noodles, die sogar mit einem Michelin-Stern ausgezeichnet wurden. Falls die einstündige Wartezeit doch zu viel verlangt ist, gibt es bei Lian He Ben Ji Claypot Rice einen gemischten Reis im Tontopf oder ein kräftig-nussiges Satay bei Shi Xiang Satay. Als liebevoll zubereitetes Gericht ist eine Ten Tonic Ginseng Chicken Soup bei Bonne Soup empfehlenswert.

Hong Lim Food Centre (Block 531A, Upper Cross St; Gerichte 3 S$; ⏲8–20 Uhr, Standöffnungszeiten variieren; Ⓜ Chinatown) Zu den Spezialitäten zählen *char kway teow* (in der Pfanne gebratene Reisnudeln) von Outram Park Fried Kway Teow sowie *Hokkien chang* von Hiong Kee Dumplings. Flusskrebse und *prawn hor fun* gehen bei Tuck Kee Ipoh Sah Hor Fun über die Theke.

Lau Pa Sat (www.laupasat.biz; 18 Raffles Quay; Gerichte ab 4 S$, Satay ab 0,60 S$; ⏲0–24 Uhr, Standöffnungszeiten variieren; Ⓜ Telok Ayer, Raffles Place) *Lau pa sat* bedeutet auf Hokkien „alter Markt", was hier genau passt, weil die ansehnliche Eisenkonstruktion 1894 von Glasgow hierher verschifft wurde. Die eigentliche Show findet auf der angrenzenden Straße statt, wo sich die Boon Tat Street in die Satay Street verwandelt: Wie in Kuala Lumpur reihen sich hier die Tische, während ältere Frauen Bier verkaufen und von den Satay-Ständen der Rauch herüberweht.

Koch Dave Pynt und seine vier Tonnen schweren Holzöfen und die Grills perfekt beobachten. Der freundliche Aussie hat sich unter dem dem spanischen Meister des Kohlegrills, Victor Arguinzoniz (Asador Etxebarri), hochgearbeitet. Seine Lehrjahre wirken bei Gerichten nach, wie z. B. der Pulled-Pork-Schulter in selbst gemachten Brioches oder der Rindfleischmarmelade mit Pickles auf einem Sauerteig vom Holzkohlengrill.

★MOMMA KONG'S FISCH, MEERESFRÜCHTE $$$

Karte S. 234 (☎6225 2722; www.mommakongs.com; 34 Mosque St; Krabbengerichte 48 S$, festes Menü für 2 Pers. ab 122 S$; ⏲Mo–Fr 17–23, Sa & So 11–23 Uhr; Ⓜ Chinatown) Das kleine, funkige Momma Kongs wird von zwei jungen Brüdern sowie ihrem Cousin betrieben, die von Krabben besessen sind. Auf der kompakten Speisekarte finden sich zahlreiche superleckere Krabbenklassiker, die frei von Natriumglutamat sind. Ein besonderer Tipp sind die hervorragenden Chili-Krabben mit einer Soße, die ohne Gelatine auskommt und in Singapur ihresgleichen sucht. Eine Portion Krabben und vier riesige, frische *mantou* (chinesische Brötchen) reichen normalerweise locker für zwei Mägen. Im Gegensatz zu vielen anderen Chili-Crab-Lokalen gibt es hier feste Preise, sodass beim Bezahlen keine unangenehmen Überraschungen zu erwarten sind. Am besten bucht man zwei Tage im Voraus – für Freitag/Samstag sogar drei Tage. Ansonsten sollte man erst spät am Abend kommen.

DING DONG SÜDOSTASIATISCH $$$

Karte S. 234 (☎6557 0189; www.dingdong.com.sg; 01-02, 115 Amoy St; Gerichte 16–29 S$; ⏲Mo–Sa 12–15 & 18–24 Uhr; Ⓜ Telok Ayer) Von den kitschig altmodischen Postern bis zu den liebevoll zubereiteten Cocktails und dem modernen Ansatz bei der Auswahl der südostasiatischen Zutaten dreht sich in diesem asiatischen Fusion Restaurant alles um die Liebe zum Detail. Fantastisch sind die Hummerschwänze mit einem

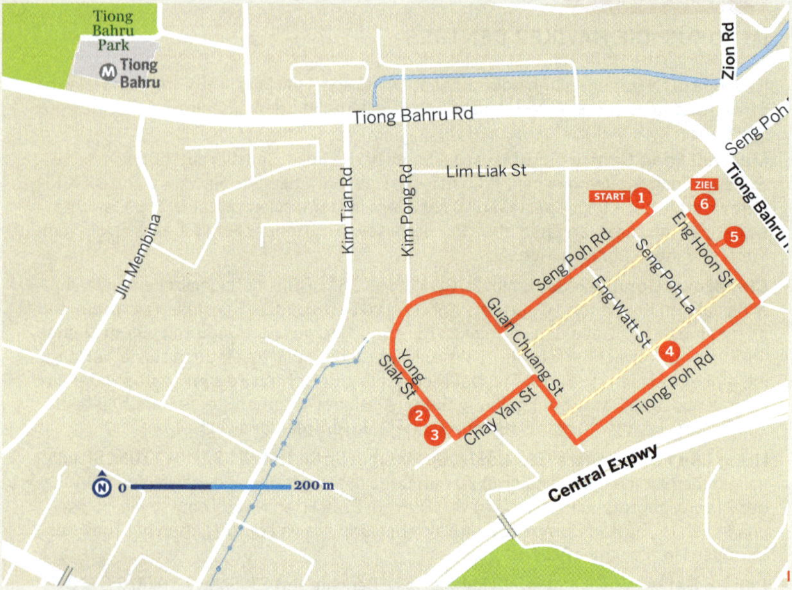

Lokalkolorit
Ein gemütlicher Morgen in Tiong Bahru

Am Wochenende bietet sich ein Morgenspaziergang durch Tiong Bahru an, drei Haltestellen nach Raffles Place an der west-östlichen MRT-Linie (grün). Das Viertel mit seinen niedrigen Gebäuden besitzt nicht nur hippe Boutiquen, Bars und Cafés. Es ist Singapurs erstes soziales Wohnungsbauprojekt, und die Jugendstilhäuser ohne Aufzug sind heutzutage unerwartete architektonische Schätze.

❶ Zum Markt

Der **Tiong Bahru Market & Food Centre** (83 Seng Poh Rd; Gerichte ab 3 S$; ⌚8 Uhr bis spät, Standöffnungszeiten variieren; P; M Tiong Bahru) bleibt so altmodisch wie eh und je, inkl. der orangefarbenen Außenwand, die für das Stadtviertel typisch war. Auf dem Markt kann man sich schon mal Appetit holen, dann geht es nach oben ins Hawker Centre für eine Portion *shui kueh* (Reiskuchen mit eingemachten Radieschen) bei **Jian Bo Shui Kueh** (02-05 Tiong Bahru Market & Food Centre, 83 Seng Poh Rd; Shui Kueh ab 2,50 S$; ⌚7–21 Uhr; M Tiong Bahru).

❷ Auf Bücherjagd

BooksActually (☎6222 9195; www.booksactually.com; 9 Yong Siak St; ⌚Di–Sa 10–20, So & Mo 10–18 Uhr; M Tiong Bahru) Einer der coolsten unabhängigen Buchhändler von Singapur überrascht oft mit einer unkonventionellen Auswahl an Belletristik und Sachbüchern. Für schöne Kinderbücher empfiehlt sich drei Türen weiter **Woods in the Books** (☎6222 9980; www.woodsinthebooks.sg; 3 Yong Siak St; ⌚Di–Fr 10–19, Sa 10–20, So 10–18 Uhr; M Tiong Bahru).

❸ Ein gut aussehender Vogel

Ursprünglich war **Nana & Bird** (www.nanaandbird.com; 1M Yong Siak St; ⌚Mo–Fr 12–19, Sa & So 11–19 Uhr; M Tiong Bahru) ein Pop-Up Concept Store mit gutem Gespür für frische unabhängige Mode und Accessoires für Frauen, u. a. von den Singapurer Designer-Labels Aijek und Ylin Lu sowie den internationalen Nachwuchsdesignern Kuwaii und Danielle Atkinson von Milk & Thistle.

❹ Perfektes Porridge

Alle mögen das kantonesische Soulfood von **Ah Chiang's** (☎6557 0084; www.facebook.com/ahchiangporridgesg; 01-38, 65 Tiong Poh Rd; Porridge 4–5 S$; ⌚6–23 Uhr; M Outram Park). Die Hausspezialität in diesem Retro-Eck-*kopitiam* (Café) ist der würzige Ha-

Tiong-Bahru-Markt & Food Centre

ferbrei Porridge. Nicht zu verachten sind auch die rohen Fischstreifen.

5 Eine französische Affäre

Der sehr typische französische Bäcker Gontran Cherrier verzaubert seine Kunden in seiner coolen Café-Bäckerei **Tiong Bahru Bakery** (☎6220 3430; www.tiongbahrubakery.com; 01-70, 56 Eng Hoon St; Süßwaren 2,50–4,60 S$, Sandwiches 5,30–9,50 S$; ⏰So–Do 8–20, Fr & Sa 8–22 Uhr; ⓂTiong Bahru). Zu den authentischen Süßwaren zählen die bretonischen *kouign amanns*, während sich die Sandwiches unter den vielen erstklassigen Zutaten fast schon biegen. Zum Abschluss dann ein Kaffee von Common Man Roasters.

6 Beim Friseur

Vor allem für Männer ist **We Need A Hero** (☎6222 5590; www.weneedahero.sg; 01-86, 57 Eng Hoon St; Haare schneiden ab 55 S$, Rasur ab 35 S$; ⏰Mo–Fr 11–21, Sa 10–21, So 10–20 Uhr; ⓂTiong Bahru) der perfekte Ort, um in einem altmodischen Friseurstuhl Platz zu nehmen und das Hero-Team seine Superkräfte entfalten zu lassen.

Tom-Yum-Eintopf sowie die Sriracha-Krabbenkuchen, die knusprigen Schweinefüße mit Gewürzessig oder das „Schottische Ei" auf vietnamesische Art. Preisgünstige Optionen sind wochentags das Zwei-Gänge-Mittagsmenü (28 S$) sowie die „Fütter mich"-Menüs (80 S$) für unentschlossene Gourmets.

META FRANZÖSISCH **$$$**

Karte S. 234 (☎6513 0898; www.metarestaurant.sg; 9 Keong Saik Rd; festes Menü mittags/abends 48/98 S$; ⏰Mo–Fr 12–14, Mo–Do 18–21.30, Fr & Sa 18–22.30 Uhr; 🖉; ⓂChinatown, Outram Park) In dem feschen Restaurant an der trendigen Keong Saik Road dreht sich alles um französische Cuisine mit einem zarten asiatischen Dreh. Die offene Küche erstreckt sich fast über die gesamte Länge des sehr langen und engen Lokals. Die Hocker sind so angeordnet, dass die Gäste aus der ersten Reihe den Köchen beim Kreieren der Meisterwerke zuschauen können. Die Speisekarte wechselt mit den Jahreszeiten.

BINCHO JAPANISCH **$$$**

(☎6438 4567; www.bincho.com.sg; 01-19, 78 Moh Guan Terrace; Menüs mittags/abends ab 25/68 S$; ⏰Di–So 12–14.30 & 18 Uhr bis spät; ⓂTiong Bahru) Im historischen Viertel Tiong Bahru erwartet niemand ein elegantes Yakatori-Restaurant. Das Bincho zählt aber zu den besten Japanern der Stadt. Die Speisekarte wechselt kontinuierlich und fokussiert sich auf *tori* (Hühnchen): Ein heißer Tipp sind die festen Menüs, welche die beeindruckenden Techniken und Fähigkeiten von Chefkoch Asai Masashi besonders gut zur Geltung bringen. Das Restaurant befindet sich hinter einem Nudelladen und der Zugang erfolgt über den Lieferanteneingang am Parkplatz.

AUSGEHEN & NACHTLEBEN

Die Club Street und die benachbarte Ann Siang Road sind das Herzstück der pulsierenden Nightlife-Szene in Singapur. Beide Straßen werden freitags und samstags jeweils ab 19 Uhr für den Verkehr geschlossen. Auf der anderen Seite des Hügels befinden sich an der Amoy und Telok Ayer Street viele versteckte Kneipen, die man aber erstmal finden muss. Südlich der Chinatown bieten die

Viertel Tanjong Pagar und Duxton Hill eine immer größer werdende Anzahl an Szene-Cafés und Kneipen. Natürlich sind auch die Hawker Centres in Chinatown eine gute Anlaufstelle für ein schlichtes Bier.

★OPERATION DAGGER — COCKTAILBAR

Karte S. 234 (☎6438 4057; www.operationdagger.com; 7 Ann Siang Hill; ⊙Di–Sa 18 Uhr bis spät; Ⓜ Chinatown, Telok Ayer) Von der „wolkenähnlichen" Lichtskulptur bis zu den experimentellen Cocktails ist nahezu alles außergewöhnlich hier. Um die Experimentierfreude noch zu steigern, sind die Mixturen nach Geschmacksnoten und nicht nach Alkoholsorte beschrieben. Die unterschiedlichen Zutaten werden in einheitlichen Fläschchen aufbewahrt, die ganz nach Apotheke aussehen. Ein Tipp ist das mit Sesam verfeinerte *gomashio,* eine echte Geschmacksüberraschung ist das „Hot & Cold". Ein Wegweiser führt den Hügel hinauf, wo sich die Club Street und der Ann Siang Hill treffen.

★TIPPLING CLUB — COCKTAILBAR

Karte S. 234 (☎6475 2217; www.tipplingclub.com; 38 Tanjong Pagar Rd; ⊙Mo–Fr 12–24, Sa 18–24 Uhr; Ⓜ Tanjong Pagar) Der Tippling Club führt die Kunst des Mixens auf neue Höhen. Die Technik und die Kreativität könnten vielleicht selbst einen Abstinenzler umstimmen. Die „Sensorium"-Speisekarte wurde in Zusammenarbeit mit der Firma International Flavors and Fragrances Inc (IFF) entworfen und soll Erinnerungen an Düfte wieder wachrufen. Man kann die Cocktaildüfte an der Theke testen und dann das betörendste Angebot bestellen. Die besten Sitze befinden sich ebenfalls an der Theke, wo zahlreiche Flaschen unter der Decke hängen. Das benachbarte Restaurant ist übrigens sehr renommiert, aber unglaublich teuer.

★NYLON COFFEE ROASTERS — CAFÉ

Karte S. 237 (☎6220 2330; www.nyloncoffee.sg; 01-40, 4 Everton Park; ⊙Mo, Mi–Fr 8.30–17.30, Sa & So 9–18 Uhr; Ⓜ Outram Park, Tanjong Pagar) Dieses Café im Taschenformat bietet seinen Gästen nur Stehplätze und befindet sich etwas versteckt im Wohnkomplex Everton Park. Das Café ist jedoch bekannt für erstklassige Kaffeesorten sowie umwerfende saisonale Röstmischungen. Gemanagt wird der Laden von einer netten Crew aus Kaffeefanatikern, die mit ihren Kunden gerne über ihren letzten Trip in ein Kaffee-Anbaugebiet quatschen. Die Besitzer beziehen nämlich ihren Kaffee direkt von den Kaffeebauern. Auch das Pro und Contra von Pressstempelkannen wird gerne diskutiert. Schon der Espresso ist topp, aber beim „clever dripper" kommen sogar noch die subtileren Geschmacksnoten zum Vorschein.

TEA CHAPTER — TEEHAUS

Karte S. 234 (☎6226 1175; www.teachapter.com; 9–11 Neil Rd; ⊙Teehaus So–Do 11–22.30, Fr & Sa 11–23 Uhr, Shop tgl. 10.30–22.30 Uhr; Ⓜ Chinatown) Queen Elizabeth und Prince Philip besuchten dieses ruhige Teehaus 1989. Für 10 S$ kann man sich an ihren damaligen Tisch setzen. Für einen Mindestverzehr von 8 S$ pro Person bekommen die Gäste einen himmlischen Pott Tee mit losen Teeblättern, der mit traditioneller Präzision zubereitet wird. Die Teeauswahl ist exzellent und im angeschlossenen Laden können die Teesorten sowie wunderschöne Teeservice auch erworben werden. Wer sein Tee-Wissen auf eine neue Ebene heben will, sollte ein „Tea Appreciation Package" buchen, entweder „Duft und Aroma" oder „Shades of Tea". So gelingt der Aufstieg zum Teemeister.

COFFEE BREAK — KAFFEE

Karte S. 234 (www.facebook.com/coffeebreakamoystreet; 02-78 Amoy Street Food Centre, Ecke Amoy & Telok Ayer Streets; ⊙Mo–Fr 7.30–14.30 Uhr; Ⓜ Telok Ayer) Ein Schwester- und Bruder-Team hat vor kurzem die Geschäfte an diesem bescheidenen Getränkestand von ihrem Großvater übernommen. Doch die Getränkekarte liest sich eher wie in einem Hipster-Café. Möchte jemand Meeressalz-Karamell-Latte oder Melonen-Milchtee? Aber natürlich handelt es sich noch immer um den guten alten heimischen *kopi* (Kaffee) – nur eben mit einer frischen Prise. Auch die Toast-Sorten wurden aktualisiert, jetzt gibt es z. B. schwarzen Sesam als Aufstrich.

POTATO HEAD FOLK — COCKTAILBAR

Karte S. 234 (☎6327 1939; www.pttheadfolk.com; 36 Keong Saik Rd; ⊙Studio 1939 & Dachterrassenbar 17 Uhr bis spät; 📶; Ⓜ Outram Park) Als Ableger der legendären Bali Bar verfügt dieser mehrgeschossige „Spielplatz" über drei Räumlichkeiten, die alle über ein Treppenhaus zugänglich sind, dessen Wände mit gruseligen Storys bemalt sind. Auch hängen hier riesige schimmernde Puppen herum. Den „Three Buns"-Burgerladen kann man auslassen, dafür geht es lieber gleich in die dunkle und schicke Cocktaillounge Studio 1939 oder in die relaxte Tiki Bar auf der Dachterrasse.

BLACK SWAN BAR

Karte S. 237 (☎6438 3757; www.theblackswan.com.sg; 19 Cecil St; ⊙Black Swan Mo 11.30–23, Di–Do 11.30–24, Fr 11.30–1, Sa 17–24 Uhr; Powder Room Di–Do 17–24, Fr 17–1 Uhr; 📶; Ⓜ Raffles Place, Telok Ayer) War das gerade Rita Hayworth? Der „Schwarze Schwan" ist eine Art-déco-Perle in einem Bankgebäude aus den 1930er-Jahren. In der lebhaften Bar im Erdgeschoss gibt es während der Happy Hour (wochentags 17–20 Uhr) Austern für je 2 S$, die als Begleitung zum Bier vom Fass oder zu Hausweinen (9 S$) serviert werden. Oder man begleitet Bette Davis in den Powder Room, eine dekadente Cocktaillounge.

JEKYLL & HYDE COCKTAILBAR

Karte S. 234 (☎6222 3349; www.jekyllandhyde.sg; 49 Tras St; ⊙Mo–Do 18–1, Fr & Sa 18–2 Uhr; Ⓜ Tanjong Pagar) Das Jekyll & Hyde teilt sich in zwei Bereiche, die pulsierende Bar hinten sowie den etwas gesetzteren Bereich vorne, der für eher ruhigere Treffen gedacht ist. In beiden Bereichen sind die Cocktails jedoch kreativ gemixt. Ungewöhnlich ist die Vaping Geisha, eine rauchende Mischung aus Zwetschgen-Gin, Shiso und Zitronensaft, die über Zwetschgensorbet gekippt wird. Seltsam verführerisch ist auch Mr Bean, der aus frischem Tofu sowie Wodka, *kaya,* Butterscotchlikör und Frangelico-Haselnusslikör gemixt wird.

GOOD BEER COMPANY CRAFT-BIER

Karte S. 234 (☎9430 2750; www.facebook.com/goodbeersg; 02-58 Chinatown Complex, 335 Smith St; ⊙Mo–Sa 18–22 Uhr; Ⓜ Chinatown) Die Good Beer Company verleiht dem Chinatown Complex einen Hauch von New-School-Coolness. An dem Bierstand im Hawker Centre wird eine große Auswahl an Craft-Bieren in Flaschen verkauft, die aus allen Ecken der Welt importiert werden. Einige Stände weiter befindet sich **Smith Street Taps** (Karte S. 234; ☎9430 2750; www.facebook.com/smithstreettaps; 02-62 Chinatown Complex; ⊙Di–Sa 18.30–22.30 Uhr), das von einem freundlichen Typen geleitet wird, der eine wechselnde Auswahl von Craft- und anderen Bieren frisch vom Fass zapft.

BITTERS & LOVE COCKTAILBAR

Karte S. 234 (☎6438 1836; www.bittersandlove.com; 118 Telok Ayer St; ⊙Mo–Do 18–24, Fr & Sa 18–2 Uhr; Ⓜ Telok Ayer) Zunächst nach den schiffsförmigen Lampen Ausschau halten und dann hinein in die stimmungsvolle und laute Cocktailbar. Hier sind die besten Barkeeper der Stadt am Werk. Es reicht, das eigene Befinden zu schildern, die Lieblingszutaten oder die Alkoholgrundlage aufzulisten und schon beginnt das Team mit der Zauberei. Eine heimische Spezialität ist der Kaya Toast mit Rum als Grundlage und dann einem Schuss Tee.

STRANGERS' REUNION CAFÉ

Karte S. 237 (☎6222 4869; www.facebook.com/StrangersReunion; 33/35/37 Kampong Bahru Rd; ⊙Mi–Mo 9–22, Fr & Sa 9–24 Uhr; Ⓜ Outram Park) Das „Treffen der Fremden" wird vom dreimaligen Barista-Champion Ryan Tan geführt. Die seidenweichen Lattes rechtfertigen jeden Besuch. Die diversen Salate und herzhaften Hauptgerichte sehen ebenfalls appetitlich aus. Aber die Buttermilchwaffeln drohen dem Kaffee ein wenig die Show zu stehlen. Wenn es zu heiß ist draußen, dann ist das kalte „White Magic" genau die richtige Erfrischung.

Ô BATIGNOLLES WEINBAR

Karte S. 234 (☎6438 3913; www.obatignolles.com; 2 Gemmill Lane; ⊙Mo–Fr 12–24, Sa 11–24, So 11–21 Uhr; 📶; Ⓜ Chinatown,Telok Ayer) Französisches Flair und joie de vivre bietet dieses nette Eckbistro, das von einem französischen Pärchen geführt wird. Hier entspannen sich Anwälte und Frankophile aus aller Welt bei einem guten, aber auch preiswerten Glas reifen Wein; dazu werden *assiettes de charcuterie* (kalter Aufschnitt) gereicht; das Leute-Beobachten an der Club Street gibt es gratis dazu.

☆ UNTERHALTUNG

KRETA AYER PEOPLE'S THEATRE OPER

Karte S. 234 (☎6222 3972; www.kapt.com.sg; 30A Kreta Ayer Rd; Ⓜ Chinatown) Unmittelbar hinter dem People's Park Complex ist das Volkstheater für seine dramatischen Operninszenierungen bekannt. Wahrscheinlich versteht man kein Wort von dem Spektakel, aber das Erlebnis ist dennoch grandios. Auf der Webseite finden sich aktuelle Programminfos.

NICHT VERSÄUMEN: VERSTECKTE BARS

In einer Gegend, wo sich einst Opium- und Spielhöllen verbargen, haben nun gewiefte Cocktailmixer das Sagen. Oft gibt es keinerlei Hinweisschilder, sodass man verborgenen Spuren durch die Gassen folgen muss, diverse Treppen hinauf und sogar an einer Wahrsagerin vorbei. Los geht es am besten in der Amoy Street oberhalb des Wanton-Restaurants. Dort verführen die Aromen Südostasiens im **Native** (Karte S. 234; ☎8869 6520; www.tribenative.com; 52A Amoy St; ⌚Mo–Sa 18–24 Uhr; Ⓜ Telok Ayer). Lokale Zutaten werden mit Alkohol vermischt, der in der Region destilliert wurde. Dann geht es über die Straße, um das Dapper-Coffee-Schild zu suchen. Dort befindet sich im zweiten Stock **Spiffy Dapper** (Karte S. 234; ☎8742 8908; www.spiffydapper.com; 73 Amoy St; ⌚Mo–Fr 17 Uhr bis spät, Sa & So ab 18 Uhr; Ⓜ Telok Ayer). Alternativ geht es die Straße hinunter Richtung MRT-Station Telok Ayer. Hinter einem neon-pinkfarbenen „übersinnlichen“ Schild heißt ein örtlicher Außenposten der berühmten New Yorker Cocktailbar **Employees Only** (Karte S. 234; http://employeesonlysg.com; 112 Amoy St; ⌚So–Fr 17–1, Sa 17–2, So 18–1 Uhr; Ⓜ Telok Ayer) seine Gäste willkommen.

CHINESE THEATRE CIRCLE — OPER

Karte S. 234 (☎6323 4862; www.ctcopera.com; 5 Smith St; Show & Snacks 25 S$, Show & Abendessen 40 S$; ⌚Fr & Sa 19–21 Uhr; Ⓜ Chinatown) Die vom gemeinnützigen Opernensemble organisierten Teehausabende geben einen wunderbaren, informellen Einblick in die Geheimnisse der chinesischen Oper. Jeden Freitag und Samstag um 20 Uhr zeigen kostümierte Darsteller nach einer kurzen Einführung einen 45-mimütigen Ausschnitt aus einem klassischen Werk. Bei Vorausbuchung gibt es um 19 Uhr optional ein chinesisches Essen.

SCREENING ROOM — KINO

Karte S. 234 (☎6221 1694; www.screeningroom.com.sg; 12 Ann Siang Rd; ⌚Mo–Sa tgl. 2x; Ⓜ Chinatown, Telok Ayer) Für einen netten Abend auf einem weichen Sofa und mit einem Filmklassiker auf der Leinwand ist das Screening Room mit einer herunterziehbaren Leinwand die richtige Adresse. Gespielt wird alles von *On the Town (Heute gehen wir bummeln)* bis zu *Sex, Lügen und Video*. Das aktuelle Programm findet sich auf der Facebook-Seite.

KYŌ — CLUB

Karte S. 234 (☎8299 8735; www.clubkyo.com; B1-02 Keck Seng Tower, 133 Cecil St; ⌚Mi–Fr 22–3, Sa 22–4 Uhr; Ⓜ Telok Ayer, Raffles Place) Aus einer langweiligen Bank wurde ein heißer Club mit japanischer Atmosphäre. Allein die Theke ist 24 m lang, die Gäste sind z. T. im Anzug und die scharfen DJs legen Electro, House, Funk und Disco auf. Wer unter der Woche mal richtig abfeiern möchte, hat hier sein Ziel gefunden.

TABOO — CLUB, LGBT

Karte S. 234 (☎6225 6256; www.taboo.sg; 65 Neil Rd; ⌚Mi–Do 20–2, Fr 22–3, Sa 22–4 Uhr; Ⓜ Outram Park, Chinatown) Die Tanzfläche ist ein wichtiger Pluspunkt im beliebtesten Schwulenclub der Stadt. Zum Club-Ambiente gehören Oben-Ohne-Tänzer, schmachtende Heterofrauen und heiße Themennächte. Richtig eng auf der Tanzfläche wird es nach Mitternacht und dann dröhnt der Sound bis in die Morgenstunden.

TANTRIC BAR — BAR, LGBT

Karte S. 234 (☎6423 9232; www.homeoftheblue spin.com; 78 Neil Rd; ⌚So–Fr 20–3, Sa 20–4 Uhr; Ⓜ Outram Park, Chinatown) Zwei Bars im Haus und zwei von Palmen gesäumte Innenhöfe sind die Markenzeichen von Singapurs angesagtester Schwulenbar. Vor allem freitags und samstags wird es richtig voll. Hier treffen sich herausgeputzte Einheimische, erwartungsfrohe Expats und auswärtige Gäste, um zu Hits von Kylie, Gaga und Katy Perry zu plaudern oder zu flirten.

SHOPPEN

Das Viertel um die Pagoda Street ist zum Touristentreffpunkt geworden, doch zwischen den Buden von T-Shirt-Verkäufern und Schnellkalligrafen gibt es interessantere Läden und Galerien, die von Gegenwartskunst bis zu antiken Möbeln und von traditioneller chinesischer Medizin bis hin zu Insider-Modemarken aus Singapur, Sydney und Kopenhagen alles zu bieten haben.

★TONG MERN SERN ANTIQUES — ANTIQUITÄTEN

Karte S. 234 (☎6223 1037; www.tmsantiques.com; 51 Craig Rd; ⌚Mo–Sa 9.30–17.30, So 9.30–13.30 Uhr; Ⓜ Outram Park) Eine wahre Schatzkiste voller verstaubter Möbel, Bücher, Schallplatten, Holzschnitzereien, Porzellan und mehr, das von Singapur-Nostalgie zeugt. Ein Spruchband über der Tür verkündet: „Wir kaufen Schrott und verkaufen Antiquitäten. Einige Dummköpfe kaufen, andere verkaufen.“ Also: Augen auf!

ANTHONY THE SPICE MAKER — GEWÜRZE

Karte S. 234 (☎9117 7573; www.anthonythespicemaker.com; B1-169 Chinatown Complex, 335 Smith St; ⌚Di–So 8.15–15.30 Uhr; Ⓜ Chinatown) Um die Aromen und den Geschmack von Singapur zu Hause noch einmal aufleben zu lassen, hilft dieser winzige Stand mit seinen kleinen braunen, luftdichten Päckchen weiter. Die wunderbaren, vielfältigen Gewürze sind in einer Reihe aufgestellt und der „Gewürzmeister“ Anthony hilft nur zu gerne bei der Auswahl. Ein Tipp ist die *Rendang*-Mischung.

WILLOW AND HUXLEY — MODE & ACCESSOIRES

Karte S. 234 (☎6220 1745; www.willowandhuxley.com; 20 Amoy St; ⌚Mo–Fr 9–20, Sa 11–15 Uhr; Ⓜ Telok Ayer) Willow and Huxley verkaufen eine exklusive und mitreißende Kollektion von verschiedenen kleineren unabhängigen Labels wie Finders Keepers und Bec & Bridge aus Australien sowie die etwas schrägen Stücke von Baum und Pferdgarten aus Dänemark. Im Schmuckbereich gibt es ältere und sehr edle Stücke sowie eine kleine Auswahl an lässigen, strandfreundlichen Männerklamotten vom australischen Label The Critical Slide Society sowie Psycho Bunny aus New York.

NAM'S SUPPLIES — GESCHENKE & SOUVENIRS

Karte S. 234 (☎6324 5872; http://namssupplies.com; 22 Smith St; ⌚8–19 Uhr; Ⓜ Chinatown) Die kuriosen Papierobjekte, die in der Chinatown feilgeboten werden, und von Miniaturautos bis hin zu Computern reichen, sind in Wirklichkeit Opfergaben, die bei den Totenwachen verbrannt werden, um den Toten im Jenseits materiellen Wohlstand zu sichern. Nam's verkauft diese Gaben schon seit 1948, als es an der nahe gelegenen Sago Lane noch von sogenannten „Todeshäusern“ wimmelte. Dorthin wurden sterbende Verwandte für ihre letzten Tage gebracht.

EU YAN SANG — CHINESISCHE MEDIZIN

Karte S. 234 (☎6223 6333; www.euyansang.com.sg; 269 South Bridge Rd; ⌚Shop 10–22 Uhr, Klinik Mo & Di, Do & Fr 8.30–18, Mi 9–18, Sa 8.30–19.30 Uhr; Ⓜ Chinatown) Dies ist Singapurs beliebtestes und kundenfreundlichstes Geschäft für chinesische Medizin mit exotischen Produkten wie Affen-Magensteinpulver gegen Verschleimung oder Liu-Jun-Zi-Pillen gegen Feuchte. Im Angebot befinden sich aber auch Kräutertees, Suppen und Öle. In der Klinik nebenan kann man einen chinesischen Arzt zu Rate ziehen (den Pass mitbringen).

UTTERLY ART — KUNST

Karte S. 234 (☎9487 2006; www.utterlyart.com.sg; Level 3, 20B Mosque St; ⌚Mo–Sa 14–20, So 12–17.30 Uhr; Ⓜ Chinatown) Treppen führen hinauf zu der winzigen, aber einladenden Galerie, die sich auf aufstrebende zeitgenössische Künstler aus Singapur und dem übrigen Asien spezialisiert hat. Im Zentrum steht Malerei, aber die Ausstellungen zeigen gelegentlich auch Skulpturen, Fotos und Keramiken. Bei Facebook gibt es aktuelle Ausstellungsinfos. Die Öffnungszeiten können ziemlich schwanken, deshalb immer vorab anrufen.

YONG GALLERY — ANTIQUITÄTEN

Karte S. 234 (☎6226 1718; www.yonggallery.com; 260 South Bridge Rd; ⌚10–18 Uhr; Ⓜ Chinatown) Der Eigentümer ist Kalligraf und verkauft in der Galerie zahlreiche Exemplare seiner eigenen Werke. Daneben gibt es Schmuck, Produkte aus echter Jade und Antiquitäten sowie erschwinglichere Geschenke wie dekorative Lesezeichen, chinesische Fächer und Uhren. Der Laden ist so vollgestopft, dass es allein schon Spaß macht, nur ein bisschen rumzustöbern, ohne zu kaufen.

SPORT & AKTIVITÄTEN

FOOD PLAYGROUND — KOCHEN

Karte S. 234 (☎9452 3669; www.foodplayground.com.sg; 24A Sago St; 3-stündiger Kurs ab 119 S$; ⌚Mo–Fr 9.30–12.30 Uhr; Ⓜ Chinatown) Wer die berühmte Küche aus Singapur lieben gelernt hat, möchte sie vielleicht zu Hause selbst nachkochen. Diese sehr praktisch ausgerichtete Kochschule vermittelt die multikulturelle Seite der Stadt und zeigt, wie man klassische Gerichte wie

Laksa-Suppe, *nasi lemak* (Kokosnuss-Reis) und Hainan-Hühnchenreis zubereitet. Die Kurse dauern normalerweise rund drei Stunden und werden für Hobbyköche mit Diäteinschränkungen gerne angepasst.

NIMBLE AND KNEAD SPA, WELLNESS

(☎6438 3933; www.nimbleknead.com; 01-28, 66 Eng Watt St; 60-minütige Massage ab 76 S$, 90-minütige Gesichtsbehandlung ab 169 S$; ⏱11–22 Uhr; Ⓜ Tiong Bahru) Der müde Körper bettelt um eine Massage? Dann ist dieses modische Spa-Center in einem Shophouse genau das Richtige. In dem Irrgarten an Schiffscontainern kann man sich schnell verlaufen und man fragt sich, wie diese Container überhaupt durch die Tür gekommen sind. Doch dann beginnt die tatsächliche Entspannung. Flinke Finger behandeln jede Verspannung und jeden Schmerz, während sich die Gesichts- und Körpermassagen wie eine Wiedergeburt anfühlen.

KENKO WELLNESS SPA SPA, WELLNESS

Karte S. 238 (☎6223 0303; www.kenko.com.sg; 199 South Bridge Rd; Reflexzonenmassage je 40 Min. 59 S$, Körpermassage je 60 Min. 120 S$; ⏱10–23 Uhr; Ⓜ Chinatown) Kenko ist mit seinen Filialen in der ganzen Stadt so etwas wie der McDonald's unter den Spas in Singapur. Aber die Fußreflexzonenmassage, die romantische Paar-Session (290 S$ für 1½ Std.) oder die chinesische und die schwedische Massage haben nichts mit einem Drive-In zu tun. Die chinesische Massage ist übrigens stärker und setzt spitze Ellbogen ein.

PEOPLE'S PARK COMPLEX MASSAGE

Karte S. 238 (www.peoplesparkcomplex.sg; 1 Park Crescent; ⏱9–22 Uhr, Shopstunden variieren; Ⓜ Chinatown) In Singapurs ältestem Einkaufszentrum umweht die Besucher der Duft von Tiger-Balsam. Hier gibt es günstige Massagesalons. Empfehlenswert ist u. a. **Mr Lim Foot Reflexology** (Karte S. 238; ☎63274498; 03-54 & 03-78 People's Park Complex; 60 Min. Fußreflexzonenmassage 25 S$; ⏱10.30–22 Uhr; 📶), wo man mit den Stammkunden für eine robuste Massage ansteht. Lust auf etwas Ungewöhnliches? An den Fischteichen gibt es Fußmassagen, bei denen Fischschwärme tote Hautschuppen von den Füßen abknabbern. Die Dachterrassenbar **Lepark** (Karte S. 238; www.lepark.co; ⏱Di–Do 16–23, Fr 16–24, Sa 12–24, So 12–23 Uhr) ist etwas versteckt im sechsten Stock eines Parkhauses nur schwer zu finden. Dafür gibt es dann Craft-Biere und Streetfood-Tapas.

Little India & Kampong Glam

Highlights

❶ **Lagnaa Barefoot Dining** (S. 94) Aus den Flipflops schlüpfen und sich der berüchtigten Chili-Challenge in einem von Little Indias besten Lokalen stellen.

❷ **Sifr Aromatics** (S. 99) Sich im bunten Kampong Glam in der Filiale dieses Parfümlabors sein eigenes individuelles Parfüm anfertigen lassen.

❸ **Tekka Centre** (S. 93) Saris einkaufen und dann in den Garküchen und Ständen im lebhaftesten Hawker Centre von Little India köstlich essen.

❹ **Sri Veeramakaliamman Tempel** (S. 89) Sich während der *puja* (Gebete) in diesem stimmungsvollen Hindutempel in die hinteren Reihen setzen und einfach nur zuschauen.

❺ **Piedra Negra** (S. 95) In diesem mexikanischen Lokal in der lebhaften und geschäftigen Haji Lane mit ein paar süffigen Margaritas in den Abend bzw. in eine lange Nacht starten.

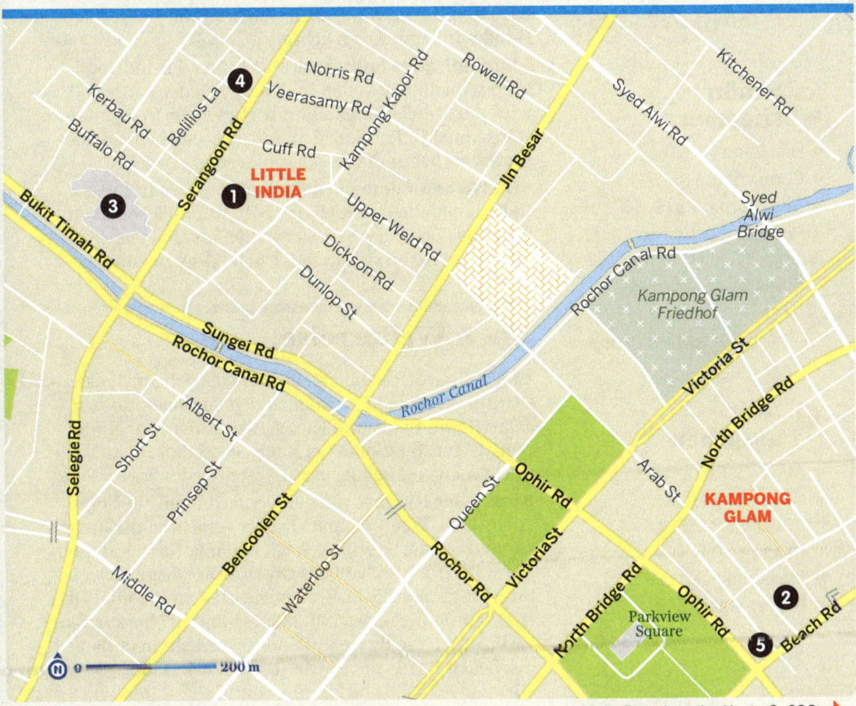

Mehr Details siehe Karte S. 238

Top-Tipp

Will man Little India in seiner geschäftigen, subkontinentalen Höchstform erleben, sollte man an einem Sonntag vorbeikommen. Es ist der einzige freie Tag für viele Arbeiter, vor allem für die Inder. Manchmal hat man das Gefühl, zusammen mit halb Mumbai auf den Straßen unterwegs zu sein.

Gut essen

- Kilo (S. 96)
- Hill Street Tai Hwa Pork Noodle (S. 95)
- Lagnaa Barefoot Dining (S. 94)
- Sungei Road Laksa (S. 93)
- Nan Hwa Chong Fish-Head Steamboat Corner (S. 96)

Details siehe S. 93.

Schön shoppen

- Haji Lane (S. 99)
- Supermama (S. 99)
- Sifr Aromatics (S. 99)
- Rugged Gentlemen Shoppe (S. 99)
- Bugis Street Market (S. 99)

Details siehe S. 98.

Nett ausgehen

- Atlas (S. 96)
- Chye Seng Huat Hardware (S. 93)
- Druggists (S. 92)
- Maison Ikkoku (S. 97)
- BluJaz Café (S. 97)

Details siehe S. 96.

Little India & Kampong Glam erkunden

Das Zentrum von Little India liegt in den bunten, nach Räucherstäbchen duftenden Gassen zwischen der Serangoon Road und Jln Besar, und erstreckt sich von der Campbell Lane im Süden bis zur Syed Alwi Road im Norden. Um die faszinierenden Sehenswürdigkeiten, Gerüche und Geräusche dieses Stadtteils zu erleben, schlendert man am besten zu Fuß durch die Gassen. Beliebt sind Shoppen und Tempelbesuche, doch die Hauptattraktion ist das authentische indische Essen.

Auch in Kampong Glam speist man hervorragend – malaysisch, orientalisch, italienisch oder chinesisch. Die Gegend wird auch Arab Street genannt. Das Viertel bietet eine Mischung aus muslimisch geprägter Lebensart und trendigem Ambiente. Die Kulisse besteht aus Bilderbuchmoscheen, Slowfood-Cafés und trendigen Boutiquen. Abends bietet es viele Möglichkeiten zum Ausgehen, sei es in Cocktailbars, Livemusik-Kneipen oder in den Lokalen der Seitenstraßen.

Lokalkolorit

- **Essen hautnah erleben** Bei den Indern wird vieles mit den Fingern gegessen. Die Hände werden vor und nach dem Essen gewaschen. Wichtig: Nur die rechte Hand wird zum Essen gebraucht.
- **Südindisches Frühstück** Das Frühstück im Hotel wird schnell langweilig. In den Garküchen Little Indias wird dagegen leckeres südindisches Frühstück mit *dosa* (Linsenmehl-Pfannkuchen), *idly* (Reiskuchen) oder *uttapam* (herzhafte Reispfannkuchen) serviert.
- **Bollywood-Filme** Bei dem bunten Leben in Little India ereilt einen schnell das Bollywood-Fieber. Dann hilft nur noch ein Abstecher in die Rex Cinemas (S. 97), um in den Genuss eines indischen Films zu kommen.

An- & Weiterreise

- **MRT** Eine MRT-Haltestelle befindet sich am Tekka Centre. Von dort kann man zu den Stationen Rochor, Jalan Besar, Bugis und Farrer Park laufen. Für Kampong Glam steigt man bei Bugis aus, Jalan Besar erreicht man von Bendemeer, Lavender oder Farrer Park.
- **Bus** Linie 65 fährt von der Orchard Road zur Serangoon Road. Vom Colonial District verkehren die Busse 131 und 147 die Stamford Road entlang. Nach Kampong Glam fährt Linie 7 von der Orchard Road zur Victoria Street (Stamford School aussteigen). Vom Colonial District fahren die Busse 130, 133, 145 und 197 bis zur Victoria Street, die Busse 100 und 107 verkehren entlang der Beach Road vom Raffles Hotel zur Bussorah Street.

SEHENSWERTES

Little India

SRI VEERAMAKALIAMMAN TEMPLE HINDUTEMPEL

Karte S. 238 (☎62954538; www.sriveeramakaliamman.com; 141 Serangoon Rd; ⌚Mo–Do & Sa 8–12 & 18.30–21, Fr & So 8–12 & 18–21 Uhr; Ⓜ Little India) GRATIS Dieser der Göttin Kali geweihte Shiva-Tempel ist der bunteste und optisch eindrucksvollste in Little India. Kali, blutrünstige Gattin Shivas, war eine beliebte Göttin in Bengalen, der Heimatregion der Arbeiter, die diesen Tempel 1881 erbauten. Darstellungen von Kali im Tempel zeigen sie mit Totenköpfen bekränzt, während sie ihren Opfern die Eingeweide herausreißt, aber auch einige friedlichere Szenen zusammen mit ihren Söhnen Ganesh und Murugan. Während der vier täglichen *puja* (Gebetsstunden) ist in der Regel am meisten los. Wer Glück hat, gerade dann anwesend zu sein, sollte sich immer bewusst machen, dass der Tempel eine Kultstätte und keine Touristenattraktion ist.

SRI VADAPATHIRA KALIAMMAN TEMPLE HINDUTEMPEL

(☎6298 5053; www.srivadapathirakali.org; 555 Serangoon Rd; ⌚So–Do 5–12.30 & 16–21, Fr & Sa 6–12.30 & 16.30–21.30 Uhr; Ⓜ Farrer Park, Bendemeer) GRATIS Dieser südindische Tempel, der Kaliamman, dem Zerstörer des Bösen, gewidmet ist, entstand im Jahr 1870 in Form eines bescheidenen Schreins, doch er wurde im Jahr 1969 grundlegend renoviert, und verwandelte sich in jene Schönheit, die man heute erblicken kann. Die Bildhauerei – vor allem auf der *vimana* (kuppelförmige Konstruktion innerhalb des Tempels) – zählt zur schönsten Tempelkunst, die man in Singapur finden kann.

SRI SRINIVASA PERUMAL TEMPLE HINDUTEMPEL

(☎6298 5771; www.sspt.org.sg; 397 Serangoon Rd; ⌚So–Mo 6–12 & 18–21, Sa 5.30–12.30 & 17.30–21.30 Uhr; Ⓜ Farrer Park, Bendemeer) GRATIS Dieser Tempel ist Vishnu gewidmet und geht auf das Jahr 1855 zurück; der 20 m hohe *gopuram* (Turm) jedoch wurde 1966 für 300 000 S$ angebaut. Im Innern befinden sich Statuen von Vishnu, Lakshmi und Andal sowie Vishnus vogelartiges Reittier Garuda. Während des Thaipusam-Festes beginnt am Tempel eine farbenfrohe Parade, die einen erschauern lässt: Um ihre Ergebenheit zu zeigen, piercen sich viele Teilnehmer mit Haken und Spießen.

LEONG SAN SEE TEMPLE TAOISTISCHER TEMPEL

(☎6298 9371; 371 Race Course Rd; ⌚7.30–17 Uhr; Ⓜ Farrer Park, Bendemeer) GRATIS Dieser aus dem Jahr 1917 stammende verhältnismäßig schlichte Tempel ist der Göttin des Mitgefühls, Kuan Yin (Guanyin), gewidmet. Der Name des Tempels bedeutet übersetzt „Drachenbergtempel“, und sowohl die Holzbalken als auch die geneigten Dachfirste zieren Drachen, Chimären, Blumen und menschliche Figuren. Um zum Tempel zu gelangen, folgt man der Serangoon Road Richtung Norden, dann biegt man gegenüber von der Beatty Road links durch einen verzierten gelben und roten Torbogen ein, auf dem die chinesischen Schriftzeichen dieses Tempels (寺山龍) stehen – am Ende der Gasse ist er zu finden.

SAKYA MUNI BUDDHA GAYA TEMPLE BUDDHISTISCHER TEMPEL

(Tempel der 1000 Lichter; 366 Race Course Rd; ⌚8–16.30 Uhr; Ⓜ Farrer Park, Bendemeer) GRATIS Gegenüber vom Leong San See Temple er-

INDIAN HERITAGE CENTRE

Das hochmoderne, 12 Millionen S$ teure **Indian Heritage Centre** (Karte S. 238; ☎6291 1601; www.indianheritage.org.sg; 5 Campbell Lane; Erw./Kinder unter 7 J. 4/ frei S$; ⌚Di–Do 10–19, Fr & Sa bis 20, So bis 16 Uhr; Ⓜ Little India, Rochor) wurde im Jahr 2015 eröffnet, um die Ursprünge und das Erbe von Singapurs indischer Gemeinschaft mit Artefakten, Karten, Archivmaterial und multimedialen Ausstellungen (den Chettinad-Torweg aus dem 19. Jh. sollte man keineswegs versäumen) aufzuzeigen. Neben fünf thematischen Ausstellungsräumen gibt es ein Besucherzentrum, einen Dachgarten und Aktivitätsbereiche. Das Gebäude selbst ist ein auffälliges, zeitgenössisches Stück Architektur: Während es am Tag in allen Regenbogenfarben schillert, wird seine lichtdurchlässige Fassade bei Nacht transparent und offenbart ein passendes, farbenprächtiges Wandbild.

Stadtspaziergang Little India

START MRT-STATION FARRER PARK
ZIEL TEKKA CENTRE
LÄNGE/DAUER 2,7 KM; 1½ STUNDEN

Ab der MRT Haltestelle Farrer Park geht es nördlich auf der Race Course Road zum **1 Tempel der Tausend Lichter** (S. 89). Im Inneren des Tempels ragt eine 15 m hohe Buddha-Statue auf. Gleich auf der anderen Straßenseite fällt der Blick auf die farbenprächtige Fassade des taoistischen **2 Drachenberg-Tempels Leong San** (S. 89). Die gegenüberliegende Straße führt zur Serangoon Road. Auf dieser Route geht es südwärts weiter zum **3 Sri Srinivasa Perumal-Tempel** (S. 89), Singapurs erstem Hindu-Tempel für den Gott Vishnu. Der dort erteilte Segen erleichtert auch das Feilschen im südlich gelegenen **4 Mustafa Centre** (S. 98). Die kuppelförmige **5 Angullia Moschee** (☎6295 1478 ; www.angulliamosque.com.sg ; 265 Serangoon Rd ; ⊙Mon-Fri Mo–Fr 8.30–17.30, Sa bis 14 Uhr; Little India, Farrer Park) auf der anderen Straßenseite ist beliebt bei den Arbeitskräften aus Bangladesh. Weiter südlich schaut man beim **6 Sri Veeramakaliamman Tempel** (S. 89) vorbei, Little Indias bedeutendstem Hindutempel. Dann läuft man die Veerasamy Rd entlang und biegt rechts auf die Kampong Kapor Road ab, wo man die **7 Kampong Kapor Methodistenkirche** vorfindet. Dann geht es links auf die Upper Weld Road und rechts auf die Perak Road. Bei der Dunlop Street schaut man nach links, um die **8 Abdul Gafoor Moschee** (☎6295 4209; 41 Dunlop St; ⊙Sa–Do 8–20, Fr 8–12 & 14.30–20 Uhr; Ⓜ Rochor), eine märchenhafte Verschmelzung von arabischer und viktorianischer Architektur, zu bewundern. Über dem Haupteingang befindet sich eine Sonnenuhr, ihre 25 Strahlen sind mit arabischer Kalligrafie, die die Namen der 25 Propheten nennen, verziert. Dann geht es wieder zurück auf der **9 Dunlop Street** mit ihren Läden. Nach dem Überqueren der Serangoon Road geht es auf der Kerbau Road in Richtung **10 Tan House** weiter, einer farbenprächtigen Apotheke. Eine Gasse führt zur Buffalo Road. Leckere und günstige Snacks gibt es im **11 Tekka Centre** (S. 93).

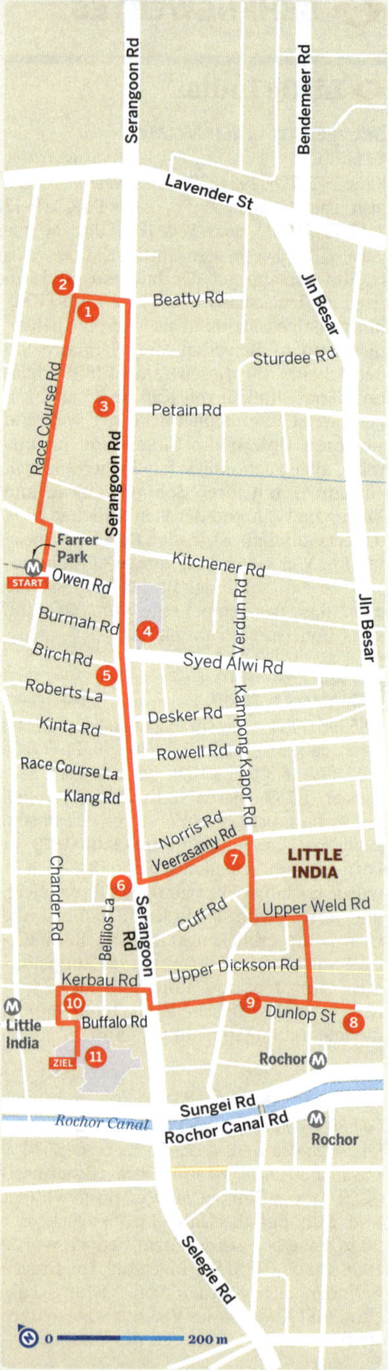

hebt sich der Sakaya Muni Buddha Gaya Tempel. Er wird beherrscht von einer etwa 15 m hohen und rund 300 t schweren sitzenden Buddha-Statue. Umgeben ist der Buddha von einer kunterbunten Ansammlung von Gottheiten, beispielsweise von Kuan Yin (Guanyin), der buddhistischen Göttin des Mitgefühls, und von den Hindu-Göttern Brahma und Ganesh. Den Eingang flankieren gelbe Tiger als Symbole für Schutz und Lebenskraft.

Hinter dem Tempeleingang ist linker Hand ein riesiger Fußabdruck Buddhas in Perlmutt zu sehen, umgeben von 108 glücksverheißenden Zeichen (um ihn von 2 m langen Fußabdrücken anderer Provenienz zu unterscheiden). Es soll sich dabei um eine Kopie des Fußabdrucks auf dem Adam's Peak in Sri Lanka handeln. Der Tempel wurde im Jahr 1927 von einem thailändischen Mönch gegründet.

Kampong Glam

★SULTAN-MOSCHEE — MOSCHEE

Karte S. 238 (☎6293 4405; www.sultanmosque.org.sg; 3 Muscat St; ⏲Sa–Do 9–12 & 14–16, Fr 14.30–16 Uhr; Ⓜ Bugis) GRATIS Singapurs größte Moschee scheint den abenteuerlichen Märchen aus *1001 Nacht* nachempfunden zu sein: Dem von einer goldenen Kuppel gekröntem Bauwerk liegt ein geheimnisvoller Zauber zugrunde, der von seiner sarazenischen Architektur ausgeht. Im Jahr 1825 wurde die Moschee mit finanzieller Unterstützung von Raffles und der Britischen Ostindien-Kompanie errichtet. Der Unterstützung zugrunde lag ein Abkommen von Raffles mit dem Sultan von Singapur: Dieser sicherte ihm im Gegenzug weiterhin die Herrschaft über das Gebiet zu. Im Jahr 1928 wurde das ursprüngliche Gebäude durch das heutige großartige Bauwerk ersetzt. Interessanterweise stammte der Bauplan von einem Architekten aus Irland, der für dasselbe Architekturbüro arbeitete, welches auch das Raffles Hotel entwarf.

Da es sich hier um eine religiöse Stätte handelt, darf man die Moschee nur außerhalb der Gebetsstunden besichtigen. Nicht-Muslime werden gebeten, die Gebetshalle überhaupt nicht zu betreten, alle Besucher müssen zudem angemessen gekleidet sein (Umhänge und Capes sind am Eingang erhältlich). Gläubige zu fotografieren sollte man tunlichst unterlassen!

MALAY HERITAGE CENTRE — MUSEUM

Karte S. 238 (☎6391 0450; www.malayheritage.org.sg; 85 Sultan Gate; Erw./Kind unter 6 Jahren 4 S$/frei; ⏲ Di–So 10–19 Uhr; Ⓜ Bugis) Das Gebiet von Kampong Glam war vor der Ankunft von Raffles die Residenz des malaiischen Königshauses: Der *istana* (Palast) wurde von 1836 bis 1843 für den letzten Sultan von Singapur, Ali Iskander Shah, errichtet. Heute ist das Malay Heritage Centre ein Museum. In den erst vor Kurzem neu gestalteten Ausstellungsräumen lässt sich die malaiisch-singapurische Kultur und Geschichte erkunden, von den Anfängen der Zuwanderung über die Kaufleute und Händler bis hin zur Entwicklung des malaiisch-singapurischen Films, Theaters, der Musik und des Verlagswesens.

MALABAR-MUSLIM-JAMA-ATH-MOSCHEE — MOSCHEE

Karte S. 238 (☎6294 3862; www.malabar.org.sg; 471 Victoria St; ⏲12–13 & 14–16, Fr ab 14.30 Uhr; Ⓜ Bugis, Lavender) GRATIS Unübersehbar ist hier die Malabar-Muslim-Jama-Ath-Moschee, ein auffälliges Bauwerk nicht nur wegen der goldenen Kuppel, sondern auch wegen des beeindruckenden Innenraums, der vollständig mit auffällig geometrisch angeordneten, blauen Kacheln verkleidet ist.

Sie ist die einzige Moschee der Insel, die den Malabar-Muslimen aus dem südindischen Staat Kerala gewidmet ist. Baubeginn war 1956, doch aufgrund von Finanzierungsproblemen wurde sie erst im Jahr 1963 eröffnet. Die Ausstattung mit den prachtvollen Kacheln wurde sogar erst im Jahr 1995 abgeschlossen, nach dem Motto „Besser spät als nie".

Bugis

KWAN IM THONG HOOD CHO TEMPLE — BUDDHISTISCHER TEMPEL

Karte S. 238 (☎6348 0967; 178 Waterloo St; ⏲6–18.30 Uhr; Ⓜ Bugis) GRATIS Chinesische Räucherstäbchen, die glücksbringenden *chien tung*, sind in einem der beliebtesten und betriebsamsten Tempel von Singapur keine Mangelware.

Der buddhistische Tempel ist der Gnadengöttin Kuan Yin (Guanyin) gewidmet. Überall sieht man Blumenverkäufer und Wahrsager, während am anderen Ende der Straße Gläubige den bronzenen Bauch des großen Buddha Maitreya reiben, weil das eine Extra-Portion Glück bringen soll.

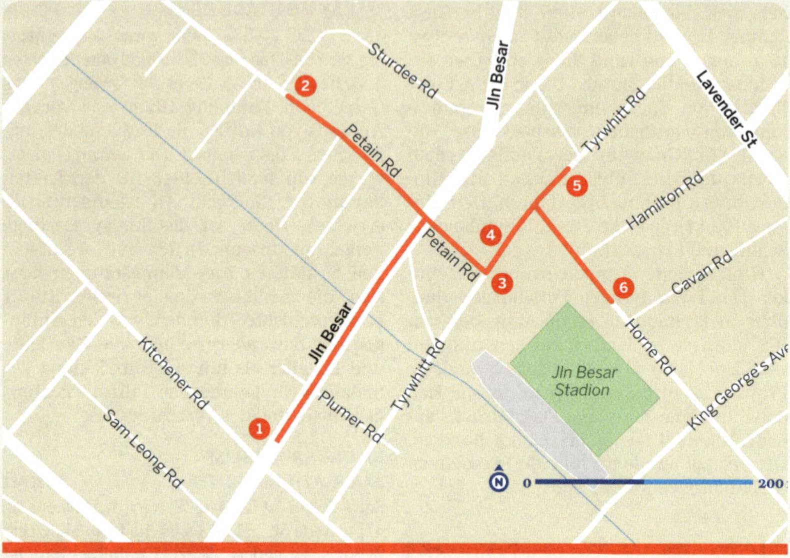

Lokalkolorit

Ein Nachmittag in Jalan Besar

Einst besser bekannt für seine Eisenwarenhandlungen, ist Jalan Besar heute eher eine Gegend, wo ursprüngliche Architektur auf Singapur-Coolness trifft. Nordöstlich von Little India befindet sich dieses kompakte Viertel in der Mitte der Jalan Besar. Es ist die perfekte Mischung aus „Alt trifft Neu".

❶ Scherenschnitt

Zunächst stillt man im **Beach Road Scissor Cut Curry Rice** (Karte S. 238; 229 Jln Besar, Ecke Kitchener Rd; ⌚11–3.30 Uhr Ⓜ Lavender, Farrer Park) seinen Hunger. Man wählt aus der Vitrine aus – das Schweinekotelett ist zu empfehlen – und dann sieht man zu, wie der Händler es mit einer Schere fachmännisch in kleine Stücke schneidet. Dann wird es auf einem Teller mit weißem Reis erhitzt und mit Soße übergossen. Es schmeckt besser, als es aussieht!

❷ Peranakanische Perfektion

Zwischen Jalan Besar und Sturdee Rd liegt eine außergewöhnlich üppig geschmückte zweistöckige **Häuserreihe** (außerhalb von Karte S. 238; Petain Rd; Ⓜ Farrer Park, Bendemeer), die auf die 1920er zurückgeht. Es ist eine Farbexplosion von Keramikfliesen mit Blumenmotiven und Säulen mit Basreliefs, geschmückt mit Blumen, Vögeln und Bäumen. Die überaus reizvollen Verzierungen sind typisch für das, was später als „Shophouse-Stil" bekannt wurde.

❸ Ins kühle Nass

Badesachen einpacken und rein ins kühle Nass des **Jalan Besar Swimming Complex** (Karte S. 238; ☎6293 9058; 100 Tyrwhitt Rd; Wochentage/Wochenende 1,30/1,70 S$; ⌚Do–Di 8–21.30, Mi 14.30–21.30 Uhr; Ⓜ Farrer Park, Lavender), gegenüber von Two Bakers. Das 50 m-Becken eignet sich perfekt, um ein paar Bahnen zu ziehen oder um sich einfach von Singapurs großer Hitze zu erholen. Der Eintritt reißt kein Loch in die Reisekasse – und es lohnt sich so sehr.

❹ Brauerei

Schaut man sich das Ladenschild an, denkt man, hier wäre eine Apotheke, aber die Chinese Druggist Association ist schon lange nicht mehr. Rein in den Laden, denn nur dann findet man heraus, was es im **Druggists** (Karte S. 238; ☎6341 5967; www.facebook.com/DruggistsSG; 119 Tyrwhitt Rd; ⌚Mo–Do 16–24, Fr & Sa bis 2, So 14–22 Uhr; Ⓜ Bendemeer, Farrer Park, Lavender) gibt. An der hinteren Wand befinden sich 23 glänzende Zapfhähne für Craft-Bier.

Detail an einer Shophouse-Fassade (S. 201)

5 Kaffee im Eisenwarenladen

Der einstige Eisenwarenladen und heutige Art-déco-Shop bietet die Kulisse für **Chye Seng Huat Hardware** (außerhalb der Karte S. 238; CSHH Coffee Bar; 6396 0609; www.cshhcoffee.com; 150 Tyrwhitt Rd; Di–Do & So 9–22, Fr & Sa bis 24 Uhr; Bendemeer, Farrer Park, Lavender), Singapurs angesagtestes Café und Rösterei. Hier schlürft man einen „Nitro Black Matter“, einen kalt gebrauten Kaffee, der mit Stickstoff versetzt wird. Es werden auch Kurse angeboten (siehe www.papapalheta.com/education/classes).

6 Süßer Abschluss

Eine Belohnung für die ganze Lauferei bekommt man bei **Two Bakers** (Karte S. 238; 6293 0329; www.two-bakers.com; 88 Horne Rd; Gebäck & Kuchen 6,80-9 S$; Mo, Mi, Do & So 9–18, Fr & Sa 10–22 Uhr; Bendemeer, Lavender), wo die Meister dieser unwiderstehlichen Süßigkeiten ihr Fach im Pariser Cordon Bleu erlernt haben. Doch welche Torte soll man nehmen? Etwa die allseits beliebte Yuzu-Zitrone oder die dekadente „Purple Gold“ (Lavendelschokoganache, Karamellganache und geröstete Mandeln)?

In einem speziell singapurischen Fall von religiösem Pragmatismus beten Gläubige auch nebenan im **Sri Krishnan Tempel** (Karte S. 238; 152 Waterloo St; 6–14 & 17.30–21 Uhr; Bugis) GRATIS.

ESSEN

Little India

TEKKA CENTRE HAWKER $

Karte S. 238 (Ecke Serangoon & Buffalo Rds; Gerichte 3–10 S$; 7–23 Uhr, Verkaufsstände öffnen unterschiedlich; ; Little India) In diesem geschäftigen Hawker Centre, mit seinen zahllosen Ständen und exotischen Mahlzeiten, sind Gewürze vom indischen Subkontinent keine Mangelware. Hier stellt man sich für Biryani, *dosa* (papierdünne Pfannkuchen aus Linsenmehl), *roti prata* (Pfannkuchen aus Knetteig) zu unschlagbaren Preisen an. Es lohnt sich **Ah-Rahman Royal Prata** (01-248 Tekka Centre; Murtabak ab 5 S$; Di–So 7.30–22 Uhr) aufzusuchen, denn hier bekommt man wohl einige der leckersten *murtabak* (herzhaft gefüllte Pfannkuchen) von Singapur. Ein Stockwerk höher findet man eine Vielzahl an farbenprächtigen indischen Läden mit Saris und anderen Textilien – nicht zu vergessen zahlreiche Schneider. Wahrscheinlich bekommt man nirgendwo sonst indisches Outfit so günstig wie hier; und auch wenn die Preise ausgeschrieben sind, ist wohlgesittetes Feilschen einen Versuch wert.

GANDHI RESTAURANT SÜDINISCH $

Karte S. 238 (29-31 Chander Rd; Gerichte 2,50–6,50 S$, Menüs ab 4,50 S$; 11–16 & 18–23 Uhr; Little India) Auch wenn das Lokal eher einer Kantine mit billiger Deko gleicht und die Bedienungen ziemlich launisch sind – wen interessiert das schon, wenn das Essen so lecker ist? Im hinteren Bereich kann man sich an dem Waschbecken die Hände waschen und dann Platz nehmen. Man bekommt ein Bananenblatt als Teller, darauf Reis und Gewürzsoßen (südindisches *thali*). Zusätzliche Beilagen wie Gemüse und Fleisch müssen extra bestellt werden – das Hühnchencurry ist ein Muss. Und dann lässt man es sich ganz einfach schmecken.

SUNGEI ROAD LAKSA MALAYSISCH $

Karte S. 238 (www.sungeiroadlaksa.com.sg; 01-100, Block 27, Jln Berseh; Laksa 3 S$; 9–18 Uhr, jeden 1. und 3. Mi im Monat geschl.; Ⓜ Rochor, Jalan Besar) Bei Sungei Road Laksa bekommt man eine günstige dampfende Suppe. Die duftende, herzhafte auf Kokosmilch basierende Suppe besitzt gewissermaßen Kultstatus. Die köstliche Brühe wird über einem Feuer aus Holzkohle warmgehalten. Um den großen Andrang während der Mittagszeit zu umgehen, sollte man vor 11.30 oder nach 14 Uhr vorbeischauen.

MOGHUL SWEETS SÜSSES $

Karte S. 238 (☎6392 5797; 01-16 Little India Arcade, 48 Serangoon Rd; Süßes ab 1 S$; ⏱9.30–21.30 Uhr; Ⓜ Little India) Ist man auf der Suche nach einem indischen Zuckerrausch, ist man im winzigen Moghul Sweets genau richtig. Hier beißt man in köstliche *gulab jamun* (frittierte Teigbällchen in Zuckersirup), relativ selten zu findende *rasmalai* (Quarkbällchen in Kardamom-Rahmsoße) und *barfi* (Kondensmilch und Zucker) in Geschmacksrichtungen wie Pistazie, Schokolade ... und Karotte.

ANANDA BHAVAN INDISCH $

Karte S. 238 (www.anandabhavan.com; 58 Serangoon Rd; Dosa 2,60–5,20 S$, Menü 6–10 S$; ⏱Mo–Do 7.30–22, Fr–So bis 22.30 Uhr; 🖉; Ⓜ Little India) Diese sehr günstige Filiale einer Restaurantkette eignet sich besonders gut, um das südindische Frühstücksangebot aus *idly* (fermentierte Reiskuchen) und *dosa* (dünne Pancakes aus Linsenmehl; auf der Speisekarte allerdings „thosai" geschrieben) zu probieren. Es gibt auch ein wunderbares *Thali*-Menü.

In Little India befinden sich noch weitere Filialen, genauso wie diese – ohne großen Schnickschnack und mit lecker zubereiteten gesunden, vegetarischen Gerichten.

USMAN PAKISTANISCH, INDISCH $

Karte S. 238 (☎6296 8949; 238 Serangoon Rd, Ecke Desker Rd; Geriche 1,60–26 S$; ⏱12–2 Uhr; Ⓜ Farrer Park) Dieses winzige Lokal ist mit einer ganzen Batterie an Mehl- und Zwiebelsäcken dekoriert. Hier gibt es Gerichte mit samtcremigem *paneer* (handgemachtem indischen Rahm-Frischkäse aus Kuhmilch). Am besten schmeckt der *pulak paneer* in Kombination mit cremigem Spinatfond. Gerichte wie das *dhal* (Gericht aus Hülsenfrüchten, meistens Linsen) gibt es oftmals schon ab 1,60 S$! Was auch immer auf den Teller kommt: Das frisch gebackene *naan* (Fladenbrot aus dem Tandoori-Ofen) gehört als i-Tüpfelchen unbedingt dazu.

★LAGNAA BAREFOOT DINING INDISCH $$

Karte S. 238 (☎6296 1215; www.lagnaa.com; 6 Upper Dickson Rd; Gerichte 6–20 $; ⏱11.30–22.30 Uhr; 📶; Ⓜ Little India) In dem lässigen Lokal kann jeder seine individuelle Auswahl auf der Schärfe-Skala treffen: Stufe 3 heißt leicht scharf, Stufe 4 sehr scharf und alles was darüber liegt, grenzt an bewundernswerte Tapferkeit. Welche Stufe auch immer in Frage kommt, das Fingerfood in bester Qualität aus den nördlichsten und südlichsten Regionen des indischen Heimatlandes ist ein kulinarischer Genuss. Gespeist wird entweder im Parterre wie gewohnt auf Stühlen sitzend oder auf Sitzkissen im oberen Stockwerk. Wer sich ob der Fülle des Angebots mit der Auswahl etwas schwer tut, sollte einfach mal das berühmte Finger-Fischcurry von Küchenchef Kaesavan probieren.

Selbst leicht scharfe Gerichte sind ohne Lassis oder rahmige Beilagen schon eine Herausforderung und bürgen für Lagnaas Chili-Renommee. Wer sich an Stufe 6 heranwagt, darf sich auf eine Einladung zum monatlichen Vollmond-Chili-Event freuen. Wer das überlebt, bekommt sein Essen auf Rechnung des Hauses. Barzahlung nur bei Rechnungen unter 30 S$.

MUSTARD INDISCH $$

Karte S. 238 (☎6297 8422; www.mustardsingapore.com; 32 Race Course Rd; Hauptgerichte 6,90–19,90 S$; ⏱So–Fr 11.30–15 & 18–22.45, Sa 11.30–16 & 18–22.45 Uhr; Ⓜ Little India) Eines der raffiniertesten, eher hochwertigeren indischen Restaurants, die das Ende der Race Course Road säumen, ist dieses kleine Restaurant mit hervorragenden Bedienungen, die einem Gerichte – alle in Senföl zubereitet – servieren, die vorwiegend aus Bengalen oder dem Punjab stammen. Kebabs zählen zu den Spezialitäten des Hauses, aber es gibt auch einige gute Currys und Biryanis.

Kampong Glam

★ZAM ZAM MALAYSISCH $

Karte S. 238 (☎6298 6320; 697-699 North Bridge Rd; Murtabak ab 5 S$; ⏱7–23 Uhr; Ⓜ Bugis) Zam Zam gibt es schon seit 1908 – und sie haben es noch immer drauf. Auch wird hier immer noch mit dem gleichen Elan gearbeitet – die Kunden kommen in Scharen von der Straße hier herein, während die Köche drinnen köstliche *murtabak* fieberhaft zu-

HAWKER MIT STERN

Als man den *Michelin-Führer* 2016 in Singapur einführte, wurde zwei bescheidenen Hawkern aus Singapur die Ehre zu teil, einen leuchtenden Stern verliehen zu bekommen. Chinatown's Hong Kong Soya Sauce Chicken Rice & Noodle (S. 77) schmückt sich zudem mit der Auszeichnung, das günstigste Gericht der Welt mit einem Michelin-Stern zu bieten – mit lediglich 2 S$ war Chan Hong Mengs schmackhaftes Hühnchen und Reis schon immer bei den Einheimischen beliebt, doch jetzt ist es weltweit bekannt. Um schnell auf seinem Erfolg aufzubauen, eröffnete er drei weitere Filialen (Tendenz steigend) und plant mit seinen berühmten Gerichten ins Ausland zu expandieren. Die neuen Lokale haben eher ein McDonald's-ähnliches Ambiente, deshalb empfiehlt es sich, beim originalen Chinatown Complex zu bleiben, vorausgesetzt man hat ausreichend Zeit in der Schlange anzustehen.

Die andere Warteschlange, in die man sich stellen möchte, ist die bei **Hill Street Tai Hwa Pork Noodle** (Karte S. 238; www.taihwa.com.sg; 01-12, Block 466, Crawford Lane; Nudeln 5–10 S$; ⏲9.30–21 Uhr; Ⓜ Lavender). Es liegt nicht ganz so zentral, etwa 10 Minuten von der Lavender MRT-Haltestelle zu Fuß entfernt, doch die Schlange ist kürzer (trotzdem muss man mit einer langen Wartezeit rechnen, vor allem am Mittag). Das Objekt der Begierde? B*ak chor mee* (gehackte Schweinenudeln), Ramen-Nudeln, zartes Schweinefleisch und Leberstückchen, knuspriger Plattfisch und eine Essig-Chili-Soße, die es in sich hat. Diesen Hawker-Stand der zweiten Generation gibt es seit 1932, weshalb man mit Sicherheit sagen kann, dass sie ihr Handwerk hier beherrschen.

bereiten. Sie sind die Spezialität des Hauses: herzhafte Pfannkuchen mit saftigem Hammelfleisch, Hähnchen, Rind, Wild oder auch Sardinen. Die Portionen sind gewaltig, deshalb sollte man sich am besten eine mittlere Portion teilen.

WARONG NASI PARIAMAN — MALAYSISCH, INDONESISCH $

Karte S. 238 (☎6292 2374; www.pariaman.com.sg; 736-738 North Bridge Rd; Gerichte ab 4,50 S$; ⏲7–18 Uhr; Ⓜ Bugis) In diesem einfachen Ecklokal gibt es legendäres *nasi padang* (Reis mit Curry). Am besten schmecken das köstliche *Rendang*-Rind, *ayam bakar* (gegrilltes Hähnchen mit Kokossoße) und das würzige *sambal goreng* (Spargelbohnen, Tempeh und Tofu). Um dem großen Andrang zu umgehen, sollte man gegen 11 Uhr kommen und sich für Abendessen gegen 17 Uhr in die Schlange stellen.

Achtung: Die meisten Gerichte sind vor Ladenschluss ausverkauft.

★CICHETI — ITALIENISCH $$

Karte S. 238 (☎6292 5012; www.cicheti.com; 52 Kandahar St; Pizza 18–28 S$, Hauptgerichte 29–39 €; ⏲Mo–Fr 12–14.30 & 18.30–22.30, Sa 18–22.30 Uhr; Ⓜ Bugis, Nicoll Hwy) Der lässige Italiener gehört zur derzeit angesagten Slowfood-Szene, italienische Trendgerichte werden mit handverlesenen Zutaten frisch vom Markt zubereitet. Hier geht man abends schick zum Essen aus und lässt sich von kunstfertigen, jungen *pizzaioli* und einem zuvorkommenden Personal verwöhnen. Zu den besonderen Gaumenfreuden zählen hier Holzofenpizzas, hausgemachte Pasta-Spezialitäten und Highlights auf der Abendkarte wie *polpette di carne grana* (geschmorte Fleischbällchen mit Parmesanraspeln). Wer hier am Freitag- und Samstagabend speisen möchte, sollte frühzeitig einen Tisch reservieren!

PIEDRA NEGRA — MEXIKANISCH $$

Karte S. 238 (☎6291 1297; www.facebook.com/Piedra.Negra.Haji.Lane; Ecke Beach Rd & Haji Lane; Hauptgerichte 8,90–21,90 S$; ⏲Mo–Sa 12–1 Uhr; 📶; Ⓜ Bugis) Heiße lateinamerikanische Rhythmen, bombastische Wandgemälde und Tische direkt auf der Haji Lane: Dieses elektrisierende mexikanische Lokal eignet sich hervorragend für günstige Cocktails und, um Leute zu beobachten. Geschüttelt oder mit Crushed Ice, die Margaritas haben es in sich und die Burritos, Quesadillas, Tacos und anderen Tex-Mex-Gerichte sind sättigend und lecker.

MRS PHO — VIETNAMESISCH $$

Karte S. 238 (☎6292 0018; www.mrspho.com; 349 Beach Rd; Hauptgerichte 8,90–9,90 S$; ⏲11–21.30 Uhr; Ⓜ Bugis, Nicoll Hwy) Betritt man dieses Ladenhaus, hat man das Gefühl in einer Seitengasse in Vietnam, komplett mit freigliegenden Kabeln, Betonwänden, winzigen Metalltischen mit noch winzigeren Stühlen, zu sein. Pho hat hier das Sagen; das *bun thit nuong cha gio* (getrocknete Fadennudeln mit gegrilltem Schweinefleisch und frittierten Frühlingsrollen) schmeckt großartig, ist knusprig und hält gleichermaßen die süßen und sauren Geschmacksrichtungen in Balance.

Dazu trinkt man am besten ein Glas spritzigen Saigon, eine salzige Limonade, die seltsamerweise süchtig macht.

NAN HWA CHONG FISH-HEAD STEAMBOAT CORNER CHINESISCH **$$**

Karte S. 238 (☎6297 9319; www.facebook.com/nanhwachong; 812-816 North Bridge Rd; Fischkopfeintopf ab 20 S$; ⊙16–1 Uhr; Ⓜ Bugis, Lavender) Wenn man nur einmal Fischkopfeintopf probieren möchte, dann hier bei diesem lauten, alteingesessenen Imbiss. Die Brühe mit Fischköpfen wird in einem großen Topf, in dem *tee po* (getrocknete Plattfische) stehen, serviert. Gekocht wird auf Holzkohlenfeuer. Ein Topf reicht für drei oder vier Personen, und kann mit Reis und Beilagen bestellt werden. Man kann aus diversen Fischen wählen; die Einheimischen essen am liebsten Zackenbarsch.

★KILO FUSION **$$$**

(☎nach 16 Uhr 6467 3987; www.kilokitchen.com; 66 Kampong Bugis; Gemeinschaftsteller 18–34 S$, Hauptgerichte 28–38 S$; ⊙Mo–Sa 18–22.15 Uhr; Ⓜ Lavender) Trotz Singapurs hartem Verdrängungswettbewerb in der Restaurantszene bleiben Restaurantfreaks dieser Ode an die Fusionsküche treu. Hier sollte man auf Überraschungen gefasst sein: von Tacos mit Rinderzunge und Apfel-Miso-Salat bis zu Ziegen- und Ricottakäsegnocchi mit *Maitake*-Pilzen, brauner Misobutter und *shiso* (minzähnliche asiatische Kräuter). Das Kilo liegt etwas versteckt im zweiten Stockwerk eines verlassenen Industriegebäudes am Kallang-Fluss. Am besten fährt man mit dem Taxi dorthin.

Bugis

QS269 FOOD HOUSE HAWKER **$**

Karte S. 238 (Block 269B, Queen St; Gerichte ab 3 S$; ⊙Öffnungszeiten variieren; Ⓜ Bugis) Der Name Food House ist für diese laute, äußerst lebhafte und überdachte Gasse gesäumt von kultverdächtigen Imbissbuden eigentlich nicht die richtige Bezeichnung. Bei **Ah Heng** (Karte S. 238; www.facebook.com/AhHengChickenCurryNoodles; 01-236 QS269 Food House; Gerichte ab 4 S$; ⊙Sa–Do 8–16.30 Uhr) bekommt man eine Schüssel ausgezeichnete Kokoscurrynudelsuppe, die einen ins Schwitzen bringt. Oder man stellt sich bei **New Rong Liang Ge** (Karte S. 238; 01-235 QS269 Food House; Gerichte ab S$3; ⊙9–20 Uhr) für Gerichte mit saftiger gebratener Ente an, die Feinschmecker aus dem ganzen Stadtgebiet anzieht.

AUSGEHEN & NACHTLEBEN

Für ein feucht-fröhliches Kneipen-Hopping ist Kampong Glam besser aufgestellt als Little India. Die Ausgehszene konzentriert sich in und um die verkehrsfreie Haji Lane. Dort finden sich alle möglichen lässigen Lokale für Schluckspechte. In einigen Bars finden Jam-Sessions mit improvisierter Livemusik statt. In anderen Locations kann man sich seinen ganz individuellen Cocktail mixen lassen. Wer sich mit billigem Fusel einen Schwips antrinken will, dem bleibt immer noch ein Bierchen in den Hawker Centres (Markthallen und Essstände unter freiem Himmel).

Little India

PRINCE OF WALES PUB

Karte S. 238 (☎6299 0130; www.pow.com.sg; 101 Dunlop St; ⊙Mo 17–24, Do bis 1, Fr & Sa 15–2, So bis 24 Uhr; Ⓜ Rochor) Dieser schmuddelige australische Schuppen ist das, was einem Pub in Little India am nächsten kommt. Er ist lebhaft und beliebt, hat einen kleinen Biergarten, einen Billardtisch und Fernseher auf denen Sportsendungen laufen. Mittwochs ist Quiznacht (ab 20 Uhr) und dienstags, donnerstags, freitags und sonntags treten Bands auf. Es gibt jede Menge gute und günstige Drinks, um so richtig in Stimmung zu kommen.

Kampong Glam

★ATLAS BAR

Karte S. 238 (☎6396 4466; www.atlasbar.sg; Lobby, Parkview Sq, 600 North Bridge Rd; ⊙Mo–Do 10–1, Fr bis 2, Sa 15–2 Uhr; Ⓜ Bugis) Diese

Cocktaillounge scheint geradewegs aus dem Manhattan der 1920er-Jahre zu stammen. Von Art déco inspiriert, ist sie extravagant ausgestattet mit verzierten bronzefarbenen Decken und plüschigen Loungesesseln im schummrigen Licht. Auf der Getränkekarte stehen teure Champagner, ausgewählte Cocktails und ziemlich gute Martinis. Es ist jedoch die 12 m hohe Gin-Wand mit über 1000 verschiedenen Marken, die wirklich beeindruckt – man sollte auf jeden Fall nach einer Tour fragen. Zum Wochenende hin sollte man unbedingt einen Tisch reservieren. In den Morgenstunden ist das Atlas eine Art Café; europäisch-inspirierte Häppchen werden den ganzen Tag und sogar bis spät in die Nacht serviert.

MAISON IKKOKU COCKTAILBAR

Karte S. 238 (☎6294 0078; www.maison-ikkoku.net; 20 Kandahar St; ⏲Café Mo–Fr 9–21, Fr & Sa bis 23, So bis 19 Uhr, Bar So–Do 16–1, Fr & Sa bis 2 Uhr; 📶; Ⓜ Bugis) Die Betreiber des modern und minimalistisch eingerichtete Cafés Maison Ikkoku sind Anhänger der Bewegung „Third Wave Coffee". Es kann zwischen Zubereitungsarten mit der Chemex-Karaffe, dem Vakuumbereiter, Cold Drip, dem V60-Kaffeefilter, Stofffilter, der AeroPress und French Press gewählt werden. In der Cocktailbar im oberen Stockwerk werden tolle Drinks gezaubert. Bestellt man hier einen Sour, bekommt man einen herben, scharfen Mix aus würzigem Gin, Traube, Zitrone und japanischen Chilifäden. Nicht günstig, aber empfehlenswert.

HEAP SENG LEONG COFFEESHOP KAFFEE

Karte S. 238 (01-5109, Block 10, North Bridge Rd; ⏲4–19 Uhr; Ⓜ Lavender) Schon vom letzten Schrei in Sachen Kaffee gehört? Wenn Gesundheitsfanatiker Butter in den Kaffee tun? Nun in Singapur macht man das schon seit Jahrzehnten. Es heißt *kopi gu you* (Kaffee mit Butter), ist cremig und karamellig und wird in diesem Vintage-Coffeeshop serviert. Für nur 1 S$ ist dieses Gebräu ein wahres Schnäppchen für Kaffeeliebhaber.

ARTISTRY CAFÉ

Karte S. 238 (☎6298 2420; www.artistryspace.com; 17 Jln Pinang; ⏲Di–Sa 9–23, So bis 16 Uhr; 📶; Ⓜ Bugis) „Killer-Kaffee", wechselnde Kunstausstellungen und monatliche After-Hour-Events, darunter Singer-Songwriter-Abende: Artistry ist die Hipster-Version eines Kultursalons. Hier nimmt man einen ordentlichen Schluck Craft-Bier und Cider zu sich, verspeist leckere Gerichte (unter der Woche bis 21 Uhr und am Wochenende bis 15 Uhr) wie BRB-Pankcakes (Blaubeeren, Ricotta, Bacon) oder köstliche Chili-Krabben-Burger. Die Einrichtung ist ganz besonders ausgefallen: Die Bar, Stühle und der Gemeinschaftstisch wurden aus recyceltem Holz angefertigt, das aus Geylang Serang, einem wiederaufgebauten Dorf der Malay, das einstmals an der Geyland Road lag, stammt.

☆ UNTERHALTUNG

☆ Little India

REX CINEMAS KINO

Karte S. 238 (☎6337 6607; www.rexcinemas.com.sg; 2 Mackenzie Rd; Karte 12 S$; Ⓜ Little India) Wo kann man sich Bollywood-Blockbuster, für die in ganz Little India geworben wird, ansehen? Natürlich im Rex. Dieses historische Lichtspielhaus zeigt Filme vom indischen Subkontinent auf, die meisten mit englischen Untertiteln.

WILD RICE THEATER

Karte S. 238 (☎6292 2695; www.wildrice.com.sg; 65 Kerbau Rd; Ⓜ Little India) Singapurs heißeste Theatergruppe spielt in der Kerbau Road, allerdings tritt das Ensemble auch woanders in der Stadt und auch im Ausland auf. Aufgeführt wird eine Mischung aus einheimischen und ausländischen Elementen, die Produktionen reichen von Komödien bis zu politischen Stücken, in denen es um Themen geht, die in Singapur für gewöhnlich nicht auf der Agenda stehen.

☆ Kampong Glam

BLUJAZ CAFÉ LIVEMUSIK

Karte S. 238 (☎6292 3800; www.blujazcafe.net; 11 Bali Lane; ⏲Mo–Do 12–1, Fr bis 2, Sa 15–2 Uhr; 📶; Ⓜ Bugis) Das unkonventionelle BluJaz ist eine der besten Adressen für Livemusik mit regelmäßigen Jazz-Sessions und anderen Acts von Blues bis Rockabilly. Auf der Website findet man das Programm, das auch Funk-, R'n'B- und Retro-Abende mit DJ sowie mittwochs und donnerstags den „Talk Cock", Comedy-Abende mit „offenem Mikro", präsentiert. Für einige Shows muss man Eintritt zahlen.

STREET-ART AUF ASIATISCH

Graffiti-Maestro Ernest Zacharevic (www.ernestzacharevic.com) wird oft auch als „malaiischer Banksy" bezeichnet.

Seine dadaistisch verspielte Graffiti-Kunst mit interaktivem Charakter hat inzwischen eine weltweite Fangemeinde gefunden. Zacharevics Werke, die vom norwegischen Stavanger bis Singapur Häuserwände zieren, leben von ihrem witzigen Beiwerk; so etwa verwendet der Künstler für seine Kompositionen alte Fahrräder und Holzstühle, er integriert sogar das natürlich wachsende Moos in den Mauerritzen.

Auf einem kleineren Bild gegenüber der wunderschönen Malabar-Jama-At-Moschee sind Kinder abgebildet, die quietschvergnügt auf dahinrollenden Einkaufswagen herumturnen. Zur Rechten springt ein Junge wie ein Teufelchen aus einer Schachtel und schlägt einen Salto. Weiter südwärts an der Ecke Victoria Street/Jln Pisang ist ein überlebensgroßes Girlie zu sehen, wie es ein Löwenbaby streichelt, das friedlich vor sich hindöst. Diese drei fantasievollen Comic-Graffiti sind jedoch nicht die einzigen Hingucker in der ganzen Stadt.

Ein weiteres emblematisches Schablonen-Graffiti ist im Stadtviertel Katong östlich von Little India zu bestaunen: Das Mammutwerk *Die Lanzenreiter* (S. 116) zeigt zwei täuschend echte Knappen im Aufbruch zu einer Schlacht, im Galopp auf dem Rücken grellbunter Pferde dahinreitend.

☆ Bugis

★SINGAPORE DANCE THEATRE TANZEN

Karte S. 238 (☎6338 0611; www.singaporedance theatre.com; Level 7, Bugis+, 201 Victoria St; ⏲Mo–Fr 10–20, Sa & So bis 16 Uhr; Ⓜ Bugis) Das ist die Zentrale von Singapurs erstklassigem Tanzensemble, das seine Fans mit einem Repertoire an klassischem Ballett und zeitgenössischen Tänzen in Staunen versetzt. Viele Vorstellungen finden im Esplanade – Theatres on the Bay (S. 67) statt. Ein Highlight ist das Ballet under the Stars im Fort Canning Park (S. 57), das gewöhnlich Mitte des Jahres stattfindet. Auf der Website findet man aktuelle Infos.

HOOD LIVE MUSIC

Karte S. 238 (☎6221 8846; www.hoodbarandcafe.com; 05-07 Bugis+, 201 Victoria St; ⏲So–Mi 17–1, Do–Sa bis 3 Uhr; Ⓜ Bugis) Im Einkaufszentrum Bugis+ sorgt die Street-Art-Einrichtung des Hood für eine jugendliche Atmosphäre bei abendlichen Musik-Sessions mit Events wie Rush Hour und Smells Like Last Friday. Wenn man auf der Suche nach noch unbekannten Talenten ist, sollte man bei den wöchentlichen „Saturday Original Sessions" vorbeischauen, einer Bühne für angehende Musiker, die darauf brennen, ihre Fähigkeiten als Singer-Songwriter unter Beweis zu stellen.

SHOPPEN

Little India

In den Straßen von Little India kann man gut einkaufen – die Läden sind Schatztruhen: Kunst, Antiquitäten, Stoffe, Lebensmittel und Musik. In Kampong Glam ist das Warenangebot sogar noch vielfältiger und gemischter – zum Einkaufen von Textilien, Teppichen und Parfüms für jeden noch so individuellen Geschmack bietet sich die Arab Street an.

Wer auf der Suche nach Indie-Mode ist oder die angesagtesten Accessoires erstehen will, wird bestimmt in der Haji Lane oder in der Bali Lane fündig.

MUSTAFA CENTRE KAUFHAUS

Karte S. 238 (☎6295 5855; www.mustafa.com.sg; 145 Syed Alwi Rd; ⏲24 Std.; Ⓜ Farrer Park) Das geschäftige, rund um die Uhr geöffnete Mustafa Centre in Little India zieht Schnäppchenjäger, die meistens aus Indien stammen, magisch an. Hier gibt es so gut wie alles zu günstigen Preisen: Elektronik, auffallenden Goldschmuck, Schuhe, Handtaschen, Koffer und Reisetaschen sowie Schönheitspflegeprodukte. Ein großer Supermarkt bietet eine breite Palette an indischen Lebensmitteln an. Sonntags ist es hier beinahe schon zu voll.

RUGGED GENTLEMEN SHOPPE
MODE & ACCESSOIRES

Karte S. 238 (☎6396 4568; www.tuckshopsundrysupplies.com; 8 Perak Rd; ⏲Mo–Sa 12–20, So mit Termin; Ⓜ Rochor) Eine von Vintage inspirierte Ode an Amerikas Arbeiterklasse – dieser kleine Laden für Herrenbekleidung bietet eine gut sortiere Auswahl an robusten Stoffen und Accessoires wie Red-Wing-Stiefeln, Pflegeprodukten und Lederwaren. Hier kann man sich mit Holzfällerhemden, Pullovern und seltenen Marken-Jeans, beispielsweise Iron Heart aus Japan und Red Cloud aus China, eindecken.

SIM LIM SQUARE
ELEKTRONIK, EINKAUFSZENTRUM

Karte S. 238 (☎6338 3859; www.simlimsquare.com.sg; 1 Rochor Canal Rd; ⏲10.30–21 Uhr; Ⓜ Rochor) Sim Lim ist der Inbegriff für alles, was billig und nerdy ist. Es ist vollgestopft mit Ständen, die Laptops, Kameras, Soundkarten und Spielekonsolen verkaufen. Wenn man weiß, was man tut, kann man gute Geschäfte machen, doch Unerfahrene werden hier verloren sein. Man sollte hart (dennoch höflich) feilschen und immer überprüfen, ob die Garantie im eigenen Land gilt.

Kampong Glam

SIFR AROMATICS
PARFÜM

Karte S. 238 (☎6392 1966; www.sifr.sg; 42 Arab St; ⏲Mo–Sa 11–20, So bis 17 Uhr; Ⓜ Bugis, Nicoll Hwy) Dieses zen-artige Parfümlabor gehört Johari Kazura, Pafümeur der dritten Generation, zu dessen exquisiten Kreationen das vollmundige East (30ml 135 S$), eine Mischung aus Oud, Rose Absolue, Ambra und Neroli, gehört.

Der Fokus liegt auf maßgeschneiderten Düften (eine vorherige telefonische Terminvereinbarung ist absolut ratsam) mit anderen himmlischen Angeboten wie erschwingliche erstklassige Körperlotion, Duftkerzen und Vintage-Parfümfläschchen.

LITTLE SHOPHOUSE
KUNST & KUNSTHANDWERK

Karte S. 238 (☎6295 2328; 43 Bussorah St; ⏲10–17 Uhr; Ⓜ Bugis) Die traditonelle Perlarbeit der Peranakan ist eine aussterbende Kunst, jedoch in diesem Shop mit dazugehöriger Werkstatt wird sie noch praktiziert. Die bunten Slipper werden vom Kunsthandwerker Robert Sng entworfen und von ihm und seiner Schwerster Irene von Hand mit Perlen besetzt. Sie sind nicht günstig (fast 1000 S$) und für jedes Paar benötigt man runf 100 Stunden bis zur Fertigstellung. Man findet auch Teesets, Geschirr, Vasen, Handtaschen und Schmuck im Peranakan-Stil. Robert leitet selbst Workshops in Perlenstickerei, sie dauern fünf Stunden und kosten ab 350 S$; man sollte ungefähr eine Woche vorher buchen.

Bugis

BUGIS STREET MARKET
MARKT

Karte S. 238 (☎6338 9513; www.bugisstreet.com.sg; 3 New Bugis St; ⏲11–22 Uhr; Ⓜ Bugis)

DIE HAJI-LANE-SZENE

Die schmale, pastelfarbene **Haji Lane** (Karte S. 238 Ⓜ Bugis), die parallel zur altmodischen Arab St verläuft, mit ihren einzigartigen Boutiquen und Eckcafés eignet sich wunderbar zum Leutebeobachten. Auch wenn von den vielen Läden in der Haji Lane nicht alle top sein können, im **Dulcetfig** (Karte S. 238; ☎6396 5648; www.dulcetfig.com; 41 Haji Lane; ⏲Mo–Sa 11–21, So bis 20 Uhr) gibt es garantiert coole Klamotten. In den Regalen findet man einheimische und ausländische Marken zusammen mit einem bunten Mix aus Vintage-Klunkern, -Taschen und vielem mehr. Am besten besucht man die Haji Lane am späten Nachmittag: Dann ist es in den Straßen angenehm kühl und die Restaurants und Bars füllen sich langsam. Für ein gut gekühltes Craft-Bier lohnt es, sich in das winzige **Good Luck Beerhouse** (Karte S. 238; ☎8742 4809; www.facebook.com/GoodLuckBeerhouse; 9 Haji Lane; ⏲Mo–Do 16–24, Fr–So ab 12 Uhr) zu quetschen, wo es acht Biere vom Fass und mehr als 50 Sorten Flaschenbier gibt.

Ganz in der Nähe verläuft die Beach Road, wo man bei **Supermama** (Karte S. 238; ☎6291 1946; www.supermama.sg; 265 Beach Rd; ⏲11–20 Uhr) und **Scene Shang** (Karte S. 238; ☎6291 9629; http://shop.sceneshang.com; 263 Beach Rd; ⏲So–Do 11–20, Fr & Sa bis 21.30 Uhr) wunderbare Designer-Haushaltswaren und Geschenkartikel bekommen kann; das Stöbern kann sich durchaus lohnen.

Einst befand sich hier Singapurs berüchtigtste korrupte Gegend mit ausländischen Soldaten, die Fronturlaub machten, Spielhöllen und „Sisters" (Transvestiten) – heute ist hier der berühmteste überdachte Straßenmarkt der Stadt, u. a. mit Kleidung, Schuhen und Accessoires. Der Markt ist vor allem bei Teenagern und Twens beliebt.

SPORT & AKTIVITÄTEN

Little India

KSB AYURVEDIC CENTRE MASSAGE

Karte S. 238 (6635 2339; www.ayurvedaksb.sg; 11 Upper Dickson Rd; 30 Min. Massage ab 35 S$; Mo–Sa 9–21, So bis 15 Uhr; M Little India) Ist man erschöpft vom hyperaktiven Little India, kann man die indische Lebensweise mit einer ayuverdischen Massage an diesem bescheidenen und angenehmen Ort wiederbeleben. Behandlungen umfassen das allseits beliebte Abhyangam (synchronische Massage mit medizinischem Ölen) und die tiefenentspannende Shirodhara (warmes Öl wird über die Stirn geschüttet). Yogakurse werden ebenfalls angeboten.

Kampong Glam

HOUNDS OF THE BASKERVILLES KÖRPERPFLEGE

Karte S. 238 (6299 1197; www.facebook.com/HoundsOfTheBaskervilles; 24A Bali Lane; cut/shave S$40/35; Mo–Fr 11–23, Sa bis 19 Uhr; M Bugis) Tätowierte Hipster, antike Vitrinen voller Haarschneidemaschinen und pfeifende Espressomaschinen: Kein anderer Laden verkörpert so sehr das neue Singapur wie dieser auf „Retro" gestylte Barbier- und Tattoosalon.

Hier bekommt man eine Nassrasur mit heißem Handtuch, einen Haarschnitt mit Schere oder Schneidemaschine (nur ohne Termin – einfach den Namen und die Telefonnummer in die Warteliste eintragen) oder ein auffälliges neues Tattoo.

Orchard Road

Highlights

❶ ION Orchard (S. 108) Eine ausgedehnte Shoppingtour durch Singapurs stilvollstes Mega-Einkaufszentrum.

❷ Tanglin Shopping Centre (S. 109) In diesem faszinierenden Kultur-Einkaufszentrum kann man sich auf die Suche nach schönen Antiquitäten, feinen Orientteppichen und alten Karten von Asien machen.

❸ Emerald Hill Road (S. 103) Ein entspannter Spaziergang nach der Shoppingtour durch eine Gegend voller Geschichte – nur wenige Schritte von der lebhaften Orchard Road entfernt.

❹ Iggy's (S. 105) Das Probiermenü in Singapurs hochgelobtestem Restaurant ist ein Genuss für die Sinne.

❺ Killiney Kopitiam (S. 104) Ein traditionelles Frühstück in einem typischen Coffeeshop der Einheimischen – mit einem Toast mit *kaya* (Kokosmarmelade) und *kopi* (Kaffee).

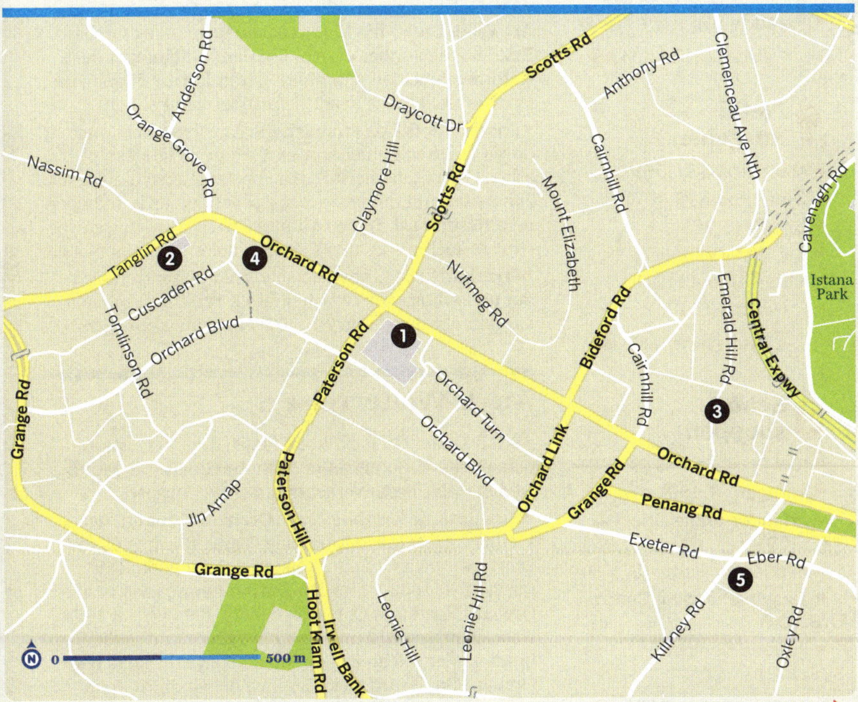

Mehr Details siehe Karte S. 244

Top-Tipp

Kaum zu glauben, aber nur 2 km vom Labyrinth der Einkaufszentren an der Orchard Road entfernt befindet sich ein Regenwald auf dem Gelände des zauberhaften **Botanischen Gartens** (Karte S. 133). Wer sich also nach einer grünen Oase sehnt, nimmt am besten Bus 7 oder 174 ab der Metro-Haltestelle Orchard (Ausgang zum Orchard Boulevard). Von da aus sind es dann nur noch 10 bis 20 Minuten bis zum Garten.

Gut essen

- Iggy's (S. 104)
- Takashimaya Food Village (S. 106)
- Buona Terra (S. 106)
- StraitsKitchen (S. 106)
- Fish and Chicks (S. 104)
- Paradise Dynasty (S. 104)

Details siehe S. 104.

Nett ausgehen

- Manhattan (S. 106)
- Other Room (S. 107)
- Cherry (S. 107)
- Bar Canary (S. 107)
- Horse's Mouth (S. 107)
- Providore (S. 105)

Details siehe S. 106.

Schön shoppen

- ION Orchard Mall (S. 108)
- Paragon (S. 109)
- Antiques of the Orient (S. 109)
- Pedder On Scotts (S. 109)
- Tanglin Shopping Centre (S. 109)
- In Good Company (S. 108)

Details siehe S. 108.

Die Orchard Road entdecken

Man bräuchte viel Zeit, um alle Stockwerke der vielen Malls in der Gegend um die **Orchard Road** (Karte S. 244; Orchard Rd; Ⓜ Orchard, Somerset, Dhoby Ghaut) zu erkunden, deshalb sollte man vorher schon seine Hausaufgaben machen – sprich weiterlesen.

Die meisten Einkaufspassagen öffnen am Vormittag erst um 10 Uhr. Wer zu früh dran ist, der hat den perfekten Vorwand, die Zeit genussvoll mit einem zweiten Frühstück zu überbrücken: entweder traditionell mit einem starken Kaffee bei Killiney Kopitiam (S. 104) oder in bester Slowfood-Manier im Providore (S. 105) oder Wild Honey (S. 105).

Ein Besuch in den Malls hat immer den gleichen Effekt: Nach einer Weile sehnen sich die erschöpften Füße nach einer Pause. Da kommen eine schnelle Fußmassage im Lucky Plaza (S. 110) oder ein Besuch eines der Luxus-Spas im näheren Umkreis gerade recht. Gegen 17 Uhr lockt die Happy Hour mit supergünstigen Drinks, sei es in den Cafés und Bars entlang der Orchard Road oder in einer der Seitenstraßen wie der Emerald Hill Road (S. 103) mit ihren historischen Gebäuden.

Lokalkolorit

Menschenmassen „Shoppen" ist in Singapur eine Art Volkssport – die Einkaufspassagen an der Orchard Road können daher extrem überlaufen sein. Wer das Getümmel meiden will, sollte gegen 10 Uhr da sein, um zumindest anfangs gemütlich stöbern zu können.

Food Courts Das kulinarische Angebot reicht quer durch Asien mit einer bunten Vielfalt an landestypischen Gerichten, meist frisch vor den Augen der Gäste zubereitet und immer weitaus günstiger als in irgendeinem Restaurant. In den klimatisierten Hawker Centres fehlt es auch nie an den Klassikern der Regionalküche.

Frischluft Die klimatisierten Einkaufszentren sind gut und schön, wer zwischendurch Frischluft braucht, kann in der Bar Canary (S. 107) eine Pause einlegen.

An- & Weiterreise

MRT An der Orchard Road liegen drei Metrostationen: Orchard, Somerset und Dhoby Ghaut. Die Metro ist daher das beste Verkehrsmittel zur Anreise.

Bus Buslinie 7 verbindet die Orchard Road mit der Victoria Street (nach Kampong Glam). Buslinie 65 verkehrt zwischen Orchard Road und Serangoon Road (nach Little India). Eine Direktverbindung zwischen Orchard Road und Chinatown bietet die Buslinie 190. Nach Dempsey Hill und Holland Village fahren die Buslinien 7 oder 106 ab Penang Road, Somerset Road oder Orchard Boulevard gleich südlich der Orchard Road.

SEHENSWERTES

★ION SKY AUSSICHTSPUNKT
Karte S. 244 (☎6238 8228; www.ionorchard.com/en/ion-sky.html; Level 56, ION Orchard, 2 Orchard Turn; ⌚15–18 Uhr; Ⓜ Orchard) GRATIS Aussichtsplattform auf dem 56. Stockwerk im ION-Orchard-Komplex. Letzter Einlass ist um 17.30 Uhr.

ISTANA PALAST
Karte S. 244 (www.istana.gov.sg; Orchard Rd; Ⓜ Dhoby Ghaut) Das prachtvolle weiße klassizistische Zuhause des Präsidenten von Singapur befindet sich auf einem 16 ha großen Gelände und wurde von den Briten zwischen 1867 und 1869 als Regierungsgebäude errichtet. Für Besucher ist es nur fünfmal jährlich geöffnet (8.30–18 Uhr; Gelände/Palast 2/4 S$): am Tag der Arbeit (1. Mai), an einem Termin vor dem Nationalfeiertag (7. Aug.), während des Chinesischen Neujahrsfestes (Jan. oder Feb.), am Fest Diwali (Okt. oder Nov.) und am Fest Hari Raya Puasa (oder: Eid-al Fitr; das Ende des Ramadan; Datum variiert). Aktuelle Infos finden sich auf der Website.

Nur an den genannten Tagen bekommt man die Möglichkeit, am Neun-Loch-Golfplatz vorbeizuspazieren, durch die wunderschönen Terrassengärten zu schlendern und einen Blick in einige Empfangszimmer zu werfen. Es besteht eine Ausweispflicht. Man sollte früh am Tag kommen, da sich schnell eine Schlange bildet. Außerhalb dieser Tage kommt man nur bis zu den stark bewachten Toren auf der Orchard Road.

EMERALD HILL ROAD ARCHITEKTUR
Karte S. 244 (Emerald Hill Rd; Ⓜ Somerset) Will man eine Pause vom Shoppen einlegen, empfiehlt sich ein Bummel entlang der nach Frangipani duftenden Emerald Hill Road, die sich mit einigen der schönsten Häuserreihen der Stadt schmückt. Zu erwähnen sind vor allem die Hausnummern 56 (eines der ersten Gebäude der Straße, um 1902 erbaut), 39 bis 45 (ungewöhnlich ausladende Vorderfronten und ein prachtvolles Eingangstor im chinesischen Stil) und 120 bis 130 (mit Elementen aus dem Art déco, um 1925 errichtet). Am oberen Ende der Orchard Road haben sich ein paar beliebte Bars angesiedelt, die sich in bezaubernd renovierten Shophouses befinden.

ISTANA HERITAGE GALERIE MUSEUM
Karte S. 244 (☎6904 4289; www.istana.gov.sg; Istana Park, 35 Orchard Rd; ⌚Di–Do 10–18 Uhr; Ⓜ Dhoby Ghaut) GRATIS Sollte der eigene Urlaub nicht mit den fünf Tagen, an denen das Istana für die Öffentlichkeit geöffnet hat, zusammenfallen (oder sollte man keine Zeit zum Schlangestehen haben), kann man einen Blick hinter die beeindruckenden Tore in diesem informativen Museum werfen. Hier erfährt man einiges über die Geschichte des Gebäudes, kann im Gästebuch blättern, üppige Staatsgeschenke bestaunen oder sich für ein perfektes Foto vor eine lebensgroße Kulisse des East Drawing Room setzen.

CATHAY GALLERY MUSEUM
Karte S. 244 (www.thecathaygallery.com.sg; 2-16 The Cathay, 2 Handy Rd; ⌚Mo–Sa 11–17 Uhr; 📶; Ⓜ Dhoby Ghaut) GRATIS Filmfreaks werden beim Besuch des Kinomuseums ins Schwelgen geraten. Man findet es im ersten Wolkenkratzer der Stadt. Die Exponate geben Einblicke in die Erfolgsstory der Familie Loke, die als frühe Pioniere das Filmbusiness in Singapur und Malaysia gelten und die Cathay Organisation gründeten. Zu sehen sind alte Filmplakate, Kameras und Programme, die das Goldene Zeitalter der singapurischen Kinowelt dokumentieren.

DER LETZTE WOHNBLOCK IN DER ORCHARD ROAD

Beim Anblick der zahlreichen neuen Einkaufszentren, die in jede freie Lücke auf der Orchard Road gequetscht wurden (und werden), fragen sich viele Besucher, warum die thailändische Botschaft ein so auffallend großes Areal in einer Gegend mit extrem hohen Immobilienpreisen besitzt. In den 1990er-Jahren wurde der thailändischen Regierung Berichten zufolge angeblich 139 Mio. S$ für das Grundstück geboten. Diese lehnte jedoch das Angebot mit der Begründung ab, dass ein Verkauf der Fläche, die Thailand 1983 für 9000 S$ erworben hatte, das Andenken des geschätzten Königs Chulalongkorn (Rama V) beleidigen würde. Und so können enttäuschte Stadtentwickler weiterhin nur von einer Bebauung träumen.

ESSEN

KILLINEY KOPITIAM CAFÉ $

Karte S. 244 (☎6734 3910; www.killiney-kopitiam.com; 67 Killiney Rd; Gerichte 1–7 S$; ⏰Mo & Mi–Sa 6–23, Di & So 6–18 Uhr; Ⓜ Somerset) In diesem alteingesessenen Café-Lokal, aufgemotzt mit liebenswert langweiligen einlaminierten Witzen, beginnt man den Tag auf die gute alte Weise mit einem starken *kopi* (Kaffee), Toast mit *kaya* (Kokosmarmelade) und einem weichgekochten Ei. Das Ei köpfen, den oberen Teil abnehmen, etwas Sojasauce und weißen Pfeffer auf das Eigelb geben und dann den *Kaja*-Toast hineindippen. Guten Appetit! Nach dem Frühstück locken dann Gerichte wie Chicken Curry, Laksa oder *nasi lemak* (Kokosreis, getrocknete Anchovis und Gewürze eingewickelt in ein Bananenblatt).

★PARADISE DYNASTY CHINESISCH $$

Karte S. 244 (www.paradisegroup.com.sg; 04-12A ION Orchard, 2 Orchard Turn; Gerichte 5–20 S$; ⏰11–22 Uhr; Ⓜ Orchard) Mitarbeiter in einheitlichem Look und ausgestattet mit Headsets sorgen dafür, dass die Gäste mühelos zu ihrem Platz finden. Das beliebte Dim-Sum-Lokal wirkt wie ein schmaler Korridor, der Weg zum Tisch führt an einer verglasten Küche vorbei.

Hier kann man den chinesischen Köchen zuschauen, wie sie Nudeln mit der Hand in die Länge ziehen und die Teigklößchen in siedendem Wasser langsam aufsteigen lassen. Am besten schmecken die original gewürzten *xiao long bao* (Suppenravioli), die zweifellos die taiwanesischen Dim Sum im legendären Din Tai Fung (S. 105) geschmacklich noch übertreffen. Weitere kulinarische Highlights sind u. a. *la mian* (handgezogene Nudeln) mit buttergelb geschmortem Schweinebauch.

FISH AND CHICKS FISH & CHIPS $$

Karte S. 244 (☎9828 3490; www.facebook.com/fishnchickssg; B1-01, Cathay Cineleisure, 8 Grange Rd; Hauptgerichte 6.90–11.80 S$; ⏰11–22 Uhr; Ⓜ Somerset) Die zwei jungen Besitzer tischen wirklich gute Fisch- und Hähnchengerichte auf und sind für ihre *Fish and Chips à la Singapur* bekannt. Zur Auswahl stehen eine Chilikrabben- bzw. eine gesalzene Eigelb-Soße, die großzügig über den superknusprig frittierten Fisch gegossen wird. Kann man sich nicht entscheiden, bestellt

DIE BESTEN FOOD COURTS

Wer sich in den Einkaufszentren der Orchard Road bis ins Untergeschoss durchgewühlt hat, findet dort meist einen Food Court, d. h. eine Gastronomielandschaft mit verschiedenen Ständen, Theken und offenen Garküchen, die frisch zubereitete und günstige Gerichte aus aller Welt servieren. Hier eine Auswahl der besten:

Takashimaya Food Village (Karte S. 244; ☎6506 0458; www.takashimaya.com.sg; B2 Takashimaya Kaufhaus, Ngee Ann City, 391 Orchard Rd; Gerichte 4–17 S$; ⏰10–22 Uhr; Ⓜ Orchard) Das „Gastronomiedorf" Takashimaya ist ein raffiniertes köstlich riechendes kulinarisches Universum. Das weitläufige „Food Village" befindet sich im Untergeschoss eines großen Kaufhauskomplexes. Die Klassiker sind Highlights der japanischen, koreanischen und asiatischen Spitzenküche. Unbedingt probieren sollte man *soon kueh* (taiwanesische Teigtaschen mit Bambussprossen, *bangkwang*, getrockneten Pilzen, Karotten und getrockneten Garnelen), außerdem das köstliche japanische Nudelgericht am Tsurukoshi-Stand, wo die *udons* (cremeweiße Nudeln mit weicher elastischer Konsistenz) unwiderstehlich lecker sind.

Food Republic (Karte S. 244; ☎6737 9881; www.foodrepublic.com.sg; Level 4, Wisma Atria, 435 Orchard Rd; Gerichte 5–15 S$; ⏰10–22 Uhr; 📶; Ⓜ Orchard) Nun gut, dieser Food Court befindet sich zwar nicht im Souterrain, das Gastronomiekonzept ist jedoch das Gleiche: Im Food Republic stehen traditionelle Straßenhändlergerichte zur Auswahl, wie man sie in den typischen Hawker Centres findet, und das zu Preisen, die sich wirklich jedermann leisten kann. Unter den Köstlichkeiten sind auch koreanische, japanische, indische, thailändische und indonesische Spezialitäten. Zuerst gilt es jedoch, inmitten des Menschenandrangs einen Sitzplatz zu ergattern, dann heißt es geduldig Schlange stehen. Emsige Bedienungen schieben ihren Getränkewagen vor sich her oder bieten den Gästen Dim Sum (kleine Appetithäppchen) an.

man einfach „best of both worlds" und verspeist die doppelte Menge Fisch und Soße!

TAMBUAH MAS INDONESISCH $$

Karte S. 244 (☎6733 2220; www.tambuahmas.com.sg; B1-44 Paragon, 290 Orchard Rd; Hauptgerichte 8–29 S$; ⏲11–22 Uhr; 📶; Ⓜ Somerset) Das kleine indonesische Lokal im Untergeschoss des Paragon ist noch so etwas wie ein Art Geheimtipp. Es liegt etwas versteckt inmitten des weitläufigen Schlaraffenlands. Im Tambuah Mas treffen sich indonesische Expats bei kulinarischen Leckerbissen aus ihrer Heimat. Das Ambiente dieser Slowfood-Adresse ist hell und modern, die Preise für die Orchard Road geradezu moderat. Hier gibt es wahrscheinlich das beste *rendang* in ganz Singapur. Wer zwischen Donnerstag und Samstag zu Abend essen will, sollte früh erscheinen, denn man kann nicht reservieren.

WASABI TEI JAPANISCH $$

Karte S. 244 (05-70 Far East Plaza, 14 Scotts Rd; Hauptgerichte 10–35 S$; ⏲Mo–Fr 12–15 & 17.30–21.30, Sa 12–16.30 & 17.30–21.30 Uhr; Ⓜ Orchard) Diese winzige Sushi-Bar (nur Barzahlung) fühlt sich mit ihrer 1972er-Arbeitsplatte aus Laminat auf der Theke und den holzvertäfelten Wänden wie ein Geheimtipp eines Einheimischen an. Hier schnappt man sich einen Platz an der Theke und beobachtet, wie die chinesischen Küchenchefs beweisen, dass man kein Japaner sein muss, um rohen Fisch geschmacklich vollendet zu servieren. Ein wichtiger Hinweis: Die neuere Restaurantfiliale ist lange nicht so gut wie das Original.

DIN TAI FUNG CHINESISCH $$

Karte S. 244 (☎6836 8336; www.dintaifung.com.sg; B1-03 Paragon, 290 Orchard Rd; gedämpftes Brot ab 1,60 S$, Teigtaschen ab 8,50 S$; ⏲Mo–Fr 11–22, Sa & So 10–22 Uhr; Ⓜ Somerset) Die Restaurantfiliale der stetig wachsenden taiwanesischen Kette war die erste ihrer Art in Singapur. Noch Jahre später läuft Liebhabern von *dumplings* allein bei ihrer Erwähnung das Wasser im Mund zusammen. Also die Speisekarte durchblättern und eine Wahl treffen. Nicht fehlen sollten die *xiao long bao* (Suppenteigtaschen), die einen Kultstatus haben, und die Wan-Tan-Suppe mit Shrimps und Schweinefleisch.

WILD HONEY CAFÉ $$

Karte S. 244 (☎6235 3900; www.wildhoney.com.sg; 03-02 Mandarin Gallery, 333A Orchard Rd; Gerichte 12–35 S$; ⏲So–Do 9–21.30, Fr & Sa 9–22.30 Uhr; ✎; Ⓜ Somerset) Fenster im Industriestil, Betonböden und Designer-Plüschsitzmöbel: Das luftig moderne Lokal serviert den ganzen Tag lang köstliches Frühstück aus aller Welt, von der norwegischen Variante mit Räucherlachs bis hin zur tunesischen Variante mit *shakshuka* (pochierte Eier in würziger Tomatensoße). Auch Müsli, Gourmetsandwiches und frisch gerösteten Kaffee bekommt man hier. Für den Wochenendbesuch sollte man einen Tag im Voraus reservieren.

PROVIDORE CAFÉ $$

Karte S. 244 (☎6732 1565; www.theprovidore.com; 02-05 Mandarin Gallery, 333A Orchard Rd; Gerichte 13–30 S$; ⏲9–22.30 Uhr; 📶; Ⓜ Somerset) Ganz oben in der Mandarin Gallery lockt am Ende der Außen-Rolltreppe ein cooles Gute-Laune-Café mit hübscher Inneneinrichtung: weiße Wandkacheln, dezent eingesetztes Industriedesign sowie Regale voller Delikatessen wie in der Speisekammer eines Gourmets.

Hier trifft man sich auf einen Latte Macchiato mit cremigem Milchschaum oder durchforstet die Speisekarte nach allerlei Köstlichkeiten, angefangen vom Bio-Müsli zum Frühstück über Pfannkuchen-Spezialitäten bis hin zu Gourmetsalaten und -sandwiches. Als kulinarischer Hit gilt der leckere Cheeseburger mit Langustenfleisch. Der Wochenend-Brunch ist besonders beliebt, er startet aber erst nach 11 Uhr.

★IGGY'S FUSION $$$

Karte S. 244 (☎6732 2234; www.iggys.com.sg; Level 3, Hilton Hotel, 581 Orchard Rd; Mittags-/Abendmenü 85/175 S$; ⏲Zuteilung der Plätze Mo–Mi 19–21.30, Do–Sa 12–13.30 & 19–21.30 Uhr; ✎; Ⓜ Orchard) Iggy raffiniertes und geschmeidiges Design verspricht etwas Besonderes. Durch das große Schaufenster kann man einen Blick in die Küche werfen, in der der ganze Zauber stattfindet. Küchenchef Aitor Jeronimo Orive begeistert mit seinen kreativen Fusionsgerichten – das Gericht „Bomba Mellow Rice" mit Hummer, Sakura Ebi und Tintenfisch ist Spitzenklasse! Auf der Weinkarte, einer der besten der Stadt, geht es mit Superlativen weiter.

Es gibt keine À la carte-Gerichte, dafür werden aber einige zusätzliche Gerichte zwischen den Gängen serviert.

EINE FREUCHTFRÖHLICHE STRASSE

Die autofreie Emerald Hill Road ist eine erfrischende Abwechslung zu den riesigen Shoppingcentern und Modeketten auf der Orchard Road. In den zahlreichen Bars – untergebracht in jahrhundertealten Peranakan-Ladenhäusern – sammelt sich die arbeitende Bevölkerung nach Feierabend, um den Arbeitstag bei einem Bier oder einem Glas Wein an gemütlichen Tischen im Freien ausklingen zu lassen.

Während **Que Pasa** (Karte S. 244; ☎6235 6626; www.quepasa.com.sg; 7 Emerald Hill Rd; ⏲Mo–Sa 13.30–2, So 17.30–2 Uhr; M Somerset) besonders für seinen iberischen Flair, die Tapas und die Weinkarte zu empfehlen ist.

Der erste Platz geht jedoch an das in Neon aufgemotzte **Ice Cold Beer** (Karte S. 244; ☎6735 9929; www.ice-cold-beer.com; 9 Emerald Hill Rd; ⏲17–2, Fr & Sa 17–3 Uhr; M Somerset), eine wilde, feucht-fröhliche Spelunke mit Dartscheiben, Billardtischen und Wänden voller Pin-Up-Mädchen, die mit den Zungen gegen ihre Wangen bohren. Hier kann man vorbeikommen, wie man angezogen gerade ist, und man muss nicht 20 oder 30 Jahre alt sein, um hier ein paar nette Stunden zu verbringen. Die Happy Hour ist von 17 bis 21 Uhr, am besten ist die Stimmung an den Freitagabenden.

★BUONA TERRA — ITALIAN $$$

Karte S. 244 (☎6733 0209; www.buonaterra.com.sg; 29 Scotts Rd; 3-/4-Gänge-Menü am Mittag 48/68 S$, 4-/5-/6-Gänge-Menü am Abend 128/148/168 S$; ⏲ Mo–Fr 12–14.30 & 18.30–22.30, Sa 18.30–22.30 Uhr; 📶; M Newton) Dieser gemütliche, mit Leinen eingedeckte Italiener ist eines von Singapurs verkannten Glanzlichtern.

In der Küche steht der junge, aus der Lombardei stammende Küchenchef Denis Lucchi, der außergewöhnliche Zutaten in elegante und moderne Gerichte verwandelt, wie z. B. die gebratene Entenleber mit pochierten Pfirsichen, Amarettinikrü-meln und Vin-Santo-Eiscreme. Lucchis rechte Hand ist der Sommelier Gabriele Rizzardi aus der Emilia-Romagna, dessen Weinkarte außergewöhnlich, aber auch teuer ist.

STRAITSKITCHEN — BUFFET $$$

Karte S. 244 (☎6738 1234; www.singapore.grand.hyattrestaurants.com/straitskitchen; Grand Hyatt, 10 Scotts Rd; Mittagsbüfett/Abendessen 52/62 S$; ⏲12–14.30 & 18.30–22.30 Uhr; M Orchard) Das Essen am Mittagsbüfett ist zweifelsfrei besser als die Abendkarte. Das StraitsKitchen ist die exklusive Version eines Hawker Centres und serviert köstliche regionale Klassiker von Satay, Laksa und frittiertem Möhrenkuchen bis hin zu *rendang* und *murtabak* (halal; hauchdünner Teig gefüllt mit Ei und gehacktem Hammelfleisch und leicht in Öl gebraten). Man sollte nicht zu spät kommen und Hunger mitbringen. Zum Wochenende hin empfiehlt sich eine vorherige Reservierung.

AUSGEHEN & NACHTLEBEN

Shoppen ist harte Arbeit. Glücklicherweise gibt es auf oder in der Nähe der Orchard Road jede Menge Orte, um zwischendurch neue Energie zu tanken. Günstige Bierpreise wird man hier allerdings (fast) vergebens suchen, aber es gibt coole Cafés und gute Happy-Hour-Angebote. Alternativ kann man sich auch ein billiges Bier an einem der Imbiss-Stände in den Einkaufszentren kaufen.

MANHATTAN — BAR

Karte S. 244 (☎6725 3377; www.regenthotels.com/en/Singapore; Level 2, Regent, 1 Cuscaden Rd; ⏲So–Do 17–1, Fr & Sa 17–2, So 11.30–15.30 Uhr; M Orchard) Hier reist man zurück in das goldene Zeitalter der gehobenen Trinkfreuden. In der Bar à la *Mad Men* werden fast schon vergessene Cocktails wieder zu neuem Leben erweckt. Unterteilt in New Yorker Stadtviertel, ändert sich die Karte regelmäßig. Wer sich unsicher ist, bekommt von den Barkeepern eine Empfehlung.

Sonntags gibt es frisch geerntete Austern und für Erwachsene einen Cocktail-Brunch (150 S$), bei dem man sich seine eigene Bloody Mary mixen darf.

Das Manhattan errang 2016 Platz 11 auf der Liste der 50 weltweit besten Bars – ein Grund mehr für einen Besuch!

OTHER ROOM BAR

Karte S. 244 (☎6100 7778; www.theotherroom.com.sg; 01-05 Singapore Marriott, 320 Orchard Rd; ⊙Mo–Do 18–3, Fr–So 18–4 Uhr; MOrchard) Diese Bar, in der man sich in längst vergangene Zeiten zurückversetzt fühlt, versteckt sich hinter einem Samtvorhang in der Lobby des Singapur Marriott (S. 181). Das Herzstück ist ein Boston-Cocktailshaker aus Messing, ungewöhnlich die Lampen in Form einer Pistole, die man zum Lesen der 50 Seiten langen Getränkekarte braucht. Der mit Preisen überhäufte Barkeeper Dario Knox nimmt seinen Job ernst – als Einstieg empfehlen sich die in alten Eichenfässern gelagerten Sorten in unterschiedlichen Veredelungsstufen.

HORSE'S MOUTH BAR

Karte S. 244 (☎8188 0900; www.horsesmouthbar.com; B1-39 Forum Shoppingcenter, 583 Orchard Rd; ⊙Mo–Do 18–24, Fr & Sa 18–1 Uhr; MOrchard) So diskret wie sie daherkommen, gelangt man in diese versteckte, vom japanischen Izakaya inspirierte Bar durch eine schwarze Tür im Erdgeschoss oder durch das besser beleuchtete Restaurant Uma Uma Ramen darüber (01-41).

Zur Auswahl stehen raffiniert zubereitete originelle Cocktails und eine lange Liste mit verschiedenen Sake und Whiskeys. Setzt man sich an die Bar, kann man sich mit dem freundlichen Barkeeper unterhalten und zusehen, wie seine Kreationen entstehen.

BAR CANARY BAR

Karte S. 244 (☎6603 8855; www.parkhotelgroup.com/orchard; Level 4, Park Hotel Orchard, 270 Orchard Rd, Eingang auf der Bideford Rd; ⊙So–Do 12–1, Fr & Sa 12–2 Uhr; ᯤ; MSomerset) Kanariengelbe Bohnensäcke, Kunstrasen, das Brummen des Verkehrs und das Krächzen der Vögel prägen diese Freiluft-Bar hoch oben über der hektischen Orchard Road. Hier trifft man sich auf einen Drink am Abend und genießt die gut positionierten Ventilatoren, die für etwas Abkühlung sorgen. Für die „Girls Night Out" mittwochs sollte man mindestens eine Woche im Voraus reservieren: Für 50 S$ plus Steuern fließen Champagner, Hauswein, Spirituosen und Signature Cocktails zwischen 19 und 21 Uhr in Strömen (100 S$ für Männer).

CUSCADEN PATIO BAR

Karte S. 244 (☎6887 3319; B1-11 Ming Arcade, 21 Cuscaden Rd; ⊙Mo, Mi & Do 15–1, Di 15–2, Fr & Sa 15–3 Uhr; MOrchard) Die etwas angestaubte Souterrain-Bar mit kleinem Innenhof unter freiem Himmel wäre nichts Besonderes, wären da nicht das superfreundliche Personal und die supergünstigen Getränke. Ihretwegen ist die Bar genau so beliebt wie die schicken Bars an der Orchard Road. An Dienstagabenden gehen ganze Kannen Bier für 14 S$ über die Theke. Ein echtes Schnäppchen! Das gesparte Geld kann man dann alternativ in die superleckeren Chicken Wings investieren.

TWG TEA TEEHAUS

Karte S. 244 (☎6735 1837; www.twgtea.com; 02-21 ION Orchard, 2 Orchard Rd; ⊙10–22 Uhr; ᯤ; MOrchard) Der Edel-Teehändler TWG verkauft hier über 800 Teesorten aus unterschiedlichen Plantagen sowie Mischungen aus der ganzen Welt, darunter ein English Breakfast Tea und die Rolls-Royce-Variante *Grand Golden Yin Zhen*, bei dem die Blätter mit 24 Karat Gold bestäubt werden. Probierenswert sind auch die in Tee getränkten Macarons (die Sorte *bain de roses* ist himmlisch!), die Eiscreme und das Sorbet. Für Hungrige gibt es eine ganztägig verfügbare Speisekarte.

☆ UNTERHALTUNG

MONTREUX JAZZ CAFÉ LIVEMUSIK

Karte S. 244 (☎6733 0091; www.montreuxjazzcafe.com/en/cafe/singapore; Pan Pacific Orchard, 10 Claymore Rd; ⊙12–24 Uhr, Mi, Fr & Sa 12–3 Uhr; MOrchard) Das mondäne Jazzlokal liegt etwas versteckt abseits der hellen Lichter der Orchard Road. Es ist das erste Lokal der berühmten Themen-Cafékette „Montreux Music Festival" in Asien. Alles trieft nur so vor Sinatra-Gehabe mit stimmungsvollem Licht und stilvoller Einrichtung.

Die Liveauftritte beginnen um 20 Uhr (das Programm findet sich auf der Website) mit gefühlvollem Jazz und Blues und geht dann zu jazzigen Interpretationen von Popklassikern über.

CHERRY CLUB

Karte S. 244 (☎9760 3031; www.facebook.com/cherrydiscotheque; B1-01, 21 Mount Elizabeth, im Untergeschoss des York Hotels; inkl. 1 Getränk 35 S$; ⊙Mi–Sa 22–3 Uhr; MOrchard) Im sanften Schein des roten Neonlichts kommt man sich im Cherry vor, als betrete man eine 80er-Jahre-Zeitschleife. Vorbei an klassischen Arcade-Spielen (unter denen Pacman immer noch der ungeschlagene Star ist) entert man die schwarz-weiß-karierte Tanzfläche und rockt zu alten Hip-Hop-Beats ab, zu denen Videos im Hintergrund laufen. Die ganze Nostalgie könnte so was von schlecht sein ... aber sie ist gut!

SHOPPEN

ION ORCHARD EINKAUFSZENTRUM

Karte S. 244 (☎6238 8228; www.ionorchard.com; 2 Orchard Turn; ⌚10–22 Uhr; 📶; Ⓜ Orchard) Das futuristische ION erhebt sich direkt vor der Orchard MRT-Haltestelle und ist das Sahnehäubchen unter den Einkaufszentren der Orchard Road. Im Erdgeschoss befinden sich für Normalsterbliche bekannte Marken wie Zara und Uniqlo, während sich die Ladenmieter im oberen Stockwerk wie das Inhaltsverzeichnis der *Vogue* lesen. Für den Hunger zwischendurch gibt es von der Foodcourt-Meile bis zu nobleren kulinarischen Adressen alles, was das Herz begehrt.

Der 56 Stockwerke hohe Turm bietet zudem im obersten Geschoss die Aussichtsgalerie ION Sky (S. 103) .

IN GOOD COMPANY KLEIDUNG

Karte S. 244 (☎6509 4786; www.ingoodcompany.asia; B1-06 ION Orchard, 2 Orchard Turn; ⌚10–21.30 Uhr; Ⓜ Orchard) Eine von Singapurs hochgelobten einheimischen Modemarken hat einen spektakulären Aufstieg hinter sich, seit sie vor drei Jahren ihre Hauptfiliale im protzigen ION-Einkaufszentrum auf der Orchard Road eröffnete. Die gesamte in Weiß gehaltene Inneneinrichtung mit schwarzen Industrie-Regalen, hellem Holz, Granit und poliertem Beton schafft eine Kulisse, vor der die von Geometrie und mo-

SHOPPINGCENTER-FÜHRER FÜR ANFÄNGER

In welches Einkaufszentrum soll man gehen? Das hängt davon ab, was man sucht. Nachfolgend ein kleiner Überblick.

WAS SUCHE ICH?	BESTES SHOPPINGCENTER
Luxusmode	**Hilton Shopping Galerie** (Karte S. 244; ☎6737 2233; www.hiltonshoppinggallery.com; 581 Orchard Rd; ⌚Mo–Sa 10–19.30, So 10.30–18 Uhr; Ⓜ Orchard), ION Orchard (s. oben), Paragon (S. 109), Ngee Ann City (S. 109)
Hochwertige Mode	**313@Somerset** (Karte S. 244; ☎6496 9313; www.313somerset.com.sg; 313 Orchard Rd; ⌚So–Do 10–22, Fr & Sa 10–23 Uhr; 📶; Ⓜ Somerset), **Wisma Atria** (Karte S. 244; ☎6235 2103; www.wismaonline.com; 435 Orchard Rd; ⌚10–22 Uhr; 📶; Ⓜ Orchard), ION Orchard (s. oben), Orchardgateway (S. 109)
Junge Mode	**Cathay Cineleisure Orchard** (Karte S. 244; ☎6738 7477; www.cineleisure.com.sg; 8 Grange Rd; ⌚10–22 Uhr; 📶; Ⓜ Somerset), **The Cathay** (Karte S. 244; ☎6732 7332; www.thecathay.com.sg; 2 Handy Rd; ⌚11–22 Uhr; 📶; Ⓜ Dhoby Ghaut), **Orchard Central** (Karte S. 244; ☎6238 1051; www.orchardcentral.com.sg; 181 Orchard Rd; ⌚11–22 Uhr; 📶; Ⓜ Somerset), **Far East Plaza** (Karte S. 244; ☎6734 2325; www.fareastplaza.com.sg; 14 Scotts Rd; ⌚10–22 Uhr; Ⓜ Orchard), 313@Somerset
Kindermode	**Forum** (Karte S. 244; ☎6732 2469; www.forumtheshoppingmall.com.sg; 583 Orchard Rd; ⌚10–21 Uhr; Ⓜ Orchard), Paragon (S. 109)
Schuhe	**Scotts Square** (Karte S. 244; ☎6636 3633; www.scottssquareretail.com; 6 Scotts Rd; ⌚10–22 Uhr; Ⓜ Orchard), Wisma Atria, Far East Plaza
Kosmetik & Körperpflege	Ngee Ann City (S. 109), ION Orchard (s. oben), Far East Plaza
Schmuck & Uhren	ION Orchard (s. oben), Mandarin Gallery (S. 109), Wisma Atria, Paragon (S. 109)
Antiquitäten, Kunsthandwerk & Möbel	**Tanglin Einkaufszentrum** (Karte S. 244; ☎6736 4922; www.tanglinmall.com.sg; 163 Tanglin Rd; ⌚10–22 Uhr; Ⓜ Orchard), Tanglin Shopping Centre (S. 109)
Bücher	Ngee Ann City (S. 109)

derner Ästhetik geprägten Stücke, darunter auffällige Statement-Halsketten, ihren Auftritt haben.

PEDDER ON SCOTTS SCHUHE

Karte S. 244 (☎6244 2883; www.pedderonscotts.com; Level 2, Scotts Sq, 6 Scotts Rd; ⏲10–21 Uhr; Ⓜ Orchard) Auch wenn man nichts für luxuriöse High Heels und Taschen übrig hat, begeistert der Laden mit seinen kreativen und skurrilen Stücken. Der Laden zeigt von führenden Designern nur ausgewählte Einzelstücke und präsentiert sie in sogenannten „Zonen" – eine kreativer als die andere gestaltet. Bei den Accessoires findet man auffälligen Schmuck, der auch in einer modernen Galerie ausgestellt sein könnte.

Die Hausmarke **Pedder Red** (Karte S. 244; ☎6735 5735; www.pedderred.com; 03-04 Ngee Ann City, 391 Orchard Rd; ⏲10–21.30 Uhr; Ⓜ Somerset) unterhält eine Filiale im Ngee Ann City.

TANGLIN SHOPPINGCENTRE EINKAUFSZENTRUM

Karte S. 244 (☎6737 0849; www.tanglinsc.com; 19 Tanglin Rd; ⏲10–22 Uhr; Ⓜ Orchard) Das Retro-Einkaufszentrum hat sich auf asiatische Kunst spezialisiert und ist *die* Adresse für qualitativ hochwertige Teppiche, Schnitzereien, Schmuck, Gemälde, Möbel u. Ä.

Als erstes geht man am besten zu **Antiques of the Orient** (Karte S. 244; ☎6734 9351; www.aoto.com.sg; 02-40 Tanglin Shoppingcenter; ⏲Mo–Sa 10–17.30, So 11–15.30 Uhr; Ⓜ Orchard) mit originalen Drucken oder Kopien, Fotografien und Karten von Singapur und dem restlichen Asien. Besonders schön sind die farbenprächtigen botanischen Zeichnungen, die der Kolonist William Farquhar einst in Auftrag gegeben hat.

PARAGON EINKAUFSZENTRUM

Karte S. 244 (☎6738 5535; www.paragon.com.sg; 290 Orchard Rd; ⏲10–22 Uhr; 📶; Ⓜ Somerset) Auch wenn man keine schwarze American-Express-Kreditkarte besitzt, sollte man sich trotzdem den Maserati unter den Einkaufszentren auf der Orchard Road ansehen. Zu den bekannten hier vertretenen Luxusmarken zählen Burberry, Prada, Jimmi Choo und Gucci. Unter den gehoberen Marken finden sich die Label Banana Republic und G-Star Raw.

Im Untergeschoss stößt man auf einen großen Cold-Storage-Supermarkt und den Dumpling-König Din Tai Fung (S. 105).

NGEE ANN CITY EINKAUFSZENTRUM

Karte S. 244 (☎6506 0461; www.ngeeanncity.com.sg; 391 Orchard Rd; ⏲10–21.30 Uhr, Restaurants 10–23 Uhr; Ⓜ Somerset) Es mag vielleicht aussehen wie ein Mausoleum, doch das Ungetüm aus Marmor und Granit verspricht ein schwindelerregendes Einkaufserlebnis verteilt auf sieben Etagen.

Um die Ladenflächen konkurrieren internationale Luxusmarken mit dem sich immer mehr ausbreitenden Bücherwurm-Nirvana **Kinokuniya** (Karte S. 244; ☎6737 5021; www.kinokuniya.com.sg; 04-20/21 Ngee Ann City; ⏲10–21.30 Uhr; Ⓜ Orchard) und dem noblen japanischem Kaufhaus **Takashimaya** (Karte S. 244; ☎6506 0458; www.takashimaya.com.sg; Ngee Ann City; ⏲10–21.30 Uhr; 📶; Ⓜ Somerset). Hungrige finden dort das Takashimaya Food Village, einen der besten Gastronomiebereiche der Einkaufsmeile.

EXOTIC TATTOO TATTOOS

Karte S. 244 (☎6834 0558; www.exoticpiercing.tattoo; 04-11 Far East Plaza, 14 Scotts Rd; ⏲Mo–Sa 12–20, So 12–18 Uhr; Ⓜ Orchard) Besucher, die einen Tattooladen mit Geschichte suchen, werden hier fündig. Sumithra Debi (aka Su) leistet ausgezeichnete Arbeit. Sie ist eine der wenigen weiblichen Tattookünstlerinnen in Singapur. Sumithra ist die Enkeltochter von Johnny Two-Thumbs, dem wohl legendärsten Tattookünstler des Stadtstaates.

ORCHARDGATEWAY EINKAUFSZENTRUM

Karte S. 244 (☎6513 4633; www.orchardgateway.sg; 277 & 218 Orchard Rd; ⏲10.30–22.30 Uhr; Ⓜ Somerset) Das Einkaufszentrum nimmt beide Seiten der Orchard Road ein, praktischerweise verbunden durch einen unter- und oberirdischen Gang.

Hier findet man Modeläden wie **Sects Shop** (Karte S. 244; ☎9754 7355; www.sectsshop.com; 04-14 Orchardgateway, 218 Orchard Rd; ⏲12–22 Uhr) und **i.t** (Karte S. 244; ☎6702 7186; www.itlabels.com.sg; B1-13 & 01-18 Orchardgateway, 277 Orchard Rd; ⏲So–Do 11–21, Fr & Sa 11–22 Uhr). Die Herren sollten den vierten Stock aufsuchen, wo es für den anspruchsvollen Gentleman einzigartige Mode und Accessoires gibt.

MANDARIN GALLERY EINKAUFSZENTRUM

Karte S. 244 (☎6831 6363; www.mandaringallery.com.sg; 333A Orchard Rd; ⏲11–22 Uhr; 📶; Ⓜ Somerset) Das ruhige, hochwertige Shoppingcenter bietet sich für die Generalüberholung des eigenen Kleiderschranks an.

AFTER-SHOPPING-VERWÖHNPROGRAMM

Wenn der Anblick der Massen, das Tütenschleppen und die Gewissensbisse zu anstrengend werden, ist Entspannung in einem der hervorragenden Wellnesstempeln der Gegend angesagt. Luxuriöse Spas sollte man ein paar Tage vorher reservieren, es lohnt sich aber, sein Glück ohne Termin zu versuchen, wenn man gerade vor Ort ist.

➡ Für eine günstige und aufheiternde Massage geht man direkt zu **Tomi Foot Reflexology** (Karte S. 244; ☎6736 4249; 01-94 Lucky Plaza, 304 Orchard Rd; 30 Min. Fussreflexzonenmassage/Massage 30/50 S$; ⊙10–22 Uhr; Ⓜ Orchard) im „Zurück-in-die-80er"-Einkaufszentrum Lucky Plaza. Hier wird man mit Akupressur und Shiatsu verwöhnt, jede abgesegnet von Jesus und Maria, die an der Wand hängen.

➡ Etwas exklusiver ist das **Spa Esprit** (Karte S. 244; ☎6836 0500; www.spa-esprit.com; 05-10 Paragon, 290 Orchard Rd; Massagen ab 59 S$; ⊙10–21 Uhr; Ⓜ Somerset), ein angesagtes Apotheker-Spa im Paragon. Hier kommen nur frisch gepflückte Zutaten und ätherische Öle (Certified Pure Therapeutic Grade – CPTG) zum Einsatz, etwa bei der hervorragenden„Back to Balance"-Körpermassage (235 S$).

➡ Im Saint Regis Hotel, um die Ecke von der Orchard Road, sagt man dem **Remède Spa** (Karte S. 244; ☎6506 6896; www.remedespasingapore.com; St Regis Hotel, 29 Tanglin Rd; Massage ab 180 S$; ⊙9–23 Uhr; Ⓜ Orchard) nach, die besten Masseure der Stadt zu beschäftigen. Die „nasse" Lounge – ein Marmor-Wunderland aus Dampfraum, Sauna, Eisbrunnen und Jacuzzis – ist die perfekte Vorbereitung auf spitzenmäßige Anwendungen wie die warme Jade-Massage (290 S$).

➡ Mondäne Damen schwören auf die Gesichtsbehandlungen im **Damai Spa** (Karte S. 244; ☎6416 7156; www.singapore.grand.hyatt.com/hyatt/pure/spas; Grand Hyatt, 10 Scotts Rd; 30 Min. Gesichtsbehandlung ab 160 S$, 1 Std. Massage ab 195 S$; ⊙10–22 Uhr; Ⓜ Orchard) des Grand Hyatt Hotels. Hier stehen verschiedene Optionen zur Wahl: eine dem Hauttyp angepasste (ab 160 S$), eine reichhaltige (350 S$) oder eine Anti-Aging-Behandlung mit Hightech-Seren und Sauerstoff (ab 350 S$).

So lohnt sich für die modebewusste Frau ein Blick auf die Auslagen der lokalen Damenmodemarke **Beyond The Vines** (Karte S 244; ☎8157 0577; www.beyondthevines.com; 02-21 Mandarin Gallery; ⊙10–21 Uhr; Ⓜ Somerset), die mit Minimalismus in schicken und doch verspielten Kreationen besticht.

Auf dem gleichen Stockwerk befindet sich das angesagte Café Providore (S. 105) mit köstlichen Leckereien.

ROBINSONS THE HEEREN — KAUFHAUS

Karte S. 244 (☎6735 8838; www.robinsons.com.sg; 260 Orchard Rd; ⊙10.30–22 Uhr; Ⓜ Somerset) Das Hauptgeschäft in Singapurs bestem Kaufhaus bietet stilvolle Mode, eine Mischung aus bekannten It-Marken wie Ted Baker und See by Chloé und in Insiderkreisen bekannten Marken wie Sass und Bide und Saturdays NYC. Abgesehen von Kleidung findet man hier außerdem alles von Tocco-Toscano-Lederwaren bis hin zu skandinavischen Raumdüften.

Der Osten von Singapur

Highlights

❶ East Coast Park (S. 116) Eine Fahrrad- oder Inlinertour durch den East Coast Park und sich dann irgendwo niederlassen, die Schiffe beobachten und die Atmosphäre genießen.

❷ Peranakan Terrace Houses (S. 115) Die prachtvolle Architektur des Highlights von Katong mit wunderschönen pastellfarbenen Außenwänden und ausgefeilten Stuckarbeiten begutachten; an der Koon Seng Road, einer Nebenstraße der Joo Chiat Road.

❸ 328 Katong Laksa (S. 118) In diesem kultigen Laksa-Laden die Suppenschale bis zum letzten Tropfen auslecken.

❹ Katong Antique House (S. 116) Die reiche Kultur der Peranakan entdecken.

❺ No Signboard Seafood (S. 118) Sich in den Abendstunden in Geylangs Meeresfrüchterestaurant an Pfefferkrabben laben und dabei Leute beobachten.

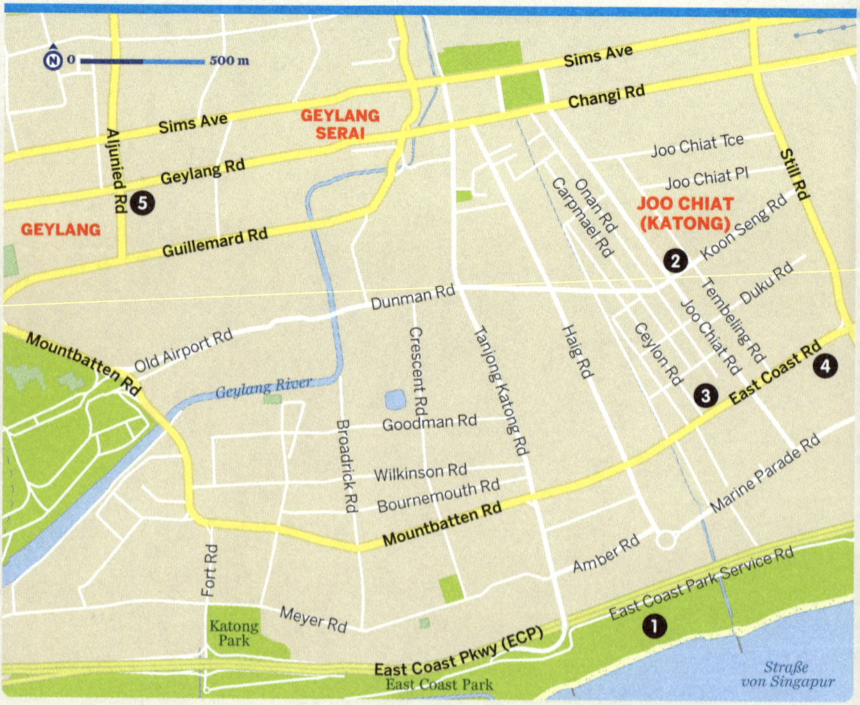

Mehr Details siehe Karte S. 242

Den Osten von Singapur erkunden

Obwohl die östlichen Stadtviertel einen Großteil der Insel ausmachen, werden sie weniger von Touristen wahrgenommen als das Stadtzentrum. Das ist wirklich schade, weil sie lebendig und dynamisch sind und die Kultur Singapurs viel besser widerspiegeln. In nächster Nähe zur City befindet sich der Geylang District, der als Rotlichtviertel berüchtigt ist, zugleich aber jede Menge Tempel und Moscheen birgt. Die Esslokale üben in ihrer Vielfalt ebenfalls eine große Anziehungskraft aus.

Weiter östlich liegt Joo Chiat (auch bekannt als Katong), ein malerisches Stadtviertel mit Shophouses, das in den letzten Jahren seine Bestimmung als spirituelles Kernland der Singapurer Peranakan-Bevölkerung gefunden hat. An Joo Chiat grenzt der East Coast Park an.

Auf jeden Fall sollte man die östlichsten Regionen der Stadt, Changi und Pasir Ris, aufsuchen. Hier befindet sich das Changi Museum & Chapel, ein Wasserpark für Kinder sowie die Anlegestelle für die Bumboote in die ländliche, fahrradfreundliche Oase Pulau Ubin.

Lokalkolorit

➡ **Essen** Joo Chiat ist das kulinarische Zentrum Singapurs. Hier gibt es alles, von Laksa über vietnamesisches, mexikanisches, ja sogar amerikanisches Grillgut. Einheimische essen auch gerne in Geylang, das für seinen Froscheintopf *(frog porridge)* berühmt ist.

➡ **Sehen und gesehen werden** Einheimische strömen wegen des fantastischen Essens nach Geylang, aber viele kommen hierher, um die Prostituierten zu begaffen. Mit seinen neonfarbenen Motorrollern gehört dieses Viertel zu den wilderen Seiten Singapurs.

➡ **East Coast Park** Er ist wie der gemeinsame Hinterhof aller Bewohner von East Coast. Hier können Touristen sich zu den Einheimischen gesellen und am Strand grillen, Fahrrad fahren und Wassersport treiben.

An- & Weiterreise

➡ **MRT** Der Osten wird vom MRT nicht gut versorgt. Aljunied ist die Metrostation, die Geylang am nächsten liegt; ab Paya Lebar und Eunos geht es im Norden bis Joo Chiat. Pasir Ris hat einen eigenen Bahnhof.

➡ **Bus** Die Buslinien 33 und 16 fahren quer durch Geylang bis ins Zentrum von Joo Chiat; die Linie 14 fährt von der Orchard Road bis zur East Coast Road. Bus 12 fährt von der Victoria Street zur East Coast Road; Bus 36 hat dasselbe Ziel, aber von der Bras Basah Road aus. Linie 2 fährt von der MRT-Station Tanah Merah nach Changi Village.

➡ **Taxi** Bestes Verkehrsmittel zum East Coast Park.

Top-Tipp

Obwohl es hier viele Geschäfte gibt, in denen es sich lohnt, tagsüber zu stöbern, erwacht diese Gegend eigentlich erst am Abend zum Leben. Am Nachmittag bummelt es sich gut durch die Straßen von Katong, bevor es dann ins lebendige Geylang geht, um dort die regionalen Leckerein zu genießen und die Leute zu beobachten.

Tolle Attraktionen

- Changi Museum & Chapel (S. 114)
- Peranakan Terrace Houses (S. 115)
- Sri Senpaga Vinayagar Temple (S. 115)
- Katong Antique House (S. 116)

Details siehe S. 115. ➡

Gut essen

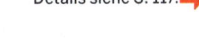

- No Signboard Seafood (S. 118)
- Smokey's BBQ (S. 118)
- East Coast Lagoon Food Village (S. 121)
- Long Phung (S. 119)
- Chin Mee Chin Confectionery (S. 118)

Details siehe S. 117. ➡

Schön shoppen

- Rumah Bebe (S. 122)
- Isan Gallery (S. 123)
- Cat Socrates (S. 122)
- 112 Katong (S. 123)
- Kim Choo Kueh Chang (S. 122)

Details siehe S. 122. ➡

SIVAROCK / GETTY IMAGES ©

HIGHLIGHTS
CHANGI MUSEUM & CHAPEL

Obwohl Changi Museum & Chapel seit 2001 nicht mehr an der ursprünglichen Stelle des Changi Prison stehen, bleiben sie immer noch ein mächtiges Loblied auf die alliierten Kriegsgefangenen im Zweiten Weltkrieg, die hier schrecklich unter den einmarschierten Japanern leiden mussten. Ihre Geschichten werden durch Fotos, Briefe, Zeichnungen und andere faszinierende Kunstwerke erzählt. Die zerfetzten Schuhe eines Zivilisten erweisen sich als unerwartet bewegend, während ein winziges Morsegerät, das in einer Streichholzschachtel versteckt war, Zeugnis ablegt vom Einfallsreichtum der Gefangenen.

Das Museum beherbergt eine Nachbildung der berühmten Changi-Wandmalereien, die vom Kriegsgefangenen Stanley im alten Kriegslazarett angefertigt wurden; die Originale befinden sich unter Verschluss im Block 151 des nahe gelegenen Changi Army Camp. Das Herzstück des Museums ist eine Nachbildung der ursprünglichen Kapelle von Changi, die von den Insassen zur Anbetung und als Zeichen der Solidarität gebaut wurde. Hinter dem Altar befindet sich ein Kreuz an der Wand, das aus Patronenhülsen angefertigt wurde und an dem die Besucher Andenken wie weiße Kreuze, rote Mohnblumen, handgeschriebene Notizen und farbige Papierkraniche hinterlassen.

NICHT VERSÄUMEN

- Audioguide
- Historische Kunstwerke
- Changi-Wandmalereien
- Nachbildung einer Kapelle

PRAKTISCH & KONKRET

- Karte S. 241, C2
- ☎ 6214 2451
- www.changimuseum.sg
- 1000 Upper Changi Rd N
- Audioguide Erw./Kind 8/4 S$
- ⏲ 9.30–17 Uhr, letzter Einlass 16.30 Uhr
- 🚌 2

SEHENSWERTES

Geylang

SRI SIVAN TEMPLE HINDU-TEMPEL

Karte S. 242 (☎6743 4566; www.sst.org.sg; 24 Geylang East Ave 2; ⏲6–12 & 18–21 Uhr; Ⓜ Paya Lebar) GRATIS Der seltsam geschmückte Sri Sivan Tempel wurde in den 1850er-Jahren an der Orchard Road erbaut und dann in den 1980er-Jahren an die Serangoon Road versetzt, bevor er 1993 seinen heutigen Platz fand. Der Hindu-Tempel ist einzigartig wegen seiner Mischung aus nord- und südindischer Architektur, die sich wunderschön in den prächtig verzierten achteckigen Bau einfügt.

AMITABHA BUDDHIST CENTRE BUDDHISTISCHES ZENTRUM

(☎6745 8547; www.fpmtabc.org; 44 Lorong 25A; ⏲Di–Sa 10.30–18, So 10–18 Uhr Ⓜ Aljunied) Inneren Frieden findet man im siebenstöckigen Tibetan Buddhist Centre; dort werden Dharma- und Meditationskurse sowie Veranstaltungen anlässlich religiöser Feste abgehalten (siehe Website). Der Gebetsraum im vierten Stock ist öffentlich zugänglich und birgt farbenfrohe *thangkas* (tibetisch-buddhistische Gemälde), Statuen und Devotionalien. Angrenzend befindet sich ein kleiner Laden, der Gebetsfähnchen, buddhistische Literatur und andere spirituelle Gegenstände verkauft.

Joo Chiat (Katong)

★ PERANAKAN TERRACE HOUSES ARCHITEKTUR

Karte S. 242 (Koon Seng Rd and Joo Chiat Pl; 🚌10, 14, 16, 32) Abseits der Joo Chiat Road liegen die Koon Seng Road (zwischen der Joo Chiat und Tembeling Road) und der Joo Chiat Place (zwischen der Everitt und Mangis Road) mit den außergewöhnlichsten Peranakan-Terrassenhäusern Singapurs. Sie sind mit Stuckdrachen, Vögeln, Krabben und wunderschön glasierten Kacheln verziert. *Pintu pagar* (Schwingtüren) an der Front des Hauses sind ein charakteristisches Merkmal. Sie lassen frische Luft hinein, ohne die Privatsphäre im Inneren zu stören.

SRI SENPAGA VINAYAGAR TEMPLE HINDU-TEMPEL

Karte S. 242 (☎6345 8176; www.senpaga.org.sg; 19 Ceylon Rd; ⏲6–12.30 & 17.30–23 Uhr; 🚌10, 12, 14, 32) GRATIS Dieser Tempel gehört zu den schönsten Hindu-Tempeln in Singapur. Sein Innenraum wurde mit wunderschönen, farbenfrohen religiösen Kunstwerken ausgestattet, die durchweg in verschiedenen Sprachen beschriftet sind. Ein weiteres Charakteristikum ist das *kamala paatham*, ein auf besondere Weise behauener Granitstein am Fuße eines Grabes, wie er sich noch in ganz bestimmten alten Hindu-Tempeln findet. Die Krönung des Gan-

GEYLANG: ROTLICHT UND HEILIGE STÄTTEN

All die Gerüchte über Geylang als „Fleischmarkt" voller Bordelle, Abschleppkneipen und Gassen mit leichten Mädchen sind absolut zutreffend. Aber so seltsam es auch anmuten mag, Geylang ist mit seinen riesigen Sakralbauten, Moscheen und Gassen voller Religionsschulen, Schreinen und Tempeln auch eines der spirituellen Zentren der „Löwenstadt". Wer sich einen Tag lang Zeit nimmt, um die *lorongs* (Gassen) zwischen Sims Avenue und Geylang Road von Norden nach Süden zu erkunden, wird überraschend zauberhafte Einblicke gewinnen.

Zu den vielen recht interessanten Seitenstraßen gehört die von Bäumen gesäumte Lorong 27, eine schmale Straße voller farbenfroher Schreine und Tempel. In der Lorong 24A erklingt religiöser Gesang – in vielen renovierten Shophouses sind kleinere buddhistische Gemeinschaften untergebracht. Die umwerfend schöne Lorong 34 ist voller restaurierter und unrestaurierter Shophouses in verschiedenen Farbnuancen, aber auch einige farbenfrohe Schreine und Feuerschalen, in denen Weihrauch verbrannt wird, gibt es hier.

Geylang ist zudem der Inbegriff der Gastronomieszene. Sowohl an der Geylang Road als auch an der Sims Avenue laden preiswerte, leckere, zwanglose heimische Esslokale zum Verweilen ein. Hier kann man den Bummel mit einem Essen wie daheim bei der Mutter abrunden.

zen ist jedoch das Dach des inneren Allerheiligsten, denn es ist vollständig mit Gold überzogen.

KATONG ANTIQUE HOUSE MUSEUM

Karte S. 242 (☎6345 8544; 208 East Coast Rd; 45-minütige Führung 15 S$; ⊙nach Vereinbarung; 🚌10, 12, 14, 32, 40) Das Katong Antique House ist teilweise Laden, teilweise Museum und wird vom Eigentümer Peter Wee, einem Mitglied der ethnischen Gruppe der Baba Peranakan, in vierter Generation mit viel Liebe betrieben. Peter ist ein renommierter Kenner von Geschichte und Kultur der Peranakan und verwöhnt die Besucher beim Stöbern durch die faszinierenden Antiquitäten, Artefakte und anderen Kunstobjekte der Peranakan gerne mit Geschichten und Anekdoten.

JOUSTING PAINTERS MURAL VON ERNEST ZACHAREVIC PUBLIC ART

Karte S. 242 (Ecke Everitt Rd & Joo Chiat Tce; Ⓜ Paya Lebar) Der Straßenkünstler Ernest Zacharevic (www.ernestzacharevic.com) ist auch als der malaiische Banksy bekannt. Er wurde in Litauen geboren und wohnt jetzt in Penang. Der gut 20 Jahre alte Künstler hat eine weltweite Anhängerschaft, weil alle seine fantastisch verspielte, interaktive Straßenkunst lieben. Dieses riesige Wandgemälde zeigt zwei sehr echt aussehende Jungen, die bereit sind für den Kampf auf hell leuchtend gemalten Pferden.

KUAN IM TNG TEMPLE BUDDHISTISCHER TEMPEL

Karte S. 242 (☎6348 0967; www.kuanimtng.org.sg; Ecke Tembeling Rd & Joo Chiat Lane; ⊙5–18 Uhr; Ⓜ Paya Lebar) Dieser wunderschöne buddhistische Tempel ist Kuan Yin, der Göttin der Gnade, geweiht und ist das ganze Jahr über ein Ort für viele Feste. Für Tempelliebhaber sind die mit tanzenden Drachen und anderen Symbolen, die für die Anbeter der Göttin wichtig sind, verzierten Dachfirste besonders interessant.

GEYLANG SERAI NEW MARKET MARKT

Karte S. 242 (1 Geylang Serai; ⊙8–22 Uhr; Ⓜ Paya Lebar) Dieser pulsierende Markt ist passenderweise von der Dorfarchitektur (*kampong*) inspiriert und befindet sich im Zentrum der malaiischen Community von Singapur. Das Erdgeschoss ist mit Ständen vollgepackt, an denen so ziemlich alles verkauft wird, angefangen von tropischen Früchten und Gewürzen bis hin zu Fleisch, das halal ist, und malaiischen CDs. Die obere Etage teilt sich das beliebte Hawker Centre mit preiswerter, farbenfroher islamischer Mode. Hier reihen sich tolle malaiische und indische Stände aneinander. Im Hawer Centre kann man gut *pisang goreng* (frittierte Bananen) und *bandung* (Milch mit belebendem Rosenextrakt) genießen.

⊙ East Coast Park

EAST COAST PARK PARK

Karte S. 242 (☎1800 471 7300; www.nparks.gov.sg; 🚌36, 43, 48, 196, 197, 401) Dieser 15 km lange Küstenstreifen ist ein Park, den die Einheimischen zum Schwimmen, Windsurfen, Wakeboarden, Kajakfahren, Picknicken, Fahrrad- und Inlinerfahren und natürlich zum Essen nutzen. Hier findet man sich im Wind wiegende Kokospalmen, Wäldchen, eine Lagune, Wassersportclubs und exzellente Esslokale.

Die beste Möglichkeit, einen Nachmittag in Singapur zu verleben, ist es, sich ein Fahrrad zu leihen, die Meeresbrise zu genießen, die Containerschiffe auf dem Wasser zu beobachten und alles mit einem Essen am Strand abzurunden.

Der East Coast Park beginnt am Ende der Tanjong Katong Road in Katong und endet am National Sailing Centre in Bedok, in der Nähe der Metrostation Tanah Merah. Mit dem Changi Beach Park ist er durch das Coastal Park Connector Network (PCN) verbunden, einem 8 km langen Verbindungsweg – einem sogenannten *park connector* – entlang der Changi Coast Road, neben der Landebahn des Flughafens. Am westlichen Parkende führt der Fahrradweg direkt weiter bis nach Joo Chiat und endet schließlich am Kalang River.

Vom Zentrum Singapurs fahren die Busse 36 oder 48 zur Marine Parade Road. Ab da geht es dann zu Fuß einen Häuserblock weiter Richtung Süden zum East Coast Parkway (ECP) und von dort unter einer der Fußgängerunterführungen in den Park hinein.

⊙ Changi, Pasir Ris & Punggol

PASIR RIS PARK PARK

Karte S. 241 (☎1800 471 7300; www.nparks.gov.sg; Pasir Ris Dr 3; ⊙24 Std.; Ⓜ Pasir Ris) Dieser friedliche 70 ha große Park am Wasser erstreckt sich einige Kilometer an der

Nordostküste entlang und liegt ein paar Gehminuten von der MRT-Station Pasir Ris entfernt. Hier gibt es viele Freizeitmöglichkeiten für Familien. So kann man sich beispielsweise Fahrräder ausleihen, um damit im Park umherzufahren, oder man geht zu Fuß auf den Plankenwegen durch das 6 ha große Mangrovengebiet – möglichst bei Ebbe, um die kleinen Krabben durch den Schlick trippeln zu sehen. Es gibt 65 Grillplätze, die auf der Website gebucht und bezahlt werden können (12 bis 20 S$). Daher gehört dieser Park zu den beliebtesten Picknickplätzen Singapurs.

An der Ostseite des Parks grenzt **Downtown East** (Karte S. 241; ☎6589 1688; www.downtowneast.com.sg; Ecke Pasir Ris Dr 3 & Pasir Ris Close; ⏲10–22 Uhr; Ⓜ Pasir Ris) an, eine Shoppingmall, die ideal ist, um zwischendurch mal etwas zu essen. Als Alternative dazu gibt es auch diverse Bars im Park.

CONEY ISLAND INSEL

(☎1800 471 7300; www.nparks.gov.sg; Neben dem Punggol Promenade Nature Walk; ⏲7–19 Uhr; 🚌84) Dieses Naturschutzgebiet wurde 2015 der Öffentlichkeit über zwei Fußgängerstraßen zugänglich gemacht und es ist ideal, um der Stadt zu entfliehen. Flora und Fauna sind abwechslungsreich (für Birdwatcher sind die drei Vogelbeobachtungshütten ein Traum), auch die Lebensräume von Mangroven bis hin zu Grünland sind sehr vielfältig. Der beste Zugang erfolgt durch den Westeingang etwa 500 m von der Siedlung Punggol; hier empfiehlt es sich, noch rasch die Toiletten zu nutzen (auf der Ostseite der Insel gibt es nur noch eine) und seine Wasservorräte aufzufüllen. Es besteht hier auch die Möglichkeit, ein Fahrrad auszuleihen (8 S$ pro Stunde).

Wer früh kommt, bekommt die meisten Tiere zu sehen; eine Otterfamilie aalt sich hier gerne am Strand. Außer der reichen Vegetation gibt es auch ein verlassenes Herrenhaus – es wurde von den namhaften Haw-Par-Brüdern erbaut und ist ebenso berühmt wie der Tiger Balm Garden – liegt jedoch in den Mangroven, sodass man sich bei Interesse der kostenlosen Führung anschließen sollte, die vom National Parks Board angeboten wird; Details finden sich auf der Website.

LOYANG TUA PEK KONG TEMPLE TEMPEL

Karte S. 241 (☎6363 6336; www.lytpk.org.sg; 20 Loyang Way; ⏲24 Std.; 🚌6, 9, 19, 59, 89, 109) Dieser moderne Tempel ist mit großen Holzschnitzereien, wirbelnden Drachen und Hunderten von farbenfrohen Götter- und Heiligenstatuen geschmückt und verkörpert den Zugang zur Spiritualität der Singapurer Bevölkerung, weil hier drei Religionen unter einem großen Dach vereint sind – Hinduismus, Buddhismus und Taoismus. Es gibt sogar einen Schrein, der Datuk Kung gewidmet ist, einem Heiligen des malaiischen Mystizismus und chinesischen Taoismus. Auf dem Weg nach Changi Village ist dies ein lohnender Abstecher, der abseits der üblichen Touristenpfade liegt. Mit dem Bus 9 zur Loyang-Valley-Wohnanlage fahren.

ESSEN

Ostsingapur besitzt nicht nur eine reiche Geschichte, Kultur und Architektur, sondern bietet auch außergewöhnliche Gaumenfreuden, von den multikulturellen Gerichten in Joo Chiat (Katong) bis zu den hervorragenden Meeresfrüchten an der East Coast. Hartgesottene Zeitgenossen stürzen sich vielleicht eher beherzt ins anrüchige und berüchtigte Nachtleben von Geylang, wo es einige tolle Lokale inmitten der Prostituierten- und Freierszene gibt. Eine Herausforderung für wagemutige Gourmets sind auch die Stinkfruchtstände am Straßenrand.

Geylang

126 EATING HOUSE CHINESISCH $

(126 Sims Ave; Gerichte 2–15 S$; ⏲24 Std.; Ⓜ Aljunied) Plastikstühle, Wandfliesen aus den 1970er-Jahren und dröhnende Klänge aus der anrüchigen Bar nebenan: In diesem rund um die Uhr geöffneten Esslokal in Geylang muss man einfach gewesen sein. Die Speisekarte ist mal so, mal so, aber gut sind die gefüllten Teigtaschen, der gebratene Möhrenkuchen, Krabben-*chee chong fan* (Reisnudelrolle) und Brötchen mit Schweinebauch. Für die Naschkatzen bieten sich die Kokosnuss- oder Ananaskuchen an.

GEYLANG LOR 9 FRESH FROG PORRIDGE CHINESISCH $

(www.geylanglor9.com; 235 Geylang Rd; Frosch-Porridge ab 8,50 S$; ⏲15–3.30 Uhr; Ⓜ Kallang) Dieser Eckladen im Stil einer Garküche ist perfekt für einen klassischen

Frosch-Porridge. Der Porridge nach kantonesischer Art ist wunderbar cremig und breiig und die typische *kung-bao*-Soße ist gut gewürzt. Diejenigen, die nicht so mutig sind, sollten den Sambal aus gegrilltem Stachelrochen probieren, einen der besten in der ganzen Stadt.

★NO SIGNBOARD SEAFOOD
MEERESFRÜCHTE **$$**

(☎6842 3415; www.nosignboardseafood.com; 414 Geylang Rd; Gerichte 15–60 S$, Krabben ab 80 S$ pro Kilo; ⌚11–1 Uhr; Ⓜ Aljunied) Madam Ong Kim Hoi fing mit einem namenlosen Hawker-Stand an (daher der Name „No Signboard", auf Deutsch: „ohne Schild"), aber schon bald war sie damit so erfolgreich, dass ihre Meeresfrüchte-Snacks sie zu einer reichen Frau machten. Inzwischen besitzt sie vier Restaurants, Tendenz steigend. Neben dem Krebsfleisch mit weißem Pfeffer gibt es auch herrliche Hummergerichte, Meerohren und weniger bekannte Gerichte wie Ochsenfrosch.

Katong/Joo Chiat

328 KATONG LAKSA
MALAIISCH **$**

Karte S. 242 (51 East Coast Rd; Laksa 5–8 S$; ⌚Mo–Fr 10–22, Sa & So ab 9 Uhr; 🚌10, 12, 14, 32) Dieser kultige Eckladen ist ideal für ein preiswertes Gourmetessen. Das namensgebende Gericht Katong Laksa besteht aus einer Schale mit dünnen Reisnudeln in einer leichten Currybrühe aus Kokosmilch und vietnamesischem Koriander. Obendrauf schwimmen Shrimps und Muscheln. Als Beilage passt dazu *otak-otak* (ein würziger Makrelenkuchen, in einem Bananenblatt gegrillt) und das Ganze begleitet von einem kühlen Glas Limettensaft.

CHIN MEE CHIN CONFECTIONERY
BÄCKEREI **$**

Karte S. 242 (☎6345 0419; 204 East Coast Rd; *kaya*-Toast & Kaffee ab 2 S$; ⌚Di–So 8.30–16 Uhr; 🚌10, 12, 14, 32) Bäckereien im alten Stil wie das Chin Mee Chin verschwinden immer mehr von der Bildfläche und sind daher für viele ältere Einwohner Singapurs wie eine Zeitreise in die Vergangenheit. Was ihren besonderen Charme ausmacht, sind der mosaikähnlich gemusterte Fußboden, die Holzstühle und geschäftige Tantchen, die *kopi* (Kaffee) ausschenken. Eines der wenigen Frühstückscafés, die noch eigenen *kaya* (Kokosnussmarmelade) anbieten! Es empfiehlt sich auch, sich bei dieser Gelegenheit gleich noch mit einigem Gebäck einzudecken.

LE CHASSEUR
CHINESISCH **$**

Karte S. 242 (☎6337 7677;Block 27, Eunos Rd 2; Gerichte ab 5 S$, Reis im Tontopf ab 11 S$; ⌚11.30–15 & 17.30–22.30 Uhr; Ⓜ Eunos) Ein guter Tipp ist diese luftige, für die Region typische Garküche (Hawker Centre), wo es das preiswerte Le Chasseur mit dem stadtbesten Reis und Hühnchen aus dem Tontopf gibt. Hier schmeckt er wunderbar rauchig, hat ein gutes Gewicht und eine angenehme Konsistenz, ohne Geschmacksverstärker, Konservierungsmittel oder Farbstoffe. Mal abgesehen vom Reis aus dem Tontopf gibt es auch noch andere empfehlenswerte Gerichte, wie knusprige Schweinehaxen und saftig gegrillten Tintenfisch.

Um hierher zu gelangen, verlässt man die MRT-Bahnstation Eunos durch den Ausgang B, geht auf dem Eunos Crescent in nördlicher Richtung und wendet sich dann an der Eunos Avenue 5 nach links. An der Eunos Road 2 geht es wieder links, dann liegt das Hawker Centre nach 80 m auf der rechten Seite. Alternativ kann man auch direkt durch den Häuserkomplex am Eunos Court gehen, um dann auf den Eunos Crescent zu stoßen.

BIRDS OF PARADISE
EIS **$**

Karte S. 242 (☎9678 6092; www.facebook.com/bopgelato; 01-05, 63 East Coast Rd; ⌚So–Do 12–22, Fr & Sa bis 22.30 Uhr; 🚌10, 14, 16, 32) Dies ist keine nullachtfünfzehn Eisdiele, sondern mehr eine gehobene mit kunstvoll handgemachten Eissorten. Die Geschmacksrichtungen sind der Natur entlehnt, so etwa weiße Chrysantheme und Erdbeere-Basilikum. Selbst das Hörnchen (1 S$ extra) bekommt mit dem unterschwelligen Thymianduft einen exotischen Touch. Zu Ehren des Erbes von Singapur gibt es auch regionale Geschmacksrichtungen – etwa das aufregende Marsala-Gewürz, wenn es gerade da ist.

★SMOKEY'S BBQ
AMERIKANISCH **$$**

Karte S. 242 (☎6345 6914; www.smokeysbbq.com.sg; 73 Joo Chiat Pl; Hauptgerichte 20–70 S$; ⌚Mo–Do 15–23, Fr bis Mitternacht, Sa & So 11–23 Uhr; 📶; Ⓜ Paya Lebar) In diesem legendären amerikanischen Grillrestaurant geht es lebhaft zu und man fühlt sich sofort ins amerikanische Alabama versetzt. Der Inhaber Rob stammt aus Kalifornien und stellt

INSIDERWISSEN

DURIAN: KÖNIGIN UNTER DEN (STINKENDEN) FRÜCHTEN

Durianfrüchte werden in Singapur kritisch beurteilt. Sie sind in fast allen öffentlichen Verkehrsmitteln verboten. Nur wenige Hotels lassen ihre Gäste mit einer Stinkfrucht hinein, und Einkaufszentren verbannen sie ebenfalls . Warum? Ganz einfach: Sie stinken. Sie stinken sogar, bevor die beeindruckende stachelige Schale entfernt ist. Und wenn sie erst einmal geöffnet wurde: puh! Und dennoch gilt die Durianfrucht in ganz Südostasien als die Königin der Früchte (besonders wegen ihrer Größe und der kronenartigen Stacheln). Unheimlich viele Singapurer lieben diese Frucht. Schmeichler sagen, dass der Geschmack des saftigen, matschigen Fruchtfleisches an Vanillepudding mit einer Spur von Mandelaroma erinnert. Andere äußern sich weniger höflich. Wenn der Gestank der Frucht noch an den Fingern haften bleibt, sollte man sie am besten in ein Glas Cola tauchen: Angeblich kann Cola den Gestank abmildern.

Durianfrüchte gibt es auf Märkten und an Straßenständen zu kaufen, doch wenn man die Frucht auch essen möchte, ist es besser, sich in den Vorzeigeladen **Durian Culture** (☎6744 5232; www.durianculture.com; 77 Sims Ave; Durianfrucht ab 5 S$; ⏲24 Std.; Ⓜ Aljunied) zu begeben. Er liegt in Geylang, und die Verkäufer werden jedem Kunden gerne bei der Auswahl helfen und zeigen, wie die Frucht richtig gegessen wird. Beim ersten Bissen sollte man auf jeden Fall lachen.

sämtliche Trockengewürze (Rubs) nach geheimen Rezepten selbst her; das Fleisch wird über Mesquite- und Hickoryholz aus den USA geräuchert. Beginnen sollte man mit den würzigen frittierten Hähnchenflügeln, die mit einem Blauschimmelkäsedip serviert werden, dann geht es weiter mit dem langsam gebratenen Räucherfleisch wie etwa den absolut zarten Rippchen, bei denen sich das Fleisch beinahe von selbst vom Knochen löst. Die Portionen sind wirklich riesig, sodass man auf jeden Fall einen ordentlichen Hunger mitbringen sollte. Es gibt auch eine reichhaltige Auswahl an interessanten Bier- und Cidresorten. An Wochenenden empfiehlt es sich, insbesondere für den Abend immer im Voraus zu reservieren.

LONG PHUNG — VIETNAMESISCH $$

Karte S. 242 (☎9105 8519; 159 Joo Chiat Rd; Gerichte 7–23 S$; ⏲12–22 Uhr; Ⓜ Paya Lebar) Gelbe Plastikstühle, leicht abzuwischende Tische und ein Personal, das die Bestellungen laut durch das Lokal ruft: Das bodenständige Long Phung serviert das beste vietnamesische Essen von ganz Singapur. Der *pho* (Nudelsuppe) ist einfach fantastisch, denn die wohlduftende Brühe hat genau den richtigen Grad an Süße. Außerdem gibt es eine Auswahl an preiswerten und leckeren-Klassikern, die einem geradezu das Wasser im Munde zusammenlaufen lassen, darunter den Mangosalat und das sehr beliebte *sò huyét xào saté* (Muscheln mit Satay).

BIRD BIRD — HÜHNCHENFLEISCH $$

Karte S. 241 (☎6694 8270; 97 Frankel Ave; halbes/ganzes Hähnchen 25/49 S$; ⏲11–21.45 Uhr; Ⓜ Kembangan) In diesem amerikanisch anmutenden Lokal dreht sich alles um Hähnchen. Es wird geführt von Bjorn Shen, dem Küchenchef des berühmten Artichoke (S. 62). Besonders gut ist das Hähnchen, das superknusprig gegrillt ist, aber auch das duftende Bangkok-Hähnchen oder das libanesische nach Art des Mittleren Ostens – serviert mit einem stark nach Knoblauch schmeckenden Dip (Warnung!). Dazu gibt es Beilagen (6 S$) wie frische Salate, Pommes und fantastische mit Käse überbackene Makkaroni.

Wer Durst hat, sucht sich von der Tafel das zu seinem Hähnchen passende Getränk aus: Zur Wahl steht ein großes Angebot an Bier oder Cidre.

Bei Redaktionsschluss stand das Bird Bird offenbar vor der Schließung; vor einem Besuch sollte man also besser prüfen, ob es noch (oder wieder) geöffnet ist.

ROLAND RESTAURANT — MEERESFRÜCHTE $$

Karte S. 242 (☎6440 8205; www.rolandrestaurant.com.sg; 06-750 Block 89, Marine Parade Central, Deck J, mehrgeschossiges Parkhaus; Gerichte ab 10–50 S$, Krabben ab 68 S$ pro Kilo; ⏲Mo–Sa 11.30–14.15 & 18–22.15 Uhr, So ab 11 Uhr; 🚌36, 48, 196, 197) Nach Rolands Angaben hat seine Mutter Mrs. Lim in den 1950er-Jahren die kultige Chilikrabbe erfunden. Jahrzehnte später hat Roland nun sein eigenes großes Restaurant mit Chilikrabben von einer Qualität, die schon den ehemaligen Premierminister Goh Chok Tong am Nationalfeiertag hierher gelockt haben. Die Krabben sind fleischig und süß, und die Sauce ist viel milder als in vergleichbaren Restaurants. Das ist auch etwas für Leute, die es nicht so scharf mögen.

Man beginnt das Essen am besten mit dem leckeren dampfgegarten goldenen Tofu – zarter Tofu, gefüllt mit Krabben und Shrimppaste und obendrauf noch gesalzene Eidotter. Das Restaurant liegt etwas versteckt auf einem Parkdeck.

ENG SENG RESTAURANT MEERESFRÜCHTE **$$**
Karte S. 242 (☎6440 5560; 247-249 Joo Chiat Pl; Krabben ab 60 S$ pro Kilo, Gerichte 8–24 S$; ⊙16.30–20 Uhr; Ⓜ Eunos) Die Schwarzpfefferkrabbe ist hier so gut, dass die Einheimischen gerne bereit sind, sich hier über eine Stunde lang anzustellen, um sie überhaupt bestellen zu können und dann sogar noch froh darüber sind, wenn sie schließlich auf nicht gerade freundliche Art und Weise gesagt bekommen, wie viele bzw. wenige sie überhaupt bestellen dürfen (zwei ist das Minimum). Die klebrige, honigartige Pfeffersoße ist es wert, das Abendessen notfalls auch mal auf 16.30 Uhr vorzuverlegen. Es ist nur Barzahlung möglich.

Darüber hinaus werden hier aber auch noch eine Reihe anderer leckerer asiatischer Lieblingsgerichte wie etwa Knoblauchgarnelen und *mee goreng* (gebratene Nudeln) angeboten.

ABSTECHER

FERNER OSTEN: CHANGI VILLAGE

An der äußersten Nordostküste bildet **Changi Village** (Karte S. 159; Changi Village Rd; 🚌2) eine erfrischende Oase fernab der Hektik der Innenstadt. Bei einem Spaziergang durch die Gegend kommt die entspanntere Seite Singapurs zur Geltung. Die Atmosphäre ist hier eher dörflich, und vom Einkaufsbummel kommt man mit wirklich günstigen Klamotten, Batiken, Stoffen aus Indien und elektronischen Geräten nach Hause.

Die Anreise hierher ist recht einfach. Man nimmt die Metro, die die Ost-West-Achse versorgt und steigt an der MRT-Station Tanah aus. Von dort kutschiert einen der Bus der Linie 2 direkt ins Zentrum von Changi Village. Die Strecke endet im lebendigen und berühmten Changi Village Hawker Center (S. 121).

Alternativ schnappt man sich an einem der Verleihstände im East Coast ein Fahrrad und radelt die 18 km lange Strecke, die durch ruhige Strandparkabschnitte führt, dann nördlich die Changi Coast Road entlang (ein Paradies für Flugzeugfans) und folgt schließlich westlich dem Changi Beach, wo im Zweiten Weltkrieg Tausende von Singapurern hingerichtet wurden.

Zum Baden lädt Changi Beach nicht gerade ein, denn die Meeresbrandung spült verschmutztes Wasser aus der Meerenge von Johor an Land, aber es gibt immerhin einen schönen Sandstreifen für einen romantischen Spaziergang. Am Wochenende kommen viele Einheimische zum Picknicken und Grillen hierher, aber unter der Woche ist es hier beinahe menschenleer.

Neben dem Busterminal oberhalb vom Changi Beach befindet sich der Changi Point Ferry Terminal (S. 209), von wo aus die Bumboote zur nostalgischen Pulau Ubin ablegen. Dies ist der schönste Tagesausflug von Singapur aus. Direkt jenseits des Fährterminals beginnt der Changi Point Coastal Walk, ein geruhsamer 2,2 km langer Plankenweg durch Mangroven, über einen Sandstrand und die grünen Grundstücke der regierungseigenen Ferienvillen. Der Weg führt zum Privatgelände des Changi Sailing Club, dessen öffentliches Restaurant mit Bar **Coachman Inn** (Karte S. 159; ☎6214 9600; www.csc.org.sg; Changi Sailing Club, 32 Netheravon Rd; ⊙10–22 Uhr; 🚌29) zu einem Bier mit Blick auf hübsche Jachten und die Pulau Ubin einlädt. Vom Segelclub sind es nur 750 m auf der Netheravon Road zum Gartenlokal Coastal Settlement (S. 121) mit seinem leckeren Kaffee, guten Essen und üppigen Garten.

Wer mit dem Fahrrad unterwegs ist, braucht vom **Bike Stop** (Coast Leisure; Karte S. 241; ☎6443 3489; www.coastlineleisure.com.sg; East Coast Park Area E; Fahrrad pro Std. 12 S$; ⊙24 Std.; 🚌36, 43, 47, 48, 196, 197, 401) im East Coast Park zum Changi Village und zurück einschließlich gemütlicher Mittagessenspause ungefähr vier Stunden.

LOWER EAST SIDE

MEXIKANISCH $$

Karte S. 242 (☎6348 1302; www.hiddendoorconcepts.com; 19 East Coast Rd; Quesadillas & Burritos 10–15 S$, drei Tacos 18 S$; ⌚Mo–Fr 16.30–2, Sa ab 11.30, So 11.30–23 Uhr; 🚌10, 12, 14, 32) Die Stühle hängen hier von der Decke herab und es gibt Holztische vom Sperrmüll und sexy Latino-Musik. Dieser coole, lässige Taco-Schuppen zieht ganz unterschiedliche Leute an, und alle wollen hier ein bisschen mexikanisches Flair erleben.. Hier kann man würzige Tacos essen, wie z. B. den Spitzenreiter *tilapia* (Fischfilet, Tomate, Zwiebel, Koriander, rote Paprika und Kapern) oder sich für die prall gefüllten, saftigen Burritos entscheiden. Besondere Angebote gibt es zur Happy Hour bis 20 Uhr.

East Coast Park

EAST COAST LAGOON FOOD VILLAGE

STREETFOOD $

Karte S. 241 (1220 East Coast Parkway; Gerichte ab 3 S$; ⌚10.30–23 Uhr; 🚌36, 43, 47, 48, 196, 197, 401) Es gibt nur wenige Hawker Centre in besserer Lage. Hier können die Strandgäste barfuß vom Strand herkommen, sich einen Tisch suchen (die Tischnummer sollte man sich merken, wenn man das Essen bestellt) und dann die Stände durchkämmen, um sich für Satay, Laksa, Stachelrochen oder die einzigartigen Singapurer *satay bee hoon* (Reisnudeln in einer Erdnuss-Soße mit Chili) zu entscheiden. Nicht alle Stände haben tagsüber geöffnet – die beste Zeit zum Essen ist zwischen 17 und 20 Uhr.

Changi & Pasir Ris

CHANGI VILLAGE HAWKER CENTRE

STREETFOOD $

Karte S. 159 (2 Changi Village Rd; Gerichte ab 3 S$; ⌚6–24 Uhr; 🚌2) Dieses Esszentrum liegt im entspannten Changi Village und hat wohl das malaiischste Essen von ganz Singapur. Die Einheimischen kommen wegen einer einzigen Spezialität hierher: dem *nasi lemak* (lecker duftender Koskosreis mit gegrilltem Hühnchen oder Fisch, gegrillten Sardellen und Sambal-Chili). Food Blogger streiten sich unentwegt darüber, welcher Stand denn nun der beste ist, dabei strömen die meisten zum ursprünglichen **International Nasi Lemak** (Stand 01-03; *nasi lemak* ab 3,50 S$; ⌚Mo–Fr 9.30–13.30 & 18–24 Uhr, Sa 9–19.30, So 9–24 Uhr).

Einen süßen Abschluss findet das Mahl bei **Mei Xiang Goreng Pisang** (www.facebook.com/pg/MeixiangGorengPisang; Stand 01-51; Snacks ab 0,80 S$; ⌚Mi–Mo 11–21 Uhr), der besonders wegen seiner herrlich knusprigen frittierten Bananen berühmt ist. Der MTR fährt zur Haltestation Tanah Merah und dann geht es mit dem Bus Nr. 2 weiter.

MAKAN MELAKA

DESSERTS $

Karte S. 159 (www.facebook.com/pg/MakanAtMelaka; 01-2046, 1 Changi Village Rd; Cendol 2 S$; ⌚8–22 Uhr; 🚌2) Wer einmal das Gefühl überwunden hat, dass er ein Schüsselchen leuchtend grüner Würmer essen soll, kann sich an dem süßen, dezenten, nach Pandanen schmeckenden Cendol aus grünen eingedickten, glibberigen Reismehlnudeln (die wie eben diese Würmer aussehen) erfreuen und will garantiert immer mehr davon. Diese erfrischende Leckerei besteht aus zerstoßenem Eis, frischer Kokosmilch, Nudeln und *gula melaka* (Palmzucker), der extra aus Malakka kommt.

Wer mutig ist, fügt noch etwas Durianfrucht oder rote Bohnenpaste hinzu.

AUSGEHEN & NACHTLEBEN

LITTLE ISLAND BREWING CO.

BRAUEREI

Karte S. 159 (☎6543 9100; www.libc.co; 01-01/02, 6 Changi Village Rd; ⌚So–Do 12–23, Fr bis Mitternacht, Sa & So 11–23 Uhr; 📶; 🚌2) Perfekt, um dort nach einem Ausflug zur Pulau Ubin (S. 158) aufzuschlagen. Diese rustikale Mikrobrauerei in einem scheunenähnlichen Gebäude serviert sechs selbst gebraute Biere, aber auch internationale Craft-Biere und sogar Wein vom Fass. Am Tresen kauft man eine aufladbare Karte, um damit dann genau die Menge Bier zu bekommen, die man möchte – naja, zumindest so viel, wie die Karte gekostet hat.

Man sollte noch etwas Platz für das leckere Pubessen lassen – empfehlenswert sind die zarte, 15 Stunden lang geräucherte Wagyu-Ochsenbrust und die knusprigen Fish and Chips.

COASTAL SETTLEMENT

BAR

Karte S. 159 (☎6475 0200; www.thecoastalsettlement.com; 200 Netheravon Rd; ⌚Di–Do & So 10.30–23 Uhr, Fr & Sa bis Mitternacht; 🚌29) Diese Mischung aus Café, Bar und Restaurant ist in einem schwarz-weißen Bungalow im Kolonialstil auf einem grün bewachsenen

Grundstück untergebracht und eignet sich besonders gut zum Faulenzen. Hier ist es wie in einem Secondhandladen voller modernistischer Möbel; die seltsame Vespa und die Schränkchen sind vollgestopft mit nostalgischem Krimskrams. Die frischen Säfte sind himmlisch und der Kaffee ist erste Sahne; zu essen gibt es Klassiker wie Pasta und Pizzas bis hin zu einem Wagyu-Beef-Cheeseburger.

CIDER PIT BAR

Karte S. 242 (☎6440 0504; www.eastofavalonwines.com; 328 Joo Chiat Rd; ⏲Mo–Fr 15–1, Sa & So 13–1 Uhr; 📶; Ⓜ Paya Lebar) Das Cider Pit ist in einem gesichtslosen Betonbau untergebracht, an dem man sonst leicht vorbeiläuft. Das sollte man aber nicht tun. In dieser Trinkoase gibt es eine große Auswahl an Cidersorten und Bierspezialitäten wie das australische Little Creatures. Hier geht es erfrischend leger und unkompliziert zu, ideal für ein Trinkgelage mit Expats in Shorts, T-Shirts und Flip-Flops.

OUTPOST TRADING CO BAR

Karte S. 242 (☎6345 6457; 71 Joo Chiat Pl; ⏲So–Do 15–22, Fr & Sa bis 23 Uhr; Ⓜ Paya Lebar) Dieser versierte kleine Flaschenladen ist mit Craft-Bierflaschen, Boutique-Weinen und kleinen Spirituosen ausgestattet und weckt den Durst. Glücklicherweise wird auch preiswertes Bier vom Fass (8 S$) von Brauereien wie Deschutes Brewery aus Oregon und Stone Brewing aus San Diego serviert. Man kann sich an einem Fass vor der Tür niederlassen oder nebenan in Smokey's BBQ (S. 118), die sensationelle „Räucherkammer" des kalifornischen Inhabers, einkehren.

UNTERHALTUNG

NECESSARY STAGE THEATER

Karte S. 242 (☎6440 8115; www.necessary.org; B1-02 Marine Parade Community Bldg, 278 Marine Parade Rd; 🚌12, 16, 36, 196) Seit der Einweihung der neuen Theaterbühne im Jahr 1987 hat der künstlerische Leiter Alvin Tan mit dem Singapurer Dramatiker Haresh Sharma zusammengearbeitet und über 60 Werke inszeniert. Die Stücke sind innovativ, hier angesiedelt und durchaus kontrovers. Damit hat sich das Künstlerensemble der Necessary Stage in Singapur auch einen Namen gemacht. Die Aufführungen finden in der Necessary Stage Black Box, aber auch an anderen Orten statt; am besten informiert man sich auf der Website und besorgt sich die Eintrittskarten bei Sistic (S. 67).

SHOPPEN

★RUMAH BEBE KLEIDUNG, KUNSTHANDWERK

Karte S. 242 (☎6247 8781; www.rumahbebe.com; 113 East Coast Rd; ⏲Di–So 9.30–18.30 Uhr; 🚌10, 14, 16, 32) Bebe Seet ist Eigentümerin dieses Geschäftshauses aus dem Jahre 1928. Hier bekommt man alles, was mit der Peranakan-Kultur zu tun hat: traditionelle *kebayas* (Blusen im Nonya-Stil mit dekorativen Litzen) mit modernem Touch und wunderschöne perlenbesetzte Schuhe. Wer etwas Zeit hat und sich dafür interessiert, kann bei Bebe einen ihrer Kurse in Perlenstickkunst besuchen. Der Anfängerkurs besteht aus zwei Lerneinheiten und kostet 450 S$. Es gibt auch Führungen durch das Shophouse; Details finden sich auf der Website.

KIM CHOO KUEH CHANG ESSEN, KUNSTHANDWERK

Karte S. 242 (☎6741 2125; www.kimchoo.com; 109 East Coast Rd; ⏲10–22 Uhr; 🚌10, 14, 16, 32) In Joo Chiat (Katong) gibt es Bäckereien und Konditoreien in Hülle und Fülle, aber nur wenige sind wie das nostalgische Kim Choo. Empfehlenswert sind die traditionellen Ananastörtchen und andere Peranakan-*kueh* (mundgerechte Häppchen) in leuchtenden Farben. Dann geht es weiter in die angrenzende Boutique, um nach den farbenfrohen Keramikarbeiten der Peranakan, nach Kleidung und Accessoires zu schauen. Modedesigner Raymond Wong gibt einen Kurs zur Perlenstickerei der Peranakan (65 S$); jede Sitzung dauert 1½ Stunden.

CAT SOCRATES GESCHENKE & SOUVENIRS

Karte S. 242 (☎6348 0863; www.catsocrates.wix.com/catsocrates; 448 Joo Chiat Rd; ⏲Di–So 12.30–21.30 Uhr; 🚌10, 14, 16, 32) In dieser vielseitigen Boutique hilft eine Katze als „Verkäuferin" mit. Sie ist voller Waren von unabhängigen einheimischen, aber auch von fremden Designern. Kreativ angehauchte Menschen strömen wegen der Mischung aus skurrilem Briefpapier, einfachen Kameras, trendigen Haushaltswaren, modischem Schmuck und Indiebüchern hierher. Wer auf Souvenirs aus ist, wird das Angebot an Kuriositäten aus Singapur lieben, insbesondere die Notizbücher und die Kacheln im Design der Peranakan sind lohnenswerte Erinnerungsstücke.

ISAN GALLERY KUNST & KUNSTHANDWERK

Karte S. 241 (☎6442 4278; www.isangallery.com.sg; 42 Jln Kembangan; ⏰nach Vereinbarung; Ⓜ Kembangan) In der Heimatgalerie von Percy Vatsaloo werden exquisite handverlesene Antiquitäten aus Ländern wie Myanmar, Kambodscha, Laos und Thailand ausgestellt. Die aufwendig hergestellten Textilien sind von Kunsthandwerkern verschiedener Volksstämme aus Esarn im Nordosten von Thailand angefertigt worden. Percy selbst arbeitet in einem sozialen Projekt namens „Weaving Village" (zu deutsch: webendes Dorf) eng mit diesen Kunsthandwerkern zusammen, sodass eine faire Bezahlung ihrer Arbeiten gesichert ist.

112 KATONG MALL

Karte S. 242 (☎6636 2112; www.112katong.com.sg; 112 East Coast Rd; ⏰10–22 Uhr; 🚌10, 14, 16, 32) Diese moderne Mall beherbergt eine Zweigniederlassung der hervorragenden Food Republic, wo es klassisches Hawker-Essen gibt wie *popiah* (Frühlingsrolle), *char kway teow* (Nudeln, Muscheln und Eier in einer schwarzen Chili-Bohnensoße) und Fischklößchensuppe. Außerdem befindet sich hier ein großes Outlet mit der Lieblingskleidung von Menschen, die Designermode lieben. Es heißt Naiise und ist auch bekannt für seinen lustigen Modeschmuck aus Singapur und seine trendigen Haushaltswaren. Eine besondere Attraktion für Kinder ist der Wasserspielplatz im vierten Stock.

SPORT & AKTIVITÄTEN

SINGAPORE WAKE PARK WASSERSPORT

Karte S. 241 (☎6636 4266; www.singaporewakepark.com; 1206A East Coast Parkway; werktags/Wochenende 1 Std. ab 32/42 S$; ⏰Mo–Fr 10–22, Sa & So ab 9 Uhr; 🚌31, 36, 43, 47, 48, 196, 197, 401) Was gibt es Besseres zur Abkühlung als auf ein Wakeboard, Kneeboard oder auf Wasserski zu steigen und am Ende einer Leine durch die Lagune gezogen zu werden? Am besten kommt man während der Woche morgens, wenn sonst fast keiner da ist. Zudem gibt es vor Ort noch ein lebhaftes Café, das ganz gute Mahlzeiten und kaltes Bier serviert. Aus der Innenstadt Singapurs fährt der Bus Nr. 196 zur Marina Parade Road, dann geht es zu Fuß einen Häuserblock lang Richtung Süden zum East Coast Parkway (ECP), den man durch einen der Fußgängertunnel zum East Coast Park unterquert.

WILD WILD WET VERGNÜGUNGSPARK

Karte S. 241 (☎6581 9128; www.wildwildwet.com; 1 Pasir Ris Close; Erw./Kind/Fam. ab 20/14/62 S$; ⏰Mo–Fr 13–19, Sa & So 10–19 Uhr; Ⓜ Pasir Ris) In diesem Wasserfreizeitpark wird man pitschnass. Zu den acht Attraktionen zählen abenteuerliche Wasserrutschen, ein Wellenbecken und eine riesige, Schwindel erregende Wasserrampe. Wer auf einen richtigen Nervenkitzel aus ist, sollte in den Torpedo gehen, wo man in einer Kapsel 18 m im freien Fall in die Tiefe saust. Glücklicherweise gibt es auch ein Jacuzzi, um die Nerven wieder zu beruhigen. Am Wochenende und in den Ferien sowie an Feiertagen schnellen die Preise in die Höhe.

Der Norden & das Zentrum von Singapur

Highlihgts

❶ **Bukit Timah Nature Reserve** (S. 128) Eine spannende Wanderung durch Singapurs feuchtheißen dunklen Dschungel in diesem geschützten Asean Heritage Park unternehmen. Es ist einer der größten noch existierenden ursprünglichen Regenwälder auf der Insel.

❷ **Singapore Zoo** (S. 126) Beim Frühstück kommen Kids in diesem bezaubernden üppig-grünen Zoo den Orang-Utans ganz nahe.

❸ **Nachtsafari** (S. 127) Leoparden und fliegende Fledermäuse bekommt zu sehen, wer diesen nachtaktiven Tierpark zu Fuß erkundet.

❹ **MacRitchie Reservoir** (S. 128) Vom 25 m hohen Treetop Walk überblickt man diesen wunderbaren Wald aus schwindelerregender Perspektive.

❺ **Lorong Buangkok** (S. 130) Eine Reise in Singapurs Vergangenheit bietet ein Besuch im letzten bestehenden *kampong* (Dorf).

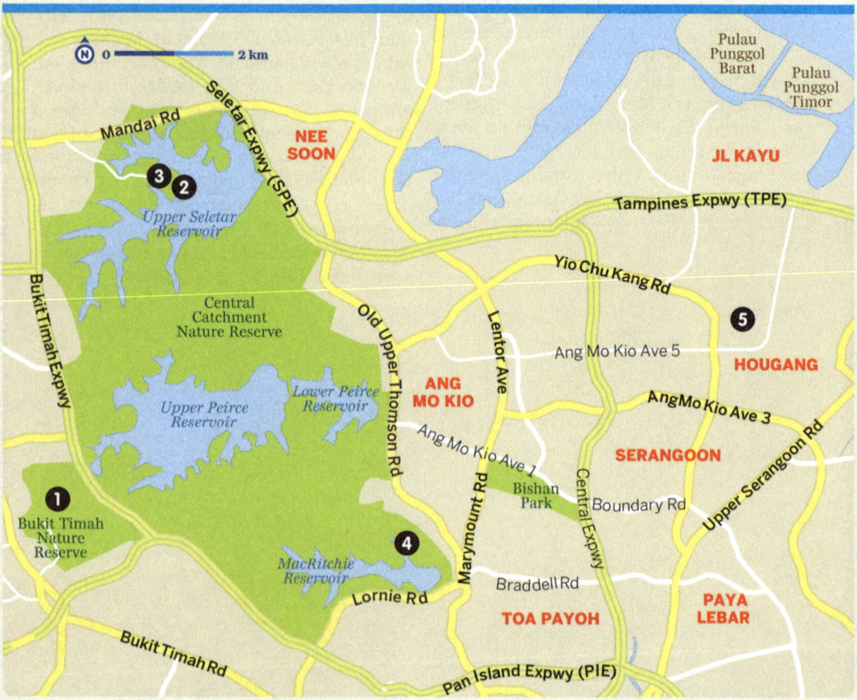

Mehr Details siehe Karte S. 233

Den Norden & das Zentrum von Singapur erkunden

Dieser wunderbar wilde und herrlich grüne Teil des Stadtstaats bietet so viele Sehenswürdigkeiten, Attraktionen und Ausflugsziele, dass ein Kurzbesucher die Qual der Wahl hat.

Wer gerne auf den ausgezeichneten Wanderwegen spazieren gehen möchte, sollte schon frühmorgens losziehen, wenn die Temperaturen noch angenehm frisch sind. Dann bleibt auch genügend Zeit, den Rest des Tages über die Stadt zu erkunden. Der Zoo von Singapur (S. 126) und die Nachtsafari (S. 127) bieten reichlich Auswahl an Restaurants und Cafés, doch bei anderen Sehenswürdigkeiten ist ein wenig Vorausplanung nötig: Entweder sollte man vorher essen oder ein Picknick mitnehmen (vor allem bei einer Wanderung um das MacRitchie Reservoir; S. 128) oder sich an einer der MRT-Stationen unterwegs mit Snacks eindecken.

Lokalkolorit

➡ **Naturerlebnis** Zusammen mit einheimischen Joggern, Naturliebhabern, Beerensammlern und neugierigen Affen den dichten Regenwald des MacRitchie Reservoirs genießen: Der Treetop Walk (S. 128) ist ein Muss für alle Schwindelfreien.

➡ **Vorstadtgenüsse** In Singapurs Heartlands (Vorstadtvierteln) gibt es viele von Insidern geschätzte Restaurants. Eines der besten ist das Mellben Seafood (S. 130), das für seine scharfen Chilikrabben mit Ei berühmt ist. Und bei Sing Ming Roti Prata (S. 130) stehen Einheimische Schlange für die winzigen, knusprigen *coin pratas* (Minifladenbrote).

An- & Weiterreise

➡ **MRT** Der Norden und das Zentrum werden von der North South Line umrundet, und die Downtown Line fährt in ein paar Gegenden im Nordwesten. Das Bukit Timah Nature Reserve ist von der MRT-Station Beauty City leicht zu erreichen, ansonsten liegen diese Stadtbereiche noch immer recht weit von den MRT-Stationen, immerhin aber noch nahe genug, um die Taxikosten oder die Länge der Busfahrten in Grenzen zu halten.

➡ **Bus** Bus 170 fährt ab dem Busbahnhof Queen Street in etwa 50 Minuten nach Bukit Timah. Andere Busse verkehren ab den MRT-Stationen Toa Payoh und Ang Mo Kio.

➡ **Zug** Woodlands Train Checkpoint (S. 210) ist die Singapur Endstation für Shuttlezüge nach Johor Bahru in Malaysia.

Top-Tipp

Die Areale um die Schutzgebiete Bukit Timah (S. 128), den Chestnut Park (S. 129) und den Stausee MacRitchie Reservoir (S. 128) sind zwar nicht einsam und entlegen, aber sie können äußerst heiß und feucht werden. Da es entlang der Wanderwege absolut nichts zu kaufen gibt, sollten Wanderer unbedingt ausreichend Trinkwasser und etwas zum Essen mitnehmen und an eine Kopfbedeckung und Mückenschutz denken.

Erlebnisse für Kinder

- Zoo von Singapur (S. 126)
- Nachtsafari (S. 127)
- Fluss-Safari (S. 129)
- MacRitchie Reservoir (S. 128)

Details siehe S. 128.

Natur & Abenteuer

- Bukit Timah Nature Reserve (S. 128)
- MacRitchie Reservoir (S. 128)
- Jungle Breakfast with Wildlife (S. 126)
- Chestnut Park (S. 129)

Details siehe S. 128.

Aus der Geschichte

- Former Ford Factory (S. 128)
- Lorong Buangkok (S. 130)
- Lian Shan Shuang Lin Monastery (S. 128)

Details siehe S. 128.

CHRISTOPHER CHAN / GETTY IMAGES ©

HIGHLIGHTS
ZOO VON SINGAPUR

Der Singapore Zoo ist ein tropisches Wunderland mit großen, naturnahen Gehegen, frei laufenden Tieren und interaktiven Attraktionen. Er erstreckt sich über 26 ha auf einer Halbinsel, die in das Upper Seletar Reservoir hineinragt. Ein Muss für jeden Besucher!

Begegnung mit Tieren

Orang-Utans sind die berühmtesten Bewohner des Zoos. Beim **Jungle Breakfast with Wildlife** (Erw./Kind 6–12 Jahre 35/25 S$; ⏲9–10.30 Uhr) dürfen Besucher in ihrer Gesellschaft an einem üppigen Büfett frühstücken, und während der Fütterung um 11 und 15.30 Uhr können sie sich mit ihnen fotografieren lassen.

Weitere Begegnungen sind im **Fragile Forest** zu erwarten, einem gigantischen Biodom, der das Ökosystem des Regenwalds abbildet. Schmetterlinge und farbenprächtige Loris, malaysische Flughunde und Ringelschwanzlemuren bewegen sich frei im Gelände. Ein Pfad führt zum Baumkronendach und zu den Faultieren.

In der beeindruckenden Abteilung **Great Rift Valley** lassen sich neben Klippen und einem Wasserfall Mantelpaviane, nubische Steinböcke, Zebramangusten, Schabrackenschakale und Klippdachse beobachten. Nachgebaute äthiopische Dorfhütten geben einen kleinen Einblick in die dortigen harten Lebensbedingungen.

NICHT VERSÄUMEN

- Die Orang-Utans
- Fragile Forest
- Great Rift Valley
- Rainforest Kidzworld

PRAKTISCH & KONKRET

- Karte S. 233, A2
- ☎6269 3411
- www.zoo.com.sg
- 80 Mandai Lake Rd
- Erw./Kind unter 13 Jahren 33/22 S$
- ⏲8.30–18 Uhr
- 📶
- 🚌138

Spaß für Kinder

Die eigenen kleinen Kreaturen können sich in der **Rainforest Kidzworld** (Karussell/Ponyreiten pro Pers. 4/6 S$; ⏲9–18 Uhr) austoben. Der Technicolor-Spielplatz bietet Rutschen, Schaukeln, Seilfähren und ein Karussell. Die Kids können Ponyreiten, Haustiere füttern und im Planschbecken vor Vergnügen kreischen. Badesachen gibt es vor Ort zu kaufen.

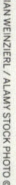

MAXIMILIAN WEINZIERL / ALAMY STOCK PHOTO ©

HIGHLIGHTS
NACHTSAFARI

Direkt neben dem Zoo, aber vollkommen separat angelegt, bietet das Areal von Singapurs Night Safari Nachtleben der etwas anderen Art. Die Grenzen des Parks, in dem über 130 Tierarten leben, verschwimmen wodurch das Gefühl entsteht, man streife durch einen Dschungel mit Löwen, Leoparden und Elefanten.

Bahnen & Wanderwege

Fast jeder geht vom Eingang direkt zur Trambahn. Die seitlich offenen Waggons fahren auf einer 45-minütigen kommentierten Tour in die verschiedenen Lebensräume. Die beste Aussicht bieten der zweite und der dritte Waggon.

Bestimmte Abschnitte des Parks sind nur zu Fuß auf den stimmungsvollen Wanderwegen zu erkunden. Auf dem Leopard Trail kommt man auf wenige Zentimeter an die gefleckten Raubkatzen heran, hier befindet sich auch die begehbare Voliere der Riesengleithörnchen. Und am herausragenden East Lodge Trail sind die höchst gefährdeten Babirusas und elegante Malaysia-Tiger zu bestaunen.

Creatures of the Night

Familien mit Kindern dürfen sich **Creatures of the Night** (⏲Fr & Sa 19.30, 20.30, 21.30 & 22.30 Uhr) nicht entgehen lassen. Zu den Stars der 20-minütigen interaktiven Show gehören Binturongs, Zibetkatzen und Hyänen. Da die Sitzplätze nicht nummeriert sind, sollte man sich 30 Minuten vorher einen guten Platz sichern. Bei Regen kann die Show abgesagt werden. Um in Ang Mo Kio die letzte MRT-Bahn um 23.30 Uhr zu erreichen, muss man mit dem Bus um etwa 22.45 Uhr losfahren. Aber am Eingang stehen auch Taxis, die für rund 25 S$ in den Central Business District fahren. Eintrittskarten für die Nachtsafari sind bei Online-Buchung um 5 % günstiger.

NICHT VERSÄUMEN

- Elektrobahn-Tour
- East Lodge Walking Trail
- Begehbare Riesengleithörnchen-Voliere auf dem Leopard Trail

PRAKTISCH & KONKRET

- Karte S. 233, A2
- ☎6269 3411
- www.nightsafari.com.sg
- 80 Mandai Lake Rd
- Erw./Kind unter 13 Jahre 45/30 S$
- ⏲19.15–24 Uhr
- 📶
- 🚌138

SEHENSWERTES

SINGAPORE ZOO ZOO
Siehe S. 126.

NACHTSAFARI ZOO
Siehe S. 127.

★MACRITCHIE RESERVOIR NATURRESERVAT
Karte S. 233 (☎1800 471 7300; www.nparks.gov.sg; Lornie Rd; 🚌162, 166, 167, 980) Das Reservoir ist eine stimmungsvolle Dschungeloase. Wanderwege folgen dem Flussufer und schlängeln sich durch den sekundären Regenwald, in dem Langschwanzmakaken und riesige Warane zu sehen sind. An der **Paddle Lodge** (Karte S. 233; ☎6258 0057; www.scf.org.sg; Std. ab 15 S$; ⏱9–12 & 14–18 Uhr) werden Kajaks vermietet, doch das Highlight sind der exzellente, 11 km lange Wanderweg und seine gut beschilderten Abzweigungen. Lohnenswert ist auch der **TreeTop Walk** (Karte S. 233; ☎1800 471 7300; www.nparks.gov.sg; ⏱Di–Fr 9–17, Sa & So 8.30–17 Uhr), dessen Hauptattraktion die Überquerung einer 250 m langen Hängebrücke 25 m hoch in den Baumwipfeln ist.

Die Wanderwege führen weiter durch den Wald und um das Reservoir, teils auf Pfaden, teils auf Holzbohlenwegen. Die Rundwanderung auf dem Hauptweg dauert drei Stunden. Vom Service Centre mit einem kleinen Café nahe der Bushaltestelle geht der Rundgang nach rechts (gegen den Uhrzeigersinn um den See). Von dort ist es nicht weit zur Paddle Lodge. Der TreeTop Walk beginnt 3 bis 4 km weiter.

★FORMER FORD FACTORY MUSEUM
Karte S. 233 (☎6462 6724; www.nas.gov.sg; 351 Upper Bukit Timah Rd; Erw./Kind unter 6 Jahren 3 S$/frei; ⏱Mo–Sa 9–17.30, So 12–17.30 Uhr; Ⓟ; 🚌67, 75, 170, 961) Die ehemalige Fertigungshalle von Ford Motors ist bekannt als der Ort, wo die Briten am 15. Februar 1942 Singapur an die Japaner auslieferten. Heute ist hier eine Ausstellung, die Singapurs Kriegseintritt, die drei düsteren Jahre unter japanischer Besatzung sowie Singapurs Erholung und seinen Weg in die Unabhängigkeit nachzeichnet – mithilfe von Audio-Interviews, Nachrichtensendungen, Zeitungsartikeln, Fotos, Tagebüchern sowie erschütternden persönlichen Erzählungen.

LIAN SHAN SHUANG LIN MONASTERY TEMPEL
Karte S. 233 (Siong Lim Temple; ☎6259 5292; www.shuanglin.sg; 184 Jln Toa Payoh; ⏱8–17 Uhr; Ⓜ Toa Payoh) GRATIS Das auch Siong Lim

BUKIT TIMAH NATURE RESERVE

Einst streiften viele Tiger durch das **Bukit Timah Nature Reserve** (Karte S. 233; ☎1800 471 7300; www.nparks.gov.sg; 177 Hindhede Dr; Sa & So 7–19 Uhr; Ⓜ Beauty World), ein kleines Stückchen urwüchsigen Regenwalds, nur eine kurze MRT-Fahrt vom Stadtzentrum entfernt und das ultimative Gegengift gegen den Großstadtdschungel. Der letzte Tiger wurde hier zwar schon in den 1920er-Jahren erschossen, doch es gibt noch zahlreiche Affen (Langschwanzmakaken) und Dutzende von Vogelarten.

Das 163 ha große Areal bietet fünf gepflegte Wanderwege (35 Min. bis 2 Std. hin und zurück) sowie einen beliebten Mountainbike-Trail (6 km). Ein Fahrradverleih befindet sich am Eingang Hindhede Drive (Rad und Helm ab 40 S$). Karten der farblich markierten Wege finden sich auf Holztafeln.

Die kürzeste und populärste Wanderung ist der direkte Aufstieg auf den Bukit Timah, mit 163 m Singapurs höchste Erhebung. Der offizielle Eingang des Naturschutzgebietes ist jener am Hindede Drive, wo es ein Besucherzentrum mit Toiletten, Brunnen und einer Ausstellung zur Flora und Fauna des Waldes gibt.

Der schnellste Weg hierher ist die MRT-Fahrt nach Beauty World. Dort Ausgang A nehmen, die Upper Bukit Timah Road entlanggehen und die zweite Fußgängerüberführung nehmen: Die Straße zur Rechten ist die Hindede Road, die später zum Hindede Drive wird.

Im Bukit Timah Market & Food Centre neben der MRT-Station kann man sich stärken, etwa mit leckeren Nudeln im **Zhong Pin Noodle House** (Karte S. 233; ☎9150 7977; www.facebook.com/zhong.pin.noodle; 02-147, Bukit Timah Market & Food Centre, 51 Upper Bukit Timah Rd; Gerichte 3–6 S$6; ⏱7–14 Uhr; Ⓜ Beauty World).

Temple genannte, atemberaubend schöne Kloster wurde 1898 nach dem Vorbild des Xi Chang Shi Tempels in Fuzhou (China) erbaut. Zwei mächtige Tore bilden den Eingang. Rechts davon steht eine siebenstöckige, mit Schnitzereien verzierte Pagode. Schattige Pfade im Inneren des Komplexes führen durch Innenhöfe voller Bonsais zu den Haupthallen des Klosters, von denen die Mahavira Hall die spektakulärste ist.

Links vom Kloster steht der verwitterte **Cheng Huang Temple** (Karte S. 233; ☎6259 5292; www.shuanglin.sg; ⏲9–17 Uhr) GRATIS, der dem Stadtgott geweiht ist, der im Jenseits für Gerechtigkeit sorgt. Die dicken Balken der 1912 errichteten Haupthalle zeigen Spuren jahrzehntelanger Weihrauchopfer. Kloster und Tempel befinden sich rund 1 km westlich der MRT-Station Toa Payoh.

CHESTNUT PARK — PARK

Karte S. 233 (☎1800 471 7300; www.nparks.gov.sg; Chestnut Ave; ⏲7–19 Uhr; 🚌700, 966) Mountainbiker aus Singapur haben sich vehement für die Eröffnung dieses Parks eingesetzt. Heute ist das über 81 ha große Areal Singapurs größter Landschaftspark mit 8,2 km Mountainbike-Trails von leicht bis höllisch schwierig, und auf zwei Geschicklichkeits-Parcours können die Biker ihre Moves einstudieren. Wer lieber zu Fuß unterwegs ist, kann die Wanderpfade in Angriff nehmen, die neben den Biker-Trails verlaufen. Wasser sowie Sonnen- und Insektenschutz mitnehmen.

Die nächste Bushaltestelle ist 2 km entfernt. Ein Taxi von der City kostet rund 15 S$. Am Eingang gibt es einen Mountainbike-Verleih (Std. 15 S$).

FLUSS-SAFARI — ZOO

Karte S. 233 (☎6269 3411; www.riversafari.com.sg; 80 Mandai Lake Rd; Erw./Kind unter 13 Jahren 30/20 S$; ⏲10–19 Uhr; 📶; 🚌138) Dieser Wildpark bildet die Lebensräume zahlreicher weltberühmter Flüsse nach, darunter Yangtze, Nil und Kongo. Die meisten sind nicht gerade überwältigend, doch die Präsentationen über den Mekong und die überfluteten Wälder am Amazonas sind beeindruckend. In den riesigen Aquarien tummeln sich Riesenwelse und Stachelrochen, Zitteraale, Rote Piranhas sowie Rundschwanz- und Gabelschwanz-Seekühe. Ein weiteres Highlight ist der Giant Panda Forest. In diesem Gehege leben seltene Rote Pandas und die beiden berühmten Pandas des Parks: KaiKai und JiaJia.

> **i KOMBITICKETS**
>
> Wer den Singapore Zoo, die Nachtsafari und die Fluss-Safari oder den Juron Bird Park besuchen will, spart Geld mit einem „Park Hopper"-Kombiticket. Von den vier Attraktionen sind der Zoo und die Nachtsafari mit Abstand die besten; ein Kombiticket für beide kostet für Erwachsene/Kinder 69/49 S$. Die Eintrittskarten sind ab dem ersten Parkbesuch noch sieben Tage gültig. Mit einer Online-Buchung erspart man sich langes Anstehen.

Kinder lieben die zehnminütige Bootsfahrt **Amazon River Quest Boat Ride** (Erw./Kind 5/3 S$; Teilnahme ab einer Körpergröße von 1,06 m), die im Stil eines Themenparks an frei laufenden Affen, Wildkatzen und exotischen Vögeln vorbeiführt. Die Fahrt beginnt spektakulär mit einem großen Platsch – wer vorne sitzt, sollte vorsorglich Füße und Taschen hochnehmen. Da bis 13 Uhr meist alle Fahrten des Tages ausgebucht sind, lohnt es sich, früh zu kommen. Bei Online-Buchung gibt es 10 % Nachlass.

Von der MRT-Station Ang Mo Kio fährt Bus 138 hierher.

SUN YAT SEN NANYANG MEMORIAL HALL — MUSEUM

Karte S. 233 (☎6256 7377; www.sysnmh.org.sg; 12 Tai Gin Rd; Erw./Kind 6/4 S$; ⏲Di–So 10–17 Uhr; Ⓜ Toa Payoh) In den 1880er-Jahren erbaut, war dieses staatliche Kulturdenkmal der Hauptsitz des Bündnisses von Sun Yat Sens chinesischer Kulturrevolution in Südostasien. Sie führte zum Sturz der Qing Dynastie und zur Entstehung der ersten chinesischen Republik. Auf seiner Reise durch Asien hielt sich Sun Yat Sen hier kurz auf. Das Gebäude ist ein Beispiel einer viktorianischen Kolonialvilla und beherbergt ein Museum zu Sun Yat Sens Leben und Werk.

Nebenan steht der **Sasanaramsi Burmese Buddhist Temple** (Karte S. 233; ☎6251 1717; www.burmesebuddhisttemple.org.sg; 14 Tai Gin Rd; ⏲6.30–21 Uhr) GRATIS, ein hoch aufragendes Bauwerk, das von zwei *chinthes* (löwenähnlichen Figuren) bewacht wird und eine schöne Buddha-Statue aus weißem Marmor birgt. Sie ist seltsamerweise mit einem „Glorienschein" aus verschiedenfarbigen LED-Lampen dekoriert.

ABSTECHER

SINGAPURS LETZTES KAMPONG

Die Anfahrt ist etwas aufwendig, aber das wunderbar verwitterte *kampong* (Dorf) **Lorong Buangkok** (Karte S. 233; Lorong Buangkok; 88) wirkt, als wäre es aus einer alten Schwarz-Weiß-Fotografie auferstanden. Hühner gackern vor den bunten Holzhäusern, im Hintergrund zirpen Grillen, und die Bewohner der verbliebenen 26 Häuser wirken im Gegensatz zu den restlichen Singapurern sehr entspannt – die Miete von nur 10 S$ monatlich trägt wahrscheinlich dazu bei.

Dies ist Singapurs letzte Widerstandsbastion gegen die Moderne und eine Möglichkeit zu sehen, wie die Singapurer vor der Unabhängigkeit lebten. Das Gelände soll zwar neu erschlossen werden, aber noch sind keine Planierraupen in Sicht.

In einer halben Stunde hat man hier alles gesehen. Besucher können mit dem Taxi (den Fahrer bitten zu warten!) oder mit Bus 88 ab MRT-Station Ang Mo Kio in Richtung Pasir Ris herfahren – nach 10 Minuten an der Ang Mo Kio Avenue 5 aussteigen, gleich nach der Yio Chu Kang Road. Auf dieser geht es zu Fuß gen Norden und nach etwa 50 m rechts in den Gerald Drive. Nach etwa 200 m wieder rechts nach Lorong Buangkok abbiegen. Weitere 50 m später führt links ein unbefestigter Weg ins Dorf.

ESSEN

PASARBELLA @ THE GRANDSTAND — MARKT $

Karte S. 233 (www.pasarbella.com; The Grandstand, 200 Turf Club Rd; Mo–Do 10–21, Fr–So 10–22 Uhr; P; M Sixth Ave) Dieser überdachte Bauernmarkt innerhalb der Haupttribüne einer Rennbahn ist voller Restaurants und Ständen mit Selbstgemachtem. Erstklassiges Sushi bei **Oceans of Seafood** (Karte S. 233; 6466 1005; www.oceansofseafood.com.sg; Hauptgerichte 15–28 S$; 11.30–21 Uhr), eine Käseplatte bei **Cheese Ark** (Karte S. 233; 9175 0090; www.thecheeseark.com; 10.30–21 Uhr). Third-Wave-Kaffee bei **Dutch Colony Coffee Co** (Karte S. 233; 6467 0255; www.dutchcolony.sg; Mo–Do 9–17, Fr–So 9–19 Uhr).

SIN MING ROTI PRATA — INDISCH $

Karte S. 233 (01-51, 24 Sin Ming Rd; 6 Pratas 3,50 S$; 6–19 Uhr; 130, 162, 166, 167, 980) Dieser kleine *kopitiam* (Coffee-Shop) birgt einen geheimen Schatz: kleine, knusprige *pratas* (Minifladenbrote). Das Lokal ist seit drei Generationen in Familienhand und der Teig wird nach traditioneller Art zubereitet. Das Ergebnis? Einfach in die Warteschlange einreihen, um es herauszufinden.

MELLBEN SEAFOOD — SEAFOOD $$

Karte S. 233 (6285 6762; 01-1222, 232 Ang Mo Kio Ave 3; Gerichte 16–22 S$, Krabben pro kg ab 65 S$; 17–22 Uhr; M Braddell) Wer Einheimische nach den besten Krabben fragt, wird meist zu Mellben geschickt, einem modernen Lokal im Stil der stadttypischen Garküchen im Erdgeschoss eines unscheinbaren Wohnblocks. Spezialitäten sind Krabben-*bee-hoon* (mit Reis-Vermicelli), Butterkrabben und die berühmten Chilikrabben.

Um die längsten Warteschlagen zu umgehen, möglichst vor 17.30 oder nach 20.30 Uhr kommen; auch wochentags ist es ruhiger. Die Preise stehen nicht auf der Karte – einfach nachfragen.

AUSGEHEN & NACHTLEBEN

WILDSEED — CAFÉ, BAR

Karte S. 233 (6262 1063; www.thesummerhouse.sg; 3 Park Lane; Café 10–19 Uhr, Bar 17–23 Uhr; 117) Das Wildseed im Erdgeschoss eines denkmalgeschützten Bungalows ist tagsüber ein ruhiges Café und abends eine lässige Bar. Guter Kaffee und tolle Cocktails – unbedingt den erfrischenden Rote-Bete-Hibiskus-Sling probieren. Oben befindet sich das Summerhouse, ein Nobelrestaurant für romantische Dinner.

MIDDLE ROCK — BAR

Karte S. 233 (9113 4666; www.middlerock.com.sg; Bishan Park 2, 1382 Ang Mo Kio Ave 1; So–Fr 17–1, Sa 17–2 Uhr; M Ang Mo Kio) Sanft schwankende Palmen, blinkende Teelichter, zahlreiche gemütliche Nischen und Pavillons – das ist das bestgehütete Geheimnis Singapurs: eine lässige, entspannte Gartenbar mitten im Bishan Park. Happy Hour Sonntag bis Donnerstag 17 bis 20 Uhr.

Holland Village, Dempsey Hill & Botanischer Garten

Highlights

1 Botanischer Garten (S. 133) In Singapurs grüner Oase Frischluft tanken, auf den Grünflächen picknicken, durch urwüchsigen Regenwald spazieren und ruhige Themengärten erkunden.

2 National Orchid Garden (S. 133) Über die Schönheit, die Vielfalt und die riesige Anzahl der Orchideen in einem Winkel des Botanischen Gartens staunen.

3 Antiquitätenläden & Galerien von Dempsey Hill (S. 136) In den lässigen, inspirierenden Boutiquen des Viertels nach einzigartigen Deko-Artikeln Ausschau halten.

4 Blue Bali (S. 135) In dem herrlichen balinesischen Restaurant nach Ubud reisen, ohne die Stadt zu verlassen.

5 Candlenut (S. 135) In diesem Sterne-Restaurant mit Peranakan-Küche im kolonialen Dempsey Hill neben betuchten Singapurern feudal speisen.

Mehr Details siehe Karte S. 246

Top-Tipp

Auf der Website des Botanischen Gartens (www.sbg.org.sg) findet man eine detaillierte Liste mit aktuellen Konzerten am Symphony Lake (Eintritt frei). Es lohnt auch, sich über Gratistouren durch den Garten zu informieren. Zum Zeitpunkt der Recherchen fanden die Führungen am Samstagmorgen statt, sicherheitshalber sollte man aber noch einmal nachfragen.

Gut essen

- Chopsuey (S. 135)
- Blu Kouzina (S. 135)
- Candlenut (S. 135)
- Dempsey Cookhouse & Bar (S. 134)
- 2am Dessert Bar (S. 134)

Details siehe S. 134.

Nett ausgehen

- Lucky Bar (S. 137)
- Green Door (S. 137)
- Atlas Coffeehouse (S. 137)
- Wala Wala Café Bar (S. 137)

Details siehe S. 136.

Schön bummeln

- Dempsey Hill Antique Shops (S. 136)
- Bynd Artisan (S. 137)
- Bungalow 55 (S. 137)
- Em Gallery (S. 138)
- Ong Shunmugam (S. 137)

Details siehe S. 137.

Holland Village, Dempsey Hill & den Botanischen Garten erkunden

Die herausragendste Sehenswürdigkeit im Viertel ist der Botanische Garten von Singapur (S. 133), für den man unbedingt einen halben Tag einplanen sollte.

In Kombination mit einem Picknick wird daraus ein perfekter Ausflug, vor allem mit Kindern. Köstliche Zutaten für das Picknick bieten die Feinkostläden im exklusiven Holland Village oder dem grünen Dempsey Hill. Dort kann man auch nach Antiquitäten stöbern und gleich zu Mittag essen, entweder im Candlenut (S. 135), Chopsuey (S. 135) oder im PS Café (S. 135) und sich danach auf den Weg in den Botanischen Garten machen. Leckeres und preiswertes Essen gibt es auch an den Ständen des grünen Food Canopy (S. 135) im Botanischen Garten.

Abends lockt ein entspannter Spaziergang zum Blue Bali (S. 135), um dort einen Sundowner oder ein Abendessen zu genießen. Oder man geht ins lebhaftere Holland Village, um dort mit den zumeist wohlhabenden Expats zu essen und zu trinken. Die versteckte Lucky Bar (S. 137) ist eine Cocktailbar der gehobeneren Art.

Lokalkolorit

Joggen Wer seine Laufschuhe dabei hat, kann es den Einheimischen gleichtun und auf einer Joggingrunde durch den Botanischen Garten die Stadtluft aus den Lungen treiben – frühmorgens, wenn die Luft noch kühler ist, oder kurz vor Sonnenuntergang.

Einkaufen Wen die riesigen Einkaufszentren in der nahe gelegenen Orchard Road langweilen, kann alternativ nach Dempsey Hill oder Holland Village spazieren: Hier haben sich viele kleine, unabhängige Läden und Boutiquen angesiedelt.

Genießen Nicht nur die Expats wissen das internationale kulinarische Angebot in Holland Village und Dempsey Hill zu schätzen.

An- & Weiterreise

MRT Sowohl der Botanische Garten als auch Holland Village verfügen über eigene MRT-Haltestellen.

Bus Nach Dempsey Hill kann man vom Botanischen Garten aus zu Fuß laufen oder den Bus nehmen (7, 75, 77, 105, 106, 123 oder 174). Die Haltestelle befindet sich auf dem Orchard Boulevard hinter der MRT-Station Orchard. Zwei Haltestellen hinter dem Botanischen Garten aussteigen, dann nach links gehen. Die Buslinien 75 und 106 sind zwei von mehreren, die zwischen Holland Village und Dempsey Hill unterwegs sind. Zu Fuß sind es nicht einmal 2 km, aber der Spaziergang entlang der Holland Road ist nicht empfehlenswert.

HIGHLIGHTS
BOTANISCHER GARTEN

Am Ende der Orchard Road erstreckt sich Singapurs berühmteste Grünanlage, die mehr als fürs Picknick geeignete Rasen und Seen bietet. Hier findet man ursprünglichen Regenwald, Themengärten, seltene Orchideen, kostenlose Konzerte und köstliche Snacks.

Orchid & Ginger Gardens

Alles über die hier seit 1928 betriebene Orchideenzucht erfährt man im **National Orchid Garden** (Erw./Kind unter 12 Jahre 5 S$/frei; ⌚8.30–19 Uhr). Auf 3 ha wachsen hier mehr als 1000 Spezies und 2000 Hybride, von denen rund 600 zu sehen sind – die weltweit größte Ausstellung tropischer Orchideen. Daneben liegt der 1 ha große **Ginger Garden** (⌚5–24 Uhr) mit über 250 Pflanzen aus der Familie der Ingwergewächse. Hier befindet sich auch das ingwerlastige Restaurant Halia (S. 136), das eine der denkwürdigsten kulinarischen Erfahrungen in ganz Singapur bietet.

Die Wälder

Durch den Learning Forest, das jüngste Habitat der Anlage, führen erhöhte Plankenwege. Wer eine Pause braucht, legt sich im Baumwipfel-Netz – einer Art Spinnennetz im Plankenweg – entspannt zurück und lauscht den Geräuschen. Dann folgt eine kleine Zeitreise in den ursprünglichen **Regenwald** (⌚5–24 Uhr) mit seinen 314 Pflanzenarten, der älter als der Botanische Garten selbst ist.

NICHT VERSÄUMEN

- National Orchid Garden
- Baumwipfel-Netz im Learning Forest
- Kostenlose Konzerte auf der Symphony Stage
- Plankenweg durch den Regenwald

PRAKTISCH & KONKRET

- Karte S. 246, H3
- ☎6471 7361
- www.sbg.org.sg
- 1 Cluny Rd
- Eintritt frei
- ⌚5–24 Uhr
- 🚌7, 75, 77, 105, 106, 123, 174, Ⓜ Botanic Gardens

Jacob Ballas Children's Garden

Familien mit Kindern zieht es in diesen **Spielgarten** (⌚Di–So 8–19 Uhr, letzter Einlass 18.30 Uhr) mit interaktiven Bereichen wie etwa einem Sinnesgarten und der Ausstellung „Magic of Photosynthesis" (über den Prozess, mit dem Pflanzen Nahrung erzeugen).

SEHENSWERTES

SINGAPORE BOTANIC GARDENS GARTEN

Siehe S. 123.

SWAN LAKE SEE

Karte S. 246 (☎6471 7361; www.sbg.org.sg; 1 Cluny Rd, Singapore Botanic Gardens; ⏰5–24 Uhr; 🚌7, 75, 77, 105, 106, 123, 174) Der Swan Lake, einer von drei Seen im Botanischen Garten, rühmt sich einer großen Bronzeskulptur eines Schwanenschwarms, der sich gerade in die Luft erhebt, und eines Inselchens mit Nibong-Palmen. Hier leben auch echte Höckerschwäne, die aus Amsterdam importiert wurden.

ESSEN

Holland Village gehört zu den Lieblingswohnadressen der Expats. Das Viertel bietet eine ganze Reihe von Restaurants und Cafés, die überwiegend westliches Essen servieren. Das benachbarte Dempsey Hill wirkt weniger städtisch, sondern eher dörflich-kolonial – kein Wunder, immerhin standen hier einst Kasernen der Armee.

Holland Village

HOLLAND VILLAGE MARKET & FOOD CENTRE STREETFOOD $

Karte S. 246 (Lor Mambong; Gerichte ab 3 S$; ⏰6 Uhr bis Mitternacht; Ⓜ Holland Village) Wer die Allerwelts-Restaurants auf der anderen Straßenseite meiden will, kann sich hier unter die Einheimischen mischen und günstiges, leckeres lokales Essen genießen. Eine Reihe von Straßenständen verkauft Reis mit Hühnchen, Nudeln mit Krabben und viele weitere asiatische Klassiker. Und für alle Neulinge in der Szene: Meist gibt es ein praktisches Schild, auf dem die beliebtesten Gerichte aufgelistet sind.

SUNDAY FOLKS SÜSSSPEISEN $$

Karte S. 246 (☎6479 9166; www.sundayfolks.com; 01-52, 44 Jln Merah Saga; Eiswaffeln 9–17 S$; ⏰Di–Do 13–22, Fr 13–23, Sa 12–23, So 12–22 Uhr; Ⓜ Holland Village) Das luftige Café im Industrieschick sorgt mit durchweg selbst gemachten Süßigkeiten für einen Zuckerschub. Die Leute kommen wegen der fluffigen Waffeln mit einer riesigen Portion dekadentem Softeis hierher. Zur Auswahl stehen sechs Geschmackssorten – unser Favorit ist die süß-salzige Variante *gula melaka* (Palmzucker) mit Meersalz – und verschiedenste Toppings. Nur Barzahlung.

2AM DESSERT BAR SÜSSSPEISEN $$

Karte S. 246 (☎6291 9727; www.2amdessertbar.com; 21A Lorong Liput; Gerichte 15–24 S$; ⏰Di–Fr 15–2, Sa & So 14–2 Uhr; Ⓜ Holland Village) Edle Süßspeisen, dazu Wein und Cocktails bietet dieses mondäne Lokal. Auf der Karte steht zwar auch Herzhafteres wie Burger und Käse-Makkaroni, aber der eigentliche Publikumsmagnet sind Janice Wongs süße Leckereien, von Schokokuchen über Cassis-Pflaumen-Bombe mit Holunderblüten-Joghurt-Schaum und Choya-Granita (aus japanischem Pflaumenlikör) bis zu Yuzu-Perlen (Yuzu ist eine japanische Zitrusfrucht) und -Rubinen. Für die Abende von Donnerstag bis Samstag ist eine Tischreservierung angesagt.

ORIGINAL SIN VEGETARISCH $$

Karte S. 246 (☎6475 5605; www.originalsin.com.sg; 01-62, 43 Jln Merah Saga; Hauptgerichte 24–32 S$; ⏰11.30–14.30 & 18–22.30 Uhr; ✍; Ⓜ Holland Village) Stoffe in lebhaften Farben, frisches Leinen und wunderschöne Stielgläser schaffen einen peppigen Rahmen für ausgeklügelte fleischlose Gerichte: etwa mit Quinoa gefüllte und gegrillte Paprika oder Moussaka mit Auberginen vom Holzkohlegrill. Das Restaurant liegt in einer Wohnstraße mit vielen Lokalen; unbedingt einen Tisch draußen reservieren.

Dempsey Hill

DEMPSEY COOKHOUSE & BAR BISTRO $$

Karte S. 246 (☎1800 304 5588; www.comodempsey.sg/the-dempsey-cookhouse-and-bar; Block 17D, Dempsey Rd; Hauptgerichte 19–70 S$; ⏰So–Do 12–14.30 & 18–22, Fr & Sa bis 23 Uhr; 🚌7, 75, 77, 105, 106, 123, 174) Dieses neue, visuell überwältigende Restaurant in Schwarz-Weiß mit einer hohen Decke, von der riesige Lampen herabhängen, und tropisch-grünen Farbtupfern sorgt für Begeisterung. Besitzer ist Jean-Georges Vongerichten, einer der berühmtesten Küchenchefs New Yorks. Die Spezialität des Hauses, Ei mit Kaviar, kann übersprungen werden. Besser sind die cremige Burrata (italienischer Weichkäse) mit Zitronenmarmelade und der Schnapper in würziger Kruste. Zum Nachtisch gibt es grandiosen Himbeer-Frangipani-Kuchen mit Himbeereis. Ruhig etwas früher kommen und einen Drink an der großartigen Bar nehmen.

PS.CAFE INTERNATIONAL **$$**

Karte S. 246 (☎9070 8782; www.pscafe.com; 28B Harding Rd; Hauptgerichte 26–54 S$; ⏲So–Do 8–23, Fr & Sa 8–1 Uhr; ✎; 🚌7, 75, 77, 105, 106, 123, 174) Das Café ist eine von Licht durchflutete Oase mit Holzdielen, bodentiefen Fenstern und Terrassentischen, die auf dichtes tropisches Blattwerk blicken. Vom Frühstück bis zum Abendessen gibt es herrliches und gesundes Essen, seien es nun Fischkroketten Benedict oder ein „Morocco Miracle Stack" aus gebratenen Champignons, gegrilltem Gemüse, geräucherter Aubergine und Couscous. Der Brunch am Wochenende kann nicht reserviert werden, man sollte daher schon vor 9 Uhr da sein, um langes Schlangestehen zu vermeiden.

SAMY'S CURRY RESTAURANT INDISCH **$$**

Karte S. 246 (☎6472 2080; info@samyscurry.com; Block 25, Dempsey Rd; Hauptgerichte 5–21 S$; ⏲Mi–Mo 11–15 & 18–22 Uhr; ✎; 🚌7, 75, 77, 105, 106, 123, 174) Das 1950 eröffnete Samy's ist eine Institution in Dempsey. Seit den 1980er-Jahren befindet es sich an diesem zauberhaften Ort, und das Essen ist so hervorragend wie eh und je. Noch dazu ist dies eines der unprätentiösesten Restaurants in ganz Dempsey.

★**CHOPSUEY CAFÉ** CHINESISCH **$$$**

Karte S. 246 (☎9224 6611; www.pscafe.com/chopsuey-café-at-dempsey-hill/; 01-23, Block 10, Dempsey Rd; Dim Sum 7–12 S$, Hauptgerichte 18–46 S$; ⏲Mo–Fr 11.30–23, Sa & So 10.30–23 Uhr; 🚌7, 75, 77, 105, 106, 123, 174) Surrende Deckenventilatoren, knisternde Melodien aus den 1930er-Jahren und Ladys auf Rattanstühlen – das Chopsuey beherrscht den Kolonialstil perfekt. Serviert werden neue Versionen amerikanisch-chinesischer Klassiker, das Highlight aber ist das Yum Cha zu Mittag mit hervorragenden Gerichten wie Szechuanpfeffer-Chili-Tofu, Kürbis-Garnelen-Dim-Sum und *san choy pau* (Hackfleisch auf Blattsalat). Die Marmorbar ist perfekt für allein speisende Gäste.

Mittags letzte Essensbestellung um 16, abends um 22.30 Uhr, letzte Getränkebestellung um 23 Uhr.

BLU KOUZINA GRIECHISCH **$$$**

Karte S. 246 (☎6875 0872; www.blukouzina.com/SG, 01-21, Block 10, Dempsey Rd; Gerichte 14–46 S$, Platten für Gruppen ab 95 S$; ⏲12–14.30 & 18–22 Uhr; 🚌7, 75, 77, 105, 106, 123, 174) Jamas! Wer dieses große, lebhafte Lokal betritt, fühlt sich wie auf einem sehr fröhlichen Fest. Die Gäste an gemütlichen Tischen in Familiengröße teilen sich Platten voller leckerem Fleisch, gegrillten Meeresfrüchten und schmackhaften Salaten. Unbedingt probieren: *saganaki* (Käse) mit Feigen, dazu gibt es anständigen griechischen Wein. Etwas ruhiger ist es im Nebenraum, der tagsüber einen wunderbaren Blick in den grünen Garten bietet.

CANDLENUT PERANAKAN **$$$**

Karte S. 246 (☎in Singapur 1800 304 2288; www.comodempsey.sg/candlenut; Block 17A, Dempsey Rd; Hauptgerichte 16–32 S$; ⏲So–Do 12–14.30 & 18–21.30, Fr & Sa bis 22.30 Uhr; 🚌7, 75, 77, 105, 106, 123, 174) Mit einem Besuch des ersten und bislang einzigen Peranakan-Restaurants mit Michelin-Stern wollen Einheimische Freunde von auswärts beeindrucken. Küchenchef Malcolm Lee hebt die gängigen chinesisch-malaiischen Gerichte auf ein neues kulinarisches Niveau. Die meisten sind ganz wunderbar, aber ein paar gehen bei der Neuinterpretation verloren. Noch ist das letzte Wort nicht gesprochen, ob die Perananakan-Küche angenommen wird.

Botanischer Garten

FOOD CANOPY STREETFOOD **$**

Karte S. 246 (www.foodcanopy.com.sg; 1J Cluny Rd; Gerichte ab 3 S$; ⏲7–20 Uhr; 🚌7, 75, 77, 105, 106, 123, 174, ⓂBotanic Gardens) Diese Ansammlung von Imbissständen liegt außerhalb des Healing Garden im Botanischen Garten. Hier gibt es allerlei beliebte Köstlichkeiten wie Toast mit *kaya* (Kokosmarmelade), *kopi* (Kaffee), gebratene Ente, *ban mian* (handgefertigte Nudeln) und indisches *roti prata* (Minifladenbrot). Neben dem Raffles Building.

BLUE BALI INDONESISCH **$$**

(☎6733 0185; www.bluebali.sg; 1D Cluny Rd, Singapore Botanic Gardens; Tapas 8–20 S$, Hauptgerichte 16–32 S$; ⏲Di–Fr 16–24, Sa & So 11–15 & 17–24 Uhr; 📶✎👪; 🚌7, 75, 77, 105, 106, 123, 174, ⓂBotanic Gardens) Am Rand des Botanischen Gartens befindet sich das Blue Bali in einem traumhaften Ambiente aus balinesischen Holzpavillons und Hütten auf dem Wasser. Das Personal ist in typisch balinesische Sarongs gehüllt. Das Blue Bali ist die ideale Adresse für einen romantischen Aperitif bei Sonnenuntergang. Dazu am besten Häppchen im Tapas-Stil bestellen, z. B. javanisches Satay, gebratenen, hausgemachten Tofu oder Krabben mit Kürbis und Chili. Snacks lassen sich an den niedrigen Tischen besser essen als die Hauptgerichte.

Die hauseigene Nanobrauerei produziert exotische, mit balinesischen Früchten und Gewürzen aromatisierte Biere.

CASA VERDE ITALIENISCH **$$**

Karte S. 246 (☎6467 7326; www.casaverde.com.sg; 1 Cluny Rd, Singapore Botanic Gardens; Mittagessen 10–20 S$, Pizzas 24 S$, Abendessen Hauptgerichte 18–35 S$; ⏰7.30–23 Uhr; 👪; 🚌7, 75, 77, 105, 106, 123, 174, Ⓜ Botanic Gardens) Das „Grüne Haus" ist das erschwinglichste Restaurant im Botanischen Garten und serviert ordentliches italienisches Essen – Pasta, Salate, Sandwiches und Pizzas aus dem Holzofen (nichts für Pizza-Snobs) – sowie ein paar singapurische und internationale Gerichte. Letzte Bestellung um 21.30 Uhr. Familienfreundliches Lokal mit viel Platz und einer eigenen Kinderkarte. Für ein besonderes Erlebnis ein Picknick-Set (30 S$; ab 11.30 Uhr) mitnehmen und am Ort der Wahl verspeisen.

HALIA FUSION-KÜCHE **$$$**

Karte S. 246 (☎8444 1148; www.halia.com.sg; 1 Cluny Rd, Singapore Botanic Gardens; Hauptgerichte 26–68 S$; ⏰Mo–Fr 12–21.30, Sa & So 10–21.30 Uhr; 🌶 👪; 🚌7, 75, 77, 105, 106, 123, 174, Ⓜ Botanic Gardens) Das stimmungsvolle Halia steht inmitten der Ingwergewächse des Botanischen Gartens, was sich auf der Speisekarte in einer ganzen Reihe ungewöhnlicher Gerichte auf Ingwerbasis spiegelt. Im Angebot stehen gekonnte Kombinationen (z. B. Spaghettini mit Chilikrabben) und wochentags ein besonders günstiges Mittagsmenü (2/3 Gänge 28/32 S$). Es gibt eine Vegetarier- und eine Kinderkarte und am Wochenende Brunch (10–17 Uhr); dafür ist keine Reservierung möglich. Kein Alkoholausschank, aber erfrischende Früchte-Cocktails.

AUSGEHEN & NACHTLEBEN

Die Lorong Mambong im Holland Village ist abends für Autos gesperrt und mutiert dann zu einer lebhaften Ausgehmeile mit unzähligen Bars und Restaurants. Anspruchsvolle Nachtschwärmer sind inzwischen weitergezogen in die neuen Bars in Chinatown und Tanjong Pagar, deshalb kommen die Leute heute vor allem wegen der Happy-Hour-Angebote nach Feierabend hierher. Dempsey hingegen ist exklusiver und ruhiger und eignet sich eher zum Essengehen als zum Feiern.

ANTIQUITÄTEN AUS DEMPSEY HILL

In vielen der ehemaligen britischen Armeegebäude in Dempsey Hill befinden sich mittlerweile seit Langem etablierte **Kunst- und Antiquitätenläden** (Karte S. 246; www.dempseyhill.com; Dempsey Rd; 🚌7, 75, 77, 105, 106, 123, 174). Sie verkaufen alles Mögliche, von Teakholzmöbeln über Gartendekoration bis zu antiken Tempelartefakten. Außer den hier aufgeführten Läden gibt es noch über ein Dutzend ähnlicher, die zumeist täglich 10–18 Uhr geöffnet sind. Auf www.dempseyhill.com findet man einen vollständigen Überblick.

Shang Antique (☎6388 8838; www.shangantique.com.sg; 01-03, Block 26, Dempsey Rd; ⏰10–21 Uhr) ist auf südostasiatische Objekte spezialisiert, von denen manche rund 2000 Jahre alt und entsprechend kostspielig sind. Wer mehr Sinn für Stil als Ersparnisse hat, kann alles Erdenkliche für unter 50 S$ erstehen – von alten Bronzegongs bis zu schönen thailändischen Seidenschals.

Pasardina Fine Living (☎6472 0228; www.pasardina.com; 01-10, Block 13, Demspey Rd; ⏰Mo–Fr 9.30–18.30, Sa & So 11–19 Uhr) führt so gut wie alles fürs Zuhause, was dekorativ und asiatisch ist.

Asiatique Collections (☎6471 3146; www.asiatiquecollections.com; Block 14A, Dempsey Rd; ⏰Di–So 11–19 Uhr) verkauft einzigartige Statement-Möbelstücke, zum Teil aus versteinertem Holz.

LUCKY BAR
BAR

Karte S. 246 (☎6208 6845; www.facebook.com/luckybar.sg; 243 Holland Rd, Eingang hinter dem Full of Luck Club; ⌚Di–Do 18–24, Fr & Sa 18–1 Uhr; Ⓜ Holland Village) Abseits der lauten Straßenlokale des Holland Village versteckt sich diese Cocktailbar mit Dachterrasse. Adrette Barkeeper mixen orientalisch angehauchte Cocktails wie etwa einen feurigen „Dragon's Breath" – Whiskey mit Goji und Wintermelonensirup. Die Lucky Bar in einer Seitengasse ist nicht leicht zu finden, aber eine rote Laterne weist den Weg.

ATLAS COFFEEHOUSE
CAFÉ

(☎6314 2674; www.facebook.com/atlascoffeehouse; 6 Duke's Rd; ⌚Di–So 8–19 Uhr; Ⓜ Botanic Gardens) In diesem luftigen Café im Industriestil stehen Kaffeeliebhaber Schlange für die hauseigene guatemaltekisch-brasilianische Bohnenmischung von Two Degrees North Coffee Co. Wer seinen Kaffee lieber kalt trinkt, sollte Black Bird probieren: Der kalte, mit Stickstoff versetzte und geeiste schwarze Kaffee ist perfekt an einem heißen Tag. Zu den Highlights der den ganzen Tag über gültigen Brunch-Karte zählen Pfannkuchen und die Rahmpilze auf Sauerteigbrot.

GREEN DOOR
BAR

Karte S. 246 (☎6776 0777; www.theprivegroup.com.sg/index.php/thegreendoor; Block 13A, Dempsey Rd; ⌚Mo–Do 17–24, Fr & Sa 17–1.15, So 13–24 Uhr; 📶; 🚌7, 75, 77, 105, 106, 123, 174) Weiter Himmel, sich wiegende Palmen und hier und da weht Frangipani-Duft herüber: Das Green Door ist eine kleine tropische Oase. Unter Leuchten in Form von Grammophon-Schalltrichtern schütteln und rühren Barkeeper verschroben abgewandelte Klassiker (z. B. Gummibärchen-Margaritas) mit Kräutern und Früchten direkt aus dem Garten. Die ordentlichen Early-Bird-Angebote (Mo–Sa 17–20, So 13–20 Uhr) locken eine lässige Expat-Gästeschar an.

WALA WALA CAFÉ BAR
BAR

Karte S. 246 (☎6462 4288; www.walawala.sg; 31 Lorong Mambong; ⌚Mo–Do 16–1, Fr 16–2, Sa 15–2, So 15–1 Uhr; Ⓜ Holland Village) Das ganze Jahr hindurch ist das Wala Wala an den Wochenenden regelmäßig überfüllt (genau genommen eigentlich an fast jedem Abend der Woche). Eine Attraktion ist die Livemusik im zweiten Stockwerk, mit Musik zum Warmlaufen von Montag bis Freitag ab 19 Uhr und der Hauptveranstaltung allabendlich ab 21.30 Uhr. Unten kommen die Football-Fans dank großer Bildschirme auf ihre Kosten. Wie fast überall hier in der Gegend stellen die Betreiber abends Tische auf die Straße.

SHOPPEN

★BYND ARTISAN
KUNSTHANDWERK

Karte S. 246 (☎6475 1680; www.byndartisan.com; 01-54, 44 Jln Merah Saga; ⌚Mo–Fr 12–21, Sa & So 10–21 Uhr; Ⓜ Holland Village) Fans von individuell angefertigten Papier- und Lederwaren lieben diesen reizenden Laden, der sich selbst für seine große Kunstfertigkeit rühmt. Kunden wählen aus den handgefertigten Notizbüchern oder lassen sich eigene – mit eingestanztem Namen – herstellen. Daneben führt Bynd Artisan Lederaccessoires und Schmuck. Das künstlerische Angebot runden Kurse (ab 88 S$) im Buchbinden, in moderner Kalligrafie oder Aquarellmalerei ab.

BUNGALOW 55
HAUSHALTSWAREN

(☎6463 3831; www.thebungalow55.com; 01-05A, Cluny Court, 501 Bukit Timah Rd; ⌚Mo–Sa 10–19, So 10–18 Uhr; Ⓜ Botanic Gardens) In diesem schön zusammengestellten Sammelsurium trifft Kolonialschick auf Moderne. Im Angebot stehen etwa Chinoiserie-Lampen, tropisch duftende Kerzen, dicke Kissen und alles, was eine Gastgeberin mit dem gewissen Etwas in Singapur eben so braucht. Die Kundschaft wandert umher und stellt sich vor, auf der Veranda einen Gin Tonic vom gut gefüllten Rohrstock-Servierwagen zu schlürfen – den Panamahut nicht zu vergessen.

ONG SHUNMUGAM
MODE

Karte S. 246 (☎6252 2612; www.ongshunmugam.com; 01-76, 43 Jln Merah Saga; ⌚Mo–Sa 12–19 Uhr (nur nach Vereinbarung), So nach Vereinbarung; Ⓜ Holland Village) Der galerieähnliche Laden von Priscilla Shunmugam, einer der angesagtesten Nachwuchs-Designerinnen Singapurs, ist so umwerfend wie ihre modernen Interpretationen asiatischer Kleider. Die Öffnungszeiten sind eingeschränkt (sie ist in der Modeszene sehr gefragt), wer aber nach etwas ganz Besonderem sucht, sollte einen Termin mit ihr vereinbaren. Fertige Stücke gibt es ab 500 S$, für maßgeschneiderte sind 1500 S$ und mehr hinzublättern.

Das Atelier, in dem die Wunder gewirkt werden, ist durch ein großes Panoramafenster hinten im Laden zu sehen.

EM GALLERY MODE, HAUSHALTSWAREN

Karte S. 246 (☎6475 6941; www.emtradedesign.com; 01-04/05, Block 16, Dempsey Rd; ⏰Mo–Fr 10–19, Sa & So 11–19 Uhr; 🚌7, 75, 77, 105, 106, 123, 174) Die in Singapur lebene japanische Designerin Emiko Nakamura sorgt mit ihren leichten, plastisch gestalteten Kreationen dafür, dass Dempseys Damen fantastisch aussehen. Emiko produziert auch – in Zusammenarbeit mit Bergstämmen im nördlichen Laos – natürlich gefärbte, handgewebte Objekte wie Taschen und Kissen. Außerdem gibt es Keramikwaren der Khmer in Kambodscha in limitierter Auflage (und zu fairen Preisen).

LIM'S HOLLAND VILLAGE HAUSHALTSWAREN

Karte S. 246 (☎6466 3188; www.facebook.com/limshollandvillage; 02-01, Holland Road Shopping Centre, 211 Holland Ave; ⏰10–20 Uhr; Ⓜ Holland Village) Das Lim's ist auf Expats ausgerichtet und bietet asiatisch inspirierte Haushaltswaren und Möbel – von chinesischen Hochzeitsschränken in allen Regenbogenfarben bis zu eleganten Ingwertopf-Lampen. Die meisten Artikel sind neu (hier gibt es keine Antiquitäten) und erschwinglich. Perfekt für alle, die nach einem orientalischen Touch für die eigenen vier Wände suchen.

HOLLAND ROAD SHOPPING CENTRE EINKAUFSZENTRUM

Karte S. 246 (211 Holland Ave; ⏰10–20.30 Uhr; Ⓜ Holland Village) Das Holland Road Shopping Centre ist nach wie vor ein Magnet für Expats, die auf der Suche nach Kunst, Kunsthandwerk, Haushaltswaren und unkonventioneller Mode sind. Hier warten tolle asiatisch angehauchte Fundstücke. Auf den zwei Ebenen verteilen sich zudem mehrere Nagelstudios und Massagesalons.

AKTIVITÄTEN

PALATE SENSATIONS COOKING SCHOOL KOCHKURSE

Karte S. 246 (☎6589 8843; www.palatesensations.com; 01-03 Chromos, 10 Biopolis Rd; Kurse ab 100 S$; ⏰nach Vereinbarung; Ⓜ Buona Vista) Neulinge ebenso wie erfahrene Gourmets verfeinern hier unter Anleitung hochrangiger Küchenchefs ihre Kochkünste. In den dreistündigen Standardkursen lernen die Teilnehmer wunderbar praxisnah, Köstliches wie thailändische Klassiker, nordindische Gerichte oder französische Designer-Eclairs zu kreieren. Ein echt singapurisches Kulinarik-Abenteuer bietet der speziell auf Touristen zugeschnittene Kurs für die perfekte Zubereitung lokaler Spezialitäten wie Huhn mit Reis und Laksa.

Der Westen & Südwesten von Singapur

Highlights

❶ Eine Wanderung von Park zu Park entlang der **Southern Ridges** (S. 146) bis zum Mount Faber, wo die Fahrt mit der Seilbahn einen spektakulären Blick auf die Stadt, den Hafen und Sentosa Island gewährt.

❷ Kultur, Kunst und Essen auf einem Streifzug durch die kolonialen **Gillman Barracks** (S. 142) genießen.

❸ Im familienfreundlichen **Jurong Bird Park** (S. 143) erleben, wie hungrige, regenbogenfarbene Papageien auf dem Arm von Besuchern landen.

❹ Eine spannende Tour in der Gesellschaft ambitionierter Vogelbeobachter durch die dichte Welt der Mangroven des **Sungei Buloh Wetland Reserve** (S. 143).

❺ Eine kleine Zeitreise durch die 1950er-Jahre in dem unkonventionellen und herrlich skurrilen Themenpark **Haw Par Villa** (S. 143) unternehmen.

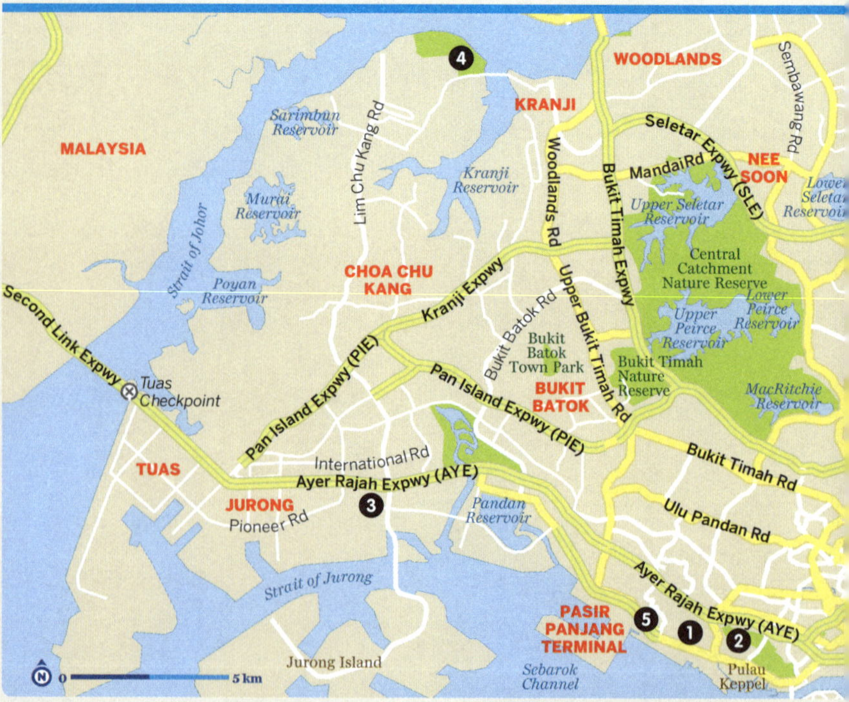

Mehr Details siehe Karte S. 248 & S. 249

Den Westen & Südwesten von Singapur erkunden

Der weitläufige Westen bietet viele Sehenswürdigkeiten, für deren Besichtigung man einige Tage benötigen würde. Das ist aber gar nicht nötig, denn es handelt sich dabei um keine Top-Attraktionen. Die meisten sind skurril oder sehr speziell – so kann man sich leicht heraussuchen, was bequem in die Reisepläne innerhalb Westsingapurs passt, ohne zu viel Fahrtzeit zu verschwenden.

Es lohnt sich diverse Sehenswürdigkeiten an einem Tag zusammenzufassen. Das Science Centre (S. 144), das Omni-Theatre (S. 147) und Snow City (S. 147) liegen nahe beieinander, während man einige Ziele im Nordwesten leicht über die MRT-Station Kranji erreichen kann.

Der Besuch auf dem Mount Faber Park (S. 142) ist bei Sonnenuntergang mit Sicherheit am schönsten – also am besten abends in die Seilbahn steigen oder in einem Restaurant oder einer Bar einkehren.

Lokalkolorit

➜**Kombi-Tickets** Es lohnt sich, für das Science Centre, das Omni-Theatre und Snow City ein Kombiticket zu nehmen. Das Gleiche gilt für den Jurong Bird Park (S. 143): Man kann ein Kombiticket für den Singapurer Zoo (S. 126) und eine Nachtsafari (S. 127) kaufen. Außerdem gibt es Sentosa-Island-Kombinationen, um mit der Seilbahn zu fahren.

➜**Universitätsschätze** Die Universitäten im Westen von Singapur hüten etliche Kulturschätze. Die National University of Singapore (NUS) beherbergt drei Museen (S. 142) unter einem Dach, darunter das spektakuläre Lee Kong Chian Natural History Museum (S. 142). In der etwas außerhalb gelegenen Nanyang Technological University befindet sich das Chinese Heritage Centre (S. 143), das sich der chinesischen Diaspora widmet.

➜**Sonnenverwöhnt** Im Westen und Südwesten liegen Parks und Naturschutzgebiete – herrliche Ziele für Ausflüge, aber man sollte keinesfalls die Kraft der Sonne in Singapur unterschätzen. Also Sonnencreme, Kopfbedeckung und Wasserflaschen nicht vergessen!

An- & Weiterreise

➜**MRT** Die Region ist aufgrund der MRT-Verbindungen gut zugänglich. Einige Stationen heißen genauso wie die Attraktionen selbst. Ansonsten ist alles von Harbour Front, Jurong East, Boon Lay, Chinese Garden, Pioneer und Kranji aus zu Fuß erreichbar.

➜**Bus** Für die abgelegenen Sehenswürdigkeiten steigt man vom MRT in den Bus um. Der Kranji Express ist ein Minibus, der die Farmen im Nordwesten ansteuert.

Top-Tipp

An jedem Freitagabend bietet das Science Centre (S. 144) die Möglichkeit, in der Sternwarte auf dem Omni-Theatre (S. 147) kostenlos den Sternenhimmel zu beobachten. Die Besucher können durch verschiedene Teleskope die Sterne betrachten – häufig verbunden mit Vorträgen und Diashows als Begleitprogramm. Termine und Programm siehe www.science.edu.sg.

Gut essen

- Tamarind Hill (S. 145)
- Timbre+ (S. 144)
- Naked Finn (S. 142)
- Faber Bistro (S. 145)

Details siehe S. 144.

Ausflüge ins Grüne

- Southern Ridges (S. 146)
- Sungei Buloh Wetland Reserve (S. 143)
- Kranji Farms (S. 145)

Details siehe S. 142.

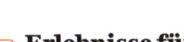

Erlebnisse für Kinder

- Jurong Bird Park (S. 143)
- Science Centre Singapore (S. 144)
- Snow City (S. 147)

Details siehe S. 142.

SEHENSWERTES

Der Südwesten

MOUNT FABER PARK PARK

Karte S. 248 (☎1800 471 7300; www.nparks.gov.sg; Mt Faber Rd; ⏲24 Std.; P; 🚌Mont Faber) Dieser namensgebende Berg (105 m) bildet das Herzstück des Mount Faber Park und den Höhepunkt des Southern-Ridges-Wanderwegs (S. 146). Die spektakulärste (und unverschämt teure) Art dorthin zu gelangen, ist die Fahrt mit der Seilbahn, die den Mount Faber mit HarbourFront und Sentosa Island verbindet.

NUS MUSEUM MUSEUM

Karte S. 249 (☎6516 8817; www.museum.nus.edu.sg; National University of Singapore, 50 Kent Ridge Cres; ⏲Di–Sa 10–18 Uhr; P; 🚌96) GRATIS Das Museum auf dem grünen Campus der NUS zählt zu den unbekannteren Kultur-Highlights der Stadt. Alte chinesische Keramiken, Bronzearbeiten und in Singapur ausgegrabene archäologische Fundstücke stehen im Mittelpunkt der Lee Kong Chian Collection im Erdgeschoss. Im ersten Stock zeigt die South and Southeast Asian Gallery Gemälde, Skulpturen und Textilien aus der Region.

Eine wunderbare Sammlung, die Ng Eng Teng Collection, ist Ng Eng Teng (1934–2001) gewidmet, einem von Singapurs herausragendsten Vertretern der modernen Kunst, der vor allem für seine figuralen Skulpturen bekannt ist.

LEE KONG CHIAN NATURAL HISTORY MUSEUM MUSEUM

Karte S. 249 (☎6601 3333; http://lkcnhm.nus.edu.sg; 2 Conservatory Dr; Erw./Kind bis 12 Jah-

ABSTECHER

GILLMAN BARRACKS

Wo einst Soldaten marschierten, beherrschen heute Kuratoren das Feld. Die **Gillman Barracks** (Karte S. 248; www.gillmanbarracks.com; 9 Lock Rd; ⏲Di–So 11–19 Uhr; P) GRATIS wurden im Jahr 1936 als britisches Militärlager errichtet und später in einen weitläufigen Kunstaußenposten mit elf gewerblichen Galerien auf dem grünen Gelände umgewandelt. Mit einem Streifzug durch die kostenlosen Wechselausstellungen, die Gemälde, Skulpturen und Fotografien einiger der weltweit begehrtesten Künstler zeigen, lassen sich hier durchaus ein paar Stunden auf kultivierte Art verbringen.

Unter den Galerien befindet sich die New Yorker **Sundaram Tagore** (Karte S. 248; ☎6694 3378; www.sundaramtagore.com; 01–05, 5 Lock Rd; ⏲Di–Sa 11–19, So 11–18 Uhr), zu deren Künstlerstamm preisgekrönte Fotografen wie Edward Burtynsky und Annie Leibovitz zählen. Auf der gegenüberliegenden Straßenseite konzentriert sich die italienische Galerie **Partners & Mucciaccia** (Karte S. 248; ☎6694 3777; www.partnersandmucciaccia.net; 02–10, 6 Lock Rd; ⏲Mo 10–15, Di–Sa 10–20 Uhr) hauptsächlich auf moderne sowie zeitgenössische italienische Künstler. Darüber hinaus widmet sie sich in einer ungewöhnlichen Retrospektive Werken von Marc Chagall und Pablo Picasso. Im Nachbargebäude zeigt **Chan + Hori Contemporary** (Karte S. 248; ☎6338 1962; www.chanhori.com; 02–09, Block 6, Lock Rd; ⏲Di–So 11–19 Uhr) vorwiegend die zeitgenössische Kunst aufstrebender Nachwuchstalente aus Singapur.

Besucher sollten vorausplanen und einen Tisch bei Gillman's **Naked Finn** (Karte S. 248; ☎6694 0807; www.nakedfinn.com; 39 Malan Rd, Gillman Barracks; Hauptgerichte 25–78 S$; ⏲Di–Sa 12–14.30 & 18–21 Uhr) reservieren. In dem angesagten Speiselokal mit Cocktailbar wechselt die Speisekarte mit phänomenalen Gerichten aus frischem Fisch und frischen Meeresfrüchten regelmäßig. In der Mittagszeit sind die Hummerbrötchen ganz besonders zu empfehlen. Auch ohne Reservierung lohnt es sich, auf gut Glück vorbeizuschauen, denn auch spontane Gäste sind hier willkommen. Allerdings ist das Platzangebot leider etwas beschränkt.

Die Gillman Barracks sind gut mit der Metro MRT erreichbar: Von der Haltestelle Labrador Park sind es lediglich noch 800 m Fußweg in nördlicher Richtung über die Alexandra Road bis zum Eingang (liegt auf der rechten Seite). Die einfache Fahrt mit einem CBD-Taxi kostet um 12 S$.

re 21/12 S$; ⌚Di–So 10–19 Uhr; P; 🚌96) Was aussieht wie ein gigantischer Felsen, aus dem Laubgewächse in üppigen Kaskaden herausquellen, ist Singapurs neuestes Naturhistorisches Museum – kinderfreundlich und mit Hightech-Ausstattung. Mithilfe einer animierenden Mischung aus Fossilien, Tierpräparaten und interaktiven Ausstellungen widmet sich die größte Abteilung, die Biodiversity Gallery, intensiv dem Ursprung des Lebens und der Evolution. Nicht zu übersehen sind Prince, Apollonia und Twinky: drei etwa 150 Millionen Jahre alte Skelette der Dinosauriergattung Diplodocus. Zwei dieser Dinosaurier tragen sogar noch ihren Originalschädel. In der Heritage Gallery im Obergeschoss geht es um die Ursprünge der heutigen Museumsbestände, die im 19. Jh. hier ausgestellt waren. Eine interessante Abteilung gibt einen Einblick in Singapurs ambitionierte Landgewinnungsprojekte.

Um den Besucherstrom in angemessenen Grenzen zu halten, gibt es täglich drei Besichtigungszeiträume, in denen sich jeweils eine bestimmte Anzahl an Besuchern im Museumsgebäude aufhalten kann: 10–13, 13–16 und 16–19 Uhr.

HAW PAR VILLA — MUSEUM, PARK

Karte S. 248 (☎6872 2780; 262 Pasir Panjang Rd; ⌚9–19 Uhr; P; M Haw Par Villa) GRATIS Die erfrischend skurrile und herrlich kitschige Haw Par Villa stammt von Aw Boon Haw, dem Erfinder des Tiger-Balsams. Er ließ hier zunächst im Jahr 1937 eine Villa für seinen Bruder und Geschäftspartner Aw Boon Par erbauen.

Gemeinsam errichteten die Geschwister dann nach und nach einen Themenpark auf dem Grundstück, der sich der chinesischen Mythologie widmet. Der absolute Publikumsliebling sind die „Zehn Kreise der Hölle" (ab 17.45 Uhr geschlossen) – eine Ausstellung über die schaurigen Qualen, die die Sünder in der Unterwelt erwarten.

CHINESE HERITAGE CENTRE — MUSEUM

Karte S. 249 (☎6790 6176; http://chc.ntu.edu.sg; Nanyang Technological University, 12 Nanyang Dr; 4 S$; ⌚Mo–Fr 9.30–17, Sa 10–17 Uhr; P; 🚌179) Der Besuch des kleinen Museums auf dem Gelände der Nanyang Technological University muss nicht unbedingt sein. Doch er lohnt sich für einen Einblick in eine Art verschollene Kultur. Von den drei Ausstellungen ist „Chinese More or Less" die interessanteste. Im Mittelpunkt steht dabei die chinesische Diaspora, inklusive einem Blick auf das Leben von Chinesen in der westlichen Kultur. Der Bus zum Museum fährt von der MRT-Station Pioneer ab.

⊙ Der Westen

JURONG BIRD PARK — VOGELPARK

Karte S. 249 (☎6269 3411; www.birdpark.com.sg; 2 Jurong Hill; Erw./Kind bis 12 Jahre 29/19 S$; ⌚8.30–18 Uhr; P 👪; 🚌194) Für Kinder ist der Jurong Bird Park mit seinen rund 400 Arten gefiederter Freunde, darunter spektakuläre Aras, ein faszinierender Ort. Zu den Highlights zählen der wundervolle Lory Loft, ein begehbares Waldgehege mit farbenprächtigen Loris, in dem Besucher die Vögel füttern dürfen. Zum Staunen bringen auch die Flugkünste und Kunststücke unterschiedlicher Vogelarten in den Shows „High Flyers" (11 und 15 Uhr) sowie „Kings of the Skies" (10 und 16 Uhr). Allerdings entsteht der Eindruck, dass manche Vögel nur zu Showzwecken gehalten werden, deshalb raten Tierschützer vom Besuch solcher Vorführungen ab. Für das Jahr 2020 ist ein Umzug des Vogelparks in den Stadtteil Mandai geplant.

SUNGEI BULOH WETLAND RESERVE — NATURSCHUTZGEBIET

Karte S. 249 (☎6794 1401; www.nparks.gov.sg; 301 Neo Tiew Cres; ⌚7–19 Uhr; P; 🚌925) Das 202 ha große Schutzgebiet mit Mangroven, Watt und sekundärem Regenwald ist ein wahres Paradies für Vogelbeobachter. Hier gibt es Zugvögel, darunter Reiher, Schnepfenvögel und Regenpfeifer, die sich zu einheimischen Vogelarten wie standorttreue Reiherarten, Rohrdommeln, Kuckucks- und Eisvögeln gesellen.

Auch Warane, Schlammspringer und Krebse lassen sich hier gut beobachten – und mit etwas Glück sogar ein Leistenkrokodil. Kostenlose Führungen starten an jedem Samstag um 9.30 Uhr, eine Anmeldung über die Website ist erforderlich.

KRANJI WAR MEMORIAL — DENKMAL

Karte S. 249 (☎6269 6158; www.cwgc.org; 9 Woodlands Rd; ⌚8–18.30 Uhr; P; 🚌160, 170, 178, 925, 960, 961) GRATIS Auf dem Kranji War Memorial mit seinen streng angeordneten weißen Grabsteinen und den sanft gewellten Hügeln befinden sich die Gräber Tausender alliierter Soldaten aus dem Zweiten Weltkrieg. Viele der Grabsteine tragen schlicht die Inschrift: „ein Soldat des Krieges 1939–1945". Sie stehen alle in akkurat aufgestellten Reihen auf gepflegten Rasenflächen. Die Wände tragen die Namen von mehr als 24 000 Männern und Frauen, die ihr Leben in Südostasien verloren. Es gibt auch Verzeichnisse, um nach bestimmten Namen zu suchen. Ein Zugang per Rollstuhl ist leider nicht möglich.

SCIENCE CENTRE SINGAPORE MUSEUM

Karte S. 249 (☎6425 2500; www.science.edu.sg; 15 Science Centre Rd; Erw./Kind bis 12 Jahre 12/8 S$; ⏲10–18 Uhr; P; M Jurong East) Dieses liebenswert freakige Wissenschaftsmuseum steckt voller Drück-, Zieh- und Drehobjekte, mit denen sich Kinder stundenlang beschäftigen können. Themen sind der menschliche Körper, Klimawandel, optische Illusionen und Feuer – alles lehrreich und fesselnd präsentiert.

Beim Verlassen der MRT-Station Jurong East zuerst nach links abbiegen, die Straße überqueren und an einer Reihe von Buden vorbeigehen, dann die Jurong Town Hall Road überqueren.

TIGER BREWERY BRAUEREI

Karte S. 249 (☎6860 3005; www.tigerbrewerytour.com.sg; 459 Jln Ahmad Ibrahim; Erw./Kind 18/12 S$; ⏲Mo–Sa 13–17 Uhr; P; M Tuas West Rd) Wer das (auch in Deutschland erhältliche) „Tiger-Bier" schon getrunken hat, möchte vielleicht wissen, wie es in dessen Heimatort gebraut wird.

Der Besuch der Tiger Brewery besteht aus zwei Teilen: einer etwa 45-minütigen Führung durch das Gelände, inklusive Brauhaus und Abfüllanlage. Im Anschluss folgt das wahre Highlight (nur für Erwachsene): 45 Minuten lang Freibier in der Tiger Tavern, wo Holz und Leder das nette Ambiente prägen. Eine Buchung im Voraus ist unbedingt erforderlich.

CHINESE GARDEN PARK

Karte S. 249 (☎1800 471 7300; www.nparks.gov.sg; 1 Chinese Garden Rd; ⏲5.30–23 Uhr; P; M Chinese Garden) Der 13,5 ha große Park mit beschaulicher Landschaftsidylle liegt am Jurong Lake. Er eignet sich ausgezeichnet für einen Nachmittagsspaziergang. Sowohl bei Profi- als auch Hobbyfotografen ist der Chinese Garden sehr beliebt.

In der Parkanlage befinden sich etliche Pavillons im chinesischen Stil, eine siebenstöckige Pagode (geöffnet 8–19 Uhr) und eine beeindruckende Ausstellung mit *penjing* (chinesischem Bonsai; geöffnet 9–15 Uhr) sowie ein Japanischer Garten (geöffnet 5.30–19 Uhr).

Als Teil der neu entstehenden Jurong Lake Gardens bleibt der Chinese Garden nur noch bis Mitte 2018 geöffnet, danach wird er neu gestaltet und deshalb zeitweise geschlossen sein.

THOW KWANG POTTERY JUNGLE GALERIE

Karte S. 249 (☎6265 5808; www.thowkwang.com.sg; 85 Lorong Tawas; ⏲9–17 Uhr; P; 🚌199) GRATIS Wer sich für Töpferwaren interessiert, kann durchaus ein paar Stunden in diesem Keramikladen verbringen, um durch das Labyrinth der Räumlichkeiten zu streifen. Die zahllosen Regale sind brechend voll mit farbenfrohen Keramiken (überwiegend Importware). Den entscheidenden Grund für einen Besuch liefert jedoch der mehr als 70 Jahre alte Dragon Kiln (Drachen-Töpferofen, auch Kletterofen genannt).

Es ist einer der beiden noch erhaltenen Brennöfen dieser Art in ganz Singapur. Der Ofen wird zwar nur drei- oder viermal im Jahr in Betrieb genommen, doch das ganze Jahr über finden hier interessante Führungen und Töpferkurse statt.

ESSEN

Neben den nachfolgend aufgeführten Restaurants bieten viele der größeren Attraktionen dieses Stadtteils von Singapur eigene Einkehrmöglichkeiten. Außerdem ist die MRT-Station mit zwei großen Einkaufscentern verbunden, in denen sich ausgezeichnete Speiselokale befinden. Auch in der MRT-Station Kranji gibt es einige Gaststätten. Garküchen mit traditioneller und moderner Kost sind im neu eröffneten Timbre+ unter einem Dach vereint, wobei Livemusik, ein Angebot an Craft-Bieren (Bieren aus Mikrobrauereien) und Graffiti eine hübsche Zugabe bilden.

★TIMBRE+ HAWKER CENTRE $

Karte S. 248 (☎6252 2545; www.timbreplus.sg; JTC LaunchPad@one-north, 73A Ayer Rajah Cres; Gerichte ab 3 S$; ⏲Mo–Do 6–24, Fr & Sa 6–1 Uhr; M One North) Herzlich willkommen in einer neuer Generation der Hawker Centre. Im Timbre+ vereint sind mehr als 30 Garküchen, deren Stände von kunstvoll bemalten Schiffscontainern bis hin zu großräumigen Imbisswagen reichen, etliche Craft

BESUCH AUF SINGAPURS KRANJI FARMS

Nur wenige Besucher wissen, dass im Nordwesten des Stadtstaates eine kleine, aber florierende Agrarwirtschaft existiert. Von wogenden Feldern und grasenden Kühen kann dabei natürlich nicht die Rede sein. Singapurs begrenzter Raum lässt nur eine Landwirtschaft zu, die sich auf Bio-Gemüse, Ziegenmilch und auf Pflanzen wie Kräuter oder Blumen spezialisiert. Ein Besuch der Farmen ist jedoch eine erfrischende Abwechslung zum hektischen Großstadtleben.

Um die Landwirtschaft zu fördern, haben sich mehrere Farmen in der Kranji Countryside Association zusammengeschlossen. Sie betreibt einen täglichen Minibus-Service, den **Kranji Express** (Karte S. 249; www.kranjicountryside.com; Kranji MRT Station; Rundfahrt 3 S$; ⏲8.30–17.45 Uhr; Ⓜ Kranji). Die Minibusse starten an der MRT-Station Kranji zu einer Rundfahrt, auf deren Route mehrere der besten Farmen liegen. Manche verkaufen Ziegenmilch, andere Froschfleisch oder Fisch. Einige bieten auch Kaffee, Mittagessen und sogar Übernachtungen. Unterwegs kann man an jeder Farm, die einem interessant erscheint, aussteigen und später einfach irgendeinen der nächsten Busse nehmen. Die planmäßigen Haltestellen ändern sich von Zeit zu Zeit, aber die nachfolgend genannten Stationen stehen in der Regel immer auf dem Fahrplan:

D'Kranji Farm Resort (Karte S. 249; ☎6862 9717; www.dkranji.com.sg; 10 Neo Tiew Lane 2; Zi ab 120 S$; P ❄ ☏) Schicke Unterkunft im Villenstil mit Restaurant und Biergarten.

Bollywood Veggies (Karte S. 249; ☎6898 5001; www.bollywoodveggies.com; 100 Neo Tiew Rd; ⏲Mi–So 8–18.30 Uhr; P) GRATIS Ein sehr beliebter Halt. Man kann durch den ländlichen Garten mit seinen Cashew-, Papaya- und Sternfruchtbäumen schlendern und anschließend in dem hübschen Bistro gesunde Gerichte genießen.

Hay Dairies Goat Farm (Karte S. 249; ☎6792 0931; www.haydairies.com.sg; 3 Lim Chu Kang Lane 4; ⏲Mi–Mo 9–16 Uhr; P) GRATIS Eine Ziegenfarm, auf der frische Ziegenmilch und verschiedene Snacks verkauft werden.

Jurong Frog Farm (Karte S. 249; ☎9763 9077; www.jurongfrogfarm.com.sg; 51 Lim Chu Kang Lane 6; Führung 12 S$; ⏲Di–Fr nach Vereinbarung, Sa & So 9–17.30 Uhr; P 👪) GRATIS Ein wenig heruntergekommen – hier können Besucher Froschfleisch probieren.

Beer Shops und einiges mehr. Von Montag bis Samstag ertönt ab 20 Uhr Livemusik. Das Angebot an Speisen ist sehr vielfältig und spricht offensichtlich den Massengeschmack an: eine gelungene Mischung aus traditioneller und zeitgenössischer Kost. Wer die Garküchen alter Schule genießen möchte, sollte spätestens bis etwa 17 Uhr hierher kommen, denn deren Stände schließen bereits um 18 Uhr.

FABER BISTRO — INTERNATIONAL $$

Karte S. 248 (☎6377 9688; www.faberpeaksingapore.com; 101 Mt Faber Rd; Hauptgerichte 20–39 S$; ⏲Mo–Do 16–23, Fr & Sa 16–2 Uhr, So 11–23 Uhr; 🚇Mt Faber) Mit seiner freundlichen, zwanglosen Atmosphäre, den Sitzplätzen auf schattiger Terrasse sowie recht guten Pastagerichten und Salaten ist das Bistro auf dem Mount Faber genau richtig, um die müden Beine auszuruhen und sich zu stärken. Von hier aus schweifte früher der Blick über einen üppig grünen Regenwald, heute jedoch nimmt leider ein weitläufiger Betondschungel dessen Platz ein. Mittwochs ist ganztägig Happy Hour, an den anderen Tagen der Woche nur zwischen 16 und 20 Uhr.

★TAMARIND HILL — THAILÄNDISCH $$$

Karte S. 248 (☎6278 6364; www.tamarindrestaurants.com; 30 Labrador Villa Rd; Hauptgerichte 18–59 S$; ⏲tgl. 12–14.30 & 18.30–22.30 Uhr; ☏; Ⓜ Labrador Park) Das Restaurant in einem Bungalow im Kolonialstil befindet sich im Labrador Park. Ein elegantes Ambiente bildet die Kulisse für den Genuss seiner hervorragenden Gerichte der Thai-Küche. Das unbestrittene Highlight ist der Sonntagsbrunch (60 S$; 12–15 Uhr) mit einem bunten Büfett voller köstlicher kalter Speisen und Salate. Auf Wunsch sind auch zahlreiche warme Gerichte à la carte erhältlich (der sautierte Tintenfisch schmeckt unglaublich gut). Eine Tischreservierung ist absolut zu empfehlen.

WANDERUNG AUF DEN SOUTHERN RIDGES

Der Mount Faber ist durch eine Reihe Parks und Hügellandschaften mit dem Kent Ridge Park verbunden – die Route wird **Southern Ridges** (Karte S. 248; ☎1800 471 7300; www.nparks.gov.sg; ⏲24 Std.; Ⓟ; ⓂPasir Panjang) genannt. Das Gebiet ist leicht zugänglich und eignet sich bestens zum Wandern, es bringt eine weniger große Herausforderung mit sich als die Touren rund um den Bukit Timah (S. 128) oder im MacRitchie Reservoir (S. 128). Das Wegenetz umfasst insgesamt 9 km, die direkte Route zwischen Kent Ridge Park und Mount Faber beträgt aber lediglich 4 km. Obwohl die Wanderung an sich nicht allzu anstrengend ist, sollte man wegen Singapurs feuchtheißem Klima ausreichend Trinkwasser mitnehmen.

Startpunkt ist der **Kent Ridge Park** (Karte S. 248; Vigilante Dr; ⏲24 Std.; Ⓟ; ⓂPasir Panjang), der ganz in der Nähe des Kriegsmuseums Reflections at Bukit Chandu liegt. Zunächst geht es hinauf zu dem kurzen Canopy Walk und gleich anschließend hügelabwärts zum **HortPark** (Karte S. 248; 33 Hyderabad Rd; ⏲24 Std.; Ⓟ; ⓂPasir Panjang). In dem Park befinden sich ein Kinderspielplatz sowie Themengärten mit gewundenen Wegen und Trittsteinen, die über kleine Bäche führen. Die Gewächshäuser sind für die Öffentlichkeit nicht zugänglich. Ursprünglich dienten sie dazu, Baumaterialien, Kühlsysteme, Temperaturen und Luftfeuchtigkeit für die riesigen Gewächshäuser der Gardens by the Bay (S. 53) zu testen.

Vom HortPark spannt sich eine einem Blatt nachempfundene Brücke über die Alexandra Road bis zu dem atemberaubenden Forest Walk. Von hier aus reicht der Blick auf Augenhöhe über das Blätterdach des Dschungels, der den Telok Blangah Hill bedeckt. Der Wanderweg verläuft weiter bis zum **Telok Blangah Hill Park** (Karte S. 248; Telok Blangah Green; ⏲24 Std.; Ⓟ; 🚌120, 124, 131, 145, 408) mit seinem blumenreichen Terrace Garden und anschließend bis zu den Henderson Waves, einer wellenförmigen Fußgängerbrücke, die wie eine beeindruckende Skulptur etwa 36 m über dem Waldboden verläuft. Die scherbenartigen Türme, die in der Ferne aufragen, gehören zur Reflections at Keppel Bay, einer Wohnsiedlung, die der Stararchitekt Daniel Libeskind entworfen hat.

Die letzten 500 m hinauf zum Gipfel des Mount Faber sind ein kurzer, ziemlich steiler Aufstieg, der mit herrlichen Ausblicken und Restaurants belohnt wird. Außerdem besteht hier die verlockende Möglichkeit, mit der **Seilbahn** (☎6377 9688; www.singaporecablecar.com.sg; Erw./Kind einfache Fahrt 29/18 S$; ⏲8.45–21.30 Uhr) hinunter zum Einkaufszentrum HarbourFront und zur MRT-Station zu fahren oder weiter bis zur Sentosa Island. Es ist aber auch kein Problem, zu Fuß vom Gipfel zur HarbourFront zu gelangen. Ein bequemer Pfad führt den bewaldeten Hügel hinab.

Um zum Kent Ridge Park zu gelangen, kann man mit der Metro bis zur MRT-Station Pasir Panjang fahren, dort die Hauptstraße überqueren und dann noch etwa 15 Minuten die Pepys Road hinauflaufen bis zum Museum **Reflections at Bukit Chandu** (Karte S. 248; ☎6375 2510; www.nhb.gov.sg; 31K Pepys Rd; ⏲Di–So 9–17.30 Uhr; Ⓟ; ⓂPasir Panjang) GRATIS. Wer diesen Weg nimmt, kann im **Eng Lock Koo** (Karte S. 248; 114 Pasir Panjang Rd, Ecke Pepys Rd; Hauptgerichte ab 3 S$; ⏲5–15 Uhr; ⓂPasir Panjang) eine Kleinigkeit essen oder etwas Proviant einkaufen.

AUSGEHEN & NACHTLEBEN

COLBAR BAR

Karte S. 248 (☎6779 4859; 9A Whitchurch Rd; ⏲Di–So 11.30–24 Uhr; 🚌191) Als ehemaliges britisches Offizierskasino, das zu einer lässigen Bar umfunktioniert wurde, beschwört das unkonventionelle Colbar die koloniale Vergangenheit herauf.

Anscheinend ist hier die Zeit irgendwann in den 1930er-Jahren stehen geblieben. Eine Schublade dient als Kasse, an den Wänden hängen Fotografien von Football-Teams und Einheimische relaxen bei einem Bier oder einem preisgünstigen Apfelmost auf der hübschen und geräumigen Terrasse. Noch immer betreiben Mr. und Mrs. Lim die Colabar, die die beiden im Jahr 1953 eröffnet haben.

HANDLEBAR PUB

Karte S. 248 (☎6268 5550; www.handlebaroriginal.com; Block 10, Lock Rd, Gillman Barracks; ⊙Di–Do & So 12–24, Fr & Sa 12–1 Uhr; Ⓜ Labrador Park) In der Nachbarschaft von schicken Kunstgalerien und erstklassigen Restaurants erwartet wohl kaum jemand einen urigen Biker-Treff. Die Handlebar ist jedoch tatsächlich eine Biker-Bar, auch wenn hier in der Regel mehr Familien als Motorradfreaks einkehren.

Für ein paar Drinks in der Kühle des Nachmittags ist es genau der richtige Ort. Beliebt bei den Gästen sind die Daiquiris, die interessanterweise in einem Mixer zubereitet werden, der einem altmodischen Benzinmotor ziemlich ähnelt.

UNTERHALTUNG

SINGAPORE TURF CLUB PFERDERENNEN

Karte S. 249 (☎6879 1008; www.turfclub.com.sg; 1 Turf Club Ave; Drinks ab 6 S$; Ⓜ Kranji) Hier geht es nicht ganz so verrückt zu wie bei den Pferderennen in Hongkong. Trotzdem ist der Besuch des Singapore Turf Club ein sehr beliebtes Freizeitvergnügen. In der Regel finden am Freitagabend und Samstagnachmittag Rennen statt, die Zeiten können jedoch variieren.

Die Besucher müssen den vorgeschriebenen Dress Code beachten (Details findet man auf der Website) und über 18 Jahre alt sein (Reisepass mitbringen). Der Zutritt zur Owners' Lounge kostet 30 S$.

OMNI-THEATRE KINO

Karte S. 249 (☎6425 2500; www.omnitheatre.com.sg; 21 Jurong Town Hall Rd; Kinokarte 14 S$; ⊙in der Regel 12–18 Uhr; 👪; Ⓜ Jurong East) Das IMAX-Kino liegt neben dem Science Centre (S. 144) und der Snow City (S. 147). Es verfügt über die größte nahtlose Kuppelleinwand (23 m Durchmesser) von ganz Asien und zeigt spektakuläre, etwa 45 Minuten dauernde Dokumentarfilme.

SHOPPEN

JEM EINKAUFSZENTRUM

Karte S. 249 (☎6225 5536; www.jem.sg; 50 Jurong Gateway Rd; ⊙tgl. 10–22 Uhr; 📶; Ⓜ Jurong East) Das Jem liegt im boomenden Jurong East, einem Gebiet, das ein wichtiger Einkaufsknotenpunkt werden soll. Zu den Pächtern gehören internationale und nationale Marken, beispielsweise Uniqlo und H&M, die exzellente japanische Buchhandelskette Kinokunya und das örtliche Kaufhaus Robinsons. Es gibt eine Reihe von Kinderbekleidungsgeschäften auf Level 4, hypermoderne Kinos auf Level 5, und einen unkonventionellen Gastronomiebereich, der geanu dazwischen liegt.

Jem ist mit dem neuen **Westgate** (Karte S. 249; ☎6908 3737; www.westgate.com.sg; 3 Gateway Dr; ⊙tgl. 10–22 Uhr; 📶; Ⓜ Jurong East) verbunden, in dem sich eine Filiale der japanischen Kaufhauskette Isetan mit einer großartigen Lebensmittelabteilung (im Untergeschoss) befindet.

VIVOCITY EINKAUFSZENTRUM

Karte S. 248 (☎6377 6860; www.vivocity.com.sg; 1 HarbourFront Walk; ⊙tgl. 10–22 Uhr; 📶; Ⓜ HarbourFront, Sentosa Express) VivoCity ist nicht nur das größte Einkaufszentrum in Singapur, sondern es bietet darüber hinaus noch einen seltenen Luxus: verschiedene Flächen unter freiem Himmel. Dazu gehören ein Kinderspielplatz in der zweiten Etage und der „Skypark" auf der Dachterrasse mit einem Planschbecken, den Kinder kostenlos nutzen dürfen.

Bei der Mischung der Läden überwiegt das mittlere Niveau. Ein großes Golden Village Cineplex – eine in Singapur ansässige Kinokette – ist hier ebenfalls vorhanden.

SPORT & AKTIVITÄTEN

RINK EISLAUFEN

Karte S. 249 (☎6684 2374; www.therink.sg; Level 3, JCube, 2 Jurong East Central 1; Erw./Kind 14/12 S$, Leihgebühr für Schlittschuhe, Handschuhe & Socken Erw./Kind 22/19,50 S$; ⊙variiert; Ⓜ Jurong East) Singapurs erste Eislaufbahn im Olympiaformat befindet sich in dem vor allem an den Bedürfnissen von Jugendliche orientierten Einkaufszentrum JCube. Freitags und samstags zwischen 21.45 und 23.45 Uhr schlüpft die einheimische Discojugend in ihre Schlittschuhe für die allwöchentlich stattfindende „Disco on Ice".

Die genauen Öffnungszeiten der Eissporthalle für das allgemeine Publikum finden sich auf der Website.

SNOW CITY WINTERSPORT

Karte S. 249 (☎6560 2306; www.snowcity.com.sg; 21 Jurong Town Hall Rd; Erw./Kind bis 12 Jahre ab 18/12 S$; ⌚10–18 Uhr, letzter Einlass 17 Uhr; Ⓜ Jurong East) In der Größe eines Hangars bei frostigen −5 °C bietet Snow City eine drei Stockwerke hohe, 60 m lange Skipiste. Für Kinder ist der Abhang bestens geeignet, da der Schwierigkeitsgrad im übertragenen Sinn mehr Dorf als City ist. Fotografieren ist nicht erlaubt, für professionelle Shootings zahlt man einen gewissen Betrag. Besucher müssen lange Hosen tragen (vor Ort zu leihen) und Socken (kann man vor Ort kaufen). Skianorak und -schuhe werden gestellt. Wer die Eintrittskarte einer der Attraktionen im Science Centre (S. 144) vom selben Tag vorweisen kann, zahlt nur eine ermäßigte Eintrittsgebühr.

Sentosa Island

Highlights

❶ Ein riesiges Vergnügen für Groß und Klein: die **Universal Studios** (S.. 151), Singapurs sensationeller Themenpark mit Kriegermumien, schlecht gelaunten Dinosauriern und den vermutlich weltgrößten Achterbahnen.

❷ Besuch des größten Aquariums der Welt: Das **S.E.A. Aquarium** (S. 152) präsentiert faszinierende Lebewesen – von kurios bis tödlich.

❸ Ein mutiger Ritt auf künstlich generierten Wellen im **Wave House** (S. 155).

❹ Im **Tanjong Beach Club** (S. 153) den Sand zwischen den Zehen und eine Brise im Gesicht spüren – und dann in der Partyatmosphäre sich bei einem großartigen Sonnenuntergang zuprosten.

❺ Ein schickes italienisches Abendessen im **ilLido at The Cliff** (S. 153) mit Blick auf eine wunderschöne, romantische Umgebung.

Mehr Details siehe Karte S. 250

Top-Tipp

Auf Sentosa kann es an Wochenenden und an gesetzlichen Feiertagen ziemlich voll werden. Am Anfang der Woche sind die Warteschlangen und -zeiten deutlich kürzer. Um Zeit zu sparen, lohnt es sich, die gewünschten Tickets im Voraus online zu kaufen. Eine ausgesprochen nützliche Hilfe ist die mit einer Karte versehene Broschüre *Sentosa Island*, die gleich bei der Ankunft auf der Insel an den Ständen erhältlich ist.

Coole Abenteuer

- iFly (S. 154)
- Wave House (S. 155)
- MegaZip (S. 155)

Details siehe S. 154.

Gut essen

- L'Atelier de Joël Robuchon (S. 153)
- ilLido at The Cliff (S. 153)
- Mykonos on the Bay (S. 153)
- Malaysian Food Street (S. 152)

Details siehe S. 152.

Highlights für Familien

- Universal Studios (S. 151)
- S.E.A. Aquarium (S. 152)
- Images of Singapore Live (S. 152)

Details siehe S. 152.

Sentosa Island erkunden

Mit seiner Hauptattraktion, den Universal Studios (S. 151), ist Sentosa der Inbegriff eines gigantischen Vergnügungsparks – Kinder lieben ihn ganz besonders. Bei seiner immensen Fülle an Fahrgeschäften, Aktivitäten und Shows, die fast alle zusätzlich etwas kosten, kann ein Tagesausflug mit der Familie den Geldbeutel schon ziemlich heftig strapazieren (Kasinobesuch nicht mitgerechnet). Immerhin ist der Zutritt zu den beliebten Stränden kostenlos. Um alles zu erkunden, was Sentosa zu bieten hat, braucht man mindestens einen Tag. Spaß macht es aber auch, einfach nur einen Vor- oder Nachmittag am Strand zu verbringen. Manche kommen sogar lediglich am Abend für einen Drink auf die Insel. Ganz sicher gibt es schlechtere Plätze als eine Strandbar auf Sentosa, um mit einer Piña Colada in der Hand den schönen Sonnenuntergang zu genießen.

Lokalkolorit

- **Wochenendbrunch** Am Wochenende pilgern viele Einheimische und ansässige Ausländer zum Brunch nach Sentosa Cove – in erster Linie, um zu sehen und gesehen zu werden. Dieser Bezirk im Osten der Insel ist ein vornehmes Wohn- und Restaurantviertel.
- **Poolparty** Nette Leute und coole Feierstimmung sind das Markenzeichen der überaus beliebten Poolparty Endless Summer (S. 154) im Luxushotel W Singapore (aktuelle Termine auf der Website).

An- & Weiterreise

- **Seilbahn** Die Seilbahn fährt vom Mount Faber oder HarbourFront Centre nach Sentosa. Auf der Insel selbst verkehrt eine separate **Seilbahnlinie** (☎6377 9688; www.singaporecablecar.com.sg; 13/8 S$; ⏲8.45am-9.30pm; 🚉Sentosa Station, Imbiah Station), die am Imbiah Lookout, Merlion und Siloso Point hält.
- **Monorail** Der **Sentosa Express** (⏲7–24 Uhr) steuert von VivoCity aus drei Stationen auf Sentosa an: Waterfront, Imbiah und Beach. VivoCity ist direkt mit der MRT-Station HarbourFront verbunden.
- **Zu Fuß** Von VivoCity aus läuft man einfach zu Fuß über den Sentosa Boardwalk dorthin.
- **Bus** Ein Elektrobus, „Beach Tram" genannt, verbindet die drei Strände Sentosas (So–Fr 9–22.30, Sa 9–24 Uhr). Drei farbig gekennzeichnete Buslinien fahren zu den Hauptattraktionen. Bus 1 fährt von 7 bis 22.30 Uhr, Bus 2 von 9 bis 22.30 Uhr und Bus 3 von 8 bis 22.30 Uhr. Alle Busse starten an der Bushaltestelle direkt östlich der Monorail-Station „Beach". Monorail, Trambahn und Busse sind kostenlos.

UNIVERSAL STUDIOS SINGAPORE, RESORTS WORLD SENTOSA ©

HIGHLIGHTS
UNIVERSAL STUDIOS

Die Hauptattraktion in Resorts World Sentosa – Universal Studios – bietet eine reiche Auswahl an Fahrgeschäften, Shows, Läden und Restaurants. All das verpackt in fantasievolle Themen rund um beliebte Hollywoodfilme. Die Bandbreite reicht von kleinkindgeeignet bis hin zu nervenzerreißenden Attraktionen.

Achterbahnen

Transformers – The Ride ist eine aufregende, ultramoderne Achterbahn, bei der während der Fahrt hochauflösende 3D-Animationen die Fahrgäste in eine dunkle, außerirdische Welt versetzen. Kämpfe mit Riesenrobotern, Verfolgungsjagden in Hochgeschwindigkeit und sogar ein Sturz von einem Wolkenkratzer lassen bei diesem Erlebnis den Adrenalinspiegel mächtig in die Höhe schießen.

Den absoluten Kick für ganz Hartgesottene präsentiert Battlestar Galactica – die weltgrößte Achterbahn, die zwei Strecken umfasst: Auf der Human-Strecke fahren die Sitzplatzwagen auf den Schienen, während die Sitze auf der Cylon-Strecke mit ihren Loops und Flips direkt unter den Schienen hängen und die Beine in der Luft baumeln.

Eine Achterbahnfahrt in der Halle bietet die **Revenge of the Mummy**, die Hauptattraktion in der Ägyptenabteilung. Im Gegensatz zu den üblichen Hollywood-Gepflogenheiten endet diese Reise mit einer überraschenden Wendung.

NICHT VERSÄUMEN

- Transformers – The Ride
- Battlestar Galactica
- Revenge of the Mummy
- WaterWorld

PRAKTISCH & KONKRET

- Karte S. 250, C3
- ☎6577 8888
- www.rwsentosa.com
- Resorts World, 8 Sentosa Gateway
- Erw./Kind bis 12 Jahre 76/56 S$
- ⏲10–18 Uhr
- 📶
- Ⓜ Waterfront

WaterWorld

Fesselnde Stunts und wilde Explosionen werden in der WaterWorld geboten, einer spektakulären Liveshow, die auf dem gleichnamigen Kevin-Costner-Film basiert. Wer einen vernünftigen Sitzplatz haben will, sollte mindestens 20 Minuten vor Show-Beginn dort sein. Und wer bis auf die Haut nassgespritzt werden will, sollte sich ganz nach vorne setzen.

SEHENSWERTES

UNIVERSAL STUDIOS
VERGNÜGUNGSPARK

Siehe S. 151.

★S.E.A. AQUARIUM
AQUARIUM

Karte S. 250 (☎6577 8888; www.rwsentosa.com; Resorts World, 8 Sentosa Gateway; Erw./Kind bis 12 Jahre 34/24 S$; ⏲10–19 Uhr; P; MWaterfront) Mehr als 800 im Wasser lebende Arten gibt es in Singapurs beeindruckendem Aquarium zu bestaunen. Der weitläufige, hochmoderne Komplex beherbergt die Nachbildungen von 49 maritimen Lebensräumen, die alle zwischen Südostasien, Australien und Afrika zu finden sind. Besonders spektakulär ist der „Open-Ocean"-Lebensraum, dessen Sichtfenster mit 36 m Länge und 8,3 m Höhe zu den größten Aquarienscheiben der Welt zählt. Darüber hinaus informieren familienfreundliche, interaktive Ausstellungen über die Maritime Silk Route (die Wasserrouten der historischen Seidenstraße).

FORT SILOSO
MUSEUM

Karte S. 250 (☎6736 8672; www.sentosa.com.sg; Siloso Point, Siloso Rd; ⏲10–18 Uhr; 👪; MBeach) GRATIS Das britische Fort an der Küste stammt aus den 1880er-Jahren, als Sentosa noch Pulau Blakang Mati (malaiisch für „die Insel, hinter der der Tod liegt") hieß. Während der japanischen Invasion 1942 erwies sich das Fort bekanntermaßen als nutzlos. Dokumentationen, Artefakte und nachgebildete historische Szenen mit beweglichen, elektronisch gesteuerten Figuren führen die Besucher durch die Geschichte des Forts. Besonderen Spaß macht es, die unterirdischen Tunnel zu erkunden. Die Surrender Chambers erwecken zwei Schlüsselmomente in Singapurs Geschichte zum Leben: als die Briten 1942 vor den Japanern kapitulieren mussten und dann 1945 ihre Herrschaft über Singapur wiedererlangten. Gebaut wurde das Fort, um einen Angriff vom Meer aus abzuwehren. Als die Japaner jedoch im Zweiten Weltkrieg vom malaysischen Festland aus anrückten, mussten deshalb die schweren Kanonen erst einmal gedreht werden. Nur wenig später mussten sich die Briten ergeben. Während der Besatzung nutzen die Japaner das Fort als Kriegsgefangenenlager.

Auf dem Gelände von Fort Siloso befindet sich seit Kurzem der Fort Siloso Skywalk (kostenfrei): ein elf Stockwerke hoher brückenartiger Wanderweg, der über die darunterliegenden Baumkronen führt.

IMAGES OF SINGAPORE LIVE
MUSEUM

Karte S. 250 (☎6715 4000; www.imagesofsingaporelive.com; 40 Imbiah Rd; Erw./Kind bis 12 Jahre 39/29 S$; ⏲Mo–Fr 10–18, Sa & So 10–19.30 Uhr; MImbiah) Mit lebenden Darstellern, beeindruckenden interaktiven Ausstellungen sowie dramatischen Licht- und Soundeffekten erzählt das Museum die Geschichte der Stadt. Das Ganze beginnt bei den Anfängen als armes malaiisches Fischerdorf und geht über den Ausbau zur florierenden kolonialen Hafenstadt bis hin zum heutigen Staat. Besonders begeistert sind vor allem Kinder vom „Spirit of Singapore Boat Ride", einem ziemlich schrägen und hochtechnisierten Bootstrip, bei dem man sich fühlt wie ein kleiner *Avatar*. Bei einer Online-Buchung sind die Karten 10 S$ billiger als vor Ort.

ESSEN

Außer den landläufigen Lokalen auf der Insel bieten auch die Strandbars Speisen und Getränke an. Darüber hinaus befinden sich Dutzende Restaurants und Cafés auf dem Terrain der Resorts World (www.rwsentosa.com), zumal die meisten Attraktionen zumindest über einen Imbissstand, wenn nicht sogar ein richtiges Café-Restaurant verfügen.

MALAYSIAN FOOD STREET
HAWKER CENTRE $

Karte S. 250 (www.rwsentosa.com; Level 1, Waterfront, Resorts World, 8 Sentosa Gateway; Gerichte ab 5 S$; ⏲Mo, Di & Do 11–21 , Fr & Sa 9–22, So 9–21 Uhr; MWaterfront) Mit seinem nachgebildeten malaysischen Straßenszenario strahlt das überdachte Hawker Centre neben den Universal Studios ein wenig Dis-

SENTOSA ISLAND: EINTRITT & VERKEHRSMITTEL

Je nachdem wie man zur Insel gelangt, kostet der Besuch von Sentosa Island eine geringfügige Eintrittsgebühr. Wer von VivoCity zu Fuß herüberläuft, zahlt nichts. Bei Nutzung der Sentosa Express Monorail, beträgt die Gebühr 4 S$ (in bar, aber auch die EZ Link Card ist dafür einsetzbar). Bei der Anfahrt mit der Seilbahn ist die Gebühr im Fahrpreis enthalten.

ney-World-Flair aus. Glücklicherweise ist das Essen in keiner Weise ein Fake. Zubereitet werden die Speisen von einigen der besten Hawker aus Malaysia.

MYKONOS ON THE BAY GRIECHISCH **$$**

Karte S. 250 (☎6334 3818; www.mykonosonthebay.com; 01-10 Quayside Isle, 31 Ocean Way; Tapas 9–26 S$, Hauptgerichte 24–43 S$; ⏲Mo–Mi 18–22.30, Di & Fr 12–14.30 & 18–22.30, Sa & So 12–22.30 Uhr; ✎; 🚌3) In dieser schicken Taverne am Jachthafen von Sentosa Cove kommt griechische Kost vom Allerfeinsten auf Tisch. Unter freiem Himmel lassen sich hier aromatische Köstlichkeiten genießen wie z. B. perfekt geschmorter, marinierter Oktopus, in der Pfanne gebratener Graviera-Käse und hausgemachte *giaourtlou* (würzige Lammwürstchen).

Happy Hour ist von Montag bis Freitag zwischen 18 und 20 Uhr sowie am Samstag und am Sonntag ab 15 Uhr. Gegen Ende der Woche ist eine Tischreservierung unbedingt empfehlenswert.

KNOLLS EUROPÄISCH **$$$**

Karte S. 250 (☎6591 5046; www.capellahotels.com/singapore; Capella, 1 The Knolls; Hauptgerichte 24–49 S$, So Brunch 148 S$; ⏲7–23 Uhr; 🚌3) Bei vielen Sonntagsbrunches in Singapur sind alkoholische Getränke im Preis inbegriffen. So auch in diesem schicken Restaurant in einem lauschigen Winkel, wo es frei umherlaufende Pfauen zu sehen gibt. Auch die Musiker der Liveband wandern mit ihren Instrumenten umher. Der Sonntagsbrunch zwischen 12.30 und 15 Uhr im Knoll zählt zu den besten auf der Insel. Da heißt es nur, sich aufzustylen und das köstliche Essen an dem Büfett zu genießen, beispielsweise frisch ausgelöstes Hummerfleisch, Fleischspieße frisch vom Grill, in feine Scheiben geschnittene Fleischsorten, Berge an Käse und nicht zu vergessen: die himmlisch leckeren Desserts.

ILLIDO AT THE CLIFF INTERNATIONAL **$$$**

Karte S. 250 (☎67088310; www.sofitel-singapore-sentosa.com; Sofitel Sentosa Resort & Spa, 2 Bukit Manis Rd; Hauptgerichte 32–49 S$; ⏲12–14.30 & 18–22 Uhr; 🚌3) Hoch über dem Palawan Beach (wenn auch die Bäume den Ausblick etwas verdecken) liegt dieses Gourmetrestaurant direkt an dem verträumten Poolbereich des Luxushotels Sofitel. Wer sich einen der begehrten Tische am Balkonrand sichern möchte, muss zwei Wochen im Voraus reservieren. Es ist ein besonders stimmungsvoller Platz, um die dargereichten Gerichte der zeitgenössischen italienischen Küche sowie Weine aus der Neuen und Alten Welt zu genießen.

L'ATELIER DE JOËL ROBUCHON FRANZÖSISCH **$$$**

Karte S. 250 (☎6577 7888; www.rwsentosa.com; Level 1, Hotel Michael, Resorts World, 8 Sentosa Gateway; Hauptgerichte 45–138 S$; ⏲Do–Mo 18–22.30 Uhr; Ⓜ Waterfront) Das jüngst mit zwei Michelin-Sternen ausgezeichnete und in einem schicken Rot-Schwarz gehaltene Restaurant gehört dem französischen Starkoch Joël Robuchon. Aus seiner zum Gastraum hin offenen Küche kommen hervorragende, französisch inspirierte Gerichte, angefangen von Spaghetti mit Schwarzem Trüffel über Snacks mit weichen Eiern bis hin zum leckeren Tartar mit makellosen Pommes frites. Um Gäste anzulocken, gibt es Aktionstage mit niedrigeren Preisen (Termine finden sich auf der Website).

AUSGEHEN & NACHTLEBEN

TANJONG BEACH CLUB BAR

Karte S. 250 (☎6270 1355; www.tanjongbeachclub.com; 120 Tanjong Beach Walk; ⏲Di–Fr 11–22 Uhr, Sa 10 Uhr bis spätabends, So 10–23 Uhr; 🚋Tanjong Beach) Mit seinen gestreiften Liegestühlen im Sand, dem kleinen schicken Swimmingpool für Clubgäste und dem sexy Sound der Musik ist der Tanjong Beach Club cooler als die meisten Bars am Siloso Beach. Alles in allem ist es ein unvergesslicher Ort. Im Restaurant werden trendige, strandtypische Gerichte serviert – und am Wochenende ein Superbrunch. Außerdem finden am Tanjong Beach einige der heißesten Partys der Insel statt.

WOOBAR BAR

Karte S. 250 (☎6808 7258; www.wsingaporesentosacove.com; W Singapore, 21 Ocean Way; ⏲Mo–Fr 11.30–1, Sa & So 9–1 Uhr; 📶; 🚌3) Mit ihren eierförmigen Hängesesseln, den goldenen Fußstützen und deckenhohen Fenstern mit Ausblick auf Palmen und Pool wirkt die Hotelbar des W Singapore etwas leicht übertrieben. Der Nachmittagstee (ab 65/75 S$ für zwei Personen) wird in niedlichen Vogelkäfigen serviert.

Jeden Mittwoch findet eine Ladies Night (ab 36 S$) statt, wobei der zwischen 19.30 und 21 Uhr ausgeschenkte Champagner im

Preis inbegriffen ist. Anschließend sind die Getränke bis Mitternacht nur zum halben Preis zu haben.

OLA BEACH CLUB BAR

Karte S. 250 (☎6250 6978; www.olabeachclub.com; 46 Siloso Beach Walk; ⏲Mo–Fr 10–22 Uhr, Sa & So 9 Uhr bis spätabends; Ⓜ Beach) Den Siloso Beach mit Waikiki zu vergleichen, ist vielleicht ein wenig weit hergeholt. Doch nach einigen Cocktails könnte man sich in der hawaiianisch inspirierten Bar des Ola Beach Club durchaus wie am Strand von Oahu fühlen. Drinks in herrlich kitschigen Tiki-Gläsern, Umkleidehütten, Sonnenliegen, Strandschaukeln und ein Platz am Strand oder Swimmingpool sorgen für einen perfekten Tag mit Hawaii-Feeling. Sonntags, wenn die DJs heiße Sounds auflegen, macht es besonders viel Spaß.

COASTES BAR

Karte S. 250 (☎6631 8938; www.coastes.com; 01-05, 50 Siloso Beach Walk; ⏲So–Do 9–23, Fr & Sa 9–1 Uhr; Ⓜ Beach) Mit seinen Picknicktischen unter Palmen und Sonnenliegen direkt am Wasser ist das Coates familienfreundlicher als viele der anderen Strandbars. Auf seiner umfangreichen Speisekarte stehen gängige Gerichte wie beispielweise Burger, Pasta und Salate.

UNTERHALTUNG

WINGS OF TIME THEATER

Karte S. 250 (☎6736 8672; www.wingsoftime.com.sg; Siloso Beach; Standard/Premium 18/23 S$; ⏲Show 19.40 & 20.40 Uhr; Ⓜ Beach) Die Bühne dieser anspruchsvollen Show ist das Meer. Von Lloyd Webber inspirierte Musik, Wasser, Licht- und Lasereffekte und sogar Feuer sind die Hauptakteure dieser unglaublich theatralisch inszenierten Show – extravagant, atemberaubend, schwindelerregend schön und manchmal zwischendrin auch ein wenig gruselig.

ENDLESS SUMMER LIVEMUSIK

Karte S. 250 (☎6808 7258; www.wsingaporesentosacove.com; W Singapore, 21 Ocean Way; Eintritt inkl. 1 Getränk 35 S$; ⏲variieren; 🚌3) Bei Singapurs sonnengeküssten Partyfans ist „Endless Summer", die Poolparty im W Singapore Hotel, ausgesprochen beliebt. Angesagt sind dabei jede Menge Spaß, relaxtes Abhängen, Leute beobachten, kein Mangel an grellbunten Drinks und zwischendrin Abkühlung in dem supertollen Swimmingpool des Hotels. Internationale DJs heizen mit heißen Sounds ein und wer will, kann sich an strandtypischen Spielchen beteiligen. Die aktuellen Termine finden sich auf der Website.

SPORT & AKTIVITÄTEN

Sentosa Island ist Singapurs Zentrum diverser Sport- und Freizeitaktivitäten. Vom Indoor-Fallschirmspringen über Surfen auf künstlich erzeugten Wellen bis zu Zipline-Touren und Schlittenrennen, findet sich hier alles. Doch alles kostet natürlich Geld – nur der Zutritt zu den Strände ist kostenlos.

KIDZANIA VERGNÜGUNGSPARK

Karte S. 250 (☎1800 653 6888; www.kidzania.com.sg; 01-01/02 Palawan Kidz City, 31 Beach View; Erw./Kind bis 18 Jahre 58/35 S$; ⏲So–Do 10–17, Fr & Sa 10–20 Uhr; Ⓜ Beach) In der auf Kindergröße angepassten Stadt in einer riesigen Halle können die Kleinen in die Rollen von Erwachsenen schlüpfen. An verschiedenen „Arbeitsplätzen" können die Kids in ihren zukünftigen Traumberuf reinschnuppern, vom Piloten bis zum Kriminalisten. Die Eltern dürfen nur zuschauen, das heißt, sie stehen wartend herum. Aber es ist sehenswert, wie der eigene Sprössling beispielsweise als Feuermann seine Arbeit pflichtbewusst ausführt. An Wochenenden kann es hier teilweise sehr voll werden.

IFLY ABENTEUERSPORT

Karte S. 250 (☎6571 0000; www.iflysingapore.com; 43 Siloso Beach Walk; Sprünge 1/2/4 89/119/199 S$; ⏲Mi ab 11 Uhr nach Vereinbarung Do–Di 9–21.30 Uhr; Ⓜ Beach) Wer Spaß hat am freien Fall von 3600 m auf 914 m, ohne aus dem Flugzeug zu springen, ist in der Fallschirmspringhalle genau richtig. Im Eintrittspreis inbegriffen sind eine einstündige Einführung sowie zwei kurze, aber atemberaubende Sprünge in einem vertikalen Windkanal (Mindestalter der Springer: sieben Jahre). Eintrittskarten für einen Besuch außerhalb der Spitzenzeit und zwei Tage im Voraus gekauft sind deutlich preisgünstiger (Details siehe Website).

ADVENTURE COVE WATERPARK SCHWIMMEN

Karte S. 250 (☎6577 8888; www.rwsentosa.com; Resorts World, 8 Sentosa Gateway; Erw./Kind bis

12 Jahre 38/30 S$; ⌚10–18 Uhr; 📶; Ⓜ Waterfront) Die Wasserrutschen eignen sich eher für Kinder samt Familie. Doch auch die den Adrenalinkick suchenden Erwachsene kommen hier auf ihre Kosten – dafür sorgen die Riptide Rocket (Südostasiens erste hydromagnetische Achterbahn), der Pipeline Plunge und das herrliche Wellenbad Bluwater Bay. In Gesellschaft von Indopazifischen Großen Tümmlern zu schwimmen ist in einem Pool auf der Dolphin Island möglich (kostet extra). Tierschutzorganisation sind allerdings Gegner solcher Angebote, da das Leben in Gefangenschaft die Delfine schwächt und stresst. Außerdem verschärft der Kontakt mit den Menschen die Stresssituation zusätzlich.

MEGAZIP — ABENTEUERSPORT

Karte S. 250 (www.sg.megaadventure.com; Imbiah Hill Rd; Zipline-Fahrt 45 S$; ⌚11–19 Uhr; Ⓜ Beach) Im MegaAdventure Park verläuft diese Zipline über eine rund 450 m lange Strecke auf einer Höhe von etwa 75 m vom Imbiah Lookout bis zu einer kleinen Insel vor dem Siloso Beach. Angeboten werden auch ein MegaJump, ein Bungee-Sprung aus 15 m Höhe, und für Kletterer die etwa 15 m hohe MegaWall. Sich fühlen und umherschwingen wie Tarzan können Abenteuerlustige in einem Hochseilgarten – allerdings nur in einem sicheren Geschirr.

WAVE HOUSE — SURFEN

Karte S. 250 (☎6238 1196; www.wavehousesentosa.com; 36 Siloso Beach Walk; Eintritt ab 30 S$; ⌚Mo–Fr 11.30–21.30, Sa & So 11.30–22.30 Uhr; Ⓜ Beach) Zwei speziell konstruierte Wellenbecken ermöglichen Surfern, ihre Cutbacks in dem beliebten Wave House zu üben. Der Double Flowrider mit seinen moderaten Wellen (30 Min. 30 S$) eignet sich gut für Anfänger, während der 3 m lange FlowBarrel (pro Std. ab 35 S$) höhere Ansprüche ans Können stellt.

Außerdem gehört zum Wave House ein Strandabschnitt mit Strandbars, die auch etwas zu essen anbieten.

GOGREEN SEGWAY ECO ADVENTURE — SEGWAY-TOUR

Karte S. 250 (☎9825 4066; www.segway-sentosa.com; Beach Station, Sentosa; ab 17 S$; ⌚10–19.30 Uhr; Ⓜ Beach) Die Schnupper-Segway-Tour ist ein zehnminütiger „Fun Ride" (17 S$). Am Strand entlang führt der länger dauernde geführte „Eco Adventure Trip" (ab 40 S$; Mindestalter: 10 Jahre). Ambitionierte Segway-Fans können an der rund 2½-stündigen „Sentosa Tour" teilnehmen (140 S$; Mindestalter: 15 Jahre), die über die Insel führt und Fort Siloso (S. 152) sowie den Merlion einschließt.

Am Siloso Beach gegenüber der Bikini Bar befindet sich auch noch die Zweigstelle desselben Veranstalters.

SKYLINE LUGE SENTOSA — ABENTEUERSPORT

Karte S. 250 (☎6274 0472; www.skylineluge.com; 45 Siloso Beach Walk; Luge- & Skyride-Kombi ab 18 S$; ⌚10–21.30 Uhr; Ⓜ Beach) Eine spannende Fahrt mit der Seilbahn vom Siloso Beach zum Imbiah Lookout bringt die „Rodler" zum Ausgangspunkt dieser Rennstrecke. Hier hopsen sie in einen Luge, genauer gesagt: in ein Gefährt, das wie eine Kreuzung aus Go-Kart und Rennrodelschlitten aussieht. Mit Familie und Freunden an Bord geht die rasante Fahrt durch Haarnadelkurven und auf knochenerschütternden gerade Strecken durch den Wald – Helme sind absolute Pflicht und werden zudem vor Ort gestellt. Bei den meisten Kindern findet die Tour ganz besonderen Anklang. Wichtig: Für Menschen mit Herz- oder Rückenproblemen ist diese Rodelfahrt nicht geeignet!

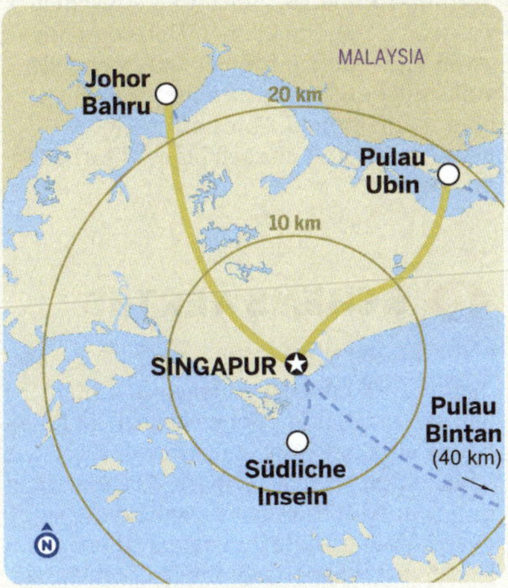

Inseln & Tagesausflüge

Pulau Ubin S. 158
Die wilde Urwaldinsel Pulau Ubin bietet eine Menge interessanter Inselbewohner, staubige Dörfer und vor allem die Möglichkeit, alles mit dem Fahrrad zu erkunden.

Südliche Inseln S. 161
Die der Südostküste Sentosas vorgelagerten drei südlichen Inseln – Kusu, Lazarus und St. John's – sind ideal für ein Picknick am Strand und zum Faulenzen in tropischen Gefilden. Einfach hinfahren und schnell mal ein bisschen entspannen.

Pulau Bintan S. 162
Die All-inclusive-Resorts im Norden der Insel sind besonders bei Expats und wohlhabenden Singapurern beliebt. Im Süden Bintans kann man einen Einblick in authentisches indonesisches Inselleben erhaschen.

Johor Bahru S. 166
Eine knappe Stunde mit dem Bus fährt man von Singapur in die malaysische Stadt Johor Bahru, auch JB genannt. Hier kann man preiswert essen, günstig einkaufen, durch die lebhaften Straßen schlendern oder den Vergnügungspark Legoland besuchen.

Pulau Ubin

Pulau Ubin entdecken

Obwohl Ubin nur eine zehnminütige Fahrt mit dem Bumboot vom Changi Village entfernt liegt, ist die Insel das genaue Gegenteil vom singapurischen Festland. Sie ist perfekt für Outdoor-Liebhaber und Radfahrer geeignet, die der Stadt entfliehen wollen.

Die Singapurer schwärmen nostalgisch von Ubins dörflicher Atmosphäre und wer ankommt, erlebt eine Insel mit einem Dschungel voller flinker Eidechsen und seltsamer Schreine, dazu als akustische Kulisse ein chaotisches Durcheinander von Vogelstimmen. Blechdächer glühen in der Sonne, Hühner gackern und hechelnde Hunde lassen sich müde in den Staub fallen, während sich im Wald wilde Schweine vor Besuchern auf quietschenden Leihrädern verstecken. Am besten nimmt man sich einen ganzen Tag Zeit, denn schon die Anreise dauert ein paar Stunden.

Das Beste auf Pulau Ubin

➡**Attraktion** Chek Jawa Wetlands (Mangrovensümpfe)

➡**Essen** Pulau Ubin Village

➡**Aktivität** Radfahren (S. 160)

Top-Tipp

Gleich hinter dem Fähranleger steht eine große Tafel mit einer Landkarte von der Insel; am besten macht man davon gleich ein Foto, denn diese Karte ist erheblich besser als das Exemplar, das man im Büro des Nationalparks, dem **Ubin & HSBC Volunteer Hub** (Karte S. 159; ☎6542 4108; 61 Pulau Ubin; ⌚8.30–17 Uhr), bekommt.

An- & Weiterreise

Die Anreise ist eigentlich schon das halbe Vergnügen!

➡**MRT** Man nimmt die Ost-West-Linie zur Tanah Merah MRT Station, wo man dann in einen Bus umsteigt.

➡**Bus** Man nimmt den Bus 2 an der Tanah Merah MRT Station (30 Min.) und fährt bis zur Endhaltestelle, dem Changi Point Ferry Terminal (S. 212).

➡**Schiff** Vom Changi Point Ferry Terminal geht es dann mit dem Bumboot (Sampan mit Motor) zum Pulau Ubin Ferry Terminal (einfache Fahrt 3 S$, Aufschlag Fahrrad 2 S$). Die kleinen Holzboote für zwölf Passagiere fahren erst ab, wenn sie voll sind, längere Wartezeiten entstehen aber kaum einmal. Fahrkarten gibt es keine, man zahlt einfach beim Mitarbeiter an Bord.

SEHENSWERTES

PULAU UBIN VILLAGE — DORF

(Karte S. 159) Obwohl es eigentlich nicht zu den Touristenattraktionen gehört, ist Pulau Ubins einziges erwähnenswertes Dorf wie eine Zeitkapsel in Singapurs Vergangenheit und unbedingt einen Spaziergang wert. Fischkäfige und Reste von verfallenen Anlegestegen schauen aus dem trüben Wasser, streunende Katzen lauern auf Vögel und zahme Hunde faulenzen auf verschlafenen Straßen.

Das kleine Dorf ist außerdem das Tor zum Inselinneren, Fähranleger, bietet Fahrradverleihe und Pulau Ubins einzige Restaurants befinden sich ebenfalls hier.

CHEK JAWA WETLANDS — NATURSCHUTZGEBIET

Karte S. 159 (☎1800 471 7300; www.nparks.gov.sg; ⌚8.30–18 Uhr) GRATIS Wer nur Zeit für einen Teil von Pulau Ubin hat, sollte sich für diese Hälfte entscheiden. Im Südosten der Insel erstrecken sich die Chek Jawa Wetlands 1 km an der Küste entlang. Die Besucher spazieren auf einem Steg über dem Wasser durch einen unter Naturschutz stehenden Mangrovensumpf bis zum 20 m hohen **Jejawi Tower** (Karte S. 159). Von oben bietet sich ein weiter Blick über die Küste und den Dschungel. Da es nicht gestattet ist, das Fahrrad ins Naturschutzgebiet mitzunehmen, sollte man eines mit Schloss mieten und es am Eingang an den Fahrradständern anschließen.

GERMAN GIRL SHRINE — TAOISTISCHER TEMPEL

Karte S. 159 (beim Ketam Quarry) Der Schrein des Deutschen Mädchens in einer Holzhütte neben einem Assam-Baum zählt zu den kurioseren Sehenswürdigkeiten auf der Insel. Einer Legende zu Folge soll die jüngere Tochter eines deutschen Kaffeeplantagenmanagers im Ersten Weltkrieg vor den britischen Truppen davongelaufen sein, die gekommen waren, um ihre Eltern festzunehmen; dabei stürzte das Mädchen

Pulau Ubin

Pulau Ubin

Sehenswertes
1 Changi Village ... D3
2 Chek Jawa Wetlands ... D2
3 German Girl Shrine ... A2
4 Jejawi Tower ... D2
5 Pulau Ubin ... B2
6 Pulau Ubin Village ... C2
7 Wei Tuo Fa Gong Temple ... B2

Essen
Changi Village Hawker Centre ... (s. 1)
International Nasi Lemak ... (s. 1)
Makan Melaka ... (s. 1)
Mei Xiang Goreng Pisang ... (s. 1)

Ausgehen & Nachtleben
8 Coachman Inn ... C3
9 Coastal Settlement ... C3
10 Little Island Brewing Co ... D3

Sport & Aktivitäten
11 Ketam Mountain Bike Park ... A2
12 Ubin Adventure ... C2

Schlafen
13 Jelutong ... B2
14 Mamam Beach ... C1
15 Village Hotel Changi ... C3

in einen Steinbruch hinter ihrem Haus und verstarb. Mit der Zeit avancierte die Tochter aus einer römisch-katholischen Familie dann zu einer taoistischen Gottheit, die chinesische Gläubige nun um Gesundheit und Glück bei den Lottozahlen bitten.

Der Schrein ist voll mit allen möglichen Kinkerlitzchen, darunter beispielsweise zig Fläschchen Nagellack. Man hofft, dass das kleine Mädchen sich gewogen zeigt; ihr Geist soll bis zum heutigen Tag durch die Gegend spuken.

WEI TUO FA GONG-TEMPEL BUDDHISTISCHER TEMPEL

(Karte s. oben) Der 80 Jahre alte Tempel auf einer kleinen Anhöhe über einem Teich mit Karpfen und Schildkröten ist mit tausenden Gebetsfahnen geschmückt; er beherbergt mehrere Schreine, die von enorm vielfältigen Statuetten und bildlichen Darstellungen umgeben sind. Die Eintretenden werden vom großen goldenen Buddha begrüßt.

Um dorthin zu gelangen, sollte man hinter der Jelutong-Brücke in der Jalan Jelutong die erste Straße rechts abbiegen.

ESSEN & AUSGEHEN

Nur im Pulau Ubin Village kann man zum Essen einkehren. Von der Fähre aus gesehen links gibt es ein halbes Dutzend einfache Restaurants, die meisten von ihnen befinden sich in Hütten mit Blechdächern.

Das Angebot ist überall vergleichbar: Nudeln und Reisgerichte mit viel Fisch und Meeresfrüchten, wobei die Chili-Krabben zu den beliebtesten Gerichten zählen. Mit rund 20 S$ pro Person sollte man rechnen. Alles wird vorzugsweise mit einem Tiger Beer hinuntergespült – mit was sonst?

Auf der Jln Endul Senin gibt es ein paar Getränkestände und auch Snacks.

SPORT & AKTIVITÄTEN

KETAM MOUNTAIN BIKE PARK RADFAHREN

(Karte S. 159) Diverse Trails unterschiedlichen Schwierigkeitsgrads führen um den Ketam Quarry, einen Steinbruch, herum und durch die Umgebung. Der prickelndste Fahrradpark auf Erden ist das zwar mit Sicherheit nicht, aber um mit den steilen Hängen, scharfen Kurven und dem immer wieder relativ schlechten Untergrund an verschiedenen Stellen der meisten Trails klarzukommen, sollte man doch kein Anfänger sein.

Auf alle Fälle ist es empfehlenswert, sich mit ausreichend Insektenschutzmittel und Sonnencreme einzuschmieren und jede Menge Wasser mitzunehmen. Gleich links neben dem Eingang befindet sich ein kleiner Übungsbereich, den man auch zum Aufwäremen und Einfahren nutzen kann.

UBIN ADVENTURE OUTDOOR

Karte S. 159 (☎6733 2282; http://adventures.asiandetours.com; 34 Pulau Ubin; Touren Erw./Kind 7–12 J. ab 80/59 S$) Dieser Abenteuerveranstalter bietet Kajak- und Fahrradtouren auf der ganzen Insel an. Zur Auswahl stehen drei verschiedene Abenteuer mit dem Kajak: eine zweistündige Paddeltour durch die Mangroven für Anfänger, eine anspruchsvollere Exkursion, nämlich eine Paddeltour von 8,27 km Länge vom Norden zum Süden der Insel, sowie ein Abenteuer auf dem offenen Meer, das 3½ Stunden dauert. Die dreistündige Fahrradtour führt in weniger bekannte, malerische Landschaften mit historischen Sehenswürdigkeiten und Stellen, an denen sich gut Vögel beobachten lassen.

RADFAHREN AUF PULAU UBIN

Am besten kommt man auf der Insel Ubin mit dem Fahrrad herum. Im Pulau Ubin Village finden sich jede Menge Läden, in denen man sich für einen Tag ein wirklich anständiges Fahrrad ausleihen kann. Die Räder sind überall so ziemlich gleich, einige Händler scheinen die Preise allerdings nach Lust und Laune spontan zu gestalten. Am billigsten und zuverlässigsten von all diesen Geschäften ist der Shop 31; hier werden Fahrräder für 6 bis 12 S$ vermietet und Helme für 2 S$. Uncle hat auch einen Schwung feudalere Räder für engagiertere Biker zu 35 S$ im Angebot. Die Händler sollten auf Anfrage einen Fahrradkorb und ein Schloss mit dazugeben. Die meisten haben auch diverse Tandems im Sortiment, außerdem Fahrräder mit Kindersitz. Wer plant, den Ketam Mountain Bike Park (s. oben) zu besuchen, hat meist das eigene, hochwertige Fahrrad dabei; ein paar Fahrradkioske bieten inzwischen jedoch eine kleinere Anzahl an Leihrädern an.

Landkarten finden sich auf Informationstafeln, die überall verstreut sind; am besten macht man einfach gleich ein Foto mit dem Handy, dann kennt man sich aus. Da sich im zentralen Norden der Insel ein weitläufiges Sumpfgebiet erstreckt, kann man die Insel nicht komplett umrunden. Wer den Osten und den Westen erkunden möchte (Achtung: der äußerste Westen ist Sperrgebiet), muss ein Stück zurückfahren; die Entfernungen sind hier aber nicht groß, und somit ist es eigentlich egal.

SCHLAFEN

Die einzige Möglichkeit, auf Pulau Ubin zu übernachten, ist zu campen – und sein eigenes Zelt und Trinkwasser muss man dazu auch noch mitbringen. Die Einheimischen finden die Art des Übernachtens in der freien Natur jedenfalls toll.

JELUTONG CAMPINGPLATZ
(Karte S. 159) GRATIS Dies ist einer von zwei kostenlosen Campingplätzen auf Pulau Ubin – der andere befindet sich am Mamam Beach. Jelutong liegt dem Hauptort an der Südküste am nächsten.

Besonders idyllisch ist es hier nicht, aber es sind Toiletten vorhanden, und es gibt fließendes Wasser, das man allerdings nicht trinken kann – Trinkwasser muss man selbst mitbringen. Duschen sind keine vorhanden. Man meldet sich vor dem Campingaufenthalt im Büro des Natiolnalparks, dem Ubin & HSBC Volunteer Hub (S. 158) an oder kann dies auch per E-Mail (NParks_Public_Affairs@nparks.gov.sg) erledigen.

Südliche Inseln

Die südlichen Inseln entdecken

Die drei winzigen Inseln St. John's (S. 162), Lazarus (S. 162) und Kusu (s. rechts) liegen gleich südlich von Sentosa und sind als Ausflugsziele dementsprechend beliebt. Sie eignen sich perfekt zum Angeln, Schwimmen, Picknicken – oder einfach nur dafür, um im Sand alle Viere von sich zu strecken und seine Tropenträume auszuleben. Während am Wochenende durchaus etwas los ist, sind die Inselchen unter der Woche fast menschenleer – wenn der Besuch nicht ausgerechnet mit einem Schulcamp zusammenfällt.

Der Strand von Lazarus ist am schönsten. Da man bedingt durch den Fahrplan der Fähren um die Mittagszeit ankommt, kann es sehr heiß werden.

So etwas wie touristische Infrastruktur ist praktisch nicht vorhanden; auf St. John's und Kusu gibt es jedoch Toiletten. Auf St. John's besteht außerdem die Möglichkeit, in einem Bungalow zu übernachten.

Das Beste auf den südlichen Inseln

- **Attraktion** Kusu Kramats
- **Picknickplatz** Kusu Island
- **Aktivität** Auf Lazarus Island am Strand faulenzen

Top-Tipp

Sonntags verkehren die Fähren bis abends. Essen und Getränke vorher kaufen, da es auf den Inseln keine Geschäfte oder Lokale bzw. Stände gibt. In der Marina South Pier haben ein kleiner Lebensmittelladen und ein Imbiss geöffnet.

An- & Weiterreise

- **Schiff** Man fährt mit **Singapore Island Cruise** (Karte S. 232; ☎6534 9339; www.islandcruise.com.sg; 01-04 Marina South Pier, 31 Marina Coastal Dr; Südl. Inseln Hin- & Rückfahrt Erw./Kind unter 13 J. 18/12 S$) zuerst nach St. John's (30 Min. Fahrzeit) und dann weiter nach Kusu (15 Min. Fahrzeit), anschließend geht es zurück zum Marina South Pier. Am besten steigt man in St. John's aus, geht auf Entdeckungstour und nimmt dann die nächste Fähre nach Kusu. Man sollte allerdings auf die Zeit achten, denn es verkehren nicht gerade viele Fähren (zwei wochentags, drei samstags, fünf sonntags). Die letzte Fähre fährt von Kusu montags bis freitags um 16 Uhr ab, am Samstag um 16.30 Uhr und am Sonntag um 18.15 Uhr. Bevor man sich zum Fähranleger auf den Weg macht, sollte man zur Sicherheit auf der Website des Unternehmens den aktuellen Fahrplan prüfen.
- Zum Fähranleger gelangt man mit dem MRT zur Marina South Pier.

SEHENSWERTES & AKTIVITÄTEN

KUSU ISLAND INSEL
(☎6323 9829; www.sla.gov.sg/Islands; ⛴Singapore Island Cruises) Kusu ist die kleinste der drei Südlichen Inseln und gleichzeitig die hübscheste. In den ideal für ein Picknick geeigneten Landschaftsgärten stößt man auf ein kleines Schutzgebiet für Schildkröten und den farbenfrohen taoistischen Tempel **Tua Pek Kong**. Dahinter liegt der Strand, der mit seinem flachen Wasser insbeson-

dere für kleine Kinder geeignet ist. All dies ist neu gewonnenes Land, denn die eigentliche Insel Kusu bestand ursprünglich nur aus einem waldbedeckten Felsen. Auf diesem befinden sich die Kusu Kramats, drei malaiische Schreine aus dem 19. Jh. 152 Stufen führen durch Bäume hinauf zu den knallgelben Schreinen.

Die Insel ist generell ruhig, allerdings nicht während der Pilgerfahrt nach Kusu im neunten Mondmonat (d. h. irgendwann zwischen September und November). Dann kommen Tausende Gläubige, um den Tempeln ihre Aufwartung zu machen. Tee, Kaffee und Erfrischungsgetränke sind manchmal im Tua Pek Kong Tempel erhältlich, aber darauf verlassen sollte man sich lieber nicht, also Getränke dabei haben.

ST. JOHN'S ISLAND INSEL

(☎6323 9829; www.sla.gov.sg/Islands; ⛴Singapore Island Cruises) Die gruselige Insel St. John's hat eine bewegte Vergangenheit. In den 1930-er Jahren war sie eine Quarantänestation für Einwanderer, dann wurde sie als Gefängnis für politische Häftlinge genutzt und später als Rehabilitationszentrum für Opiumsüchtige. Eine Gefängnisatmosphäre herrscht hier noch immer – Stacheldrahtzäune und Wachtürme sind in der Landschaft verstreut, und man sieht jede Menge Schilder, auf denen „Zutritt verboten" steht.

Es gibt einen kleinen Strand, an dem Familien gern Picknick machen, und eine winzige Moschee mit Blechdach, die von den Wartungsarbeitern genutzt wird, aber die meisten Besucher kommen eigentlich her, um zu angeln.

Wer plant, während der Kusu-Pilgerfahrt (im neunten Mondmonat, also zwischen September und November) zu kommen, sollte sich vergewissern, dass das Fährunternehmen den Halt auf St. John's nicht gestrichen hat– was durchaus manchmal vorkommt.

LAZARUS ISLAND INSEL

(☎6323 9829; www.sla.gov.sg/Islands; ⛴Singapore Island Cruises) Die fast unerschlossene Insel, die aus kaum mehr als Dschungel und einem weitläufigen Strand besteht, ist mit der nahen Insel St. John's durch einen Betonsteg verbunden; man kann in rund 20 Minuten hinüberlaufen. Der Sandstrand ist herrlich – hier und da dümpelt eine Yacht, aber leider spült die Flut jede Menge Unrat heran. Für Singapur ist der Strand aber so ziemlich perfekt; hier kann man sein Handtuch ausbreiten und Sonne tanken.

SCHLAFEN

Die einzige Übernachtungsmöglichkeit auf den südlichen Inseln ist der Bungalow auf St. John's Island (s. unten). Es ist auf St. John's nicht erlaubt, öffentlich zu campen – der eine oder andere tut es aber trotzdem.

ST. JOHN'S HOLIDAY BUNGALOW BUNGALOW $

(☎6323 9829; www.sla.gov.sg/Islands; St John's Island; Di–Do 3 Nächte 53,50 S$, Fr–So 3 Nächte 107 S$; ⛴Singapore Island Cruises) In diesem Bungalow mit drei Schlafzimmern können bis zu zehn Personen übernachten; er verfügt über eine einfache Küche samt Kochutensilien. Gebucht muss er persönlich werden, nämlich am SLA Service Counter (Level 12, Revenue House, 55 Newton Rd). Reservierungen werden nur zwei Wochen bis zwei Monate vor dem geplanten Aufenthalt entgegengenommen. Während der Schulferien ist der Preis doppelt so hoch.

Nicht vergessen sollte man, dass auf der Insel keinerlei Esslokale oder Lebensmittelgeschäfte vorhanden sind, man muss also seinen gesamten Proviant und Getränke mitbringen.

Pulau Bintan

Pulau Bintan entdecken

Die All-inclusive-Resorts im Norden sind beliebte Ziele für erholungssuchende Städter, nur wenige finden aber den Weg in den raueren Süden der Insel. Doch genau dort liegt der größte Ort (und gleichzeitig das kulturelle Zentrum der Insel), das bodenständige und leicht heruntergekommene Tanjung Pinang. Hier stößt man auf laute, staubige und schlaglöcherreiche Straßen, enge Gassen voller Menschen, Mopeds und Rikschas. Ruhe findet man schließlich in einem der kleinen Cafés.

Etwas ausgeruhter lassen sich anschließend die Marktgassen am nordöstlichen Ende der Jalan Merdeka (zwischen Jln Plantar und Jln Gambir) erkunden. Von den kleinen Bootsstegen fahren Bumboote

ÜBERNACHTEN AUF BINTAN

Tanjung Pinang lässt sich am besten im Rahmen eines Tagesausflugs von Singapur erkunden. Die Palette der Hotels reicht in dieser Stadt von spartanisch bis komplett deprimierend. Wer hier wirklich übernachtet, sollte eines der qualitativ besseren Resorts im Norden der Insel buchen.

Bintan Resort Ferries (Karte S. 241; ☎6542 4369; www.brf.com.sg; 01-21 Tanah Merah Ferry Terminal, 50 Tanah Merah Ferry Rd; ⏲Mo–Fr 7–20, Sa & So 6.30–20 Uhr; MTanah Merah, dann Bus 35) Von diesem Unternehmen verkehren fünf Fähren vom Tanah Merah Ferry Terminal nach Bandar Bentan Telani an der Nordküste und auch fünf Fähren in die Gegenrichtung (6–7 in jede Richtung am Wochenende). Die meisten Resorts organisieren Shuttles vom/zum Hafen, die im Pauschalpreis bereits inbegriffen sind.

Neben den beiden unten aufgeführten Quartieren zum Schlummern findet sich unter www.bintan-resorts.com eine umfassende Liste mit Resorts.

Trikora Beach Club (☎0811-7700 898; www.trikorabeachclub.com; Desa Teluk Bakau; DZ ab 2 000 000 Rp; ❄≋) Die rustikalen, weiß getünchten Strandhütten und der weiße Sandstrand machen den Club zur perfekten Location, um auszuspannen. Der sagenhafte blau geflieste Pool lädt zum Erfrischen ein, ebenso der klare Ozean, wo man sich auch noch im Schnorcheln und allen möglichen anderen Wassersportarten versuchen kann.

Banyan Tree Bintan (☎0770-693 100; www.banyantree.com; Jln Teluk Berembang; DZ ab 6 250 000 Rp; ❄☰≋) Das luxuriöse, privilegierte Banyan Tree verfügt über renommierte Spa-Einrichtungen, einen langen Strand und luftige, etwas erhöht gelegene Gästevillen mit traditionell indonesischen Akzenten und privaten Pools zum Plantschen und Entspannen.

nach Senggarang (mit einer Chinatown auf Pfahlbauten) und Penyengat, einer kleinen ländlichen Insel mit Königsgräbern, Palästen und einer schönen Moschee.

Das Beste auf Pulau Bintan

➡**Attraktion** Masjid Raya Sultan Riao

➡**Gericht** *Ikan bakar* (Fisch vom Grill) auf Penyengat (S. 166)

➡**Esslokal** Pinang Citywalk (S. 165)

Top-Tipp

Geldwechsler tauschen günstiger und einfacher als Banken, man findet viele auf der Jln Merdeka (vom Fährterminal aus nach links wenden).

An- & Weiterreise

➡**Schiff** Die Fähren nach Tanjung Pinang (1½ Std.) fahren am Tanah Merah Ferry Terminal (Bus 35 ab Tanah Merah MRT Station) in Singapur ab. Die meisten Staatsbürger – so Deutsche, Österreicher und Schweizer –bekommen ein kostenloses Touristenvisum, das 30 Tage gültig ist, manche erhalten bei der Ankunft ein Touristenvisum, das 15 US$ kostet und sieben Tage gilt, andere müssen im Voraus um eines ersuchen – man sollte sich unbedingt vor der Abfahrt über die aktuellen Bestimmungen informieren. Die Ausreisegebühr von 55 000 Rp muss in Landeswährung bei der Ausreise bezahlt werden.

Folgende Fährunternehmen steuern Pulau Bintan an:

Sindo Ferry (☎+65 6331 4122; www.sindoferry.com.sg; Sri Bintan Pura Ferry Terminal)

Majestic Fast Ferry (☎0771-450 0199; www.majesticfastferry.com.sg; Sri Bintan Pura Ferry Terminal)

Gut zu wissen

➡**Vorwahl** ☎0771

➡**Lage** 60 km von Singapur

SEHENSWERTES

Tanjung Pinang

Bintans Hauptstadt Tanjung Pinang ist eine historische Hafenstadt und ein Handelszentrum mit einer noch immer florierenden Marktkultur und jeder Menge Trubel. Sobald man die Fähre verlässt, schwärmen die Schlepper aus, man kann sich in der Stadt jedoch problemlos ohne ihre „Hilfe“ zurechtfinden. Die meisten Reisenden halten sich hier nicht länger auf, aber ein paar lohnende Sehenswürdigkeiten gibt es für die Neugierigen dann doch.

CETIYA BODHI SASANA BUDDHISTISCHER TEMPEL

(Jln Plantar 2) Diesen kleinen chinesischen Tempel unten am Hafen sieht man schon vom Wasser aus, wenn man von der Fähre nach Senggarang von Bord geht. Vor dem Gebäude befindet sich eine kleine Bühne im Freien, auf der manchmal chinesische Opern aufgeführt werden. Auch waghalsige Drachenbootrennen beginnen hier jedes Jahr während des Dragon Boat Festivals (am fünften Tag des fünften Mondmonats).

Und so kommt man hin: Nach Verlassen des Fährhafens biegt man links ab, geht rund 500 m die Hauptstraße hinunter und spaziert dann links – also gegenüber vom Tempel Vihara Bhatra Sasana – die Jalan Plantar 2 hinunter. Kurz vor dem Wasser biegt man noch einmal links zum Tempel ab. Die ganze Gegend hier ist ein faszinierendes Gassengewirr mit Unmengen von Marktständen.

VIHARA BHATRA SASANA BUDDHISTISCHER TEMPEL

(Jln Merdeka) Drachen schmücken die schön bemalten, nach oben gebogenen Dachvorsprünge dieses chinesischen Tempels. Am Zentralaltar steht die Statue Kuan Yins (Guanyin), der Göttin der Barmherzigkeit. Vom Fährhafen biegt man links ab und läuft bis zum Ende der Straße: Der Tempel steht auf der rechten Seite, an der Kreuzung mit der Jalan Ketapang.

Penyengat

★PULAU PENYENGAT INSEL

Die Insel Pulau Penyengat, die sich von der Tanjung Pinang-Mole mit einer der häufig verkehrenden Fähren (7000 Rp) erreichen lässt, war früher die Hauptstadt der Radschas von Riau. Die Ruinen des alten Palasts von Radscha Ali sowie die Grabmäler und Friedhöfe von Radscha Jaafar und Radscha Ali sind im Binnenland ausgeschildert. Die beeindruckendste Stätte ist jedoch die schwefelgelbe Moschee mit ihren vielen Kuppeln und Minaretten.

Die wunderschöne Moschee mit dem Namen Masjid Raya Sultan Riau mutet wie ein romantisches Märchenschloss an. Sie wurde im Jahr 1832 erbaut und in Pastelltönen gelb und grün gestrichen. Die Minarette mit konischen Spitzen erinnern stilistisch an die Neugotik. Die Moschee ist ganz normal in Betrieb; Touristen sind zwar willkommen, sollten jedoch angemessene Kleidung tragen. Man sollte sich also verhüllen oder das Gebäude nur von außen betrachten.

Penyengat war einst die Hauptstadt der Sultanats Riao-Johor, überall auf der Insel befinden sich bis heute die auch als Ruinen beeindruckenden Paläste und Grabmäler einstiger malaysischer Herrscher. Bei einem Rundgang durch Penyengat besonders sehenswert ist die Ruine des immer noch imposanten Palastes Astana Kantor und das Grab von Raja Hamidah links von der Moschee. Unterwegs auf der Insel stößt man auf viele weitere Erinnerungen an die einstige Herrscherfamilie.

Ganz im Westen der Insel steht die Ruine einer beeindruckenden Steinfestung, die ursprünglich von Sultan Raja Haji im 18. Jh. als Verteidigung gegen niederländische Angriffe gebaut wurde. Ironischerweise wurden die Kanonen des Forts in den Niederlanden hergestellt. Raja Haji verfasste das erste malaiische Grammatikbuch – es erinnert daran, dass die Insel einst eine intellektuelle und religiöse Hochburg war, auf der mehr als 9000 Menschen lebten.

Am besten kommt man auf der Insel mit einem motorisierten Dreirad herum; für einen Tagesausflug sollte man mit 30 000 bis 50 000 Rp rechnen.

Sennggarang

Das überwiegend chinesische Dorf auf der anderen Seite der Bucht von Tanjung Pinang lässt sich problemlos mit dem Schiff erreichen; die Fahrt dauert gerade einmal zehn Minuten. Die Hauptattraktion in dieser Gegend sind ein schwimmendes chinesisches Dorf auf Pfählen und ein buddhistischer Tempel, der praktisch von einem Banyan-Baum verschlungen wurde. Für den Aufenthalt hier sollte man so etwa 1½ Stunden einplanen.

CHINATOWN VIERTEL

(Chinesisches Wasserdorf) Wer nicht speziell darum bittet, an den Tempeln aussteigen zu dürfen, gelangt mit der Fähre ab Tanjung Pinang direkt zur Anlegestelle in der Chinatown von Senggarang. Diese Wohngegend steht auf Pfählen im Meer – manche Behausungen machen allerdings schon einen etwas desolaten Eindruck. Es ist nett, hier eine Weile in den ländlichen Gassen herumzuspazieren. Da die meisten Haustüren offen sind, kann man einen Blick nach innen werfen; im Allgemeinen sieht man dann einen privaten Schrein. Die Gemeinde lebt hier angeblich schon seit dem 18. Jh.; sie besteht überwiegend aus Teochew-Chinesen.

VIHARA DHARMA SASANA
BUDDHISTISCHER TEMPEL

In diese gepflegte Tempelanlage am Meer gelangt man durch einen wunderschönen, dekorativen, chinesischen Torbogen. Sie besteht aus drei Haupttempeln. Die beiden ältesten und die ersten, die man hinter dem Eingang zu sehen bekommt, sollen 200 bis 300 Jahre alt sein; sie wurden mehrmals neu gestrichen und restauriert. Besonders kunstvoll sind die Schnitzereien auf dem Dach. Dahinter stehen ein modernerer Tempel und zwei riesige, überaus farbenprächtige Buddha-Statuen.

Man kommt zu den Tempeln, indem man den Skipper in Tanjung Pinang bittet, einen direkt zum Steg des Tempels zu schippern oder auch wie gewohnt die Mole von Senggarang (6000–8000 Rp) anzusteuern. Sobald man festen Boden unter den Füßen hat, sieht man auch schon den Eingang zur Tempelanlage.

BANYAN TREE TEMPLE
BUDDHISTISCHER TEMPEL

Dieser wirklich sehr ungewöhnliche Tempel befindet sich in einem Bauwerk aus dem frühen 19. Jh. Es gehörte ursprünglich einem reichen Chinesen, der hier begraben sein soll. Das Gebäude wurde im Lauf der Jahre vom mächtigen Wurzelwerk eines großen Banyan-Baums verschlungen. Die Stätte avancierte erst in den letzten Dekaden zu einem Schrein, als Einheimische und Gläubige aus nah und fern kamen, um Opfergaben darzubieten und Segen zu erbitten.

Es besteht die Möglichkeit, von hier direkt zum Fähranleger zu gelangen, also ohne zur Tempelanlage Vihara Dharma Sasana zurückkehren zu müssen; einfach auf dem Rückweg die erste Straße links nehmen.

ESSEN

Für diejenigen, die sehr zeitig am Morgen auf die Fähre wollen, gibt es im Fährterminal Tanah Merah in Singapur eine Filiale der sehr guten Café-Kette Killiney Kopitiam, wo man ein kleines Frühstück zu sich nehmen kann.

Das typische singapurische Frühstück besteht aus *Kaya*-Toast (also Toast bestrichen mit Kokosnussmarmelade), weich gekochten Eiern und *kopi;* dazu kommt eine Auswahl an Hauptgerichten. Wer keinen *kopi* mag, für den gibt es oft auch „westlichen" Kaffee.

Tanjung Pinang

Unmittelbar links neben dem Fährhafen befinden sich gleich ein paar *kedai kopi* (einheimische Cafés), in denen es etwas zu trinken, einen Snack oder *goreng* (Nudeln) zu essen gibt. Am Abend verkaufen dann Dutzende Stände im ganzen Ort *mie bangka*, eine chinesische Teigtaschen-Suppe nach Hakka-Art.

Weitere kleine lukullische Delikatessen, die es sich hier zu probieren lohnt, sind *gong gong* (Schnecken, die mit einem Zahnstocher gegessen werden) und *otak-otak*, kleine in Bananenblättern gegrillte Fischfrikadellen.

PINANG CITYWALK
IMBISSSTÄNDE $

(Jln Teuku Umar; Gerichte 5000–15 000 Rp; ⌚7–2 Uhr, Öffnungszeiten der einzelnen Stände unterschiedl.) Der Pinang Citywalk ist eine gute Adresse, um etwas zu essen (außerdem gibt es hier auch einheimische Kleidung, und man kann Snacks einkaufen); es verlocken alle möglichen Imbissstände an der Straße.

Die moderne und luftige Markthalle mit eigener Bühne bietet hygienischere Imbissstände. Das Angebot ist groß und reicht von frischen Meeresfrüchten über *ayam penyat* (gebratenes Huhn in scharfer Sambalsoße) bis zu *nasi lemak* (Kokosreis). Da das Bier hier meistens im Kühlschrank lagert, kann man zum Glück auf die häufig eingesetzten Eiswürfel verzichten, die möglicherweise aus verunreinigtem Wasser hergestellt wurden.

Pinang Citywalk liegt hinter dem Vihara Bhatra Sasana Tempel und hat Eingänge auf der Jalan Teuku Umar und der Jalan Ketapang.

ÜBERNACHTEN IN & RUND UM JOHOR BAHRU

Hilton DoubleTree (☎07-268 6868; www.doubletree3.hilton.com; 12 Jln Ngee Heng; DZ 400 RM; P ❄ @ 🛜 ≋) Dem Double Tree fehlt zwar das persönliche Flair der kleineren Boutiquehotels in der Stadt, es bietet jedoch Business-Class-Komfort dank seiner gut geschnittenen, großzügigen Zimmer, mehrerer Restaurants und einer Terrasse mit Pool und Bar im 13. Stock, von der die Gäste die Stadt aus der Vogelperspektive betrachten können. Bei einer Online-Buchung lässt sich viel Geld sparen. Ein Wort der Warnung noch: Das Beleuchtungssystem in den Zimmern ist total verwirrend.

Citrus Hotel (Karte S. 169; ☎07-222 2888; www.citrushoteljb.com; 16 Jln Station; DZ/3BZ 129/390 RM; ❄ @ 🛜) Die Zimmer mit weißen Wänden sind klein, aber sauber; Grün und Orange setzen bunte Akzente – so im Stil von Zitrusfrüchten eben. Das Frühstück ist lecker, die Mitarbeiter sind hilfsbereit, und die Lage gleich beim Johor Bahru City Square (S. 170) könnte besser nicht sein.

Legoland Hotel (☎07-597 8888; www.legoland.com.my/Hotel; 7 Jln Legoland, Bandar Medini Iskandar; Zi. 850 RM; P ❄ 🛜 ≋ 👪; 🚌LM1) Sein Legoland-Erlebnis (S. 168) rundet ab, wer ein oder zwei Nächte in diesem legolastigen Hotel verbringt. Vom riesigen Lego-Spielplatz in der Lobby bis hin zu den Themenzimmern (die Mottos Pirat, Königreich, Abenteuer und der Neuzugang Ninjago stehen zur Auswahl) steckt der Spaß im Detail: Geboten sind Mitarbeiter, die in die Rolle immer wieder anderer Figuren schlüpfen oder auch eine Schatzsuche in den Räumlichkeiten. In den Zimmern können bis zu fünf Personen übernachten.

Replacement Lodge (Karte S. 169; www.facebook.com/thereplacementlodgeandkitchen; 33-34 Jln Dhoby; DZ 170 RM; ❄ 🛜) Das sehr kleine Hotel mit gerade einmal sechs Zimmern ist das einzige Hostel, das in der traditionellen Heritage Area von Johor Bahru liegt. Die Zimmer zeigen sich von der nordischen Innenarchitektur inspiriert, und das kann man sich dann so vorstellen: weiß getünchte Wände, leichte, helle Holzmöbel und hin und wieder mal eine Topfpflanze; die Zimmer sind lichtdurchflutet und gemütlich. Aufgrund der Lage in der Nähe einer Moschee werden Gäste mit leichtem Schlaf früh am Morgen aus dem Schlaf gerissen. Das Frühstück wird im tollen kleinen Café im Erdgeschoss serviert.

Penyengat

Auf dem Bootsanlegesteg gibt es ein paar kleine Restaurants mit Außenbestuhlung. Man sollte nach *ikan bakar* Ausschau halten, einem leckeren gegrillten Fisch, der mit einem Salat, süßem Chili-Dip und Reis serviert wird. Für eine Portion zahlt man um die 38 000 Rp. Am besten isst man das Gericht wie die Einheimischen mit den Fingern. Das Wasser in den Teekannen auf den Tischen ist zum Händewaschen gedacht.

Senggarang

Ein paar Einheimische haben in ihren Pfahlbauten Restaurants eröffnet, dort bekommt man allerdings nur einfache Gerichte in kleiner Auswahl. Die Alternative sind die kleinen Geschäfte in der Nähe des Banyan Tree Temple, sie verkaufen Snacks.

Johor Bahru

Johor Bahru entdecken

JB (denn niemand nennt die Stadt bei ihrem vollen Namen) lässt sich leicht an einem Tag von Singapur aus besuchen. Die Stadt versucht mit allen Mitteln, ihren Ruf als wilder Grenzort abzuschütteln. Neue Projekte westlich des Zentrums, etwa Puteri Harbour und Legoland, zeigen auf, was in der Region zukünftig noch möglich ist. Das Stadtzentrum hingegen ist nach wie vor das chaotische Gegenteil des fast perfekten Singapur.

Einmal abgesehen vom Legoland gibt es in JB keine großen Touristenattraktionen. Ein Besuch lohnt sich deshalb hauptsächlich wegen der lockeren, bodenständigen Atmosphäre, die in eindrücklichem Kontrast zum zum südlichen Nachbarn Singapur steht.

Wer morgens ankommt, sollte einem Coffeeshop wie dem Restoran Huamui im Heritage District einen Besuch abstatten und erst einmal in aller Ruhe frühstücken. Dann macht es Spaß, durch die Gassen in der Umgebung zu bummeln und ein paar Tempel und auch das malerische Chinese Heritage Museum zu besichtigen. Zum Schluss nimmt man den Bus oder ein Taxi zu den Johor Premium Outlets und gönnt sich eine Dosis Shoppen auf die Billigtour.

Anschließend fährt man zum Heritage District zurück, wo man in einer peppigen Bar in einer Gasse noch einen Happen isst und etwas trinkt, bevor es wieder zurück über die Grenze geht.

Das Beste von Johor Bahru

➡ **Attraktion** Heritage District (s. rechts)

➡ **Esslokal** Kam Long Fishhead Curry (S. 168)

➡ **Ausgehen** Chaiwalla & Co (S. 170)

Top-Tipp

Die Grenzübergänge nach Singapur sind am Abend, und zwar vor allem am Wochenende und an Feiertagen, fürchterlich überfüllt. Man sollte sich also möglichst einen anderen Zeitpunkt für seine Rückkehr aussuchen.

An- & Weiterreise

Bus Die Anreise nach JB mit dem Bus dauert ca. 1 Std. Am einfachsten geht es mit dem **Causeway Link** (www.causewaylink.com.my). Es gibt verschiedene Linien: CW2 (ab Busbahnhof Queen St) und CW5 (ab dem Parkplatz des Newton Food Centre, Clemenceau Av North) eignen sich am besten.

Die Fahrkarten werden an der Haltestelle mit passenden Kleingeld gekauft. An Singapurs Grenzkontrolle steigt man aus, erledigt alle Formalitäten und nimmt den nächsten Causeway Link nach JB (Fahrkarte nicht verlieren!), wo man durch den malaysischen Kontrollpunkt muss. Dieser befindet sich im Zentrum von JB.

Busse zur KSL City Mall (Linie IM17), nach Puteri Harbour sowie zum Legoland (beide Linie LM1) fahren am Busbahnhof JB Sentral auf Straßenniveau ab. Auf dem Weg zum Legoland sollte man die uniformierten Schwarzmarkt-Kartenverkäufer im Busbahnhof ignorieren und stattdessen die Fahrkarte direkt im Bus (einfach 4,60 RM) kaufen.

Eintrittskarten fürs Legoland lassen sich online oder im Park selbst kaufen.

Taxi Ein Taxi vom Stadtzentrum Singapurs nach JB kostet um die 48 S$. Außerdem gibt es Gemeinschaftstaxis, die vom Busbahnhof Queen Street abfahren, wenn sie voll sind. Sie kosten 12 S$ pro Person.

SEHENSWERTES

HERITAGE DISTRICT ARCHITEKTUR

(Karte S. 169) Ein Streifzug durch die Gegend zwischen der Jalan Ibrahim und der Jalan Ungku Puan mit ihrem alten Kulturerbe ist ein echtes Highlight in Johor Bahru. Es geht vorbei an alten Geschäftshäusern mit Barbieren, Ayurveda-Salons, Sari-Läden, reizvollen Tempeln, ein paar modernen Kunstgalerien und traditionellen Esslokalen.

ROUFO GUMIAO TAOISTISCHER TEMPEL

Karte S. 169 (Alter chinesischer Tempel; Jln Trus; 7–17 Uhr) GRATIS Der kleine, aber stimmungsvolle Tempel ist bereits 130 Jahre alt, er war einst das Zentrum der chinesischen Einwanderergemeinde von JB und wurde von fünf verschiedenen ethnischen Gruppen als Andachtsort für ihre fünf verschiedenen chinesischen Gottheiten genutzt. Obwohl nach der Sanierung von 1995 nur wenig vom ursprünglichen Mauerwerk erhalten blieb, gibt es einige echte Antiquitäten zu sehen.

CHINESE HERITAGE MUSEUM MUSEUM

Karte S. 169 (07-224 9633; 42 Jln Ibrahim; Erw./Kind 6/3 RM; Di–So 9–17 Uhr) Die schön präsentierten Exponate, die die Geschichte der chinesischen Einwanderer in diesem Teil der Malaiischen Halbinsel dokumentieren, sind die Hauptattraktion des dreistöckigen

VISUM FÜR MALAYSIA

Die meisten Ausländer, so auch Deutsche, Schweizer und Österreicher, benötigen für einen Kurzaufenthalt kein Visum für Malaysia, man sollte sich vor der Abreise jedoch vorsichtshalber noch einmal erkundigen. Die Grenzformalitäten gestalten sich recht unkompliziert, am Wochenende herrscht allerdings oft Hochbetrieb. Und: Den Reisepass nicht vergessen! .

ISKANDAR MALAYSIA: ZURÜCK IN DIE ZUKUNFT

Die südlichste Stadt der malaiischen Halbinsel hat ehrgeizige Pläne. Nach ihrer Fertigstellung 2025 soll Iskandar Malaysia – eine Entwicklungsregion, die Johor Bahru einschließt und von Pasir Gudang im Osten bis nach Tanjung Pelepas im Westen reicht – die ganze Region nachhaltig verändern und zwar in eine hochmoderne Metropolregion mit einem Freihandelshafen.

Das neue, maurisch inspirierte Verwaltungszentrum Kota Iskandar wurde 33 km westlich vom Zentrum Johor Bahrus in Nusajaya von Grund auf neu errichtet. In diesem Distrikt liegt auch der Puteri Harbour, ein boomender, weitläufiger Yachthafen mit einer Nobelherberge, dem **Hotel Jen** (07-560 8888; www.hoteljen.com/johor/puteriharbour; Persiaran Puteri Selatan; DZ 480 RM; P; LM1), Geschäften, Cafés und Restaurants am Wasser.

An die 4 km westlich vom Puteri Harbour befindet sich der erste Themenpark von Iskandar, das **Legoland Malaysia Resort** (07-597 8888; www.legoland.com.my; Medini, Nusajaya; Erw./Kind 195/155 RM; 10–18 Uhr). Mit zum Komplex gehören alle möglichen Fahrgeschäfte, Achterbahnen und gigantische Lego-Nachbauten von Legoland, die Wasserrutschen und Pools vom Legoland Water Park sowie das Legoland Hotel (S. 166). Es macht Spaß, einmal hier zu übernachten, wenn man mit kleineren Kindern unterwegs ist. Für Leute ohne Kinder ist jedoch eigentlich keiner der Parks den Aufwand beziehungsweise Besuch wert.

Die Buslinie LM1 verbindet JB Sentral mit Puteri Harbour (35 Min.) sowie Legoland (45 Min.) über den Busbahnhof Larkin. Ein Taxi vom Zentrum Johor Bahrus zum Legoland kostet ca. 70 bis 80 RM. Vertrauenswürdig sind nur die blauen „Executive Taxis".

Museums. Hier erfahren die Besucher, wie die Kantonesen ihr Schreinertalent in dieser Gegend heimisch machten, während die Hainanesen ihre Kaffeehauskultur einführten – ein Trend, der bis heute andauert. Die Objekte sind gut verständlich auf Englisch erläutert.

ARULMIGU SRI RAJAKALIAMMAN — HINDU-TEMPEL

(Glastempel; 22 Lorong 1; 10 RM; 13–17 Uhr) GRATIS Wer diesen Tempel aus Spiegeln, Glas und Metall betritt, kommt sich vor wie Alice im Wunderland. Nicht ein Zentimeter des Gewölbedachs oder der Wände wurde nicht mit Verzierungen versehen. Der Tempel ist Kali geweiht, der Göttin der Zeit, des Wandels, der Macht und der Zerstörung.

ARULMIGU RAJAMARIAMMAN DEVASTHANAM — HINDU-TEMPEL

Karte S. 169 (07-223 3989; www.rajamariammanjb.com; 1A Jln Ungku Puan; 7–21 Uhr) GRATIS Der wunderschöne Hindu-Tempel mit herrlichen Schnitzereien, kunstvollen Devotionalien und einem hohen, bunt bemalten *gopuram* (Turm) als Eingang befindet sich im Herzen der Hindu-Gemeinde von Johor Bahru. Man darf fotografieren, sollte den Gläubigen aber natürlich den nötigen Respekt entgegenbringen.

SULTAN ABU BAKAR MOSQUE — MOSCHEE

(Jln Gertak Merah) GRATIS Die faszinierenden, weiß getünchten Wände und das tiefblau gekachelte Dach dieser vom viktorianischen Stil inspirierten Moschee zeugen von einer interessanten architektonischen Mischung. Die von 1892 bis 1900 erbaute Moschee wird mit Recht als eine der schönsten in dieser Gegend gepriesen. Während der Recherchen zu diesem Reiseführer wurde sie gerade renoviert; wann genau die Arbeiten abgeschlossen sein werden, ist nicht bekannt.

ESSEN & AUSGEHEN

KAM LONG FISHHEAD CURRY — MEERESFRÜCHTE $

Karte S. 169 (74 Jln Wong Ah Fook; Curry ab 19 RM; 8–16 Uhr) Zur Mittagszeit zieht sich die Schlange der Gäste den Gehsteig hinauf – wer das leicht scharfe Fischcurry mit wahrem Suchtpotenzial probieren möchte, sollte deshalb vor 11 Uhr eintreffen. Auf der Speisekarte steht nur ein Gericht, aber die Gäste können zwischen dem Fischkopf und dem Fischschwanz wählen; der Kopf ist am besten und wird mit Tofu, Okra, Tomaten und Kohl serviert.

Johor Bahru

Johor Bahru

Sehenswertes

1 Arulmigu Rajamariamman Devasthanam C2
2 Chinese Heritage Museum C3
3 Heritage District C2
4 Roufo Gumiao C1

Essen

5 Hiap Joo Bakery & Biscuit Factory C3
6 Kam Long Fishhead Curry C2
7 Medan Selera Meldrum Walk C1
8 Restoran Hua Mui C2

Ausgehen & Nachtleben

9 Chaiwalla & Co C3
10 Roost Juice Bar C2

Shoppen

11 Johor Bahru City Square C1

Schlafen

12 Citrus Hotel C1
13 Replacement Lodge C2

HIAP JOO BAKERY & BISCUIT FACTORY

BÄCKEREI $

Karte s. oben (13 Jln Tan Hiok Nee; süße Hefewecken/Kuchen ab 3,50/5 RM; ⌚7–17.30 Uhr) Schon mehr als 80 Jahre lang stellt diese kleine Bäckerei köstliche süße Hefewecken, leckere Kuchen und Gebäck in einem einfachen Holzofen her – wie einst der Begründer in seiner Heimat Hainan (China). Am besten reiht man sich in die Menschenschlange ein, die durch die knallblaue Tür bis nach draußen steht, um den berühmten saftigen Bananenkuchen zu erstehen – nicht zu süß und etwas rauchig; er wird in Portionen von fünf oder zehn Stück (5/10 RM) verkauft. Die Kokoswecken sind ebenfalls der Hit.

RESTORAN HUA MUI

MALAIISCH $

Karte s. oben (☎07-224 7364; 131 Jln Trus; Hauptgerichte 6–31 RM; ⌚8–18 Uhr) Der luftige Coffeeshop der alten Schule mit seinem reizvollen Boden mit Mosaikfliesen steht bei den Einheimischen und Touristen gleichermaßen hoch im Kurs. Am besten sucht man sich einen Platz unter den surrenden Ventilatoren und bestellt sich dann etwas von der Speisekarte, die eine Mischung aus malaiischen, indonesischen und chinesischen Gerichten bietet. Besonders empfehlenswert sind der frittierte *kampong* -Reis und der *kaya*-Toast vom Grill sowie die weichen Eier zum Frühstück.

MEDAN SELERA MELDRUM WALK
IMBISSSTÄNDE **$**

Karte S. 169 (Meldrum Walk; Mahlzeiten ab 3 RM; ⌚17 Uhr bis open end) Ganz spät am Nachmittag fangen die kleinen Imbissstände in dieser Gasse (parallel zur Jalan Meldrum) tagtäglich an, alles Mögliche zusammenzubrutzeln – von *ikan bakar* (gegrillter Fisch) bis Laksa (Kokosmilchsuppe). Das Essen lässt sich mit frischem Zuckerrohrsaft oder einem chinesischen Jelly-Kräutergetränk gut hinunterspülen. Hier ist nichts besonders hervorragend, aber lecker schmeckt alles.

CHAIWALLA & CO.
CAFÉ

Karte S. 169 (☎12-735 3572; www.facebook.com/chaiwalla.co; Lot 2810, Jln Tan Hiok Nee; ⌚So–Mi 11–24, Do–Sa bis 1 Uhr; 📶) Dieses Café mit allerlei Getränken geht über den üblichen *chai-walla*-Stand (Teeverkäufer) weit hinaus. Es hat sich in einem trendigen, komplett in Schwarz gehaltenem, doppelstöckigem Schiffscontainer etabliert. Innen präsentiert es sich im Industriestil samt einer Wand aus Hängepflanzen.

Man kann hier eine Tasse anständigen, heißen Kaffee trinken. Die Spezialität des Hauses sind jedoch geeiste Getränke, darunter vietnamesischer Kaffee und Milchtee aus Thailand. Außerdem kann man sich hier seine eigenen Smoothies zusammenstellen.

ROOST JUICE BAR
BAR

Karte S. 169 (9 Jln Dhoby; ⌚13–24 Uhr; 📶) Diese angesagte Bar mit Retro-Möbeln und entspanntem Personal ist der coolste Treff im Kolonialviertel. Das Bier kostet halb so viel, wie man in Singapur bezahlen würde, und die frischen Frucht-Smoothies schmecken köstlich.

SHOPPEN

JOHOR PREMIUM OUTLETS
SHOPPINGMALL

(☎07-661 8888; www.premiumoutlets.com.my; Indahpura, Kulai; ⌚10–22 Uhr) In dieser Mall befinden sich 130 Geschäfte, darunter auch so bekannte Markennamen wie Aigner, Bally, Burberry, Calvin Klein, Coach, Ermenegildo Zegna, Furla, Michael Kors, Nike, Polo Ralph Lauren und Salvatore Ferragamo. Und so kommt man hin: Am JB Sentral Bus Terminal den Bus JPO1 nehmen. Die Fahrzeit liegt bei einer Stunde. Vom Puteri Harbour oder von Legoland steigt man in den JPO2.

JOHOR BAHRU CITY SQUARE
SHOPPINGMALL

Karte S. 169 (www.citysqjb.com; 108 Jln Wong Ah Fook; ⌚10–22 Uhr) Eine protzige Mall mit erschwinglichen Designerläden, einem Kino und einem tollen Foodcourt.

KSL CITY MALL
SHOPPINGMALL

(☎07-288 2930; www.kslcity.com.my; 33 Jln Seladang; ⌚10–22 Uhr) Die große Shoppingmall bietet Geschäfte, Cafés, Restaurants und Bars. Das eigentliche Zugpferd ist jedoch der Tesco-Supermarkt, der im Vergleich zum britischen Original allerdings recht blass aussieht.

Schlafen

Unterkünfte sind teuer. Generell haben es Backpacker besser, da Hostelzimmer schon für 20 S$ pro Nacht zu haben sind. Neue Mittelklassehotels mit besserer Ausstattung und günstigen Onlineangeboten bringen den Markt in Schwung. Die vielen Luxushotels sind teuer, zählen aber zu den Besten der Welt – von kolonial über romantisch bis architektonisch hochmodern.

Hostels

Die neueste Welle an „Flashpacker"-Hostels in Chinatown sowie Little India und Umgebung hat die Hostelszene in Schwung gebracht. Obwohl die Schlafsäle eng werden können, machen Stockbetten zusammen mit modernen Badezimmern und netten Aufenthaltsbereichen alles angenehmer. Hostels können am Wochenende schnell ausgebucht sein, besonders die Privatzimmer. In Little India gibt es die preiswertesten Hostels.

Hotels

Singapur bietet eine große Auswahl an Hotels – von Luxusherbergen im Kolonialstil wie dem Raffles Hotel (S. 174) und dem Fullerton Hotel (S. 174) bis hin zu Boutiquehotels wie dem Wanderlust (S. 180), dem Naumi (S. 175) und dem Warehouse (S. 175). Der Standard ist hoch, die Preise sind es auch – am besten schaut man im Web nach Schnäppchen. Zentrale Businesshotels wie das **Carlton City** (Karte S. 237; ☎6632 8888; www.carltoncity.sg; 1 Gopeng St; Zi. ab 290 S$; ❄@📶🏊; Ⓜ Tanjong Pagar) sind am Wochenende oft günstiger, während Quartiere im mittleren Preissegment wie das Ramada Singapore at Zhongshan Park (S. 183) ihre nicht gerade zentrale Lage mit niedrigeren Tarifen wettmachen.

Apartments

Für mittel- bis längerfristige Aufenthalte bieten sich in Singapur eine Reihe von Wohnungen mit Hausmeisterservice an. Es ist auch möglich, Zimmer zur Untermiete in Privatwohnungen zu mieten oder komplette Privatwohnungen zu nutzen. Die Mieten sind hoch. Die Anlaufstelle für eine Langzeitunterbringung ist **Singapore Expats** (www.singapore-expats.com), wo das Prozedere beschrieben wird. Außerdem gibt es eine Wohnungssuchmaschine. Die Singapur-Version von www.craigslist.org ist eine gute Infoquelle.

Aktuelle Preise können abweichen

Übernachtungspreise in Mittelklasse- und Spitzenklassehotels ändern sich täglich, besonders während größerer Veranstaltungen. So verdreifachen sich die Preise beispielsweise während des Formel-1-Nachtrennens!

Man sollte sich im Klaren sein, dass Spitzenklassehotels in der Regel ein „plus plus" (++) auf den angegebenen Zimmerpreis aufschlagen. Die Pluszeichen stehen für die Servicegebühr und die Mehrwertsteuer, die sich zusammen auf satte 17 % belaufen – sie kommen dann auf die Rechnung noch drauf.

Unterkünfte im Internet

Neben einer Direktbuchung über die jeweilige Website der in diesem Reiseführer aufgelisteten Hotels lassen sich Zimmer auch über folgende Websites buchen:

- **Lonely Planet** (lonelyplanet.com/singapore/hotels) Auf der Website von Lonely Planet kann man Zimmer reservieren.
- **LateRooms** (www.laterooms.com) Geboten sind tolle Schnäppchen; man zahlt erst, wenn man dort logiert.
- **StayinSingapore** (www.stayinsingapore.com) Die Website hat sich auf Hotelbuchungen in Singapur spezialisiert; betrieben wird sie von der Singapore Hotel Association.
- Auch auf den gängigen Hotelportalen wie Booking.com wird man fündig.

GUT ZU WISSEN

Preise

(Doppelzimmer inkl. Steuern.)

**$** weniger als 150 S$

**$$** 150–350 S$

**$$$** mehr als 350 S$

Buchungen

In der Hochsaison (auch Formel-1-Rennen, Chinesisches Neujahrsfest) sollte man im Voraus buchen.

Trinkgeld

In Hotels wird kein Trinkgeld erwartet; es ist guter Stil, Portiers und dem Reinigungspersonal ein oder zwei Dollar zu geben.

Ein- & Auschecken

Einchecken kann man um 14 Uhr, der Checkout ist um 11 Uhr. Wenn das Hotel nicht komplett gebucht ist, lassen sich diese Zeiten in der Regel um ein oder zwei Stunden verschieben oder man deponiert das Gepäck am Empfang.

Frühstück

In den Hostels ist ein einfaches Frühstück im Allgemeinen inbegriffen. In Mittelklasse- und Spitzenklassehotels kann das Frühstück inkludiert sein. Bei Online-Buchungen wird das in der Regel angegeben.

Klimaanlage

In den meisten Hotels und Hostels gehört eine Klimaanlage zum Standard. Bei den Hotelempfehlungen bedeutet das Klimaanlagen-Symbol, dass es sich um ein Quartier mit Klimaanlage handelt.

Top-Tipps

Fullerton Bay Hotel (S. 174) Ein Luxushotel mit Blick auf die Bucht aus jedem Zimmer

Parkroyal on Pickering (S. 178) Ein von Singapurs angesagtesten Architekten entworfener, vertikaler Dschungel.

Raffles Hotel (S. 174) Legenden charakterisieren Singapurs berühmtestes Hotel.

W Singapore – Sentosa Cove (S. 183) Luxus trifft auf jugendlichen Schwung.

Das Beste für jedes Budget

$

Adler Hostel (S. 176) Das „Poshtel" (schickes Hotel) liegt unweit der Chinatown MRT und ist mit Antiquitäten ausgestattet.

COO (S. 176) Ein Hostel der neuen Generation mit Neonbeleuchtung und einer hippen Lage in Tiong Bahru.

Bunc@Radius (S. 178) Hier gibt's Billigschick in der Backpacker-Hochburg Little India.

$$

Wanderlust (S. 180) Eigenwillige Zimmer mit jeder Menge Fantasie, Kuriositäten und Designer-Touch in Little India.

Lloyd's Inn (S. 180) Minimalistisches Boutiquehotel, nah zur Orchard Road.

Hotel Indigo (S. 182) Das von den Peranakan inspirierte Hotel liegt ein paar Schritte von der Joo Chiat Road entfernt.

$$$

Fullerton Bay Hotel (S. 174) Elegantes, lichtdurchflutetes Luxushotel direkt an der Marina Bay.

Parkroyal on Pickering (S. 178) Ein markantes architektonisches Statement mit Hängegärten und einem sagenhaften Infinity Pool.

Capella Singapore (S. 184) Kaskadenpools, Dschungelgärten und reizvolle, schicke Räumlichkeiten auf Sentosa.

Lebendige Geschichte

Raffles Hotel (S. 174) Ein weitläufiges Wahrzeichen aus der Kolonialzeit mit einer langen Latte an illustren Gästen.

Fullerton Hotel (S. 176) Säulen und historische Anekdoten sind die Zierde des ehemaligen Postamts von Singapur.

Hotel Fort Canning (S. 175) Eine elegante, von einem Park umgebene Oase, wo einst die Offiziere Gewehr bei Fuß standen.

Goodwood Park Hotel (S. 181) Teutonische Bilderbucharchitektur in Laufweite von der Orchard Road.

Die schönsten Aussichten

Marina Bay Sands (S. 175) Elitärer Blick auf die Wolkenkratzer in der Innenstadt oder auf die surrealen Gärten an der Bay.

Fullerton Hotel (S. 176) Romantisches Flusspanorama und ungetrübte Sicht auf das Licht-Laser-Spektakel des Marina Bay Sands.

Ritz-Carlton Millenia Singapore (S. 175) Blick auf die boomende Skyline und die Marina Bay von dieser hyperluxuriösen Herberge.

Erlebnisse für Kinder

Marina Bay Sands (S. 175) Hier befindet sich der bekannteste Dachpool der Welt.

Shangri-La's Rasa Sentosa Resort & Spa (S. 184) Auf Kinder abgestimmter Badespaß inmitten von Sentosas Themenparks und Attraktionen.

W Singapore – Sentosa Cove (S. 183) Witzige, geräumige Zimmer und ein riesiger Pool.

Wo übernachten?

STADTVIERTEL	PRO	CONTRA
Colonial District, Marina Bay & die Quays	Sehr zentral, gute öffentliche Verkehrsmittel. Große Auswahl an Unterkünften – von Flashpacker-Hostels bis zu Luxushotels.	Billige Hotels sind hier von schlechter bis durchschnittlicher Qualität und liegen oft in Gegenden mit viel Lärm.
Chinatown, Tanjong Pagar & der Central Business District (CBD)	Einen Katzensprung von tollen Speiselokalen, Bars und dem Nachtleben entfernt. Kulturell interessant, gute öffentliche Verkehrsmittel und eine hervorragende Auswahl an Quartieren.	Für manche zu touristisch; Lärmbelästigung möglich.
Little India & Kampong Glam	Backpacker-Hochburg mit der größten Auswahl an Billigquartieren. Einige gehobenere Boutiquehotels; einzigartige Atmosphäre wie in keinem anderen Stadtteil sonst; gutes Essen und gute Verkehrsanbindung.	Für so manchen zu vergammelt. Auf den Straßen kann es abends sehr laut werden, und zwar vor allem am Wochenende.
Orchard Road	Vor der Haustür von Singapurs Shopping-Eldorado. Gute Auswahl an hochwertigen Hotels.	Geringe Auswahl für Budget-Reisende. Trendige Speiselokale und Bars sind hier dünn gesät.
Der Osten von Singapur	Für Singapur relativ ruhig. In der Nähe der kühlen Brise vom East Coast Park und vom Flughafen.	Die MRT fährt nicht in diese Gegend. Sehenswürdigkeiten liegen weit verstreut, eine zentrale Lage zum Logieren gibt es nicht.
Holland Village, Dempsey Hill & Botanischer Garten	Hier befinden sich der Botanische Garten von Singapur, schicke Cafés und Boutiquen, nur ein Stück vom regen Treiben der Orchard Road entfernt.	Die MRT bedient diese Gegend, nicht direkt. Restaurants und Geschäfte in Dempsey Hill liegen weit voneinander entfernt – mühsam, wenn man zu Fuß ist.
Der Norden & das Zentrum von Singapur	Jede Menge Areale für Outdoor-Abenteuer sowie Naturattraktionen.	Ein gutes Stück vom Stadtzentrum entfernt; am besten mit dem Taxi erreichbar.
Sentosa Island	Dank Resort-Flair ideal für Familien, Zugang zu kinderfreundlichen Attraktionen, Stränden und sportlichen Aktivitäten.	Dem künstlichen Sentosa mangelt es an Charakter; es ist ein ziemlicher Aufwand, ins Stadtzentrum zu gelangen.
Pulau Ubin	Entspannte Inselatmosphäre zehn Minuten mit dem Bumboat vom Festland entfernt.	Die MRT verkehrt nicht zum Bumboat-Terminal. Man muss lange mit dem Bus fahren oder ein Taxi nehmen.
Die südlichen Inseln	Singapurs beschaulichste und sauberste Strände mit tollem Blick aufs Festland.	Die Inseln sind sehr einfach; keine Esslokale oder Geschäfte. Den Tagesablauf bestimmen die wenigen Fähren.
Der Westen & Südwesten von Singapur	Hier gibt es jede Menge Museen, Naturschutzgebiete und kuriose Sehenswürdigkeiten.	Ein weitläufiges Areal. Einige der Attraktionen lassen sich per MRT erreichen, für die meisten nimmt man am besten ein Taxi.

Colonial District, Marina Bay & die Quays

PORT BY QUARTERS HOSTEL HOSTEL $

Karte S. 230 (☎6816 6960; www.stayquarters.com; 50A Boat Quay; Single/Queen-Kapseln ab 35/85 S$; ❄@📶; Ⓜ Clarke Quay, Raffles Place) Das direkt am Singapore River gelegene Port by Quarters Hostel hat die Messlatte für Kapselhostels in Singapur nach oben verschoben. Die platzsparenden Single- und Queen-Kapseln bieten einen Stauraum unter dem Bett, eine ausklappbare Workstation, Powerpoints und einen Paravent zum Herunterrollen. Am tollsten ist hier jedoch die Aussicht – mit direktem Blick auf das Parlament und die Skyline dahinter.

Es gibt einen Schlafsaal, der ausschließlich Frauen zur Verfügung steht.

5FOOTWAY.INN PROJECT BOAT QUAY HOSTEL $

Karte S. 230 (www.5footwayinn.com; 76 Boat Quay; B ab 28 S$, 2BZ ab 80 S$; ❄@📶; Ⓜ Clarke Quay, Raffles Place) Das Hostel direkt am Boat Quay bietet weiß getünchte Schlafsäle mit ein, zwei, drei oder vier Betten. Auch wenn die Zimmer klein ausfallen (Superior-Zimmer haben Fenster), sind sie modern und gemütlich mit Stockbetten aus Holz und praktischen Steckdosen und Lampen neben dem Bett. Die Bäder sind modern, die Rezeption ist rund um die Uhr besetzt, und die schicke Frühstückslounge bietet sogar noch einen fantastischen Blick über den Fluss.

Eine kleine Gemeinschaftsküche ist vorhanden, die billigen Esslokale in Chinatown sind allerdings bloß eine MRT-Haltestelle entfernt.

HOLIDAY INN EXPRESS CLARKE QUAY HOTEL $$

Karte S. 230 (☎6589 8000; www.hiexpress.com; 2 Magazine Rd; Zi. ab 200 S$; P❄@📶≋; Ⓜ Clarke Quay) Das schicke Hotel kann mit modernen Zimmern in Erdfarben aufwarten samt hohen Decken, riesigen Fenstern vom Boden bis zur Decke und bequemen Betten mit weichen oder auch festen Kissen, je nach Wunsch. In den kleinen Bädern finden sich Duschen von anständiger Größe. Am schönsten ist jedoch der Dachgarten des Hotels, in dem sich auch ein winziges Fitnessstudio und ein beeindruckender Pool mit Glaswand und einem spektakulären Blick auf die Stadt befinden. Die Waschküche des Hotels mit Selbstbedienung ist praktisch.

Es lassen sich mit ermäßigten Online-Tarifen Zimmer für unter 200 S$ buchen.

PARK REGIS HOTEL $$

Karte S. 237 (☎6818 8888; www.parkregissingapore.com; 23 Merchant Rd; Zi. ab 260 S$; ❄@📶≋; Ⓜ Clarke Quay, Chinatown) Das recht neue, nette Hotel bietet lichtdurchflutete Zimmer, die zwar eher klein ausfallen, aber modern sind. Es gibt Sitzgelegenheiten am Fenster, ein warmer Bernsteinton setzt farbliche Akzente. Das Fitnesscenter ist winzig, aber angemessen und geht auf den sagenhaften Pool auf der Terrasse des Hotels hinaus mit einem herunterstürzenden Wasserfall und Sonnenliegen, die ein Stück im Wasser stehen. Die Mitarbeiter sind sehr hilfsbereit, und das Hotel liegt auch nur ein paar Schritte zu Fuß von den Kais und von Chinatown entfernt.

★ **RAFFLES HOTEL** HISTORISCHES HOTEL $$$

Karte S. 230 (☎6337 1886; www.raffleshotel.com; 1 Beach Rd; Zi. ab 985 S$; ❄@📶≋; Ⓜ City Hall, Esplanade) Singapurs Grandhotel hatte im Lauf der Jahre schon viele Berühmtheiten zu Gast – von Somerset Maugham bis Michael Jackson. Das Gebäude präsentiert sich in wunderschöner, weißer Kolonialarchitektur mit grünen Ecken, in denen es wild wuchert, und historischen Bars. Ende 2017 wurden die Glastüren des Raffles geschlossen und die Rollläden heruntergelassen – es steht eine sicherlich sagenhafte Generalüberholung an. Im Sommer 2018 soll das Hotel seine Pforten wieder öffnen und wird dann bestimmt in den kommenden Jahrzehnten als Sinnbild von traditionellem Luxus in Singapur erneut Furore machen.

★ **FULLERTON BAY HOTEL** HOTEL $$$

Karte S. 230 (☎6333 8388; www.fullertonbayhotel.com; 80 Collyer Quay; Zi. ab 600 S$; P❄@📶≋; Ⓜ Raffles Place) Die moderne Schwester des Fullerton Hotels (S. 176) liegt direkt an der Marina Bay. Das Hotel ist lichtdurchflutet, duftet himmlisch und zeigt sich von allerlei Deko inspiriert. Die Zimmer sind entsprechend feudal mit hohen Decken sowie Holz- und Marmorböden in warmen, gedämpften Farbtönen. Hier können die Gäste mit Hilfe der Nespresso-Maschine im Zimmer neue Energien tanken und sich mit Bottega-Veneta-Toilettenartikeln einschäumen. Glasplatten in den Marmorbädern geben den Blick ins Zimmer, zur Marina Bay und weiter in die Ferne frei.

Die Dachbar des Hotels, das Lantern (S. 65), und der Pool sind schlichtweg sagenhaft; der High Tea am Nachmittag im Landing Point (S. 62) gilt als der feudalste in der ganzen Stadt. Ein Hinweis noch: Einige Zimmer gehen zum Customs House hinaus; man sollte also unumwunden um ein Zimmer mit Aussicht auf die Marina Bay bitten.

★RITZ-CARLTON MILLENIA SINGAPORE
HOTEL $$$

Karte S. 232 (☎6337 8888; www.ritzcarlton.com/singapore; 7 Raffles Ave; Zi. ab 550 S$; P ❄ @ 📶 🏊; M Promenade) Es wurden keine Kosten gescheut, es gibt keinen Feng-Shui-Experten, den man nicht zu Rate gezogen hätte, und keinem Tier wurde ein Haar gekrümmt im Gebäude dieses Luxushotels. Die geräumigen, in Beige gehaltenen Zimmer sind hell und feudal und weisen einen Arbeitsbereich von anständiger Größe auf; die Bettwäsche ist edel, und der Blick auf die Stadt oder die Marina Bay ist schlichtweg unvergleichlich. Die milliardenschwere Kunstsammlung des Hotels lässt Werke von Hockney, Warhol, Stella und Chihuly sehen; man kann sich am Concierge-Schalter einen Führer mitnehmen.

★WAREHOUSE
BOUTIQUEHOTEL $$$

(☎6828 0000; www.thewarehousehotel.com; 320 Havelock Rd; Zi. ab 350 S$; P ❄ 📶 🏊; 🚌51, 64, 123, 186, M Fort Canning) Wer es sich wegen der Lage des Hotels an der Hauptstraße zweimal überlegt, hier zu logieren, kann seine Bedenken streichen und einfach buchen! Das Warehouse wird als eine der heißesten Neueröffnungen in Singapur seit Jahren gerühmt und ist der letzte Schrei. Dank seiner Räumlichkeiten im Industriedesign, des Infinity Pools mit Blick über den Fluss und der luxuriösen Zimmer in Pastelltönen würden die Gäste am liebsten nie mehr abreisen.

Es stehen Zimmer mit unterschiedlichen Grundrissen zur Auswahl – besonders schön ist das mit einer Bibliothek in der Galerie. Wer Wert auf jede Menge Licht legt, sollte sich für ein Loft entscheiden.

NAUMI
BOUTIQUE-HOTEL $$$

Karte S. 230 (☎6403 6000; www.naumihotel.com; 41 Seah St; Zi. ab 400 S$; ❄ @ 📶 🏊; M City Hall, Esplanade) Das verführerische, neu gestaltete Naumi zeichnet sich durch künstlerische Auftragsarbeiten, verspielte Zitate und einen horizontlosen Pool auf dem Dach mit Blick auf die Skyline aus. Die Standardzimmer sind zwar klein, aber clever zugeschnitten und verfügen über Bettwäsche aus ägyptischer Baumwolle (Fadendichte 400), eine Nespresso-Maschine und gratis Minibar. Die Duschwand wird durch Umlegen eines Schalters blickdicht und ein dramatisch ausgeleuchteter, frei stehender Waschtisch („beauty bar") befindet sich in der Mitte des Zimmers. Die Zimmer des neunten Stocks haben Sicht auf die Stadt. Die Suiten sind opulent und wirklich außergewöhnlich. Man muss sich bei der Auswahl zwischen einem von Coco Chanel oder Andy Warhol inspirierten Design entscheiden. Letzteres ist knallbunt und sein Herzstück eine frei stehende runde Badewanne mitten im Zimmer.

HOTEL FORT CANNING
HOTEL $$$

Karte S. 230 (☎6559 6795; www.hfcsingapore.com; 11 Canning Walk; Zi. ab 350 S$; P ❄ @ 📶 🏊; M Dhoby Ghaut) Das einstige Hauptquartier der britischen Armee ist heute eine Nobelherberge inmitten vom Fort Canning Park. Die Pools mit Mineralwasser, das sagenhafte Fitnesscenter und der abendliche Aperitif mit Canapés auf Kosten des Hauses sind schon der Hit, doch die eigentliche Hauptattraktion sind die fantastischen Zimmer; geboten sind hohe Decken, Parkettböden, überaus beruhigende Pflanzenfarben, eine Nespresso-Kaffeemaschine und Betten mit seidenen Kopfenden von Jim Thompson.

Die originalen Flügeltüren und durchsichtiges Glas trennen Zimmer und Bad, Letzteres ein Traum aus weißem Marmor mit Badewanne und einem großen Fenster, das zum Park oder zur Stadt hinausgeht. Die Website verrät, ob gerade Sonderangebote erhältlich sind.

MARINA BAY SANDS
HOTEL $$$

Karte S. 232 (☎6688 8888; www.marinabaysands.com; 10 Bayfront Ave; Zi. ab 480 S$; P ❄ @ 📶 🏊; M Bayfront) Das Hotel gehört mit zum ambitionierten Marina Bay Sands Kasino-Shopping-Komplex (S. 55). Berühmt ist es für seinen sagenhaften Infinity Pool auf dem Dach, der sich über die Dächer von drei Hotel-Wolkenkratzern erstreckt. Die Zimmer sind modern und komfortabel, allerdings uniform, und in der Lobby kommt man sich manchmal vor wie zur Rushhour in der Grand Central Station. Eine gute

Wahl für Gäste, die Kasinos schätzen und ein Faible für exquisite Einkaufsbummel haben.

FULLERTON HOTEL HOTEL $$$

Karte S. 230 (☎6733 8388; www.fullertonhotel.com; 1 Fullerton Sq; Zi. ab 420 S$; P ❄ @ 📶 ≋; M Raffles Place) Das altehrwürdige Fullerton im ehemaligen Hauptpostamt von Singapur im Palladio-Stil bietet klassisch elegante Zimmer in gedämpften Farbtönen. Die Zimmer auf Höhe des Eingangs gehen auf das Atrium innen hinaus; man sollte deshalb ein Upgrade in Betracht ziehen und ein erbaulicheres Zimmer mit Aussicht auf den Fluss oder die Bucht nehmen. Der Fluss und die Skyline bilden auch die Kulisse des 25 m langen Pools auf der Terrasse draußen, das Schmuckstück des Hotels.

Chinatown, Tanjong Pagar & der CBD

★ADLER HOSTEL HOSTEL $

Karte S. 234 (☎6226 0173; www.adlerhostel.com; 259 South Bridge Rd; Kabine EZ/DZ 40/80 S$; ❄ @ 📶; M Chinatown) Die Hostelszene schwingt sich zu hippen neuen Höhen auf mit diesem „Poshtel" (schickes Hostel), wie sich das Adler selbst bezeichnet. Antiquitäten aus China zieren die beschauliche Lobbylounge, frische Handtücher sowie Daunenbettdecken und -kissen die Zimmer. Die luftigen Schlafsäle mit Klimaanlage bestehen aus maßgefertigten Waben, jede mit einem eigenen verschließbaren Stauraum und Vorhängen, die sich zuziehen lassen, wenn man etwas Privatsphäre wünscht. Manche bieten riesige Doppelbetten für Paare. Die besten Tarife bekommt, wer so etwa drei Wochen im Voraus bucht.

★COO HOSTEL $

Karte S. 237 (☎6221 5060; www.staycoo.com; 259 Outram Rd; B ab 44 S$; ❄ @ 📶; M Outram Park) Das Hostel sieht mit seinen kunstvollen Grafiken, der Neonbeleuchtung und den Lochblechwänden eher wie ein flippiger Tanzclub aus. In diesem selbsternannten „Sociatel" (geselliges Hostel) dreht sich alles um Geselligkeit – Social Media, Kontaktaufnahme –, es weiß wohl jeder, was gemeint ist. Jedenfalls ist das Coo super, um neue Freundschaften zu schließen und sich darüber per Snapchat auszulassen. Schlafsäle gibt es mit vier, sechs oder acht Betten. Super sauber und super gemütlich ist es hier auch, außerdem gehört ein Bistro mit dazu, und es stehen kostenlose Leihräder zur Verfügung.

Es sind auch Schlafsäle ausschließlich für Frauen vorhanden, und alle Schlafsäle haben im jeweiligen Schlafbereich praktische Schließschränke.

WINK HOSTEL HOSTEL $

Karte S. 234 (☎6222 2940; www.winkhostel.com; 8A Mosque St; Kapsel EZ/DZ 40/72 S$; ❄ @ 📶; M Chinatown) Das Wink in einem restaurierten Wohngebäude mit Geschäften im Herzen von Chinatown steht bei Flashbackern hoch im Kurs. Es ist eine Mischung aus Hostel und Kapselhotel. Anstelle von Stockbetten weisen die Schlafsäle private, schalldichte Waben auf, die alle bequeme Matratzen, farbiges, dimmbares Licht, einen angrenzenden Schließschrank und ausreichend Platz zum Sitzen bieten. In den

SPONTAN BUCHEN

Wer ohne vorgebuchtes Hotel in Singapur ankommt, muss nicht verzweifeln. Die effiziente **Singapore Hotel Association** (www.stayinsingapore.com) verfügt in sämtlichen Ankunftshallen am Changi Airport über Schalter, an denen man ein Zimmer reservieren kann.

Auf ihrer Liste stehen Dutzende Hotels – von Budgetbleiben bis hin zum noblen Raffles Hotel. Der Service ist kostenlos, Ermäßigungen und Sonderangebote werden, soweit vorhanden, an den Kunden weitergegeben. Es besteht auch die Möglichkeit, die Hotels online über die Website der Association zu buchen.

Wer es bis in die Orchard Road geschafft hat und noch immer kein Zimmer hat – und nicht gerade im Park pennen möchte – wendet sich an das **Singapore Visitors Centre @ Orchard** (Karte S. 244; ☎1800 736 2000; www.yoursingapore.com; 216 Orchard Rd; ⏲8.30–21.30 Uhr; 📶; M Somerset); es arbeitet mit den Hotels in der Umgebung zusammen und ist den Kunden behilflich, die bestmöglichen Tarife zu bekommen.

Gemeinschaftsbädern gibt es Duschen mit Regenduschkopf; die Kitchenette, die Wäscherei und die Lounge-Bereiche kurbeln den Wohlfühlfaktur an.

FERNLOFT HOSTEL $

Karte S. 234 (☎6323 3221; www.fernloft.com; 02-92, Block 5, Banda St; B ab 18 S$; ⏰9–23.30 Uhr; ❄@📶; Ⓜ Chinatown) Das kompakte Hostel in einem Wohnblock am Buddha Tooth Relic Temple liegt nur ein paar Schritte von der Chinatown und von der boomenden Gastronomie- und Kneipenszene von Tanjong Pagar entfernt. Wie bei vielen anderen Hostels in Singapur auch sind die Schlafsäle (darunter einer ausschließlich für Frauen) ohne Fenster, aber alles ist sauber und ordentlich.

★AMOY BOUTIQUEHOTEL $$

Karte S. 234 (☎6580 2888; www.stayfareast.com; 76 Telok Ayer St; EZ/DZ 270/325 S$; ❄@📶; Ⓜ Telok Ayer) Nicht viele Hotels haben ihren Eingang in einem historischen chinesischen Tempel. Allerdings ist das Amoy auch keine bloße Unterkunft. Seine orientalische Schönheit ist durchweg von der Geschichte inspiriert: von der Wand der Lobby mit alten singapurisch-chinesischen Nachnamen bis zu den Opiumbetten der raffiniert gestalteten Einzelzimmer. In den eleganten Doppelzimmern findet man Porzellanwaschbecken im Ming-Stil. Alle Zimmer verfügen über Designerbäder, Nespresso-Maschinen und gratis Minibar.

Wer mit großen Gepäckstücken unterwegs ist, sollte über den flachen Weg neben dem Lebensmittelgeschäft Dean & Deluca ins Hotel hineingehen.

★WANGZ BOUTIQUEHOTEL $$

Karte S. 237 (☎6595 1388; www.wangzhotel.com; 231 Outram Rd; Zi. ab 260 S$; P❄@📶; Ⓜ Outram Park) Das geschwungene, metallische Wangz ist der Renner. Es liegt bloß einen Katzensprung von der traditionellen Architektur in Tiong Bahru und den Hipster-Szenekneipen entfernt. Die 41 Zimmer sind schick und modern, zeitgenössische Kunst aus der Umgebung setzt Akzente, die Betten sind herrlich bequem, und praktische Dockingstationen für den iPod und gepflegte Bäder sind auch vorhanden. An weiteren Vergünstigungen warten kostenlose nichtalkoholische Getränke in der Minibar, ein Fitnesscenter, ein praktisches Smartphone sowie eine Lounge auf dem Dach oben, in der gut gemixte Drinks serviert werden; der erstklassige Service übertrifft dann allerdings alles.

HOTEL MONO BOUTIQUEHOTEL $$

Karte S. 234 (☎6326 0430; www.hotelmono.com; 01-04, 18 Mosque St; Zi. ab 200 S$; ❄📶; Ⓜ Chinatown) Nach all den Sehenswürdigkeiten, dem Lärm und dem Trubel in Chinatown brauchen die Sinne vielleicht eine Weile, um sich an die beruhigenden Räumlichkeiten dieses monochromen Hotels anzupassen – hier ist so ziemlich alles schwarzweiß. Das Boutiquehotel mit 46 Zimmern, von denen keines dem anderen gleicht, hat sich seine traditionelle Fassade erhalten und erstreckt sich über sechs traditionelle Geschäftshäuser. Geboten sind himmlische Betten, Gelkissen, schicke Bäder mit Regenduschen und eine unübertreffliche Lage.

Nicht alle Zimmer haben ein Fenster; Gäste mit leichtem Schlaf sollten besser um ein Quartier bitten, das nicht an der Straße liegt.

CLUB BOUTIQUEHOTEL $$

Karte S. 234 (☎6808 2188; www.theclub.com.sg; 28 Ann Siang Rd; Zi. ab 260 S$; ❄📶; Ⓜ Chinatown) Hinter dieser adretten, weißen Fassade aus der Kolonialzeit gibt sich das Club freundlich und gemütlich mit 20 geräumigen, minimalistischen Zimmern in Erdfarben, die mit maßgearbeiteten Möbeln und edler Bettwäsche bestückt sind. Zu den Lokalen im Haus zählen die peruanische Dachbar Tiger's Milk und die Designer-Whiskeybar B28; es scheint allerdings, dass die meisten Gäste lieber ein Stück weiter in der Ann Siang Hill und in der Club Street bechern und flirten.

Am Freitag- und Samstagabend kann einem der Lärm der Feierwütigen auf der Straße auf die Nerven gehen – deshalb um ein Zimmer nach hinten hinaus bitten.

SCARLET BOUTIQUEHOTEL $$

Karte S. 234 (☎6511 3333; www.thescarlethotel.com; 33 Erskine Rd; Zi. ab 240 S$; ❄@📶; Ⓜ Chinatown, Telok Ayer) Das dunkle, opulente Scarlet bietet einen tollen Service und hippe Zimmer gleich um die Ecke von den angesagten Kneipen in der Ann Siang Road und in der Club Street. Die schicken Zimmer in prächtigen Edelsteinfarben, also beispielsweise Saphirblau und Rubinrot, beeindrucken mit Seidentapeten und dunklen Orientmöbeln. Es gibt auch fünf noble Suiten, die wirklich verführerisch sind; in den ganz „verschwenderischen" steht sogar ein Bett der schwedischen Marke Hästens für satte 38 500 S$!

Die Zimmer im ersten Stock haben keine Fenster, wirken dank der hohen Decken und Oberlichter aber gar nicht düster. Es lohnt sich, einen Blick auf die Website des Hotels zu werfen, denn es gibt häufig Ermäßigungen.

HOTEL 1929 BOUTIQUEHOTEL **$$**

Karte S. 234 (☎6347 1929; www.hotel1929.com; 50 Keong Saik Rd; Zi. ab 160 S$; ❄📶; Ⓜ Outram Park, Chinatown) Das Hotel 1929 in einem weiß getünchten, denkmalgeschützten Gebäude liegt an der boomenden Keong Saik Road. Die Zimmer sind eng, aber der wenige Platz wird gut genutzt, und die Räumlichkeiten sind fröhlich ausgestattet mit nostalgischen Designermöbeln (auf Reproduktionen von Stücken von Eames und Jacobsen achten) und farbenfrohen Mosaikböden im Bad. Die Suiten auf dem Dach oben sind noch einen Tick toller und haben sogar eine eigene Veranda, auf der eine Badewanne mit Klauenfüßen steht.

★**PARKROYAL ON PICKERING** HOTEL **$$$**

Karte S. 237 (☎6809 8888; www.parkroyalhotels.com; 3 Upper Pickering St; Zi. ab 400 S$; ❄@📶🏊; Ⓜ Chinatown) Dramatische, kaskadenartige Gärten, Häuschen im Stil eines Vogelkäfigs direkt am Infinity Pool und ein markantes Design, das an terrassierte Reisfelder erinnert: Dieses herausragende Hotel ist das Werk des einheimischen Architekturbüros Woha, das bis hin zu den Papierkörben hier wirklich alles entwarf. Die Zimmer sind hell, adrett und modern mit viel Naturholz und in beruhigenden Grüntönen gehalten, sie haben hohe Decken und sind mit himmlischen Matratzen bestückt.

Little India & Kampong Glam

★**BUNC@RADIUS** HOSTEL **$**

Karte S. 238 (☎6262 2862; www.bunchostel.com; 15 Upper Weld Rd; B ab 28 S$, DZ 85 S$; ❄@📶; Ⓜ Rochor) Das frische, saubere, moderne

HISTORISCHE HOTELS

Das Raffles Hotel (S. 174) ist nicht das einzige Hotel mit einer illusteren Vergangenheit. Das Goodwood Park Hotel (S. 181) wurde 1900 gebaut und sieht aus wie ein Schloss am Rhein. Bis 1914 diente es als Sitz des Teutonia Clubs, des Gesellschaftsclubs der deutschen Gemeinde in Singapur. Zu Beginn des Ersten Weltkriegs wurde es als „Feindbesitz" von der Regierung beschlagnahmt. 1918 versteigerte man das Gebäude und benannte es in Club Goodwood Hall um, ab 1919 wurde es dann wieder als Goodwood Park Hotel geführt. Schnell entwickelte es sich zu einem der besten Hotels in ganz Asien.

Während des Zweiten Weltkriegs hielt sich hier das japanische Oberkommando auf. Einige seiner Mitglieder kehrten zu Kriegsende in die Stadt zurück und bekamen in einem Zelt auf dem Gelände ihren Kriegsverbrecherprozess. 1947 wurden 2,5 Mio. S$ in die Sanierung des Hotels gesteckt, sodass es in den frühen 1960er-Jahren wieder in altem Glanz erstrahlte. Weitere Verbesserungen in den 1970er-Jahren brachten es auf seinen heutigen Stand.

Das Fullerton Hotel (S. 176) befindet sich im gleichnamigen Fullerton Building mit der auffallenden Säulenfront. Benannt ist es nach Robert Fullerton, dem ersten Gouverneur des Straits Settlement. Zur Zeit seiner Eröffnung 1928 war das Vier-Millionen-Dollar-Gebäude das größte in Singapur. Das Hauptpostamt, das drei Stockwerke in Anspruch nahm, hatte zu dieser Zeit mit 100 m den wohl längsten Tresen der Welt. Darüber lag der exklusive Singapore Club, in dem Gouverneur Sir Shenton Thomas und General Percival die Abtretung Singapurs an die Japaner besprachen.

1958 wurde ein sich drehender Leuchtturm auf dem Dach angebracht, dessen Lichtschein noch 29 km entfernt zu sehen war. Nach dem Auszug des Postamts 1996 wurde der Komplex für einige Millionen Dollar renoviert und 2001 unter allgemeinem Beifall als Hotel wiedereröffnet. Im selben Jahre bekam es den angesehenen Urban Redevelopment Authority Architectural Heritage Award verliehen, einen renommierten Preis für Stadtarchitektur.

Bunc@Radius ist das coolste Flashpackerhostel der Stadt. Der Betonboden, die Kunstinstallationen und das monochrome Farbkonzept verleihen der weitläufigen Lobby ein hippes Flair wie in einem Boutiquehotel. Die Schlafsäle – mit vier, sechs, acht, zwölf oder 16 Betten – bieten sowohl Einzel- als auch Doppelbetten; jede der dicken Matratzen steckt in einem Hygieneüberzug (keine Bettwanzen!).

Es sind auch Schlafsäle ausschließlich für Frauen vorhanden, Privatzimmer mit Flachbild-TV sowie eine Terrasse im Freien mit Sitzsäcken, auf der Filme gezeigt werden – ganz zu schweigen von einer sagenhaften Küche, die halb im Freien ist und schon bei so manchem den Wunsch ausgelöst hat, den Kochlöffel zu schwingen.

POD — HOSTEL $

Karte S. 238 (6298 8505; www.thepod.sg; 289 Beach Rd; Pod EZ/DZ ab 58/112 S$, Pod Suite EZ/DZ ab 80/138 S$; Bugis, Nicoll Hwy) Das Pod reitet auf der Welle der neuen Kapselhotels. Geboten sind schicke Unterkünfte, die nur ein paar Schritte vom pulsierenden Kampong Glam entfernt liegen. Die Schlafsäle sind modern. In den Waben (pods) können zehn bis zwölf Personen in Einzel- oder Doppelbetten übernachten; Intimsphäre entsteht durch die herunterziehbaren Paravents. In diesen neuen Waben hat jeder sein eigenes Reich. Nur: Schalldicht sind sie natürlich nicht. Ein kostenloser Nespresso-Kaffee, ein warmes Frühstück und der Wäscheservice untermauern die Beliebtheit des Hostels.

Es stehen Schlafsäle ausschließlich für Frauen bzw. Männer zur Verfügung, außerdem private Duschbäder mit Toiletten in den Gemeinschaftsbädern.

FIVE STONES HOSTEL — HOSTEL $

Karte S. 238 (6535 5607; www.fivestoneshostel.com; 285 Beach Rd; B ab 28 S$, 2BZ/DZ 95/105 S$; Bugis, Nicoll Hwy) Das freundliche Hostel, in dem Schuhe nicht erlaubt sind, hat polierte Betonböden und bietet in den Gemeinschaftslounges sowohl Wii als auch DVDs, plus die kostenlose Nutzung von Waschmaschinen und Trocknern. Es haben zwar nicht sämtliche Schlafsäle ein Fenster, aber in allen stehen Etagenbetten mit Stahlrahmen, es gibt private Steckdosen und Lampen sowie fröhliche Wandmalereien mit lokalen Themen, die für gute Laune sorgen. Eine Etage bleibt ausschließlich Frauen vorbehalten, zudem gibt es Privatzimmer mit Stockbetten oder einem französischen Bett.

KAM LENG HOTEL — BOUTIQUEHOTEL $

(6239 9399; www.kamleng.com; 383 Jln Besar; Zi. ab 85 S$; 65, 145, 857, Bendemeer, Farrer Park, Lavender) Hipster trifft Tradition im Kam Leng, einem renovierten Retro-Hotel im aufstrebenden Viertel Jalan Besar. Die Gemeinschaftsbereiche sind geflissentlich unaufgepeppt mit auf alt getrimmten Wänden, verblassten chinesischen Zeichen, bunten Wandfliesen und modernistischen Möbeln. Die Zimmer sind winzig, aber dennoch total cool mit Terrazzo-Fußbodenbelägen der alten Schule und Akzenten in Pastelltönen. Ein warnendes Wort noch: Die Zimmer, die zur Jalan Besar hinausgehen, sind manchmal recht laut.

SHOPHOUSE THE SOCIAL HOSTEL — HOSTEL $

Karte S. 238 (6298 8721; www.shophousehostel.com; 48 Arab St; B 18–25 S$, 2BZ 70–75 S$; Bugis, Nicholl Hwy) Das günstig gelegene, gut konzipierte Hostel bietet eine sagenhafte Dachterrasse mit Lounge und toller Aussicht. Die Zimmer sind mit Stockbetten aus dunklem Holz und Industrieelementen versehen wie rohen Betonböden. Es gibt eine Etage ausschließlich für Frauen, und die Gäste kommen in den Genuss von 20 % Ermäßigung im Working Title, dem Indiecafé im Erdgeschoss.

FISHER BNB — HOSTEL $

Karte S. 238 (6297 8258; www.fisherbnb.com; 127 Tyrwhitt Rd; B ab 36 S$; Bendemeer, Lavender, Farrer Park) Das blitzblanke Hostel mit einfachen Räumlichkeiten im Industriedesign liegt im denkmalgeschützten Viertel Jalan Besar; die Chancen stehen bestens, dass man hier so richtig gut schlummert. Im gemischten Schlafsaal können 16 Personen in Stockbetten aus Metall übernachten, im Schlafsaal für Frauen zwölf – die rosa Wände sind ein witziger Gag. Die Schließschränke sind riesig, und der Inhaber James hat Unmengen Informationen auf Lager.

HANGOUT@MT.EMILY — HOSTEL $

(6438 5588; www.hangouthotels.com; 10A Upper Wilkie Rd; dm/EZ/DZ/3BZ/4BZ/5BZ ab 35/105/120/150/180/210 S$; Little India, Dhoby Ghaut) Einige der schönsten Schlafsäle in Singapur finden sich ein Stück abseits oben auf dem grünen Mount Emily;

somit ist dieses Hostel eher ein beschauliches Refugium als ein praktischer Treff. Die gemischten oder für Frauen und Männer getrennten Schlafsäle sind in leuchtenden Farben gestaltet und mit attraktiven Wandmalereien von hiesigen Kunststudenten ausgeschmückt. Sämtliche Schlafsäle sind tipptopp, was auch für die Bäder gilt. Außerdem verlocken hier noch eine Dachterrasse, ein Café, kostenloses Internet und gemütliche Bereiche zum entspannten Herumhängen.

INNCROWD HOSTEL $

Karte S. 238 (☎6296 9169; www.the-inncrowd.com; 73 Dunlop St; B ab 17 S$; ❄@📶; Ⓜ Rochor) Das total beliebte InnCrowd ist eine Art Ground Zero für Backpacker in Singapur. Es liegt mitten im Herzen von Little India. Das Highlight des Hostels sind die kostenlosen Stadtführungen mit dem Tretroller (Di, Do & So 18 Uhr), eine witzige und kommunikative Art, Singapur zu erkunden. Die Mitarbeiter sind überaus hilfsbereit, und es gibt Brettspiele, DVDs und eine Wäscherei. Die Zimmer mit Balkon sind oft recht laut – wer eines ohne nimmt, ist hier besser dran.

SLEEPY KIWI HOSTEL $

Karte S. 238 (☎6291 1696; www.sleepykiwi.com.sg; 55 Bussorah St; B 18–28 S$, DZ 75–85 S$, 3BZ 100 S$; ❄@📶; Ⓜ Bugis) Das Sleepy Kiwi liegt mitten im Gewirr von Kampong Glam und schwebt bei den Hostelbewertungen weiterhin auf den obersten Plätzen herum, was seinem legeren Flair, den netten Mitarbeitern, den schön möblierten Zimmern und dem Gemeinschaftsbereich mit Terrasse zu verdanken ist, der perfekten Location, um sich zu entspannen und neue Leute kennenzulernen. Da das Hostel schnell voll ist, sollte man länger im Voraus buchen. Es gibt auch Schlafsäle, die ausschließlich von Frauen genutzt werden.

★WANDERLUST BOUTIQUEHOTEL $$

Karte S. 238 (☎6396 3322; www.wanderlusthotel.com; 2 Dickson Rd; Zi. ab 125 S$; ❄@📶; Ⓜ Rochor, Jalan Besar) Der Wow-Faktor des Wanderlust ist seinen irre einfallsreichen Quartieren geschuldet – die Palette reicht von total hellen Zimmern in allen Regenbogenfarben bis zu ruhigen, einfarbigen Zimmern wie aus dem Comic mit Themen wie „Baum“ oder „Weltraum“. Jedenfalls macht es großen Spaß, im Dachgarten mit einem Regenbogen-Whirlpool, den eine Herde winziger Elefanten bewacht, eine Weile seine Zeit zu vertrödeln. Es gibt hier Frühbucherrabatte und oft prima Angebote bei Onlinebuchungen.

IBIS SINGAPORE ON BENCOOLEN HOTEL $$

Karte S. 238 (☎6593 2888; www.ibishotel.com; 170 Bencoolen St; Zi. ab 150 S$; ❄@📶; Ⓜ Bugis) Das etwas nüchterne Ibis bietet Komfort ohne viel Drum und Dran. Bunte Möbel hellen die Einheitslobby auf und die ziemlich kleinen, auch alle gleich aussehenden Zimmer sind sehr sauber und in hellen Holz- und Pfirsichtönen gehalten. Die Badezimmer sind klein, sauber und modern. Ein schönes Extra sind Gratis-Fahrräder und der Zugang zu einem Fitnesscenter in der Nähe. Auf der Website des Ibis findet man fast immer Sonderangebote.

VILLAGE HOTEL ALBERT COURT HOTEL $$

Karte S. 238 (☎6339 3939; www.stayfareast.com; 180 Albert St; Zi. ab 220 S$; ❄@📶; Ⓜ Rochor, Little India) Nur ein kurzes Stück zu Fuß südlich von Little India liegt dieses Hotel aus der Kolonialzeit. Es befindet sich in einem renovierten traditionellen Wohnhaus mit Läden, das es nun auf acht Stockwerke bringt. Die klassischen Zimmer sind geräumig und mit geschnitzten Holzmöbeln ausgestattet; die Bäder fallen eher klein aus, sind jedoch tipptopp. Die Gäste können zwischen Ventilator und Klimaanlage wählen. Der Service ist vom Feinsten, und überall funktioniert das WLAN. Die besten Angebote bekommt man online.

Orchard Road

★LLOYD'S INN BOUTIQUEHOTEL $$

Karte S. 244 (☎6737 7309; www.lloydinn.com; 2 Lloyd Rd; Zi. ab 180 S$; ❄📶; Ⓜ Somerset) Nur ein kurzes Stück von der Orchard Road entfernt befindet sich dieses weitläufige, minimalistische Boutiquehotel. Die acht Zimmertypen treten mit der Natur auf ganz unterschiedliche Weise in Interaktion, und die teureren Zimmer verfügen über eine Badewanne im Freien. Die Gäste können sich im Tauchbecken erfrischen (zum Schwimmen ist es nicht tief genug) oder auf der Dachterrasse die Abenddämmerung genießen. Da das Hotel wahnsinnig beliebt ist, sollte man frühzeitig buchen.

Der gigantische Stadtplan vom Viertel an der Wand in der Lobby und der Stadtspaziergang zum Herunterladen bewirken, dass man sich in null Komma nichts wie ein Einheimischer in den Straßen zurechtfindet.

RENDEZVOUS HOTEL HOTEL $$

Karte S. 244 (☎6336 0220; www.stayfareast.com; 9 Bras Basah Rd; Zi. ab 340 S$; P ❄ @ 📶 ≋; M Bras Basah, Dhoby Ghaut) Das Rendezvous ist eine gute Option nahe der Orchard Road, in dessen smarter Lobby dramatische Skulpturen zu sehen sind – ein kleiner Hinweis auf seine Ambition, zum „Kunsthotel" zu werden. Die Braun- und Beigetöne der Zimmer sind allerdings weniger sexy, obwohl alle Räume sauber und komfortabel sind. Die Matratzen sind schön fest und in den Marmorbädern gibt es Regenduschen. Der Fitnessbereich sowie der Pool sind recht klein, Letzterer lädt aber trotzdem Gäste zum Baden und Erfrischen ein.

YORK HOTEL HOTEL $$

Karte S. 244 (☎6737 0511; www.yorkhotel.com.sg; 21 Mount Elizabeth Rd; Zi. ab 200 S$; P ❄ @ 📶 ≋; M Orchard) Das große, quirlige Hotel verfügt über eine glanzvolle Lobby, ein ausgedehntes Restaurant und präsentiert sich in Variationen von Weiß und Beige. Die hübschen Zimmer sind nett möbliert, die eher kleinen Bäder sind sauber und mit einer kleinen Wanne ausgestattet. Für dieses Hotel sprechen die geräumigen Zimmer und die Nähe zur Orchard Road. Zu den Hoteleinrichtungen gehören ein kleiner Fitnessraum sowie ein von Palmen gesäumter Pool und ein Whirlpool im Freien, die einem Resort der 1980er-Jahre gut anstünden.

Partygänger sollten das Cherry (S. 107) ausprobieren, einen beliebten Tanzclub, der sich im Basement versteckt.

★**GOODWOOD PARK HOTEL** HOTEL $$$

Karte S. 244 (☎6737 7411; www.goodwoodparkhotel.com; 22 Scotts Rd; Zi. ab 360 S$; P ❄ @ 📶 ≋ 👪; M Orchard) Das wunderschöne Traditionshotel, das bis ins Jahr 1900 zurückreicht, bietet einen freundlichen Service und weist eine Atmosphäre auf wie ein elegantes Refugium der Alten Welt – also genau die Art Hotel, in dem man sich gern mit einem guten Buch in ein vornehmes Sofa sinken lässt und dann am liebsten nie mehr aufstehen würde. Die Deluxe-Zimmer im Hauptgebäude haben eine imponierende Größe; die Zimmer im neueren Flügel sind renoviert, jedoch kleiner. Zwei schöne Pools sind auch noch vorhanden.

ST REGIS HOTEL $$$

Karte S. 244 (☎6506 6888; www.stregissingapore.com; 29 Tanglin Rd; DZ ab 520 S$; P ❄ @ 📶 ≋; M Orchard) Das St Regis ist einer der Neuankömmlinge in der 5-Sterne-Hotelszene der Orchard Road und mit seiner markanten Fassade, klassischer, französisch wirkender Eleganz sowie tadellosem Service enttäuscht es seine Gäste nicht. Die Zimmer sind riesig geschnitten und zeichnen sich durch üppige Textilien, geschmackvolle Kunst und Marmorbadezimmer mit frei stehender Sitzbadewanne aus. Jedes Zimmer hat einen 24-Stunden-Butlerservice.

Das Remède Spa (S. 110) ist eines der besten in der Stadt. Für Tennisspieler gibt es sogar eine Tennishalle (gegen Aufpreis).

QUINCY BOUTIQUEHOTEL $$$

Karte S. 244 (☎6738 5888; www.stayfareast.com; 22 Mount Elizabeth Rd; Zi. ab 350 S$; P ❄ @ 📶 ≋; M Orchard) Das elegante, ranke Quincy bietet coole Zimmer im Armani-Schick mit hellgrauen Wänden und hohen Decken samt stimmungsvoller Beleuchtung. Die TVs haben einen Flachbildschirm, die Matratzen sind weich, und in den mit Schiefer gefliesten Bädern liegen feudale Toilettenartikel von Labo Santal 33 bereit. Die Minibar geht auf Kosten des Hauses, das Frühstück ist im Preis inbegriffen – was im Übrigen auch für die Erfrischungsgetränke und Cocktails am Abend gilt. Hier würde man am liebsten nie mehr abreisen. Der Pool mit Glaswänden auf dem Balkon ist einladend.

SINGAPORE MARRIOTT HOTEL $$$

Karte S. 244 (☎6735 5800; www.singaporemarriott.com; 320 Orchard Rd; Zi. ab 400 S$; P ❄ @ 📶 ≋; M Orchard) Seine wunderbar zentrale Lage macht das Marriott zu einem beliebten Nobelhotel. Die stilvollen Zimmer sind geräumig und mit einem Sofa sowie einem Schreibtisch mit Marmorplatte ausgestattet, die Marmorbäder haben große Duschen und die Zimmer am Pool verfügen über eine Terrasse mit Blick auf das großartige Schwimmbecken. Allerdings kann es dort tagsüber ganz schön laut werden.

Unbedingt Ausschau halten sollte man nach dem Other Room (S. 107), einer geheimen Bar, die sich hinter einem Samtvorhang in der Lobby versteckt.

HOTEL JEN TANGLIN HOTEL $$$

Karte S. 244 (☎6738 2222; www.hoteljen.com/tanglin; 1A Cuscaden Rd; Zi. ab 340 S$;

P ❄ @ 📶 ≋; M Orchard) Hipster-Schick charakterisiert die 565 Zimmer des Jen Tanglin, von den skulptierten Möbelstücken und peppigen Tapeten bis hin zur stimmungsvollen Beleuchtung, die den Eindruck erweckt, als würden die irre bequemen Betten gleichsam im Raum schweben. Die Club Rooms sind eher klein, jedoch geschickt konzipiert (mit USB-Ports direkt am Bett beispielsweise), die größeren Deluxe-Suiten sind mit einer Badewanne und einer extra Dusche ausgestattet. An weiteren Annehmlichkeiten verlocken ein Pool, ein Fitnesscenter, ein Spa und eine Wäscherei mit Selbstbedienung.

SHANGRI-LA HOTEL — HOTEL $$$

Karte S. 244 (☎6737 3644; www.shangri-la.com/singapore; 22 Orange Grove Rd; Zi. ab 550 S$; P ❄ @ 📶 ≋; M Orchard) Die vornehmste Lobby, die man sich nur vorstellen kann, bildet den Auftakt zu diesem weitläufigen, prachtvollen Hotel in den schattigen Gassen am westlichen Ende der Orchard Road. Die sechs Hektar großen, üppigen Tropengärten sorgen für ein beruhigendes Ambiente, und der Garden Wing, ein niedriges Gebäude, das von herrlichen Bougainvilleen bedeckt ist, verströmt schon fast Resort-Atmosphäre. Die Zimmer sind geräumig und elegant; die im Tower wurden unlängst schick renoviert.

Zu den Highlights zählen ein nobler Spa-Bereich und ein riesiger, geschwungener Pool.

Der Osten von Singapur

VENUE HOTEL — HOTEL $

Karte S. 242 (☎6346 3131; www.venuehotel.sg; 305 Joo Chiat Rd; Zi. ab 90 S$; ❄ @ 📶; M Paya Lebar) Das preiswerte Hotel mitten im Herzen von Joo Chiat (Katong) macht einen prima ersten Eindruck mit seiner dunklen, verführerischen, plastischen Lobby. Die Zimmer mit Wänden in kühnen Farben sind klein, einfach und modern, sie haben zeitgemäße Badezimmer, außerdem besteht die Möglichkeit, zwischen normalen und niedrigen Betten zu wählen. Die Premium-Zimmer sind mit einer dekadenten Sitzbadewanne am Ende des Bettes ausgestattet. Frühstück gibt es hier nicht, auch keinen Pool und keinen Fitnessraum, aber wer würde sich bei dem Preis schon groß darüber beschweren?

BETEL BOX — HOSTEL $

Karte S. 242 (☎6247 7340; www.betelbox.com; 200 Joo Chiat Rd; B 20–25$, DZ 80 S$; @ 📶; M Paya Lebar) Vom ziemlich engen Hostel sind die vielen erstklassigen Restaurants von Joo Chiat (Katong) leicht zu Fuß zu erreichen und auch der East Coast Park ist nicht weit entfernt gelegen. Der klimatisierte Aufenthaltsraum bietet billiges kaltes Bier, einen Fernseher, Videospiele, Computer und sogar einen Billardtisch. Außerdem gibt es Dutzende Reiseführer und eine Buchtauschecke. Das Hostel organisiert zusätzlich fantastische Kultur-Touren und interessante Führungen rund um das Thema Essen (S. 30).

★HOTEL INDIGO — HOTEL $$

Karte S. 242 (☎6723 7001; www.hotelindigo.com; 86 East Coast Rd; Zi. ab 240 S$; P ❄ @ 📶 ≋; 🚌10, 14, 16, 32) Wenn das Geheimnis im Detail steckt, dann hat das von den Peranakan inspirierte Hotel den Nagel auf den Kopf getroffen. Es hat sich von dem traditionellen Singapurer Viertel anregen lassen, in dem es sich befindet, und somit strotzt nun jede Ecke und jeder Winkel vor nostalgischen Erinnerungsstücken: von den Wandmalereien mit lebendigen Straßenszenen bis zu den traditionellen Süßigkeiten, von den Peranakan-Kacheln bis zu den Kaffeetischen mit Fingerbillard – die Liste ist schier endlos. Wer im Indigo ein Premiumzimmer mit Badewanne bucht, kann beim gemütlichen Plantschen die schöne Aussicht genießen.

Den 25 m-langen Infinity Pool mit Panoramablick auf die Joo Chiat (Katong) und weiter sollte man sich keinesfalls entgehen lassen. Nichts wie hinein, erfrischen und einfach nur schauen!

VILLAGE HOTEL CHANGI — HOTEL $$

Karte S. 159 (☎6379 7111; www.stayfareast.com; 1 Netheravon Rd; Zi. ab 200 S$; ❄ @ 📶 ≋; 🚌29) Mit seinem gratis Zubringer ist dieses smarte, wenn auch unspektakuläre Hotel gut für diejenigen, die nahe am Flughafen Changi sein wollen. Es ist von wunderschönen Gärten umgeben und vom schönen Pool auf dem Dach hat man einen herrlichen Blick nach Malaysia und Pulau Ubin. Mit seinen tollen Annehmlichkeiten wie Golfplatz, Segelclub, Strandpark und dem ruhigen Changi Village bietet es einen guten Einblick in ein Stück entspanntes singapurisches Leben.

AM FLUGHAFEN GESTRANDET

Wer sich nur kurz in Singapur aufhält oder zwischen zwei Flügen lange warten muss, sollte das **Ambassador Transit Hotel** (Karte S. 241; ☎Terminal 2 6542 8122, Terminal 3 6507 9788; www.harilelahospitality.com; Terminal 2 & 3 Departures, Changi Airport; EZ/DZ/3BZ 90/110/135 S$; ❄@📶; Ⓜ Changi Airport) ausprobieren. Die Preise gelten für die ersten sechs Stunden, jede weitere Stunde kostet dann rund 20 S$ zusätzlich; die Zimmer haben kein Fenster, es stehen außerdem Budget-Einzelzimmer (55 S$, jede weitere Std. 20 S$) mit Gemeinschaftsbad zur Verfügung. In beiden Niederlassungen kann man für einen Aufpreis von 28 S$ das Fitnesscenter nutzen.

Die einzige schicke Alternative am Changi Airport ist das **Crowne Plaza** (Karte S. 241; ☎6823 5300; www.ihg.com; 75 Airport Blvd; Zi. ab 300 S$; ❄@📶🏊; Ⓜ Changi Airport). Es handelt sich dabei um ein recht feudales Hotel überwiegend für Geschäftsleute mit einem Spa im Haus und einem tollen, von Palmen gesäumten Pool. Eine Brücke, die sogenannte Skybridge, verbindet das Hotel mit dem Terminal 3; die Terminals 1 und 2 lassen sich mit dem SkyTrain erreichen. Leider hat die fehlende Hotelkonkurrenz zu überzogenen Preisen geführt; es lohnt sich, online nachzusehen, ob es ein Sonderangebot gibt.

Der Westen & Südwesten von Singapur

VILLA SAMADHI BOUTIQUEHOTEL $$$

Karte S. 248 (☎6274 5674; www.villasamadhi.com.sg; 20 Labrador Villa Rd; Zi. ab 380 S$, Villen ab 920 S$; Ⓜ Labrador Park) Lust auf eine Dosis Nostalgie der Alten Welt und Glamour? Die Villa Samadhi in einer geschmackvoll restaurierten, ehemaligen britischen Offizierskaserne vermittelt ihren Gästen ein ultimatives Singapurer Kolonialerlebnis. Das Hotel liegt inmitten von wild wucherndem Regenwald. Die hohen Decken, Teakmöbel, die stimmungsvolle Beleuchtung und die knarrenden Holzböden tragen zum Charme bei, doch es ist der Hauch von Luxus – beispielsweise die Cocktailhour im Tamarind Hill (S. 145), der dann den Handel besiegelt.

Der Norden & das Zentrum von Singapur

RAMADA SINGAPORE AT ZHONGSHAN PARK HOTEL $$

Karte S. 233 (☎6808 6888; www.ramadasingapore.com; 16 Ah Hood Rd; Zi. ab 180 S$; P❄@📶🏊; Ⓜ Novena) Das glänzende Ramada macht seine leicht unpraktische Lage mit guten Preisen wett. Eigentlich hat es eine gute Busanbindung und liegt nur einen erlaubaren Kilometer von der MRT-Station Novena entfernt, von der es lediglich zwei Haltestellen bis zur Orchard Road sind. Die Zimmer sind einfach, aber stilvoll in warmen Erdtönen sowie mit singapurischer Kunst, bequemen Betten und modernen Badezimmern versehen. Das helle Fitnesscenter ist modern ausgestattet und auch der Pool ist fantastisch.

DAYS HOTEL SINGAPORE AT ZHONGSHAN PARK HOTEL $$

Karte S. 233 (☎6808 6868; www.dayshotelsingapore.com; 1 Jln Rajah; Zi. ab 160 S$; P❄@📶; Ⓜ Novena) Das Drei-Sterne-Hotel bietet kleine, komfortable Zimmer in leuchtenden, bunten Farben mit peppigen Teppichen, LED-TVs und kleinen, aber modernen Bädern. Das kleine Fitnesscenter hat täglich rund um die Uhr geöffnet, und die Gemeinschaftsbereiche sind schick und topaktuell. Mit den Bussen, die auf der Balestier Road verkehren, gelangt man problemlos nach Little India und ins Kolonialviertel; ein kostenloser Shuttlebus fährt zur Novena MRT und zur Orchard Road.

Sentosa Island

★ W SINGAPORE – SENTOSA COVE HOTEL $$$

Karte S. 250 (☎6808 7288; www.wsingaporesentosacove.com; 21 Ocean Way; Zi./Suite ab 480/965 S$; P❄@📶🏊; 🚌3) Dieses Hotel zählt zu den heißesten Herbergen, die Singapur zu bieten hat. Die Zimmer sind witzig, extravagant und geräumig, sie weisen verschiedene stimmungsvolle Beleuchtungsmöglichkeiten auf und verfügen über Bäder, die eine anständige Größe haben. Es gibt zehn Zimmerkategorien; die Away Rooms mit Spa-Themen sind besonders toll, denn sie sind mit einem eigenen Tauchbecken ausgestattet. Das Hotel ist riesig, der 24 Stunden geöffnete Pool gilt als einer der besten in Singapur – er hat sogar eine integrierte Bar und Lautsprecher unter Wasser.

An weiteren Annehmlichkeiten verlocken die Gäste hier ein topmodernes Fitnessstudio und ein Hightech-Luxus-Spa. Wer über die Website ein paar Monate im Voraus bucht, bekommt die besten Zimmertarife.

★CAPELLA SINGAPORE RESORT $$$

Karte S. 250 (☎6377 8888; www.capellahotels.com/singapore; 1 The Knolls; Zi./Villen ab 860/1270 S$; P ❄ @ ≋; Imbiah) Das Capella zählt zu den nobelsten Herbergen in Singapur – eine verführerische Mischung aus moderner Architektur und Kolonialstil samt elegantem Spa, Restaurants, einer Bar und drei Kaskadenpools in wild wuchernden Landschaftsgärten. Die wunderschön ausgestatteten Zimmer sind geräumig und schick, in Erdfarben gehalten und mit riesigen Doppelbetten bestückt; es beeindrucken die tollen, topmodernen Bäder. Die Villen sind sogar noch dekadenter: Zu jeder gehört ein eigens Tauchbecken.

Und wie man es von einem Star-Resort in Sentosa auch erwarten kann, ist der Service natürlich erstklassig. Schnäppchen und Pauschalangebote finden sich auf der Website.

SHANGRI-LA'S RASA SENTOSA RESORT & SPA RESORT $$$

Karte S. 250 (☎6275 0100; www.shangri-la.com; 101 Siloso Rd; Zi. ab 450 S$; P ❄ @ ≋; M Beach) Singapurs einziges Strandhotel ist ideal geeignet für einen Kurzurlaub mit der Familie. Die Zimmer sind in angenehmen Cremetönen und Pistaziengrün gehalten, sie sind hell, schick und verbreiten eine erfreuliche tropische Atmosphäre. Der Service ist erstklassig und der einladende, kinderfreundliche Poolbereich mit Rutschen führt zum Siloso Beach hinunter.

Das Resort verfügt über nicht weniger als fünf Restaurants und der kostenlose Zubringer ins Stadtzentrum ist besonders praktisch.

Singapur verstehen

Singapur aktuell

Öko-freundliche Architekturwunder, ein fantastischer Park und eine Fülle an Weltklasse-Bars und -Restarants: Singapur ist wahrhaftig in der Zukunft angekommen. Trotz allem war der Aufstieg des Stadtstaates vom kleinen Fischerdorf zu einer internationalen Top-Adresse eine gewaltige Herausforderung. Der Zustrom ausländischer Arbeitskräfte führte dabei zu einem beachtlichen Bevölkerungsanstieg, der der Infrastruktur wie der Toleranz der Einheimischen eine Menge abverlangt. Zudem sorgt das alljährliche Pink Dot Festival der Schwulengemeinde für reichlich Gesprächsstoff.

Die besten Filme

Ilo Ilo (2013) Die Geschichte eines Jungen aus singapur-chinesischem Hause und seines Hausmädchens von den Philippinen. Der Film gewann 2013 in Cannes eine Goldene Palme.

12 Storeys (1997) Eine düstere Komödie über das Leben verschiedener Personen, die im selben Sozialwohnungsblock wohnen.

881 (2007) Bunte und kitschige Musicalkomödie über die *Getai*-Ambitionen (typisch singapurischer Gesang) zweier Freundinnen.

Die besten Bücher

Singapore Story (Lee Kuan Yew, 1999) Wer die offizielle Geschichte des Wunders von Singapur hören will, sollte auf die Originalstimme hören – die Stimme des Mannes, der sich das Ganze ausgedacht hat.

Singapore: A Biography (Mark Ravinder Frost und Yu-Mei Balamsingchow, 2010) Abgesehen von dem etwas farblosen Titel ist dies eine gut geschriebene und reich bebilderte Geschichte Singapurs.

Little Ironies: Short Stories of Singapore (Catherine Lim, 1978) Die Doyenne der Literatur Singapurs veröffentlichte zahlreiche Kurzgeschichten. Dies ist ihr erster Band mit Kurzgeschichten.

Baukultur und Nachhaltigkeit

Mit der Eröffnung der Gardens by the Bay im Jahr 2012 ist Singapur seiner Vision einer „Gartenstadt" einen guten Schritt näher gekommen; gemeint ist ein modernes Konzept einer nachhaltigen und artenreichen urbanen Siedlung. Die Regierung verfolgt das Ziel, die Energieeffizienz von 2005 bis 2030 um 35 % zu verbessern, und hat deshalb ein Öko-Bewertungssystem für Gebäude eingeführt. Seit 2008 müssen alle Bauvorhaben mit einer Fläche von mehr als 2000 m^2 den Mindestanforderungen dieser *Green Mark* genügen.

Tatsächlich ist Singapur auf gutem Wege, das selbstgesetzte Ziel – 80 % der Gebäude sollen bis 2030 dem Öko-Standard entsprechen – zu erreichen; bereits 2017 war die Marke von 30 % überschritten. Großzügige Anreize haben dazu geführt, dass immer mehr Bauten nachhaltiger werden – etwa durch sonnenabweisende Fassaden, eine effiziente Wasserversorgung und eine computergestützte Kontrolle der CO_2-Emissionen.

Eines der Vorbilder ist das Haus Orchard Road Mall 313@Somerset. 81 % des Wasserverbrauchs entfallen dort nicht mehr auf Trinkwasser; das zum Kochen verwendete Öl wird recycelt, und die Aufzüge und Rolltreppen werden energiesparend betrieben. Ähnlich eindrucksvoll ist das kürzlich errichtete Haus Marina One: Hier kommen energieeffiziente Ventilatoren, Sonnenblenden an den Fassaden, eine zentrale Anlage zum Recyceln von Wasser und eine Sammelstelle für Regenwasser zum Einsatz. All das steckt in einem Bauwerk, das mit Gärten bestückt ist und auf spektakuläre Art und Weise „grün" wirkt.

Streit um Zuwanderer

Singapurs Bevölkerung hat sich von 2,4 Mio. im Jahr 1980 mehr als verdoppelt und lag 2017 bei 5,6 Mio. Einwohnern. Verursacht wurde dieses Wachstum im

Wesentlichen durch den Zustrom ausländischer Arbeitskräfte. In der Tat besteht mittlerweile beinahe die Hälfte der Bevölkerung aus Menschen ohne singapurische Staatsangehörigkeit. Nach Aussagen der Regierungspartei PAP (People's Action Party) hat diese Zuwanderung den Hauptbeitrag zum Wirtschaftswachstum geleistet. Aber immer mehr Singapurern ist diese Zuwanderung ein Dorn im Auge: Sie beklagen überfüllte Verkehrsmittel und steigende Lebenshaltungskosten.

Die Spannungen zwischen den eigentlichen Singapurern und den Arbeitsimmigranten haben zugenommen. In den sozialen Netzwerken beschwert man sich über die Vorliebe der Regierung für ausländische Fachkräfte; besonders heftig kritisiert man diejenigen, die ganz unten in der Hierarchie der eingewanderten Arbeiter stehen.

Im Jahr 2014 klagte ein Singapurer in sozialen Netzwerken darüber, dass „philippinische Hausmädchen" im Bus einfach zu laut seien; er forderte die Behörden auf, am Sonntag (dem einzigen arbeitsfreien Tag ausländischer Haushaltshilfen) separate Busse einzusetzen, um die Bürger vor dem lästigen „Geschnatter" zu schützen. Als der britische Banker Anton Casey im selben Jahr über die „armen" Pendler in MRT-Zügen spottete, war ein Shitstorm die Folge; Casey erhielt Morddrohungen, verlor seinen Job und flüchtete schließlich aus Singapur.

Selbstbewusstsein

Meinungs- und Redefreiheit spielt in Singapur seit jeher keine große Rolle, und die Regierung, die sämtliche Medien kontrolliert, möchte daran möglichst nichts ändern. Das wurde 2016 wieder einmal offensichtlich, als die Schwulen- und Lesbenszene der Stadt ins Blickfeld rückte (sexuelle Kontakte zwischen Männern sind in Singapur immer noch strafbar). Multinationale Unternehmen hatten nämlich erklärt, das Pink Dot Festival, das die Liebe in allen Schattierungen feiert, als Sponsoren zu unterstützen; das Innenministerium von Singapur erklärte daraufhin, eine solche Förderung sei eine Einmischung in innere Angelegenheiten und umgehend einzustellen. 2017 (also im neunten Jahr des Bestehens) mussten die Organisatoren des Festivals erstmals eine Genehmigung für das Event beantragen. Zufällig wurden zu diesem Zeitpunkt auch einige Satzungen geändert, sodass Ausländer sich nicht mehr an der Speaker's Corner versammeln dürfen, wo der Pink-Dot-Umzug stattfindet; 2017 konnten also nur noch Einwohner Singapurs mitfeiern.

Trotz aller Versuche, dieses Event zu beschneiden und den Zugang durch Sicherheitsmaßnahmen zu behindern, versammelten sich 2017 mehr als 20 000 Menschen zum Pink Dot. Und tatsächlich spendeten Sponsoren mehr als 100 000 S$ – alles aufgebracht von 120 inländischen Unternehmen.

Gäbe es nur 100 Singapurer, wären …

74 Chinesen
13 Malaien
9 Inder
4 Sonstige (Europäer, Amerikaner etc.)

Breitband-Internet

(% der Bevölkerung)

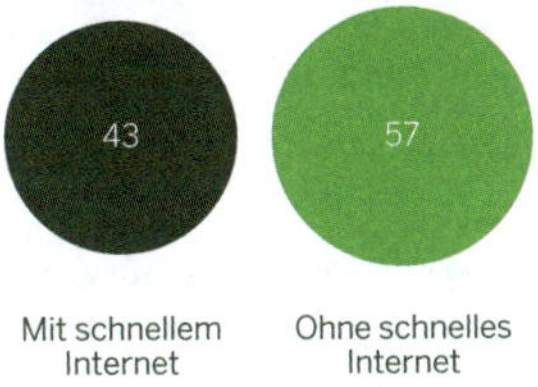

Einwohner pro km²

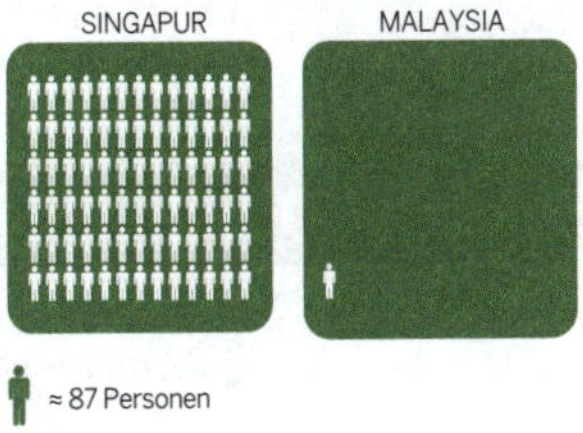

Geschichte

Der Stadtstaat mit dem Löwen im Wappen feierte 2015 den 50. Jahrestag seiner Unabhängigkeit. Diese Jahre sind eine einzige Erfolgsgeschichte: Innerhalb von zwei Generationen hat sich der kleine rote Punkt auf der Landkarte Asiens in eines der stabilsten, sichersten und wohlhabendsten Länder der Welt verwandelt. Die Geschichte Singapurs handelt von Visionen, guter Planung und eiserner Entschlossenheit.

Das vorkoloniale Singapur

Einer malaiischen Legende zufolge besuchte vor langer Zeit ein Prinz aus Sumatra die Insel Temasek, wo er ein seltsames Tier erblickte, das er für einen Löwen hielt. Dieses gute Omen veranlasste den Prinzen, an dieser Stelle eine Stadt zu gründen, die er schließlich Singapura („Löwenstadt") nennen sollte.

Mindestens seit dem 5. Jh. verkehrten chinesische Handelsschiffe auf ihrem Weg nach China in den Gewässern vor dem heutigen Singapur. In den Aufzeichnungen chinesischer Seeleute wird bereits im 3. Jh. eine Insel namens Pu Luo Chung erwähnt, bei der es sich um Singapur handeln könnte. Anderen Quellen zufolge befand sich bereits im 2. Jh. eine Siedlung auf der Insel.

1703 beschrieb der englische Händler Andrew Hamilton die Insel als „Ort mit fettem schwarzem Boden und Wäldern, in denen man reichlich Masten für Schiffe und Holz für den Hausbau findet". Der Sultan von Johor, Abdu'l Jajlil Ri'ayat Shah, bot Hamilton die Insel an, doch dieser lehnte ab.

Das buddhistische Seefahrerreich (Thalassokratie) Srivijaya mit der Hauptstadt Palembang auf Sumatra herrschte vom Ende des 7. bis zum Ende des 13. Jh. über die Straße von Malakka und die küstennahen Gebiete der Malaiischen Halbinsel. Angriffe rivalisierender Königreiche und das Aufkommen des Islam besiegelten den allmählichen Niedergang Srivijayas. Die Vormachtstellung in der Region übernahm von nun an das Sultanat von Malakka.

Im Jahr 1511 eroberten die Portugiesen Malakka und legten damit den Grundstock für weitere koloniale Landnahmen. Die ebenso ambitionierten Niederländer gründeten Batavia (das heutige Jakarta), um die Position Malakkas zu schwächen, das sie ihren europäischen Konkurrenten 1641 schließlich entrissen. Gegen Ende des 18. Jh. machten sich die Briten auf die Suche nach einem geeigneten Hafen an der Straße von Malakka, um die Handelswege zwischen China, der malaiischen Welt und den eigenen Stützpunkten in Indien zu sichern. Als die Franzosen im Jahr 1795 die Niederlande annektierten, nutzten die Briten die Umstände aus, um die niederländischen Besitzungen in Südostasien, inklusive Malakka, an sich zu reißen.

ZEITACHSE

300

Chinesische Seeleute verzeichnen die Insel auf Karten und nennen sie Pu Luo Chung, vermutlich abgeleitet vom malaiischen Namen Pulau Ujong („Insel am Ende").

13. Jh.

Ein Prinz der Srivijayan-Dynastie aus Sumatra gründet eine Siedlung auf der Insel und nennt sie Singapura („Löwenstadt"). Später heißt der Ort Temasek, „Stadt am Meer".

1613

Portugiesen greifen die auf der Insel gelegene Stadt an und brennen sie nieder. Solange die Portugiesen Malakka beherrschen, fristet Singapura ein Schattendasein.

Nach dem Ende der Napoleonischen Kriege willigten die Briten schließlich im Jahr 1818 ein, die Besitzungen wieder an die Niederländer zurückzugeben. So mancher Untertan der britischen Krone war über das Scheitern der britischen Expansionspläne in Südostasien bitter enttäuscht. Einer von ihnen war Stamford Raffles (1781–1826), der damalige Gouverneur von Sumatra.

Die Ära Raffles

Für jemanden, der nur kurze Zeit auf der Insel verbrachte, hatte Sir Stamford Raffles erheblichen Anteil an der Entwicklung Singapurs. Sein Name begegnet einem in der Stadt überall – am Raffles Place im CBD, an der Stamford Road, am Raffles Hotel, der Raffles City Shopping Mall und an der hochangesehenen Raffles Institution –, doch sein Einfluss reicht weit darüber hinaus, bloßer Namensgeber für ein paar öffentliche Plätze und Gebäude zu sein.

Die Straßen der Innenstadt ebenso wie die Grenzen der ethnischen Viertel verlaufen auch heute noch weitgehend so, wie Raffles sie angelegt hatte. Auch das Design der klassischen Shophouses – einfache Ziegelbauten mit durchgehender, überdachter Veranda und einem lichtdurchfluteten, luftigen Innenhof – wird ihm zugeschrieben. Vor allem aber hat die Stadt Raffles' Vision einer britisch kontrollierten Handelsniederlassung in der Region ihren Status als einer der bedeutendsten Häfen der Welt zu verdanken.

Als Raffles Anfang 1819 in Singapur eintraf, war das Johor-Reich geteilt. Nachdem der alte Sultan 1812 gestorben war, hatte sein jüngerer Sohn die Abwesenheit des eigentlichen Thronfolgers Hussein genutzt, um selbst die Nachfolge seines Vaters anzutreten. Die Niederländer hatten ein Abkommen mit dem jungen Sultan geschlossen, Raffles aber sagte Hussein seine Unterstützung zu, erklärte ihn zum Sultan und überzeugte ihn, sich in Singapur niederzulassen.

Der Sultan, so Raffles' Plan, sollte keine eigentliche Macht ausüben, wohl aber die britischen Ansprüche auf die Insel legitimieren. Raffles unterzeichnete außerdem ein Abkommen mit dem hoch angesehenen *temenggong* (obersten Richter) von Johor und brachte ihn in einem prächtigen Anwesen am Singapore River unter. Im Gegenzug für überschaubare jährliche Zahlungen an Sultan Hussein und den *temenggong* verschaffte sich Raffles so die Erlaubnis, Singapur als Handelsniederlassung zu nutzen. Schließlich kaufte er im Jahr 1824 dem Sultan die Insel ab und Singapur ging in den Besitz der mächtigen Britischen Ostindien-Kompanie (British East India Company) über.

Zusammen mit Penang und Malakka bildete Singapur ein mächtiges Dreigestirn von Handelsstützpunkten, den sogenannten Straits Settle-

William Farquhar

Oberst William Farquhar, Singapurs erster offizieller Resident, war ein leidenschaftlicher Naturliebhaber. Er beauftragte einheimische chinesische Künstler, wirklichkeitsgetreue Bilder ihrer Flora und Fauna zu malen – insgesamt 477!

1819

Auf der Suche nach einem Hafen landet Sir Stamford Raffles auf Singapura und befindet, einen geeigneten Platz zur Sicherung britischer Interessen gefunden zu haben.

1826

Penang, Malakka und Singapur bilden die Straits Settlements. Um den niederländischen Zöllen zu entgehen, siedeln sich zahlreiche Kaufleute im Freihafen Singapur an.

1867

Soziale Probleme und die Unzufriedenheit mit der Verwaltung veranlassen die Briten, die Straits Settlements zur Kronkolonie zu erklären.

1877

Die Briten errichten ein Protektorat in den Straits Settlements, um den von China organisierten ausbeuterischen Handel mit Arbeitskräften zu bekämpfen.

ments, die von der British East India Company in Kalkutta kontrolliert, aber von Singapur aus verwaltet wurden.

Raffles hatte die brillante Idee, ein nur dünn besiedeltes, malariaverseuchtes Sumpfgebiet in ein florierendes Wirtschaftszentrum zu verwandeln, indem er geschäftstüchtige Glücksritter anlockte und sie hemmungslos Handel treiben ließ. Es dauerte viele Jahrzehnte, bis in die aufstrebende Stadt so etwas wie eine soziale Ordnung einkehrte. Allerdings sind der unternehmerische Geist und der unbedingte Wille zum wirtschaftlichen Erfolg, der bereits die Raffles-Ära prägte, noch heute in Singapur spürbar.

Kolonisierung & Besatzung

Singapur unter britischer Herrschaft

Die ersten beiden Besuche Raffles' in Singapur im Jahr 1819 waren nur kurz. Als seinen Handlungsbevollmächtigten und Verwalter setzte er Oberst William Farquhar ein, den früheren Residenten (Vertreter der britischen Krone) in Malakka. Als Raffles drei Jahre später zurückkehrte, boomte die Stadt, in der indes chaotische Zustände herrschten. Raffles entwarf daraufhin den Stadtplan, der noch heute Bestand hat.

Im Zweiten Weltkrieg rechneten die Briten eigentlich mit einem japanischen Angriff aus dem Süden, also vom Meer her. Stattdessen überfielen die Japaner Singapur aus dem nördlich gelegenen Malaysia; die Soldaten kamen zu Fuß und per Fahrrad!

Seine Neuordnung folgte außerdem der kolonialen Praxis, die Bevölkerung fein säuberlich nach ethnischen Gesichtspunkten aufzuteilen. So entstanden mehrere Zonen: Den Europäern wurde Land im Nordosten des Regierungsviertels (im heutigen Colonial District) zugewiesen, viele von ihnen zogen aber schon bald in die beschaulicheren westlichen Vorstädte um. Die Chinesen konzentrierten sich vor allem an der Mündung und im Südwesten des Singapore River, wo jedoch auch zahlreiche Inder lebten. Hinduistische Inder ließen sich größtenteils in Kampong Kapor und an der Serangoon Road nieder, Gujarati und andere muslimische Kaufleute in der Gegend rund um die Arab Street; tamilische Muslime betrieben ihre Geschäfte rund um die Market Street. Die malaiische Bevölkerung siedelte in erster Linie in den sumpfigen Randgebieten im Norden des Stadtgebiets.

Trotz ihres Reichtums war die Kolonie ein liederlicher Ort, an dem das Verbrechen blühte, unsägliche hygienische Zustände herrschten und wo es von Opiumsüchtigen, von Moskitos und Tigern nur so wimmelte. Der Großteil der Bevölkerung fristete ein hartes und elendes Dasein; wie hart es war, wird heutigen Besuchern wohl am anschaulichsten im Chinatown Heritage Centre vermittelt.

Raffles strebte danach, mit den verschiedenen *kongsi* zusammenzuarbeiten. *Kongsi* sind Clans – eine Art Mischung aus Geheimbund, Triade und rituell religiöser Bruderschaft –, in denen sich Chinesen in der Diaspora organisierten, um sich gegenseitig, insbesondere auch

1939
Fertigstellung des britischen Marinestützpunkts auf der Insel. Die „Festung Singapur" verfügt nun über das größte Trockendock der Welt und große Treibstoffvorräte für die Navy.

1942
Die Japaner überrennen das auf eine Invasion aus dem Norden nur unzureichend vorbereitete Singapur. Die Briten ergeben sich am 15. Februar.

1942–1945
Singapur wird von den Japanern in Syonan umbenannt. Chinesen werden ermordet, alliierte Gefangene in Changi eingesperrt oder zur Arbeit an der Todeseisenbahn gezwungen.

1945–1959
Die Briten erlangen die Kontrolle über Singapur zurück. Die Straits Settlements werden 1946 aufgelöst, Singapur wird von einer teilautonomen Regierung geführt.

wirtschaftlich, zu unterstützen (viele von ihnen hatten ihren Sitz in der Club Street; einige von ihnen leben immer noch dort und halten bis heute der fortschreitenden Gentrifizierung des Viertels stand). Das Netzwerk der *kongsi* war im 19. Jh. von zunehmender Bedeutung für den großen wirtschaftlichen Erfolg Singapurs, denn die Nachfrage nach kostbaren Produkten wie Pfeffer, Zinn und Gummi, die von Chinesen gewonnen und von der malaiischen Halbinsel über Singapur ausgeführt wurden, stieg gewaltig an.

Allerdings profitierte Singapur von der Wirtschaftskraft der *kongsi* vor allem dank der gewaltigen Einnahmen eines ganz bestimmten Produkts der British East India Company, das aus Indien kam und eigentlich für den chinesischen Markt bestimmt war – Opium. Farquhar hatte Singapurs erste Opiumfarm für den heimischen Markt gegründet und bereits in den 1830er-Jahren machten die Steuern und Verkaufserlöse aus dem Opiumhandel beinahe die Hälfte der Einnahmen der Stadt aus. An diesem Zustand änderte sich lange Zeit – bis weit ins 20. Jh. hinein – nichts. Doch das British Empire brachte nicht nur Opium-abhängige hervor; es förderte auch die teils westlich orientierten Ansichten der in den Straits geborenen Chinesen.

Im 19. Jh. wurde es Frauen kaum oder nur selten erlaubt, die chinesische Heimat zu verlassen. Also heirateten Chinesen, die sich in den Straits Settlements niederließen, oftmals einheimische Frauen. Dadurch entstand schließlich eine neue Mischkultur, die in Singapur heute als Peranakan bekannt ist.

In den 1930er- und frühen 1940er-Jahren dominierte die Politik die intellektuelle Szene der Stadt. Die Inder beobachteten gespannt das Geschehen in der alten Heimat und suchten nach Anzeichen für das Ende der britischen Kolonialherrschaft, während die Chinesen mit großem Interesse den Machtkampf zwischen der Kuomintang (Nationale Volkspartei Chinas) und Maos Kommunisten verfolgten. Japans Einmarsch in China in den Jahren 1931 und 1937 stieß bei den Einwohnern Singapurs auf allgemeine Ablehnung.

Schauplätze des Zweiten Weltkriegs

Fort Siloso (Sentosa Island)

Battlebox (Colonial District)

Images of Singapore (Sentosa Island)

Spiegelungen in Bukit Chandu (Südwestliches Singapur)

Ehemalige Ford-Fabrik (Zentral-Singapur)

Kranji War Memorial (Westliches Singapur)

Singapur unter den Japanern

Als der japanische General Yamashita Tomoyuki (1885–1946) am 15. Februar 1942 mit seinen Truppen einmarschierte, begann damit das dunkelste Kapitel in der Geschichte Singapurs. Für die Briten, die in den 1920er-Jahren einen Marinestützpunkt nahe der Stadt errichtet hatten, bedeutete die Kapitulation eine schwere Demütigung. Für manche Historiker markiert der Fall Singapurs den Punkt, an dem der Mythos der britischen Unbezwingbarkeit zu bröckeln und der stetige, unaufhaltbare Niedergang des British Empire begann.

1959

Angeführt von Lee Kuan Yew erzielt die People's Action Party bei den allgemeinen Wahlen einen Erdrutschsieg und führt eine aggressive Wirtschaftspolitik ein.

1963

Auf Betreiben von Lee Kuan Yew vereinigte sich Singapur mit Malaya, Sabah und Sarawak zum Malaiischen Bund.

1964

Bei Unruhen zwischen Malaien und Chinesen kommen 36 Menschen ums Leben. Die Beziehungen zwischen der PAP und der malaysischen Regierungspartei verschlechtern sich.

1965

Singapur wird vom malaysischen Parlament in Kuala Lumpur einstimmig aus der Föderation ausgeschlossen. Die Republik Singapur ist geboren.

Die Auswirkungen der japanischen Besatzung auf das kollektive politische und soziale Gedächtnis der Stadt sind nicht zu unterschätzen und zum Teil für das ausgeprägte Sicherheitsdenken im heutigen Singapur verantwortlich. Die Japaner führten ein hartes, strenges Regiment. General Yamashita ließ die Kriegsgefangenen auf dem Padang zusammentreiben, von wo aus sie in verschiedene Internierungslager gebracht wurden. Viele von ihnen endeten im berüchtigten Lager Changi, andere wurden nach Siam (dem heutigen Thailand) gebracht, um an der „Todeseisenbahn" zu arbeiten.

Die Japaner starteten außerdem die Operation Sook Ching, um den chinesischen Widerstand auszuschalten. Die chinesischen Bewohner Singapurs wurden aus ihren Häusern gejagt und „geprüft", woraufhin sie entweder einen „Stempel" erhielten (eine Markierung auf der Stirn) und entlassen oder aber fortgebracht wurden, um eingesperrt oder exekutiert zu werden (ein Mahnmal am Changi Beach erinnert an jenes Massaker). Über die Zahl der Todesopfer gibt es unterschiedliche Angaben. Einige Quellen nennen rund 6000 Tote, andere gehen von mehr als 45 000 Ermordeten aus.

Lee Kuan Yew weinte vor laufender Kamera, als Singapur sich 1965 von Malaysia trennte. Dieses Ereignis (die Trennung, nicht die Tränen) markiert die Geburtsstunde des heutigen Staates Singapur.

Die Japaner benannten die Insel in „Syonan" („Licht des Südens") um und tauschten sämtliche Schilder gegen japanische beschriftete aus. Außerdem stellten sie die Uhren auf Tokio-Zeit um und führten eine eigene Währung ein (die von den Einheimischen allerdings abfällig als „Bananengeld" bezeichnet wurde).

Der Krieg endete mit Japans Kapitulation am 14. August 1945, woraufhin Singapur wieder unter die Kontrolle des British Empire fiel. Zwar wurden die britischen Truppen freudig empfangen, doch die japanische Besatzung hatte das Vertrauen in die frühere Schutzmacht erschüttert. Neue politische Kräfte waren bereits am Werk und der Weg in die Unabhängigkeit wurde vorbereitet.

Die Lee-Dynastie

Falls man überhaupt einem einzigen Menschen für die heutige Position Singapurs danken darf, dann ist das gewiss Lee Kuan Yew.

Lee wurde am 16. September 1923 in Singapur als Straits-Chinese in dritter Generation geboren und erhielt den Namen Harry Lee. Seine Eltern erzogen ihn, wie er selbst eingestand, „zum Ebenbild eines Engländers". Seine Ausbildung erhielt er an der Raffles-Elitehochschule und in Cambridge; daher fiel ihm der Umgang mit den Kolonialherren leicht, aber auch der Umgang mit der Opposition, als Singapur in den 1960er-Jahren unabhängig wurde.

Dabei waren die ersten Jahre keineswegs einfach. Im Jahr 1964 kam es zu ethnisch motivierten Unruhen zwischen chinesischen und nicht-

1971

Die britischen Streitkräfte ziehen sich zurück, was eine Wirtschaftskrise auslöst. Die PAP nutzt die Gelegenheit und beschneidet den Einfluss der Gewerkschaften.

1981

Changi Airport wird eröffnet. Im ersten Jahr werden acht Millionen Passagiere abgefertigt. 2013 erreicht das Passagieraufkommen 53,7 Millionen.

1990

Lee Kuan Yew tritt als Premierminister zurück und übergibt die Amtsgeschäfte an Goh Chok Tong. Lee wird Senior Minister und hat weiterhin die Aufsicht über die Regierungspolitik.

2004

Goh Chok Tong tritt zurück, sein Nachfolger wird Lee Kuan Yews Sohn Lee Hsien Loong. Glücksspiel wird legalisiert, der Bau zweier Kasinos beschlossen.

chinesischen Einwohnern, und 1965 wurde Singapur aus der Föderation Malaya ausgeschlossen. Daher setzte Lee Kuan Yew auf steuerliche Anreize und ein strenges Arbeitsrecht, um ausländisches Kapital ins Land zu locken. Diese Maßnahmen und beträchtliche Investitionen in ein Bildungssystem, das auf der englischen Sprache basierte und dem Arbeitsmarkt qualifizierte Fachkräfte lieferte, begünstigten eine rasante Industrialisierung.

Unter Lees strenger Führung begann die People's Action Party (PAP) außerdem, jegliche ernst zu nehmende politische Opposition umgehend auszuschalten. Kritische Berichterstattung in den Medien wurde untersagt und die Stadt in eine disziplinierte und funktionale Gesellschaft nach konfuzianischem Vorbild umgeformt, in der die Erhaltung der bestehenden hierarchischen Strukturen und der sozialen Ordnung über allem steht. Das rasche Wirtschaftswachstum füllte die Kassen der PAP und ermöglichte es, gezielt in die Infrastruktur, die Verteidigung, das Gesundheitssystem, die Rentenversicherung und den Wohnungsbau zu investieren. So erreichte Singapur einen gewissen Grad an Wohlstand und Sicherheit, für den es bis heute von zahlreichen Ländern in der Großregion beneidet wird. Der Erfolg der PAP beruht insbesondere auf den Fortschritten im Wohnungsbau und der Stadterneuerung. Inzwischen gibt es in Singapur mehr Wohnungseigentümer als irgendwo sonst wo auf der Welt.

Zwar legte Lee 1990 nach 31 Jahren sein Amt als Premierminister nieder und machte dem gutmütigeren, aber nicht weniger entschlossenen Goh Chok Tong Platz, doch Lee hatte noch immer einen erheblichen Einfluss auf die Regierungspolitik.

Lee Kuan Yew starb am 23. März 2015 im Singapore General Hospital. Daraufhin wurde eine einwöchige Staatstrauer verhängt. Lee war vier Tage lang im Parliament House aufgebahrt, damit die Singapurer ihm die letzte Ehre erweisen konnten.

Im August 1958, kurz nachdem die PAP die Regierung übernommen hatte, fand die erste nationale Kampagne des Landes statt. Dabei ging es darum, das Spucken in der Öffentlichkeit zu ächten, eine damals noch weit verbreitete Gewohnheit.

Jüngste Vergangenheit & nahe Zukunft

Lee Kuan Yews Sohn Lee Hsien Loong war unter Goh Chok Tong stellvertretender Premierminister und Verteidigungsminister; 2004 zog er dann unangefochten als Amtsinhaber in den Regierungssitz ein.

Lee Hsien Loong steht vor keinen geringeren Aufgaben als einst sein Vater. Die asiatische Finanzkrise ab 1997, der Ausbruch von SARS 2003 und die globale Finanzkrise in den Jahren 2008/09 haben die Wirtschaft des Landes durchaus getroffen; erstmals spürten die Menschen, dass sie von Entwicklungen abhängig sind, die sich ihrer Kontrolle entziehen. Hinzu kam, dass Teile der Produktion mittlerweile von der Insel weg an preiswertere Standorte wie Vietnam und China verlagert

2011

Die Wahlen markieren möglicherweise eine politische Wende, denn die Regierungspartei PAP verzeichnet mit nur 60 % das schlechteste Ergebnis ihrer Geschichte.

2015

Das alte Rathaus und der ehemalige Oberste Gerichtshof werden als Sitz der spektakulären National Gallery Singapore wiedereröffnet.

2015

Im März stirbt Lee Kuan Yew, der erste Premierminister Singapurs, im Alter von 91 Jahren. Singapur trauert eine Woche lang.

2015

Singapur feiert 50 Jahre Unabhängigkeit.

wurden. Um dieser Abwanderung zu begegnen, hat die Regierung eine Reihe von Maßnahmen eingeleitet, die die Wettbewerbsfähigkeit des Landes auch in Zukunft sichern sollen. Eine Herausforderung stellt aber auch ein wachsender Widerstand gegen die Regierungspartei PAP dar. Die Partei errang zwar 2006 noch ungefährdet die erwartete Mehrheit, doch die Zustimmung war um 8,6 % gesunken.

„Majulah Singapura" („Vorwärts, Singapur") ist die Nationalhymne des Staates. Der Text liegt nur in malaiischer Sprache (Bahasa Melayu) vor. Verfasst wurde die Hymne 1958 von dem in Indonesien geborenen Komponisten Zubir Said, der ein Jahr brauchte, um Text und Musik zu vollenden.

Bei den Wahlen des Jahres 2011 zeichnete sich auch durchaus so etwas wie eine Wechselstimmung ab. Nie zuvor seit der Erringung der Unabhängigkeit (1965) gab es so viele knappe Ergebnisse bei den Parlamentssitzen (94,3 %), die nach strengem Mehrheitswahlrecht vergeben werden. Und die örtlichen Medien, die oftmals als Sprachrohr der Regierung kritisiert wurden, bemühten sich redlich, die PAP und die Oppositionsparteien einigermaßen ausgewogen zu behandeln. Eine wichtige Rolle bei der Verbreitung von Informationen spielten die sozialen Netzwerke, die früher im Wahlkampf tabu waren. Selbst Premierminister Lee Hsien Loong beteiligte sich an einem Online-Chat (es war sein erster). Und die Zahl der Besucher von Wahlkampfveranstaltungen der Opposition sprengte jeden bisherigen Rahmen.

Die Wahlergebnisse waren dann auch sehr aufschlussreich. Die PAP verlor weitere 6,4 % an Wählerstimmen, sicherte sich aber weiterhin 60,1 % der Stimmen und damit 81 von 87 Parlamentssitzen. Die größten Zuwächse verzeichnete die Arbeiterpartei, die sich der Alltagssorgen der Singapurer annehmen wollte: Löhne, Lebenshaltungskosten, Gesundheitswesen, Wohnraum, öffentlicher Nahverkehr und die immens hohen Ministergehälter. Das Wahlergebnis war für die PAP ernüchternd. Schon kurz nach der Wahl wurden die Einkommen der Minister auch offiziell unter die Lupe genommen - bald darauf traten Senior Minister Goh Chok Tong sowie Minister Mentor Lee Kuan Yew von ihren Ämtern zurück.

Der Wahlkampf 2015 war so heftig wie noch keiner zuvor; zum ersten Mal in der Geschichte kämpften die Oppositionsparteien um jeden Sitz im Parlament. Zu den wichtigsten Themen zählten die wirtschaftlichen Probleme, die überfüllten und „schlechter werdenden" öffentlichen Verkehrsmittel, die hohen Lebenshaltungskosten und die Flüchtlingsfrage. Lee setzte die Wahlen ein Jahr früher an, weil er vermutlich darauf hoffte, dass die Feierlichkeiten zum 50-jährigen Bestehen der Nation den Nationalstolz fördern würden. Zudem verstarb im März der Begründer Singapurs und der Vater Lees, Lee Kuan Yew. Bei den Wahlen errang die PAP einen Erdrutschsieg und erhielt rund 70 % der Stimmen. Lee hat nun bis 2020 Zeit, um die Probleme des Insel- und Stadtstaats zu lösen, bevor die nächsten Wahlen anstehen.

Menschen & Kulturen in Singapur

Singapur ist der ultimative Schmelztiegel. Es gibt hier nicht weniger als vier offizielle Sprachen; hier stehen Moscheen neben hinduistischen und taoistischen Tempeln; hier experimentieren europäische Küchenchefs mit chinesischen Gewürzen und das örtliche Englisch ist mit Wörtern aus dem Hokkien-Chinesischen, dem Tamilischen und dem Malaiischen angereichert. Seit Sir Stamford Raffles im Jahr 1819 auf der Insel einen Freihandelshafen anlegte, prägten den Ort immer neue Wellen von Einwanderern, von den frühen chinesischen Arbeitern bis zu den Ausländern heutiger Zeit, die hier für große internationale Konzerne arbeiten.

Chinesen

Die Knappheit an urbarem Land sowie politische und soziale Unruhen trieben im 19. Jh. viele Chinesen vom Festland in Raffles aufblühende Siedlung, um dort ihr Glück zu suchen. 1840 bestand Singapurs Bevölkerung zu 50 % aus Chinesen, vor allem aus dem südostchinesischen Raum, aus Chaozhou, Hainan und Guangzhou.

Die von Raffles vorgenommene Einteilung von Chinatown anhand der Sprachen verstärkte die Abgrenzung zwischen den einzelnen Dialektgruppen. Und bald war in der Kolonie jede für ihre speziellen Fähigkeiten bekannt. Die Hokkien und Teochew galten als Spezialisten für Handel und Landwirtschaft, die Leute aus Kanton und die Hakka für Handwerk und Bau und die aus Hainan fürs Kochen. Der Hähnchenreis nach Art von Hainan ist Singapurs beliebtestes Gericht und ein Zeugnis für das chinesische Erbe.

Die Mehrheit der gebildeten Bevölkerung ist zweisprachig, Englisch und Mandarin sind die gängigsten Sprachen im Alltag. Während in der Schule vorwiegend Englisch gelehrt wird, lernen die Kinder auch ihre jeweilige Muttersprache, damit sie die Verbindung zu ihren ethnischen Identität nicht verlieren.

In der „Löwenstadt" werden zwar auch heute noch chinesische Dialekte gesprochen, vor allem unter den älteren Chinesen, doch waren die lang anhaltenden Bemühungen der Regierung, Mandarin, das „Hoch-Chinesisch", zu fördern, von Erfolg gekrönt und eine wachsende Zahl der Chinesen Singapurs spricht es jetzt auch zu Hause.

Seit 1921 machen die Chinesen etwa drei Viertel der Inselbevölkerung aus, sie üben einen beherrschenden Einfluss auf die Kultur Singapurs aus – vom Einfluss des Feng Shui auf Gebäude wie das Marina Bay Sands und die Suntec City bis hin zu konfuzianischen Prinzipien, die dem patriarchalischen Regierungssystem Singapurs zugrunde liegen. Ein System, das sich als Zusammenwirken eines wohlwollenden Herrschers und respektvoller Untertanen präsentiert.

Malaien

Der Anteil an Malaien – den ursprünglichen Bewohnern der Insel – an der Bevölkerung beträgt zwar lediglich knapp 14 %, aber sie sind Singapurs zweitstärkste ethnische Gruppe. Bei der Festlegung von Singapurs moderner Identität spielt die malaiische Kultur nach wie vor eine wichtige Rolle: von der Nationalhymne bis zu Straßennamen, Stadtvierteln, Naturschutzgebieten und Inseln.

Während die Mehrheit der singapurischen Malaien ursprünglich von der Malaiischen Halbinsel stammt, gibt es auch viele, die ihre ursprünglichen Wurzeln andernorts haben, etwa auf den Riau-Inseln, auf Java, Sumatra und Sulawesi. Eine kleinere Anzahl sind Abkömmlinge aus Verbindungen zwischen malaiischen Frauen und arabischen oder indischen muslimischen Männern; Letztere wanderten gegen Ende des 19. und im 20. Jh. nach Singapur ein.

Sprache und Glaube verbinden die malaiischen Singapurer. Die meisten sind praktizierende Sunniten. Das verdeutlichen auch die vielen gut besuchten Moscheen in malaiischen Vierteln wie Geylang Serai ebenso wie die Beliebtheit von bestimmten Bekleidungen, beispielsweise des *tudung* (ein Kopftuch) oder der traditionellen *baju kurung* (eine langärmelige Tunika, die über einem Sarong getragen wird) bei den malaiischen Frauen von Singapur.

Das historische Herz der malaiischen Gemeinde befindet sich in Kampong Glam, einem Stadtviertel, in dem es zahlreiche Lokale gibt, die die muslimischen Speisevorschriften einhalten und köstlich schmeckende malaiische Klassiker wie *nasi lemak* (ein Kokos-Reis-Gericht) und *asam laksa* (ein säuerlich-würziges Fisch-Nudel-Gericht) servieren, Gerichte, die auch zum allgemeinen kulinarischen Repertoire Singapurs gehören. In diesem Stadtviertel liegt auch das Malay Cultural Centre and die bedeutende Sultan-Moschee.

Trotz ihres kulturellen Einflusses sah sich die malaiische Minderheit im Laufe der Jahre auch großen Herausforderungen gegenüber, so etwa einem hohen Anteil am unteren Ende der Bildungsskala, Vorurteilen auf dem Arbeitsmarkt und einer zu geringen Vertretung – in der Verwaltung, beim Militär und auch in der Justiz.

Eine traditionelle Hochzeit der Peranakan ist eine aufwendige, 12 Tage währende Angelegenheit, voller starker chinesischer Traditionen aus der Provinz Fujian, gemischt mit einigen malaiischen Bräuchen. Heute finden solche Ereignisse nur noch selten statt, obwohl sie ein Comeback erlebt haben, wenn auch in einer stark vereinfachten, eintägigen Form.

Peranakan

Die vor Ort geborenen Peranakan in Singapur sind Abkömmlinge von Einwanderern, die einheimische Frauen heirateten, meist malaiischer Abstammung. Jahrhunderte des Zusammenlebens und das Zusammentreffen unterschiedlicher Sitten haben eine faszinierende Mischkultur geschaffen, die in jüngster Zeit eine Wiederbelebung erfahren hat.

EXPATS

Menschen, die nicht dauerhaft in Singapur leben, machen beinahe 40 % der 5,6 Mio. Einwohner aus; im Jahr 2000 waren es lediglich 25 %.

Viele sind für eine schlechte Bezahlung im Bau- und Dienstleistungsbereich tätig; sie kommen aus China, Süd- und Südostasien. Allerdings gibt es auch eine große Zahl hoch qualifizierter Fachleute in verschiedenen Branchen, beispielsweise Finanzen, Erdöl und Gas, IT, Biomedizin und Forschung, Tourismus und Gastronomie. In Singapur ist jeder vierte Facharbeiter ein Ausländer.

Hier leben allein 40 000 Briten, weitere bedeutende Gruppen bilden Australier, Amerikaner, Franzosen und Japaner. Beliebte Viertel der Expats sind Orchard, Tanglin, Novena, Holland Village, Bukit Timah und die Ostküste.

Es ist eine sehr lebendige Szene, in der kein Mangel an Clubs und Sportvereinen, internationalen Schulen sowie Expat-Zeitschriften und -Websites herrscht. Für viele sind die Vorzüge Singapurs offensichtlich: eine geringe Kriminalitätsrate, relativ niedrige Steuern, ein erstklassiges Gesundheits- und Bildungssystem, bezahlbare Haushaltshilfen und fantastische internationale Verkehrsverbindungen. Weniger attraktiv sind die rasant steigenden Lebenshaltungskosten, die sich noch verstärkt bemerkbar machen, weil zunehmend mehr Firmen ihre Arbeitsverträge für Expats inzwischen deutlich weniger lukrativ gestalten.

Die Peranakan werden in drei große Gruppen eingeteilt: die Chitty Melaka und Jawi Peranakan stammen von den frühen Einwanderern aus Indien ab, während die Straits-Chinesen auf dem chinesischen Festland beheimatet sind. Egal welcher Gruppe sie auch angehören, sie haben sich bis heute einen starken Sinn für ihre ethnischen und kulturellen Wurzeln und Traditionen bewahrt.

Die größte Gruppe in Singapur sind die Straits-Chinesen, ein Spiegelbild der allgemeinen Gliederung der Bevölkerung. Der Begriff „Straits Chinese" entstand in den Gemeinden der ehemaligen Straits Settlements Singapur, Penang und Melaka.

Heute überschneidet sich die Kultur der Chinesen und der Peranakan und es ist manchmal schwierig, sie auseinanderzuhalten. Peranakan-Männer, Babas genannt, und -Frauen, Nonya, sprechen meist einen Dialekt, der Bahasa-Malaiisch mit Hokkien-Chinesisch und Englisch mischt, obwohl sich das im Lauf der Zeit gemeinsam mit dem Bildungssystem in Singapur verändert hat. Viele der gegenwärtigen Peranakan sprechen Englisch und Mandarin.

Vom Aussehen her kann man die Peranakan nicht von den Han-Chinesen unterscheiden, allerdings halten traditionell orientierte Familien noch sehr stark an ihren alten Bräuchen und Traditionen fest und sind stolz auf ihr kulturelles Erbe, das im Peranakan Museum und im Baba House hervorragend präsentiert wird.

Lektüre

A Peranakan Legacy: The Heritage of the Straits Chinese (Peter Wee)

The Shrimp People (Rex Shelley)

Kebaya Tales: Of Matriarchs, Maidens, Mistresses and Matchmakers (Lee Su Kim)

Inder

Mit rund 8 % Anteil an der Bevölkerung stellen die Inder die drittstärkste ethnische Gruppe in Singapur. Es ist zwar in Singapur nur eine verhältnismäßig kleine Gruppe, doch es ist eine der größten außerhalb Indiens. Die Treue zu den Sitten und Bräuchen des Heimatlandes zeigt sich im Straßenleben Little Indias ebenso wie in der lebhaften Teilnahme an hinduistischen Festen wie Thaipusam und Diwali.

Eine Reihe von Indern diente ursprünglich als *sepoys* (Soldaten) in der britischen Armee und die Arbeit indischer Gefangener spielte eine bedeutende Rolle in der frühen Baugeschichte der Stadt; mit mühsamer und harter Arbeit rodeten sie den Urwald, legten Sümpfe trocken und zogen Bauten hoch, darunter die Saint Andrew's Cathedral, den Istana-Palast und den Sri-Mariamman-Tempel. Nach Verbüßung ihrer Strafe blieben viele von ihnen in Singapur, nahmen Arbeit an oder gründeten sogar kleine Firmen. Einige wurden *dhobis* (Arbeiter in Wäschereien), eine Tatsache, die der Name der Dhoby Ghaut MRT-Station noch heute widerspiegelt. Viele Inder aus dem südlichen Teil des Landes erlangten Bekanntheit als *chettiars* (Geldverleiher).

Mehr als die Hälfte der heutigen Inder in Singapur sind Tamilen, die aus der Region Tamil Nadu im südlichen Indien stammen, wo die Hindutraditionen noch große Bedeutung besitzen. Der Rest sind meist Muslime oder Christen. Zu den Minderheiten zählen Sikhs, Jaina, Buddhisten und Parsen. Eine kleine, meist in England erzogene indische Elite spielte in der Gesellschaft Singapurs schon immer eine bedeutende Rolle, doch der Großteil der Inder gehört der Arbeiterklasse an.

Eurasier

Wer einen Singapurer mit Namen Clarke, de Souza oder Hendricks trifft, hat es vermutlich mit einem Eurasier zu tun – mit diesem Begriff werden Menschen mit europäischen und asiatischen Vorfahren bezeichnet. In der frühen Kolonialzeit kamen die meisten Eurasier aus dem malaysischen Handelshafen Malakka, der neben Goa, Macau und Ceylon (dem heutigen Sri Lanka) eine bedeutende eurasische Bevölkerung besaß. Diese war darauf zurückzuführen, dass die portugiesischen, niederländischen und britischen Kolonialherren einheimische Frauen geheiratet hatten.

Der gemeinsame christliche Glaube und die gemeinsamen Kulturtraditionen schufen ein festes Band zwischen der britischen herrschenden Klasse in Singapur und der eurasischen Gemeinde der Insel. Viele Eurasier erhielten privilegierte Stellen im öffentlichen Dienst. Das Band lockerte sich, als nach der Eröffnung des Suezkanals vermehrt Europäer kamen und die „Halbeuropäer" aufs Abstellgleis schoben. Ironie des Schicksals: Während der japanischen Besetzung Singapurs im Zweiten Weltkrieg wurden die Eurasier ganz besonders heftig verfolgt, weil sie als „britische Sympathisanten" galten.

Heute leben in Singapur etwa 15 000 Eurasier; die Gruppe spielt eine wichtige Rolle in den Medien und der Unterhaltungsindustrie. Das gemischtethnische Erscheinungsbild der Eurasier fasziniert besonders Werbefachleute, die in ihnen Singapurs multikulturelles Flair verkörpert sehen. Die Mehrheit der modernen singapurischen Eurasier ist britischer Abstammung mit Englisch als Muttersprache.

Für jeden HDB- (Housing Development Board) Sozialwohnungskomplex gelten ethnisch bestimmte Quoten, die Singapurs demografische Mischung genau wiedergeben. Diese Quoten sollen „ethnische Enklaven" verhindern.

Architektur

Singapur ist eine architektonische Wundertüte; der Inhalt reicht von blütenweißen Kirchen im Kolonialstil über farbenfrohe Shophouses bis hin zu verblüffenden Meisterwerken zeitgenössischer Architektur. Trotz der Zerstörungswut der 1960er- und 1970er-Jahre ist es der Inselnation gelungen, einige Bereiche mit bedeutenden historischen Gebäuden zu erhalten. Der Kontrast zur kontinuierlich weiterwachsenden Skyline ist hinreißend und dramatisch zugleich.

Kolonialstil

Kurze Zeit, nachdem die British East India Company ihren Handelshafen an der Mündung des Singapore River anlegte, begannen Zuzügler aus ganz Asien der Stadt ihren architektonischen Stempel aufzuprägen. Die Chinesen bauten Tempel am Meer, wie den Thian Hock Keng Temple (S. 75), die indischen Hindus fügten eine weitere architektonische Facette hinzu mit Tempeln wie dem Sri Mariamman (S. 75) und die Chulia-Muslime aus Südindien errichteten Schreine wie den Nagore Durgha. Diese frühen Bauten spiegeln meist getreu den Architekturstil der jeweiligen Kultur und Religion wider.

Auch die Bauten der europäischen Kolonialherren zeugen von verschiedenen Einflüssen. Der Ire George Drumgoole Coleman – er gilt als führender Architekt aus Singapurs Kolonialzeit – ließ sich von der klassischen Ästhetik des palladianischen Stils inspirieren, den der italienische Architekt Andrea Palladio im 16. Jh. schuf. Coleman besaß großes Geschick im Anpassen des Stils; dorische Säulen, Kolonnaden und Rundbauten verband er perfekt mit großen Veranden und überhängenden Dachtraufen, die für das tropische Klima Singapurs besser geeignet waren. Im Colonial District finden sich viele seiner Arbeiten, darunter das Caldwell House in Chijmes und das Old Parliament House (S. 60). Das schönste Werk seiner Schaffenszeit ist wohl die Armenische Kirche (S. 59), deren Vorbild die Gregorskirche in Etschmiadsin ist, die Mutterkirche im nördlichen Armenien.

Coleman, der im Jahr 1826 Leiter der öffentlichen Bauvorhaben und Landvermesser in Singapur wurde, gab ein gutes Beispiel für andere Kolonialarchitekten ab. Zu ihnen zählten Frater Lothaire und Pater Charles Benedict Nain, die gemeinsam die elegante Saint Joseph's Institution entwarfen, die heute besser bekannt ist als Singapore Art Museum (S. 57). Nain schuf auch noch eine Kapelle in Chijmes, einen Bau von erhabener Eleganz im anglo-französischen Gotikstil.

Parallel zum Reichtum und der Bedeutung Singapurs nahm im 19. Jh. auch die Pracht seiner Gebäude zu. Einige der schönsten stammen von Major John Frederick Adolphus McNair, darunter das Empress Place Building (in dem sich das Asian Civilisations Museum befindet; (S. 50) und Singapurs früheres Regierungsgebäude, Istana (S. 103), nicht weit von der Orchard Road. Die Vorliebe für alles Klassische herrschte bis in die ersten Jahrzehnte des 20. Jhs. hinein, wie das Fullerton Hotel (S. 176) und der alte Supreme Court beweisen. Letzterer ist das jüngste Beispiel für britische Kolonialarchitektur in Singapur. Die City Hall und das Gebäude des alten Supreme Court wurden 2015 als National

Gallery Singapore (S. 52) wiedereröffnet – die beiden düsteren Bauten sind verbunden durch eine überraschend harmonische Dachkonstruktion aus Glas und Stahl. Das Dach und die Galerie sind eine Gemeinschaftsarbeit des französischen Architekturbüros Studio Milou und von CPG Consultants aus Singapur.

Shophouses

Bevor das HDB (Housing Development Board) für bezahlbare, staatlich geförderte Wohnungen sorgte, war das typische Gebäude für Singapur das Shophouse. Dieser lange schmale Haustyp ist auch charakteristisch für andere Hafenstädte wie Penang und Malakka.

In den Shophouses gab es im Erdgeschoss in der Regel einen Laden oder eine Werkstatt, im Obergeschoss lagen Wohnungen. Häufig ragt ein festes Vordach über den Fußweg, diese Konstruktion wird als „five-foot way" bezeichnet. Das Vordach existierte bereits im südlichen China und in Teilen von Südostasien; festgeschrieben wurde diese Bauform in Singapur im Jahr 1822 von Sir Stamford Raffles, als er unter anderen eine Verordnung erließ, dass „alle aus Backstein oder Kacheln gebauten Häuser eine entsprechende Fassade mit einer Arkade von einer gewissen Tiefe besitzen sollen, die nach allen Seiten offen ist und einen freien Durchgang ermöglicht".

Der Begriff „Shophouse" ist eine wörtliche Übersetzung aus dem Chinesischen („tiam chu" in Hokkien, „dian wu" in Mandarin). Der ornamentreichste der vielen unterschiedlichen Stile ist der „Late"-Shophouse-Stil, bei dem die Wände mit verzierten Fenstern, Pilastern und anderen Details geschmückt sind.

Ein fürsorglicher Raffles wollte sicherstellen, dass Fußgänger vor Sonne und Regen geschützt waren. Doch die Ladenbesitzer hatten andere Vorstellungen und schon bald dienten die Arkaden als Vergrößerung der Läden nach draußen. Heute gibt es auf den meisten „five-foot ways" keine Geschäfte mehr, doch wer die Buffalo Road in Little India oder das nördliche Teilstück der Telok Ayer Street in Chinatown entlanggeht, kann sich noch vorstellen, wie schwierig das Vorankommen für Fußgänger in früheren Zeiten war.

Die tragenden Wände zwischen den einzelnen Häuser sind aus solidem Stein gebaut – eine Abweichung von der traditionellen Holzbauweise – und boten nicht nur Tragfähigkeit und Privatsphäre, sondern hinderten auch Brände daran, sich auszubreiten.

Die ersten Shophouses aus dem Jahr 1840 sind einfache, gedrungene zweistöckige Häuser. Nacheinander folgten verschiedene Stilformen: Early, First Transitional, Late, Second Transitional und Art déco. Die Fassaden sind oft mit klassischen Elementen wie Säulen verziert, außerdem mit schönen Kacheln und einem leuchtenden Anstrich – Chinesen, Peranakan und Malaien lieben alle lebhafte Farben. Einige der schönsten noch bestehenden Shophouses säumen die Koon Seng Road und den Joo Chiat Place in Katong ebenso wie die Pertain Road (zwischen Jalan Besar und Sturdee Road) nahe Little India.

Die Shophouses verfügen meist über einen zentralen Innenhof, der nach oben offen ist, sodass das Tageslicht ins Haus scheinen kann. In früheren Zeiten wurde dort auch Wasser gesammelt (zahlreiche Innenhöfe besaßen offene Zisternen). Bei einigen Haustypen diente eine hohe Rückwand auch als eine Art Windschutz.

Eine besondere Variante in Singapur war das *chophouse* – manche dieser Häuser wurden wieder errichtet. Einige sind im Chinatown Heritage Centre (S. 73) zu besichtigen. Im Prinzip auf demselben Grundriss basierend wie das verbreitete Shophouse, waren sie so konstruiert, dass sie viele Dutzend, manchmal sogar Hunderte von Bewohnern aufnehmen konnten. Die Stockwerke waren in winzige, dunkle und elende Zellen aufgeteilt. Zudem führte die hohe Dichte an Mitbewohnern zu extrem armseligen Bedingungen. In Little India stehen noch einige dieser *chophouses*, beispielsweise an der Desker Road, allerdings wurden die meisten im Lauf der Jahrzehnte abgerissen.

HDB-Wohnungen

Nur in Singapur kann man nachts sicher durch eine Hochhaussiedlung gehen und einen Getränkeautomaten finden, der voll, funktionstüchtig und nicht mutwillig beschädigt ist. Während andernorts Hochhäuser mit Sozialwohnungen abgerissen werden, funktionieren sie in Singapur. Das müssen sie auch: Es gibt wenig Land, so bleibt der Regierung keine Wahl, als in die Höhe zu bauen. Das staatliche Housing Development Board (HDB) ist verantwortlich für ein Mammutbauprojekt. Es werden solide gebaute, gut gewartete und bezahlbare Wohnungen errichtet. Bis jetzt sind über eine Million Wohneinheiten entstanden.

HDB-„Städte" wie Toa Payoh, Pasir Ris und Tampines bieten eine Heimat für rund 85 % der Bevölkerung. HDB-Projekte verfügen über Märkte, Schulen, Spielplätze, Läden und Zentren mit fliegenden Händlern. In den älteren (aus den 1960er- und 1970er-Jahren) stehen große Bäume, die Schatten spenden und die Siedlungen deshalb auch attraktiver machen. In vielen Blocks gibt es sogenannte „void decks", leere Bereiche im Erdgeschoss, in denen ein frisches Lüftchen zirkulieren kann; im Schatten sieht man häufig ältere Männer Schach spielen.

Feng-Shui beeinflusst den Entwurf vieler Gebäude in Singapur, darunter das Suntec City. Die fünf Bürotürme symbolisieren die Finger der linken Hand, einschließlich eines gedrungenen Turms als Daumen. In der Hand liegt der Fountain of Wealth. Dessen Wasser fließt abwärts in den Komplex hinein und sammelt positives *qi* (Energie) und Reichtum.

Der bemerkenswerteste HDB-Komplex in Singapur ist das riesige Pinnacle@Duxton (S. 75), das im Jahr 2009 fertiggestellt wurde. An der Ecke von Cantonment Road und Neil Street, direkt südlich von Chinatown gelegen, besteht das Projekt aus sieben 50 Stockwerke hohen Apartmenttürmen, die auf zwei Ebenen durch schwindelerregende Brücken verbunden sind. In luftiger Höhe gibt es sogar Gärten und auch eine Joggingstrecke. Abgesehen von der Höhe und der Größe ist der Komplex auch in der Vielfalt der Fassadengestaltung einmalig: von Pflanzwannen über Erkerfenster bis zu Balkonen. Das Ergebnis ist eine der abwechslungsreichsten Fassaden in Singapur.

Das HDB ist auch zuständig für Renovierungs- und Verbesserungsarbeiten, obwohl die Mehrzahl der Wohnungen sich in Privatbesitz befindet. Das macht sie zu einem der außergewöhnlichsten Sozialwohnungsprojekte weltweit. Alle paar Jahre werden sie renoviert und bekommen dann neue Einrichtungen.

Dank des MRT-Systems ist es einfach, die wichtigsten HDB-Projekte zu besuchen. Einfach in einen Zug springen und zum Beispiel in Toa Payoh aussteigen. Es gibt dort zwar keine herausragende Architektur zu bewundern, aber die Besucher bekommen einen guten Eindruck davon, wie die meisten Menschen in Singapur leben.

Modern & zeitgenössisch

Das Pinnacle@Duxton (S. 75) ist eine von zahlreichen architektonischen Kühnheiten in Singapur, die hier sozusagen Hochkonjunktur haben. Einige dieser Gebäude wurden von weltbekannten Stararchitekten entworfen. Zu den frühesten und bekanntesten Bauten zählt das 52 Stockwerk hohe OCBC Centre im Central Business District (CBD). Der vom chinesisch-amerikanischen Architekten I. M. Pei entworfene Wolkenkratzer wurde in den Jahren zwischen 1970 und 1976 erbaut und gilt als typisches Beispiel brutalistischer Architektur: In den deutlich sichtbaren Beton sind drei Felder mit Fenstern eingelassen. Weil die Fenster wie ein Tastenfeld wirken und das Gebäude so schlank ist, erhielt es den treffenden Beinamen „der Taschenrechner".

Der israelisch-kanadische Architekt Moshe Safdie, der für den Wohnhauskomplex Habitat 67 in der kanadischen Stadt Montreal verantwortlich zeichnete, entwarf das Marina Bay Sands (S. 55), ein Resort an der Marina Bay. Das 2010 vollendete Hotel, dessen drei Türme von einer 340 m langen Dachterrasse bekrönt werden, hat sich wohl zum bekanntesten Gebäude Singapurs entwickelt.

BUNGALOWS IN SCHWARZ UND WEISS

Bei diesen Häusern handelt es sich nicht um die ebenerdigen Häuser des Westens, die Bungalows in Singapur sind nach den Häusern im Stil von Bangalore (Südindien) benannt, haben zwei Stockwerke und eine große Veranda im Obergeschoss.

Die meisten wurden im Neu-Tudorstil (Tudor revival) errichtet, der vor Ort als „Schwarz-Weiß" bekannt ist. Diese Bauten mit freiliegenden Balken waren ab der Mitte des 19. Jhs. bis zum Zweiten Weltkrieg sehr beliebt. Der typische Entwurf zeigt deutliche Einflüsse der sogenannten Arts-and-Crafts-Bewegung. Entstanden im England der 1860er-Jahre, legte diese Bewegung verstärkten Wert auf handwerkliches Können, eine Gegenreaktion auf Englands rasche Industrialisierung. In den 1930er-Jahren verdrängte der sogenannte „tropische Art-déco-Stil" den Neu-Tudorstil. Nun bestimmten Flachdächer, abgerundete Ecken und die Betonung der Horizontalen die architektonischen Entwürfe.

Diese „Schwarz-Weißen" sind sehr beliebt bei Expats, die nach den glorreichen Tagen suchen, die inzwischen schon drei Generationen zurückliegen. Viele von ihnen finden sich in den begrünten Wohngegenden abseits der Orchard Road, etwa in der Nassim Road und dem Abschnitt der Scotts Road beim Hotel Sheraton Towers. Die Gebäude drängen sich auch in exklusiveren Gegenden wie Alexandra Park und Ridley Park, wo auch diverse elegante Hotels das Bild prägen.

In der Mountbatten Road in Kallang gibt es sowohl Beispiele der sehr dekorativen viktorianischen Bungalows als auch der Art-déco-Bungalows, die aus den 1920er- und 1930er-Jahren stammen.

Safdie ist auch die treibende Kraft hinter dem Jewel am Changi Airport, einem Mehrzweckbau für 1,7 Milliarden S$, der im Jahr 2019 fertgestellt werden soll. Der fünfstöckige überkuppelte Bau soll aus mehr als 9600 Glasplatten konstruiert werden und auf einen 40-m-Wasserfall zusammenlaufen, der von einer Lasershow beleuchtet wird. Im Inneren soll es einen üppigen Garten inklusive einem Wanderweg sowie rund 300 Läden und Restaurants geben.

An der Marina Bay, einem funktionierenden Wasserspeicher, stehen mehrere herausragende Beispiele zeitgenössischer Architektur. Am Nordrand liegt das Esplanade – Theatres on the Bay, entworfen von DP Architects aus Singapur und Michael Wilford and Partners aus London. Der Bau ist besonders bekannt für die Sonnenblenden aus Aluminium auf dem Dach, von dem die zwiebelförmigen Theater- und Konzertsaalbauten überspannt sind. Das Aussehen hat zu Vergleichen mit Durianfrüchten oder Fliegenaugen geführt. Hinter dem Marina Bay Sands (S. 55) liegt der neueste Botanische Garten Singapurs, Gardens by the Bay. Die beiden riesigen Bauten aus Glas und Stahl, die vom Architektenbüro Wilkinson Eyre entworfen wurden, sind die größten klimatisierten Gewächshäuser der Welt.

Westlich der Marina Bay und des CBD erhebt sich das preisgekrönte Reflections des US-amerikanischen Architekten Daniel Libeskind in Keppel Bay, es handelt sich um einen Komplex mit Luxuswohnungen, die in wellenförmigen Türmen liegen. Die Ansicht ändert sich nach dem Standpunkt des Betrachters.

Das neuere Nouvel 18 des französischen Architekten Jean Nouvel ist nicht weniger beeindruckend. Es liegt direkt gegenüber dem Shangri-La Hotel; in die Türme sind auf verschiedenen Ebenen insgesamt acht Gärten eingefügt, die eine Unterbrechung der Glasfassade bewirken. Dieses Konzept nimmt das brandneue South-Beach-Projekt von Foster & Partners auf – zwei beeindruckende Türme gegenüber dem Raffles Hotel, die von dicht bepflanzten Gärten durchbrochen werden. In ihnen befinden sich ein Hotel, Büros und Wohnungen. Auch der New

Eines der eklektizitischsten Gebäude Singapurs ist das granitverkleidete Parkview Square (2002), 600 North Bridge Road. Entworfen vom Amerikaner James Adam und der lokalen Firma DP Architects, ist es als „Gotham Building“ bekannt – wegen seiner übertriebenen vom Art déco inspirierten Motive und Ornamente. Drinnen befindet sich die Champagner-Bar Atlas (S. 96).

Supreme Court und die Expo MRT Station mit ihrer UFO-ähnlichen Scheibenform stammen von Sir Norman Foster.

Das Konzept „Gebäude als Garten“ bestimmt auch das ParkRoyal on Pickering (S. 178), ein tolles zwölf Stockwerke hohes Hotel, wo die üppigen hängenden Gärten mit Schluchten und Wasserfällen den auf der anderen Seite der Straße liegenden Hong Lim Park geradezu auf das Gebäude hochzuziehen scheinen. Hinter dem Projekt steht die Architektur- und Designfirma WOHA. Eines der neuesten Projekte von WOHA ist das Hotel Oasia Downtown in Tanjong Pagar. Das 30 Stockwerke hohe Gebäude soll eine mit Schlingpflanzen und Blütenpflanzen bedeckte Fassade bekommen, die einer der größten vertikalen Gärten der Welt sein wird. Auch an der Marina One dominiert Grün, ein weiterer Bau, der kürzlich vollendet wurde. Die deutsche Firma Ingenhoven Architects zeichnen für den Entwurf verantwortlich; die terrassierten Seiten des Baus erinnern an Reisfelder und die Gärten entwickeln sich, je weiter es nach oben geht, genau wie das auch an einem Berg der Fall wäre.

Ein ungewöhnlicherer Neubau ist das Interlace, ein Apartmentkomplex aus 31 sechsstöckigen Teilbauten, die wie Ziegelsteine unregelmäßig aufgestapelt sind. Es liegt an einem Hügel nahe dem Southern-Ridges-Wanderweg. Der Bau sieht so aus, als ob ein dreijähriges Kind mit Bauklötzen gespielt hätte. Doch die Architekten, OMA/Ole Scheeren, gewannen mit diesem Entwurf beim World Architecture Festival 2015 in der Kategorie „World Building of the Year“.

Singlish: Eine Einführung

Will jemand nach Chinatown gehen, um „see see walk walk"? Dann „sit this bus". Willkommen in der bunten, manchmal verwirrenden Welt des Singlish, Singapurs ganz spezieller Version des Englischen. Der lokale Dialekt, gespickt mit vielen aus dem Hokkien, Tamilischen und Malaiischen entlehnten Wörtern, ist ein Ergebnis der multiethnischen, mehrsprachigen Geschichte der Insel. Egal ob man die Sprache mag oder nicht, ein paar Basics zu kennen, kann recht nützlich sein. Also nicht „pray pray ah"! Auf geht es zur Erkundung des Singlish.

Singlish

Es gibt zwar keine Grammatik des Singlish, doch es gibt eindeutige Charakteristika. Bei den Verben existieren keine unterschiedlichen Zeiten. Vergangenheit, Gegenwart und Zukunft werden stattdessen im Singlish durch andere Wörter gekennzeichnet: Da heißt es dann „I go tomorrow" oder „I go yesterday". Die Hauptbetonung liegt grundsätzlich immer auf der letzten Silbe eines Wortes, so wird dann aus dem englischen „government" „guvva-men".

Wörter, die auf Konsonanten enden, werden oft verkürzt und Vokale verzerrt. Ein chinesischsprachiger Taxifahrer versteht einen Fahrgast möglicherweise nicht, der als Ziel Perak Road angibt, weil er diese Straße als „Pera Roh" kennt.

Ein typisches Gespräch könnte - verwirrenderweise - etwa so lauten: „*Eh,* this Sunday you going *cheong* (party) *anot*? No *ah*? Why like that? Don't be so boring *lah*! " Präpositionen und Pronomen werden meistens ausgelassen, die Reihenfolge der Wörter wird umgestellt, Sätze werden stark verkürzt, Betonung und Rhythmus sind - gelinde gesagt - absolut unkonventionell.

Das Wörtchen „*lah*" wird oft zur Betonung ans Ende eines Satzes angehängt, wie etwa bei „No good *lah*". Bitten oder Fragen werden auch oftmals mit einem Zusatz versehen, da eine direkte Frage unhöflich erscheinen könnte. Doch erscheinen diese Fragen Menschen aus dem westlichen Teil der Erde oft als eher rüde. Aus „Would you like a beer? " wird dann „You wan beer or not? "

Genaueres findet sich im Coxford Singlish Dictionary auf der satirischen Website Talking Cock (www.talkingcock.com).

Die meisten Singapurer lieben Singlish, doch die Regierung ist anderer Meinung. 2000 startete sie sogar eine Kampagne „Speak Good English" (www.goodenglish.org.sg), um den Standard des Englischen zu verbessern. Zur Kampagne gehört die App „Say It Right", die man downloaden kann.

Slang reden wie die Einheimischen

a bit the	sehr; wie in *„Wah! Your car a bit the slow on"*
ah beng	es gibt sie in jedem Land auf der Welt – junge Männer mit gegelten Stachelhaaren, auffälliger Kleidung, ausgestattet mit den neuesten Handys und einem Slogan in Gossensprache
ahlian	die weibliche Version von *ah beng* – groß, grelle Kleidung, mit frechem Mundwerk; auch als *ah huay* bekannt

aiyo!	„ach, herrje!"
alamak!	Ausruf der Fassungslosigkeit, wie „Oh, mein Gott"
angmoh	gängiger Begriff für Menschen aus dem Westen, mit einem verächtlichem Unterton; wörtlich „rothaariger Affe" in Hokkien
ayam	malaiisches Wort für Huhn; Adjektiv für etwas Unterlegenes oder Schwaches
blur	langsam oder schlecht informiert; ein beliebter Spruch ist *„blur like sotong"*
buaya	Weiberheld, malaiisch für Krokodil
can?	„Ist das ok?"
can!	„Ja, das ist gut"
charbor	Schätzchen, Frau
cheena	verächtlicher Begriff für altmodische chinesische Kleidung oder Denkweise
confirm	Wird verwendet, um in einer Beschreibung etwas zu betonen wie in *„He confirm blur one"* (Er ist nicht besonders clever)
go stun	wie in *„Go stun the car"* (vom seemännischen „go astern" – geh achtern/rückwärts)
heng	Glück (Hokkien)
hiao	eitel
inggrish	Englisch
kambing	Narr, wörtlich „Ziege" (malaiisch)
kaypoh	Wichtigtuer
kena	malaiisches Wort, das in etwa dem englischen Wort „got" entspricht und etwas beschreibt, das geschehen ist, wie in *„He kena arrested for drunk driving"*
kena ketok	abgezockt
kiasee	erschrocken, wörtlich „Angst haben zu sterben", ein Feigling
kiasu	Wörtlich „Angst vor dem Verlieren", selbstsüchtig, aufdringlich, immer auf der Suche nach einem Schnäppchen
kopitiam	Café
lah	allgemein eine Endung für jeden Satz; man könnte es als „OK" übersetzen, aber es hat keine wirkliche Bedeutung, wird fast überall zur Betonung angehängt
lai dat	„like that"; wird zur Betonung gebraucht, wie in *„I so boring lai dat"* (Mir ist sehr langweilig)
looksee	einen Blick werfen
minah	Freundin
or not?	allgemeine Endung für Fragen wie in *„Can or not?"* (Kannst du oder kannst du nicht?)
see first	abwarten, was passiert
shack	müde; oft in dem Ausdruck *„I damn shack sial"*
shiok	gut, großartig, köstlich
sotong	malaiisch für „Tintenfisch", wird als Adjektiv für ungeschickt, nicht clever gebraucht
steady lah	gut gemacht, ausgezeichnet; ein Ausdruck für Lob
wah!	Allgemeiner Ausruf der Überraschung oder Verzweiflung
ya ya	prahlerisch, wie in *„He always ya ya"* auch als *„He damn ya ya papaya"*

Praktische Informationen

Verkehrsmittel & -wege

ANREISE

Singapur ist einer der bedeutendsten Luftverkehrsknotenpunkte Asiens und wird sowohl von den großen Airlines als auch von Billigfluglinien angesteuert. Der Stadtstaat verfügt über hervorragende regionale und internationale Verbindungen. Von hier verkehren auch Züge und Busse in die benachbarten Staaten Malaysia und Thailand. Flüge, Autos und geführte Touren kann man online über die Website lonelyplanet.com/bookings buchen.

Changi Airport

Changi Airport (Karte S. 241; ☎6595 6868; www.changiairport.com; Airport Blvd; 📶; Ⓜ Changi Airport) liegt etwa 20 km nordöstlich von Singapurs Central Business District (CBD) und verfügt über vier Huptterminals (der neueste wurde 2017 eröffnet) – ein fünfter ist bereits im Bau. Changi Airport ist mit den zahlreichen Flugverbindungen in alle Herren Länder das wichtigste Tor zur Welt und wird regelmäßig zum besten Flughafen der Welt erklärt. Hier gibt es freies Internet und kostenlose Telefone für Ortsgespräche, Wechselstuben, medizinische Versorgungszentren, Gepäckaufbewahrung, Hotels, Wellness-Einrichtungen, Duschen, einen Fitnessraum, ein Schwimmbecken und unendlich viele Einkaufsmöglichkeiten.

Taxi

Die Taxis am Changi Airport sind schnell und sehr zuverlässig. Das Gebührensystem ist allerdings etwas kompliziert, aber mit einem Fahrpreis zwischen 20 und 40 S$ kommt man bequem ins Stadtzentrum, je nachdem wie lange die Fahrt dauert. Am teuersten sind die Fahrten zwischen 17 und 18 Uhr, weil dann eine Menge Zuschläge zu erwarten sind.

Eine viersitzige Limousine kostet unabhängig vom Ziel auf der gesamten Insel 55 S$ plus einen Aufpreis von 15 S$ für jeden zusätzlichen Zwischenhalt. Eine siebensitzige Taxi-Limousine kostet 60 S$ plus 15 S$ für jeden weiteren Halt. Ein Taxi bestellen kann man am Selbstbedienungskiosk in der Ankunftshalle aller Terminals.

Zug

Der Mass Rapid Transit (MRT) ist das beste und günstigste Verkehrsmittel, um in die Stadt zu gelangen. Die entsprechende Bahnstation liegt unterhalb von Terminal 2 und 3; der Fahrpreis in die Innenstadt kostet 1,69 S$ und die Fahrtdauer liegt bei 40 Minuten. Die erste Bahn fährt von Montag bis Samstag um 5.31 Uhr und sonntags um 5.59 Uhr morgens, und die letzte geht täglich um 23.18 Uhr.

Bus

Die Buslinie 36 fährt von Terminal 1, 2 und 3 zur Orchard Road und in den Colonial District (1,78 S$, 1 Std.). Die Busse fahren etwa alle 5 bis 15 Minuten; der erste verlässt den Flughafen kurz nach 6 Uhr morgens, der letzte kurz vor Mitternacht.

Schneller und bequemer sind die Flughafen-Shuttlebusse (Erw./Kind 9/6 S$, 20 bis 40 Minuten), die vor den Ankunftshallen von Terminal 1, 2 und 3 abfahren und ihre Fahrgäste an fast jedem Hotel in der Stadt absetzen. Die Wartezeiten belaufen sich in Stoßzeiten (6–9 Uhr und 17–1 Uhr) auf maximal 15 Minuten und bis zu 30 Minuten zu allen anderen Zeiten. Buchen kann man am Selbstbedienungskiosk in der Ankunftshalle aller Terminals.

Bus

Wer noch weiter als Johor Bahru (JB) in Malaysia reisen möchte, nimmt am besten einen Bus direkt von Singapur, obwohl es natürlich auch weitere und sogar günstigere Möglichkeiten ab JB gibt.

Zahlreiche private Busunternehmen betreiben bequeme Busse von vielen Orten Malaysias aus, darunter Malakka und Kuala Lumpur, aber auch von Orten wie Hat Yai in Thailand. Viele dieser Buslinien enden am **Golden Mile Complex Bus Terminal** (5001 Beach Rd; Ⓜ Lavender, Nicoll Hwy) nicht weit von Kampong Glam. Im Golden Mile Complex befinden sich viele Busunternehmen, die sich auf Reisen zwischen

KLIMAWANDEL & REISEN

Der Klimawandel stellt eine ernste Bedrohung für unsere Ökosysteme dar. Zu diesem Problem tragen Flugreisen immer stärker bei. Lonely Planet sieht im Reisen grundsätzlich einen Gewinn, ist sich aber der Tatsache bewusst, dass jeder seinen Teil dazu beitragen muss, die globale Erwärmung zu verringern.

Fliegen & Klimawandel

Fast jede Art der motorisierten Fortbewegung erzeugt CO_2 (die Hauptursache für die globale Erwärmung), doch Flugzeuge sind mit Abstand die schlimmsten Klimakiller – nicht nur wegen der großen Entfernungen und der entsprechend großen CO_2-Mengen, sondern auch, weil sie diese Treibhausgase direkt in den hohen Schichten der Atmosphäre freisetzen. Die Zahlen sind erschreckend: Zwei Personen, die von Europa in die USA und wieder zurück fliegen, erhöhen den Treibhauseffekt in demselben Maße wie ein durchschnittlicher Haushalt in einem ganzen Jahr.

Emissionsausgleich

Die englische Website www.climatecare.org und die deutsche Internetseite www.atmosfair.de bieten sogenannte CO_2-Rechner. Damit kann jeder ermitteln, wie viel Treibhausgase seine Reise produziert. Das Programm errechnet den zum Ausgleich erforderlichen Betrag, mit dem Reisende nachhaltige Projekte zur Reduzierung der globalen Erwärmung unterstützen können, beispielsweise Projekte in Indien, Honduras, Kasachstan und Uganda.

Lonely Planet unterstützt gemeinsam mit Rough Guides und anderen Partnern aus der Reisebranche das CO_2-Ausgleichsprogramm von climatecare.org.

Alle Reisen von Mitarbeitern und Autoren von Lonely Planet werden ausgeglichen. Auf der Homepage des Verlages – www.lonelyplanet.com – gibt es weitere Informationen zu diesem Thema.

Singapur und Malaysia oder Thailand spezialisiert haben. Fahrten kann man online über www.busonlineticket.com buchen

Busse von **First Coach** (☎6822 2111; www.firstcoach.com.my; 03-33 Novena Sq, 238 Thompson Rd; ⏲7–19 Uhr) verkehren täglich vom Novena Square nach Kuala Lumpur, während die Busse von **Phya Travel** (☎6294 5415; www.phyatravel.com; 02-25, Golden Mile Complex, 5001 Beach Rd) vom Golden Mile Complex nach Hat Yai in Thailand fahren, wo Reisende dann auf andere Busse zu sonstigen Destinationen umsteigen können.

Von Johor Bahru in Malaysia fahren Pendelbusse von **Causeway Link Express** (www.causewaylink.com.my) regelmäßig zu verschiedensten Orten in Singapur (einfache Fahrt 3,30 S$/3,40 RM, etwa von 6 bis 23.30 Uhr alle 15 bis 30 Min.), darunter Newton Circus, Jurong East Bus Terminal und die MRT-Station Kranji.

Fähre

Fähren aus Malaysia und Indonesien kommen an den verschiedensten Fähranlegern in Singapur an.

Changi Point Ferry Terminal (Karte S. 159; ☎6545 2305; 51 Lorong Bekukong; ⏲24 Std.; 🚌2)

HarbourFront Cruise & Ferry Terminal (Karte S. 250; ☎6513 2200; www.singaporecruise.com; 1 Maritime Sq; Ⓜ HarbourFront)

Tanah Merah Ferry Terminal (Karte S. 241; ☎6513 2200; www.singaporecruise.com; 50 Tanah Merah Ferry Rd; 🚌35)

Indonesien

Es besteht ein direkter Fährbetrieb zwischen den Riau-Inseln Pulau Batam und Pulau Bintan und Singapur. Die Fähren sind modern, schnell und klimatisiert. Eine kleine Fähre verkehrt auch nach Tanjung Belungkor in Malaysia.

BatamFast (☎HarbourFront Terminal 6270 2228, Tanah Merah Terminal 6542 6310; www.batamfast.com) Die Fähren von Batam Centre, Sekupang und Harbour Bay in Pulau Batam legen am HarbourFront Ferry Terminal an. Die Fähren von Nongsapura, auch auf Pulau Batam, kommen am Tanah Merah Ferry Terminal an.

Bintan Resort Ferries (Karte S. 241; ☎6542 4369; www.brf.com.sg; 01-21 Tanah Merah Ferry Terminal, 50 Tanah Merah Ferry Rd; ⏲Mo–Fr 7–20, Sa & So 6.30–20 Uhr; Ⓜ Tanah Merah, dann Bus Nr. 35) Fähren nach Bandar Bentan Telani in Pulau Bintan legen vom Tanah Merah Ferry Terminal ab.

Limbongan Maju Ferry Services (☎Tangjung Belungkor 07-827 8001; www.tanjungbelungkor.com) Die Fähren von Tanjung Belungkor in Malaysia kommen am Changi Point Ferry Terminal an.

Sindo Ferries (Karte S. 241; ☎HarbourFront Terminal 6331 4123, Tanah Merah Terminal 6331 4122; www.sindoferry.com.sg; 01-15 Tanah Merah Ferry Terminal, 50 Tanah Merah Ferry Rd; 🚌35) Die Fähren nach Batam Centre, Sekupang, Waterfront und Tanjung Balai legen vom HarbourFront Ferry Terminal ab. Die Fähren nach Tanjung Pinang starten vom Tanah Merah Ferry Terminal.

Zug

Malaysia & Thailand

Ab Juli 2015 ist es nicht mehr möglich, eine direkte Zugverbindung von Singapur nach Singapur nach Kuala Lumpur zu nehmen. Stattdessen betreibt die malaysische Eisenbahngesellschaft **Keretapi Tanah Melayu Berhad** (www.ktmb.com.my) einen Pendelzug vom **Woodlands Train Checkpoint** (Karte S. 233; 11 Woodlands Crossing; 🚌170, Causeway Link Express vom Queen St Terminal) zum JB Sentral mit Anschluss nach Kuala Lumpur. Die Fahrkarten für den Shuttle (S$5) können am Schalter gekauft werden. Die Züge fahren von hier nach Kuala Lumpur mit Anschlussmöglichkeiten nach Thailand. Fahrkarten kann man an den Bahnhöfen Woodlands oder JB Sentral reservieren oder auch über die miserable Website von KTM.

Der luxuriöse **Eastern & Oriental Express** (☎6395 0678; www.belmond.com/eastern-and-oriental-express) beginnt seine zwei Nächte lange Fahrt (1943 km) nach Singapur in Bangkok – es ist eine der schönsten Bahnfahrten der Welt. Im vornehmen Leinenanzug schlürft man hier seinen Gin Tonic, hat aber im Vorfeld für die Fahrkarte schon tief in die Tasche gegriffen: Die Reise (einschließlich einiger Abstecher) ist ab 2664 US$ pro Person für drei Tage/zwei Nächte zu haben.

UNTERWEGS VOR ORT

Ideal ist es, die kreditkartengroße elektronische EZ-Link-Card für die Nutzung von MRT-Bahnen und Stadtbussen zu kaufen. Sie wird einfach vor Antritt der Fahrt und am Ende über einen Sensor gezogen. Erhältlich ist sie an allen MRT-Stationen. Dort kann die Card auch aufgeladen werden.

Singapur ist die Stadt in Asien, in der sich die Fortbewegung am einfachsten gestaltet. An den Wänden der MRT-Stationen hängen Umgebungskarten, sodass man sich leicht orientieren kann, welchen Ausgang man nehmen muss.

Die Smartphone-App gothere.sg leitet einen vom Standort zum Ziel, indem sie verschiedene Verkehrsmittel angibt; zusätzlich liefert sie noch den ungefähren Preis für eine anstehende Taxifahrt.

- **MRT** Die U-Bahn vor Ort – die bequemste Art von A nach B zu gelangen, und zwar zwischen 5.30 Uhr und Mitternacht.
- **Bus** Busse fahren überall dorthin, wo auch die Bahnen hinfahren, aber auch darüber hinaus. Ideal, um viel zu sehen. Sie fahren von 6 Uhr bis Mitternacht. Es gibt zusätzlich aber noch einige Nachtbusse ab Stadtzentrum.
- **Taxis** Sie sind im Vergleich zu Sydney oder London recht preiswert, allerdings gibt es heftige Aufschläge zu Stoßzeiten und von Mitternacht bis 6 Uhr morgens. Man winkt sie einfach an der Straße herbei oder geht zu einem Taxistand. An Regentagen muss man schon Glück haben, um eins zu bekommen.
- **Uber** In Singapur breitet sich die Uber-Szene schnell aus.

DIE EZ-LINK-CARD IN DER STADT

- Wer mehr als ein bis zwei Tage in Singapur bleibt, kann den öffentlichen Nahverkehr am besten mit der EZ-Link-Card (www.ezlink.com.sg) nutzen. Mit dieser Chipkarte kann man per Bahn und Bus fahren, indem man sie beim Einsteigen und Aussteigen bzw. Betreten und Verlassen des Bahnhofs einfach über ein Sensorgerät zieht.
- EZ-Link-Cards gibt es am Kundenschalter in den MRT-Stationen für 12 S$ zu kaufen (darin ist eine nicht erstattungsfähige Kaution von 5 S$ enthalten).
- Die Karte kann auch in einem 7-Elevens gekauft werden und kostet da nur 10 S$ (inklusive 5 S$ nicht erstattungsfähiger Kaution).

Die Karten können bar oder mit der Bankkarte an den Ticketautomaten aufgeladen werden. Als Minimum gelten 10 S$; maximal können 500 S$ aufgeladen werden.

Auto & Motorrad

In Singapur herrscht Linksverkehr und Anschnallpflicht. Das *Mighty Minds Singapore Street Directory* (14,90 S$) ist sehr wertvoll und an Tankstellen, in Buchläden,

FairPrice-Supermärkten und Schreibwarengeschäften erhältlich. Auf der Insel existiert ausgezeichneter Internetempfang, sodass Google Maps eine gute Alternative ist.

Auto und Motorrad fahren

Zum Autofahren benötigt man einen gültigen nationalen Führerschein. Einige Verleihfirmen verlangen auch eine internationale Fahrerlaubnis.

Die Straßen selbst sind in ordentlichem Zustand und gut beschildert. Die einheimischen Verkehrsteilnehmer wechseln oft wild die Spur, manchmal auch ohne zu blinken. Motorradfahrer haben häufig die schlechte Angewohnheit, sich zwischen den Autos durchzuzwängen, insbesondere wenn der Verkehr stockend ist.

Autoverleih

Wer vor Ort einen Mietwagen fahren möchte, sollte sich eher bei kleineren Verleihfirmen umsehen, da sie oftmals preiswerter sind als die großen internationalen Firmen. Wer nach Malaysia fahren möchte, sollte den Mietwagen erst in Johor Bahru mieten, da die Preise dort erheblich niedriger sind als in Singapur (außerdem ist die malaysische Polizei dafür bekannt, dass sie besonders Autos mit den Schildern der Verleiher aus Singapur im Blick hat).

Die Mietpreise belaufen sich ab 60 S$ pro Tag. Für eine längere Mietdauer werden preisgünstige Arrangements angeboten. Die meisten Verleihfirmen bestehen darauf, dass die Fahrer wenigstens 23 Jahre alt sind.

Alle größeren Autoverleiher haben ihre Schalter sowohl am Changi Airport als auch in der Stadt.

Avis (☎6737 1668; www.avis.com.sg; 01-07 Waterfront Plaza, 390A Havelock Rd; ⌚8–20 Uhr; 🚌5, 16, 75, 175, 195, 970)

Hawk (Karte S. 249; ☎6466 2366; www.hawkrentacar.com.sg; 01-11 Ispace, 7 Soon Lee St; ⌚Mo–Fr 9–18, Sa bis 13 Uhr; Ⓜ Pioneer)

Hertz (Karte S. 241; ☎6542 5300; www.hertz.com; Terminals 2 & 3, Changi Airport; ⌚7–23 Uhr; Ⓜ Changi Airport)

Zonen mit Beschränkungen & Parken

Von Montag bis Samstag sind viele Bereiche in der Innenstadt zu verschiedenen Zeiten des Tages für Fahrzeuge nur eingeschränkt zugänglich. Man darf zwar mit dem Autos hineinfahren, aber dafür muss man eine Maut bezahlen.

Alle Fahrzeuge werden automatisch von Sensoren erfasst, die an einem ERP-Portal (Electronic Road Pricing) über der Straße angebracht sind. Alle Autos müssen demnach mit einem Gerät ausgestattet sein, in das der Fahrer eine Geldkarte stecken muss (an Tankstellen und 7-Elevens erhältlich), von der die Maut dann abgebucht wird.

Das gleiche System gilt auch auf bestimmten Schnellstraßen. Auch die Mietwagen unterliegen diesen Regeln. Auf www.onemotoring.com.sg finden sich die ERP-Preise und zu welchen Zeiten sie gelten.

Parken ist in der Innenstadt ziemlich teuer, aber dafür kann man an beinahe jedem großen Einkaufszentrum einen Parkplatz finden. Die Parkplätze unter freiem Himmel und Parkboxen am Straßenrand werden vom Staat betrieben – man kauft sich an Tankstellen und 7-Elevens kleine Heftchen mit Parkcoupons, von denen man dann einen hinter die Windschutzscheibe legt.

Auf vielen Parkplätzen ist bereits das gleiche ERP-Portal installiert wie für die Mautabbuchung; hier wird also ganz auf das Coupon-System verzichtet.

Bus

Singapurs Busse sind sauber, zuverlässig und fahren regelmäßig in alle Gegenden der Insel. Die beiden wichtigsten Busgesellschaften sind **SBS Transit** (☎1800 287 2727; www.sbstransit.com.sg) und **SMRT** (☎1800 336 8900; www.smrt.com.sg). Beide bieten ähnliche Leistungen an. Informationen und Strecken findet man auf den jeweiligen Websites. Alternativ kann man sich auf die Smartphone-App „SG Buses" herunterladen, die die Ankunftszeiten der Busse in Echtzeit angibt.

Busfahrkarten kosten zwischen 1 und 2,10 S$ (mit EZ-Link-Card weniger). Den exakten Fahrpreis wirft man beim Betreten des Busses in einen entsprechenden Kasten (es wird kein Wechselgeld gegeben) oder man legt beim Ein- und Aussteigen die EZ-Link-Card oder den Singapore Tourist Pass auf das Lesegerät.

Die Bahngesellschaft **SMRT** betreibt freitags, samstags und in den Nächten vor Feiertagen von 23.30 bis 2.30 Uhr Nachtbusse, die zwischen der Innenstadt und verschiedenen Vororten verkehren.

Der Fahrpreis beträgt einheitlich immer 4,50 S$ pro Fahrt. Wegen der genauen Strecken siehe die entsprechende Homepage.

Fähre

Zu den Inseln rund um Singapur bricht man vom Marina South Pier aus auf. Ein regelmäßiger Fährbetrieb zur Pulau Ubin besteht vom Changi Point Ferry Terminal aus (3 S$). Die Buslinie 2 von der MRT-Station Tanah Merah fährt hierher.

Fahrrad

Man sollte niemals auf Straßen fahren. Autofahrer sind manchmal recht aggressiv unterwegs, und die Straßen selbst sind meist sehr voll. Eine weitaus sicherere und angenehmere Alternative für Radfahrer sind die großen Parks und Verbindungswege zwischen den einzelnen Parks, aber auch die tollen Mountainbikegebiete im Bukit Timah Nature Reserve, im Chestnut Park, in Tampines und auf Pulau Ubin.

Weitere hervorragend geeignete Orte zum Radfahren sind der East Coast Park, Sentosa, Pasir Ris Park und die Verbindungswege zwischen dem Mount Faber Park, Telok Blangah Hill Park und dem Kent Ridge Park.

In Zügen und Bussen sind nur Klappräder erlaubt und im Bus auch nur ein einziges zur gleichen Zeit, sodass es auch sein kann, dass man am Ende doch radeln muss.

Fahrradverleih

Fahrräder kann man an verschiedenen Stellen im East Coast Park und auf Sentosa Island und Pulau Ubin leihen; für Erwachsene beträgt die Leihgebühr ab 5 S$ pro Tag (auf Pulau Ubin) und andernorts rund 8 S$.

Seit dem Jahr 2017 gibt es auch verschiedene Plattformen zum Bike-Sharing in Singapur; sie sind mittlerweile extrem beliebt. Es gibt drei führende Plattformen: **Mobike** (www.mobike.com), **oBike** (www.o.bike) und **ofo** (www.ofo.so) – sie sind zurzeit alle dabei, die kleinen Macken in ihren Systemen zu beheben, aber im Grunde funktionieren sie so, dass man die App herunterlädt, eine Kaution einzahlt (zwischen 40 und 50 S$), ein Fahrrad sucht und schon kann es losgehen. Bezahlen muss man für die Leihdauer.

Mass Rapid Transit (MRT)

Die effiziente Metro MRT ist das einfachste, schnellste und bequemste Fortbewegungsmittel in Singapur. Die Bahnen fahren von 5.30 Uhr in den Morgenstunden bis Mitternacht; zu den Stoßzeiten kommt alle zwei bis drei Minuten ein Zug, zu anderen Zeiten alle fünf bis sieben Minuten.

Im inneren Stadtkern verkehren die Bahnen unterirdisch, um dann in den Wohnvierteln der Vororte oberirdisch zu fahren. Das MRT-System besteht aus fünf farbig unterschiedenen Linien: North–South (rot), North–East (violett), East–West (grün), Circle Line (orange) und Downtown (blau). Der Ausbau der Downtown-Linie – bekannt als Downtown 3 – ist kürzlich fertiggestellt worden. Unter www.smrt.com.sg findet sich eine Übersichtskarte zum Metro-Netz.

Fahrpreise & Metrokarten

Eine einfache Fahrt kostet zwischen 1,40 und 2,50 S$ (plus 0,10 S$ Teilerstattung), aber wer den MRT häufiger nutzen möchte, sollte sich am besten die EZ-Link-Card besorgen, denn das Kaufen von Einzeltickets und deren Teilerstattung bedeutet viel Aufwand. Alternativ bietet der **Singapore Tourist Pass** (www.thesingaporetouristpass.com.sg) einen Tag lang uneingeschränkte Zug- und Busnutzung (10S $ plus 10 S$ Teilerstattung).

Taxi

Natürlich kann man zu jeder Zeit ein Taxi herbeiwinken, aber leider dürfen die Taxis in der Innenstadt nur an eigens dafür vorgesehenen Taxiständen halten.

Zu bestimmten Zeiten ist es sehr schwer, in der Innenstadt ein Taxi zu finden. Das ist beispielsweise zu Stoßzeiten, nachts oder bei Regen der Fall. Bei vielen Taxifahrern ist zwischen 16 und 17 Uhr Schichtwechsel, sodass es zu der Zeit auch recht schwer ist, ein Taxi zu bekommen.

Das Gebührensystem ist recht unübersichtlich, aber glücklicherweise läuft das Taxameter immer mit, sodass man sich nicht über die Fahrpreise streiten muss. Der Grundpreis beträgt 3 bis 3,40 S$ und dann alle 400 m weitere 0,22 S$.

Dazu gibt es eine Fülle von Zuschlägen, wie z. B. die folgenden:

- 50 % der vom Taxameter angegebenen Summe zwischen Mitternacht und 6 Uhr morgens
- 25 % der vom Taxameter angegebenen Summe montags bis freitags zwischen 6 und 9.30 Uhr und täglich zwischen 18 Uhr und Mitternacht
- 5 S$ für Flughafenfahrten freitags bis sonntags von 17 Uhr bis Mitternacht und 3 S$ zu allen anderen Zeiten
- 3 S$ von 17 Uhr bis Mitternacht für alle Stadtfahrten
- 2,30 bis 8 S$ für telefonisch vorgebuchte Fahrten

Bei Kreditkartenzahlung erfolgt ein Aufschlag von 10 %. Man kann auch mit der EZ-Link-Transport-Karte zahlen. Unter www.taxisingapore.com findet sich eine umfassende Übersicht über die Taxipreise und Zuschläge.

Comfort Taxi & CityCab (☎6552 1111; www.cdgtaxi.com.sg)

Premier Taxis (☎6363 6888; www.premiertaxi.com.sg)

SMRT Taxis (☎6555 8888; www.smrt.com.sg)

Allgemeine Informationen

Ermäßigungen

Wer mit Singapore Airlines oder SilkAir anreist, bekommt bei Vorlage der Bordkarte Ermäßigungen in Läden, Restaurants und Sehenswürdigkeiten. Mehr Informationen bietet die Homepage der Fluggesellschaft (www.singaporeair.com/boardingpass).

Feiertage

Nachfolgend werden die staatlichen Feiertage aufgeführt. Bei all den Feiertagen, die nicht auf den gregorianischen Kalender bezogen sind, werden zumindest die Monate genannt, in die der Feiertag in der Regel fällt. Der einzige Feiertag, der sich spürbar auf das Leben in der Stadt auswirkt, ist das chinesische Neujahrsfest: Dann sind fast alle Läden der Stadt für zwei Tage geschlossen.

Neujahr 1. Januar

Chinesisches Neujahrsfest 3 Tage im Januar oder Februar

Karfreitag März oder April

Tag der Arbeit 1. Mai

Vesak-Tag Juni

Hari Raya Puasa Juli

Nationalfeiertag 9. August

Hari Raya Haji September

Deepavali Oktober

Weihnachten 25. Dezember

Geld

Die Landeswährung ist der Singapur-Dollar, lokal bezeichnet als „Singdollar", der aus 100 Cent besteht. Es gibt Münzen im Wert von 5 ¢, 10 ¢, 20 ¢, 5 0¢ und 1 S$ sowie Scheine im Wert von 2 S$, 5 S$, 10 S$, 50 S$, 100 S$, 500 S$ und 1000 S$. Der Singapur-Dollar ist sehr stabil und eine frei tauschbare Währung.

Geldautomaten

Geldautomaten (für EC-Karten von Maestro und Cirrus) sind in Einkaufszentren, Banken, MRT-Stationen und Gewerbegebieten zu finden.

Geldwechsel

Im Vergleich zu den Banken sind die Kurse bei den überall in der Stadt ansässigen Geldwechslern deutlich besser. Die kleinen Wechselstuben findet man in so gut wie jedem Einkaufszentrum (nicht nur in den moderneren Malls). Ab einer Umtauschsumme von 500 $ und mehr kann man sogar ein bisschen feilschen.

Kreditkarten

Kreditkarten werden fast überall akzeptiert. Ausnahmen sind lokale Garküchen und Food Courts. Dass vor allem in kleineren Geschäften bei Kreditkartenzahlungen eine Gebühr zwischen 2 und 3 % erhoben wird, hat in den letzten Jahren abgenommen.

Gesundheit

In Singapur herrschen strenge Hygieneregeln, Leitungswasser kann zwar konsumiert werden, es ist jedoch mit Chlor versetzt.

Hepatitis A kommt gelegentlich vor. Schutzimpfungen benötigen nur diejenigen, die sich in einer Gelbfieberzone aufgehalten haben. Singapur ist kein Malariagebiet, aber Denguefieber tritt häufiger auf; auch wurden schon einige Fälle von Zika gemeldet.

Dengue-Fieber

In den letzten Jahren musste Singapur wieder mehr unter dieser lästigen, von Moskitos übertragenen Krankheit leiden. Am liebsten stechen sie in der Morgen- und Abenddämmerung, aber man sollte zu jeder Zeit Insektenschutzmittel benutzen. Zu den Symptomen zählt hohes Fieber, starke Kopf- und Gliederschmerzen. Einige Menschen entwickeln auch einen Hautausschlag und Durchfall. Es gibt keine spezifische Behandlung – da hilft nur Ruhe und Mittel wie Paracetamol oder Ibuprofen – von der Einnahme von Aspirin ist abzuraten.

Unbedingt einen Arzt aufsuchen, der die Diagnose stellt und den Verlauf überwacht. Unter www.dengue.gov.sg finden sich weitere Infos.

Zika Virus

2016 wurde in Singapur der erste Zika-Virus-Fall des Landes registriert; danach waren einige Wochen lang Moskitoschutzmittel in ganz Singapur ausverkauft. Nach diesem anfänglichen Ausbruch gingen die Zahlen von bestätigten Fällen langsam aber sicher wieder zurück. Die Website www.nea.gov.sg/public-health/zika gibt aktuelle Informationen zum Thema. Die Symptome sind denen der Vogelgrippe recht ähnlich; in vielen Fällen gibt es Fieber, einen Hautausschlag, Gelenk- und Muskelschmerzen, Kopfschmerzen, gerötete Augen und Abgeschlagenheit. Es sollte unbedingt ein Arzt aufgesucht werden.

Hitzebläschen

Hitzebläschen machen sich durch einen stark juckenden Hautausschlag infolge extremer Schweißbildung unter der Haut unangenehm bemerkbar. Es trifft meist Menschen, die gerade erst in der Hitze angekommen sind. Man sollte sich kühl halten, oft baden, die Haut gut abtrocknen und eine milde Creme oder einen speziellen Puder benutzen oder in Räumen mit einer Klimaanlage Zuflucht suchen.

Internetzugang

In den meisten Hotels gibt es Internet. Alle Hostels für Backpacker bieten freien Internetzugang und WLAN. Anders als in vielen anderen modernen Städten in der Welt gibt es nur in ganz wenigen Cafés freies WLAN.

SingTel (www.singtel.com), **StarHub** (www.starhub.com) und **M1** (www.m1.com.sg) sind heimischen Anbieter für Breitbandinternet über moderne USB-Dongles. Entweder man hat seinen eigenen Stecker dabei oder man kauft sich einen von den genannten Anbietern. Es gibt Prepaid-Daten-SIM-Karten zu kaufen, wenn man den eigenen Dongle mitbringt.

Medizinische Versorgung

Singapurs medizinische Einrichtungen sind Spitzenklasse und generell günstiger als private Gesundheitszentren in Europa. Absolut vonnöten ist eine Reisekrankenversicherung; beim Vertragsabschluss sollte man abklären, welche Behandlungen in der Police enthalten sind.

Krankenhäuser

Hotels oder Hostels helfen gerne bei der Empfehlung eines Arztes. Es gibt in Singapur diverse Krankenhäuser:

International Medical Clinic (Orchard Clinic; Karte S. 244; ☎6733 4440; www.imc-healthcare.com; 14-06 Camden Medical Centre, 1 Orchard Blvd; ⌚Mo–Fr 8–17.30, Sa 9–13 Uhr; Ⓜ Orchard) Spezialisiert auf Familien- und Reisemedizin.

Raffles Medical Clinic (☎6311 2233; www.rafflesmedicalgroup.com; Level 2, Raffles Hospital, 585 North Bridge Rd; ⌚8–22 Uhr; Ⓜ Bugis) Ambulanzklinik im Raffles Hospital.

Singapore General Hospital (Karte S. 237; ☎6222 3322; www.sgh.com.sg; Block 1, Outram Rd; Ⓜ Outram Park) Die Klinik verfügt auch über eine Notfallambulanz.

Notfallambulanzen

Es gibt zahlreiche Notfallambulanzen, die rund um die Uhr besetzt sind.

Gleneagles Hospital (☎6575 7575; www.gleneagles.com.sg; 6A Napier Rd; 🚌7, 75, 77, 106, 123, 174)

Mount Elizabeth Hospital Novena (☎6933 0000; www.mountelizabeth.com.sg; 38 Irrawaddy Rd; Ⓜ Novena)

Mount Elizabeth Hospital Orchard (Karte S. 244; ☎6731 2218; www.mountelizabeth.com.sg; 3 Mt Elizabeth Rd; Ⓜ Orchard)

Raffles Hospital (Karte S. 238; ☎6311 1111; www.rafflesmedicalgroup.com; 585 North Bridge Rd; Ⓜ Bugis)

Singapore General Hospital (Karte S. 227; ☎6222 3322; www.sgh.com.sg; Block 1, Outram Rd; Ⓜ Outram Park)

Notfall

Landesvorwahl	☎65
Krankenwagen & Feuerwehr	☎995
Polizei	☎999

WIRELESS@SG: FREIES WLAN

In Singapur gibt es ein stetig expandierendes Netz von rund 10 000 WLAN-Hotspots; man findet sie in den meisten Cafés, Pubs, Bibliotheken und Shopping Malls. In Chinatown sind innerhalb einiger weniger Häuserblocks der MRT-Station allein 20 Hotspots – man nutzt einfach das WLAN-Netz wireless@chinatown. Es wird keine Ortsnummer benötigt, um ins freie WLAN zu kommen – man lädt sich einfach nur die App wireless@sg herunter, tippt die eigenen Kontaktdaten ein und kann dann den nächstgelegenen Hot Spot lokalisieren.

PRAKTISCH & KONKRET

- **Zeitungen** Zu den englischsprachigen Tageszeitungen in Singapur gehören die großformatige *Straits Times*, die *Business Times* und die nachmittags erscheinende Boulevardzeitung *New Paper*.
- **Magazine** Pornografische Publikationen sind streng verboten, aber eine abgemilderte lokale Ausgabe des *Playboy* und Männermagazine wie *FHM* und *Maxim* sind erlaubt.
- **Maße & Gewichte** Singapur verwendet das metrische System für Maße und Gewichte. Das Gewicht wird in Kilo und Gramm angegeben und das Volumen in Milliliter und Liter.

Öffnungszeiten

Die Öffnungszeiten können von Geschäft zu Geschäft variieren. In der Regel gelten folgende Geschäftszeiten.

Banken Montag bis Freitag 9.30 bis 16.30 Uhr (einige Filialen öffnen erst um 10 Uhr, manche schließen erst um 18 Uhr oder später); Samstag 9.30 bis Mittag oder länger.

Behörden und Postämter Montag bis Freitag von 8 bzw. 9.30 Uhr bis 16 bzw. 18 Uhr; Samstag von 8 bzw. 9 bis 11.30 bzw. 13.30 Uhr.

Geschäfte 10 oder 11 bis 18 Uhr; größere Geschäfte und Kaufhäuser haben bis 21.30 oder 22 Uhr geöffnet. Einige kleinere Läden in Chinatown und der Arab Street haben Sonntag ganz geschlossen.

Restaurants Gehobene Restaurants haben mittags von 12 bis 14.30 Uhr geöffnet und abends von 18 bis 23 Uhr. Food Courts sind den ganzen Tag geöffnet.

Post

Die Post in Singapur ist sehr zuverlässig. Unter ☎1605 oder www.singpost.com.sg. findet man die nächstgelegene Zweigstelle.

Die Postämter an der **Killiney Road** (Karte S. 244; ☎24/7 Kundenhotline 1605; www.singpost.com; 1 Killiney Rd; ⌚Mo–Fr 9.30–21, Sa bis 16, sonn- & feiertags 10.30–16 Uhr; Ⓜ Somerset) und **Orchard Road** (Karte S. 244; ☎24/7 Kundenhotline 1605; www.singpost.com; B2-62 ION Orchard, 2 Orchard Turn; ⌚11–19 Uhr; Ⓜ Orchard) sind auch sonntags geöffnet. Am Changi Airport gibt es ein **Postamt** (Karte S. 241; ☎1605; www.singpost.com; Terminal 2; ⌚Mo–Fr 9–18 Uhr; Ⓜ Changi Airport) in der Abflughalle von Terminal 2.

Reisen mit Behinderung

Im Zuge einer großen Regierungskampagne wurden auf der ganzen Insel Rampen, Aufzüge und andere behindertengerechte Einrichtungen gebaut. Alle MRT-Stationen haben Aufzüge, einige Busse und Taxis sind auf Rollstuhlfahrer eingerichtet.

Die **Disabled People's Association Singapore** (www.dpa.org.sg) gibt Infos zur Barrierefreiheit in Singapur.

Bei Lonely Planet kann man auch kostenlos den Accessible Travel Guide herunterladen (http://lptravel.to/AccessibleTravel).

Schwule & Lesben

Homosxualität ist in Singapur illegal und wird mit mindestens zehn Jahren Gefängnis bestraft. Tatsächlich ist es jedoch recht unwahrscheinlich, dass man strafrechtlich verfolgt wird.

Dennoch gibt es in Singapur einige beliebte Schwulen- und Lesbenbars. Infos finden sich auf den Websites **Travel Gay Asia** (www.travelgayasia.com), **PLUguide** (www.pluguide.com) oder **Utopia** (www.utopia-asia.com), auf denen man Veranstaltungsorte und Events finden kann.

Steuern & Erstattungen

Touristen haben das Recht , die Mehrwertsteuer vor der Ausreise erstattet zu bekommen. Diese Erstattung greift bei Käufen über 100 S$e. Im Kapitel „Shoppen" (S. 41) gibt es mehr Infos dazu.

Strom

230V/50Hz

Telefon

- Ländervorwahl (☎+65)
- Innerhalb Singapurs gibt es keine Ortsvorwahlnummern, alle Telefonnummern sind achtstellig, einzige Ausnahme sind die kostenfreien Nummern (☎1800).
- Von den öffentlichen Telefonen können Orts- und Auslandsgespräche geführt werden; die meisten Apparate funktionieren mit einer Telefonkarte.
- In Singapur gibt es auch Kreditkartentelefone, dabei wird zunächst die Kreditkarte durch einen Schlitz gezogen.
- Telefonate von Singapur nach Malaysia gelten als STD-Gespräche (Ferngespräche). Zuerst ☎020 wählen, gefolgt von der Ortsvorwahl der gewünschten Stadt in Malaysia (ohne die führende Null) und dann die Teilnehmernummer. Beispielsweise würde ein Anruf der ☎346 7890 in Kuala Lumpur (Ortsvorwahl ☎03) so gewählt: ☎02-3-346 7890.
- Handynummern beginnen mit ☎9 oder ☎8.

Mobiltelefone

Handynummern beginnen in Singapur mit 9 oder 8.

Für rund 15 S$ kann man in Postämtern, Mini-Märkten und Telco-Shops eine Touristen-SIM-Karte kaufen. Beim Erwerb ist man gesetzlich verpflichtet, seinen Reisepass oder Personalausweis vorzulegen. Bekannte Mobilfunkbetreibern sind:

M1 (www.m1.com.sg)

SingTel (www.singtel.com)

StarHub (www.starhub.com)

Telefonkarten

Telefonkarten sind besonders unter Singapurs Gastarbeitern verbreitet – beispielsweise bei den Hausmädchen und Bauarbeitern. Daher werden sie überall angeboten. Vor dem Centrepoint Shopping Centre an der Orchard Road gibt es einen kleinen, gut frequentierten Telefonkartenstand. Auch in Little India finden sich viele Kleinhändler; vor dem Kauf sollte man erst prüfen, für welche Länder die Karten gelten.

Touristeninformation

Vor der Reise sollte man sich auf der Homepage des **Singapore Tourism Board** (Karte S. 244; ☎1800 736 2000; www.yoursingapore.com; 216 Orchard Rd; ⌚8.30–21.30 Uhr; 📶; Ⓜ Somerset) informieren.

In Singapur gibt es viele Touristikzentren, die vielerlei Dienstleistungen anbieten, darunter die Buchung von geführten Touren und Veranstaltungstickets. Die Hauptstelle ist das **Singapore Visitors Centre @ Orchard** (Karte S. 244; ☎1800 736 2000; www.yoursingapore.com; 216 Orchard Rd; ⌚8.30–21.30 Uhr; 📶; Ⓜ Somerset), das unweit der MRT-Station Somerset liegt. Hier gibt es gut informiertes und hilfreiches Personal. In diesem Visitor Centre kann man Touren organisieren, Tickets kaufen und Hotelzimmer buchen.

Das kleinere **Singapore Visitors Centre @ ION** (Karte S. 244; ☎1800 736 2000; www.yoursingapore.com; Level 1 Concierge, ION Orchard, 2 Orchard Turn; ⌚10–22 Uhr; 📶; Ⓜ Orchard) befindet sich am Concierge Desk in der ION Orchard Mall.

Chinatown hat ein eigenes Touristenzentrum, das **Singapore Visitor Centre@Chinatown** (Karte S. 234; ☎1800 736 2000; www.yoursingapore.com; 2 Banda St; ⌚9–21 Uhr; 📶; Ⓜ Chinatown). Hier gibt es kostenlose Stadtpläne und man kann Stadtrundgänge buchen. Eine kleine Auswahl an hochwertigen Souvenirs ist hier ebenfalls erhältlich.

Visa

Die Bürger der meisten Staaten bekommen bei der Einreise ein 90-Tage-Visum. Bürger aus Indien und Myanmar sowie aus bestimmten anderen Ländern müssen sich vor der Reise ein Visum besorgen.

Visumsverlängerungen beantragt man bei der **Immigration & Checkpoints Authority** (Karte S. 238; ☎6391 6100; www.ica.gov.sg; Level 4, ICA Bldg, 10 Kallang Rd; ⌚Mo–Fr 8–16.30, Sa 8–12.30 Uhr; Ⓜ Lavender).

Zeit

Mitteleuropäische Zeit (MEZ) plus sieben Stunden. Um 5 Uhr morgens in Frankfurt, Wien und Zürich ist es also in Singapur bereits 12 Uhr mittags. Während der europäischen Sommerzeit beträgt der Zeitunterschied sechs Stunden, denn in Singapur werden die Uhren nicht umgestellt.

Zoll

Tabak darf man nur einführen, wenn man Zoll bezahlt. Wer Tabakwaren nicht deklariert hat, muss mit heftigen Geldbußen rechnen.

Zollfrei einführen darf man je 1 l Wein, Bier und Spirituosen. Alternativ dürfen 2 l Wein und 1 l Bier oder 2 l Bier und 1 l Wein nach Singapur importiert werden. Dazu muss man sich allerdings mehr als 48 Stunden irgendwo außerhalb Singapurs, aber nicht in Malaysia aufgehalten haben.

Nach Singapur dürfen folgende Waren und Gegenstände nicht eingeführt werden: Waffen, Munition, kugelsichere Kleidung und Handschellen, Spielzeugwaffen, Kaugummi, Produkte von geschützten Tieren und Pflanzen sowie pornographische Artikel.

Hinter den Kulissen

WIR FREUEN UNS ÜBER EIN FEEDBACK

Post von Reisenden zu bekommen ist für uns ungemein hilfreich – Kritik und Anregungen halten uns auf dem Laufenden und helfen, unsere Bücher zu verbessern. Unser reiseerfahrenes Team liest alle Zuschriften genau durch, um zu erfahren, was an unseren Reiseführern gut und was schlecht ist. Wir können solche Post zwar nicht individuell beantworten, aber jedes Feedback wird garantiert schnurstracks an die jeweiligen Autoren weitergeleitet, rechtzeitig vor der nächsten Nachauflage.

Wer Ideen, Erfahrungen und Korrekturhinweise zum Reiseführer mitteilen möchte, hat die Möglichkeit dazu auf **www.lonelyplanet.com/contact/guidebook_feedback/new**. Unter **www.lonelyplanet.de/kontakt** erreichen uns Anmerkungen speziell zur deutschen Ausgabe.

Hinweis: Da wir Beiträge möglicherweise in Lonely-Planet-Produkten (Reiseführern, Websites, digitale Medien) veröffentlichen, ggf. auch in gekürzter Form, bitten wir um Mitteilung, falls ein Kommentar nicht veröffentlicht oder ein Name nicht genannt werden soll. Wer Näheres über unsere Datenschutzpolitik wissen will, erfährt das unter www.lonelyplanet.com/privacy

DANK VON LONELY PLANET

Wir danken den Reisenden, die mit der letzten Ausgabe unterwegs waren und uns nützliche Hinweise, gute Ratschläge und interessante Begebenheiten übermittelt haben:

Elgin Tay, Indraneel Bhanap, Kandhasamy Muthu, Michael Holloway, Patricio de la FuenteWriter Thanks

Ria de Jong

Dankbar bin ich meinen Redakteuren Dora Ball und Clifton Wilkinson für Rat und Hilfe während meines Lonely Planet Abenteuers, aber auch all jenen, die ich unterwegs getroffen habe und die ihr Wissen über Singapurs Geheimnisse freundlicherweise mit mir geteilt haben. Dankbar bin ich aber auch meinen Eltern und meiner Schwester, die mir die Liebe zu den wenig bekannten Seitenwegen vermittelt haben, meiner Reisegruppe Craig, Cisca und William und Jen, der uns alle in der Spur hält.

QUELLENNNACHWEIS

Abbildung auf dem Umschlag: Thian Hock Keng Temple, Chinatown, Gavin Hellier / AWL ©

ÜBER DIESES BUCH

Dies ist die 4. deutsche Auflage von *Singapur*, basierend auf der mittlerweile 11. englischen Auflage von *Singapore*. Verfasst wurde der Band von Ria de Jong. Für die 10. englische Auflage waren Shawn Low und Daniel McCrohan verantwortlich. Im Verlag wurde der Band betreut von:

Redaktionelle Gesamtleitung Dora Ball, Clifton Wilkinson
Projektredaktion Amanda Williamson, Sandie Kestell
Leitung der Kartografie Julie Sheridan
Satz & Layout Wibowo Rusli
Redaktionsassistenz Judith Bamber, Nigel Chin, Victoria Harrison, Kate James, Kristin Odijk
Bildredaktion für den Umschlag Naomi Parker
Dank an Liz Heynes, Jenna Myers, Lauren O'Connell, Maureen Wheeler

Register

Siehe auch Teilregister für:
ESSEN S. 223
AUSGEHEN & NACHTLEBEN S. 224
UNTERHALTUNG S. 224
SHOPPEN S. 225
SPORT & AKTIVITÄTEN S. 225
UNTERKUNFT S. 225

Sehenswertes 000
Karten **000**
Abbildungen **000**

AUSGEHEN & NACHTLEBEN

UNTERHALTUNG

Sehenswertes 000
Karten **000**
Abbildungen **000**

Cityatlas

Sehenswertes
- Strand
- Vogelschutzgebiet
- Buddhistisch
- Burg/Schloss/Palast
- Christlich
- Konfuzianisch
- Hinduistisch
- Islamisch
- Jainistisch
- Jüdisch
- Denkmal
- Museum/Galerie/Hist. Gebäude
- Ruine
- Sento-Bad/Onsen
- Shintoistisch
- Sikhismus
- Taoistisch
- Weingut/Weinberg
- Zoo/Naturschutzgebiet
- andere Sehenswürdigkeit

Aktivitäten, Kurse & Touren
- Bodysurfing
- Tauchen
- Kanu/Kajak
- Kurse/Touren
- Ski fahren
- Schnorcheln
- Surfen
- Schwimmbad/Pool
- Wandern
- Windsurfen
- andere Aktivität

Schlafen
- Schlafen
- Camping

Essen
- Essen

Ausgehen & Nachtleben
- Ausgehen & Nachtleben
- Café

Unterhaltung
- Unterhaltung

Shopping
- Shoppen

Information
- Bank
- Botschaft/Konsulat
- Krankenhaus/Arzt
- Internet
- Polizei
- Post
- Telefon
- Toilette
- Touristeninformation
- andere Information

Landschaft
- Strand
- Hütte
- Leuchtturm
- Aussichtsturm
- Berg/Vulkan
- Oase
- Park
- Pass
- Picknickplatz
- Wasserfall

Bevölkerung
- Hauptstadt (National)
- Hauptstadt (Staat/Provinz)
- Stadt/Großstadt
- Ort/Dorf

Verkehrsmittel
- Flughafen
- Grenzübergang
- Bus
- Cable Car/Seilbahn
- Radfahren
- Fähre
- MRT-Station/Metro-St.
- Monorail
- Parkplatz
- Tankstelle
- Skytrain/S-Bahn-Station
- Taxi
- Bahnhof/Zugstrecke
- Tram/Straßenbahn
- U-Bahn-Station
- andere Verkehrsmittel

Hinweis: Nicht alle hier aufgeführten Symbole sind auf den Karten dieses Buches zu finden.

Verkehrswege
- Mautstraße
- Autobahn/Freeway
- Hauptstraße
- Nebenstraße
- Landstraße
- Verbindungsstraße
- unbefestigte Straße
- Straße in Bau
- Platz/Mall/Fußgängerzone
- Treppe
- Tunnel
- Fußgängerübergang
- Spaziergang
- Wanderung mit Abstecher
- Pfad/Wanderweg

Grenzen
- Internationale Grenze
- Bundesstaat/Provinz
- umstrittene Grenze
- Regional/Vorort
- Seepark
- Klippen
- Mauer

Gewässer
- Fluss, Bach
- periodischer Fluss
- Kanal
- Wasser
- Trocken-/Salz-/period. See
- Riff

Flächen
- Flughafen/Flugpiste
- Strand/Wüste
- Friedhof (christlich)
- Friedhof (andere Religion)
- Gletscher
- Watt
- Park/Wald
- Sehenswertes (Gebäude)
- Sportanlage
- Sumpf/Mangrove

REGISTER

JOHOR BAHRU
SEMBAWANG
MALAYSIA
Sungei Buloh Wetland Reserve
KRANJI
WOODLANDS
Pulau Seletar
YISHUN
Pulau Punggol Barat
Pulau Punggol Timor
Pulau Serangoon
Pulau Ubin
PUNGGOL
Kranji Reservoir
NEE SOON
Upper Seletar Reservoir
Central Catchment Nature Reserve
Upper Peirce Reservoir
ANG MO KIO
HOUGANG
SERANGOON
Bishan Park
MacRitchie Reservoir
TOA PAYOH
PAYA LEBAR
KIM CHUAN
CHOA CHU KANG
Bukit Batok Town Park
PASIR RIS
Pasir Ris Park
LOYANG
CHANGI
Changi Beach Park
TAMPINES
Singapore Changi Airport
Bedok Reservoir
SIMEI
BEDOK
GEYLANG
JOO CHIAT (KATONG)
Pandan Reservoir
Pulau Damar Laut
Jurong Island
PASIR PANJANG TERMINAL
Sebarok Channel
Sentosa Island
Pulau Ular
Pulau Bukum
Straße von Singapur
1
2
3
4
5
6
7
8
9
10
11
12
13
0 5 km
0 2 Meilen
N

COLONIAL DISTRICT & DIE QUAYS *Karte auf S. 230*

Legende auf S. 229

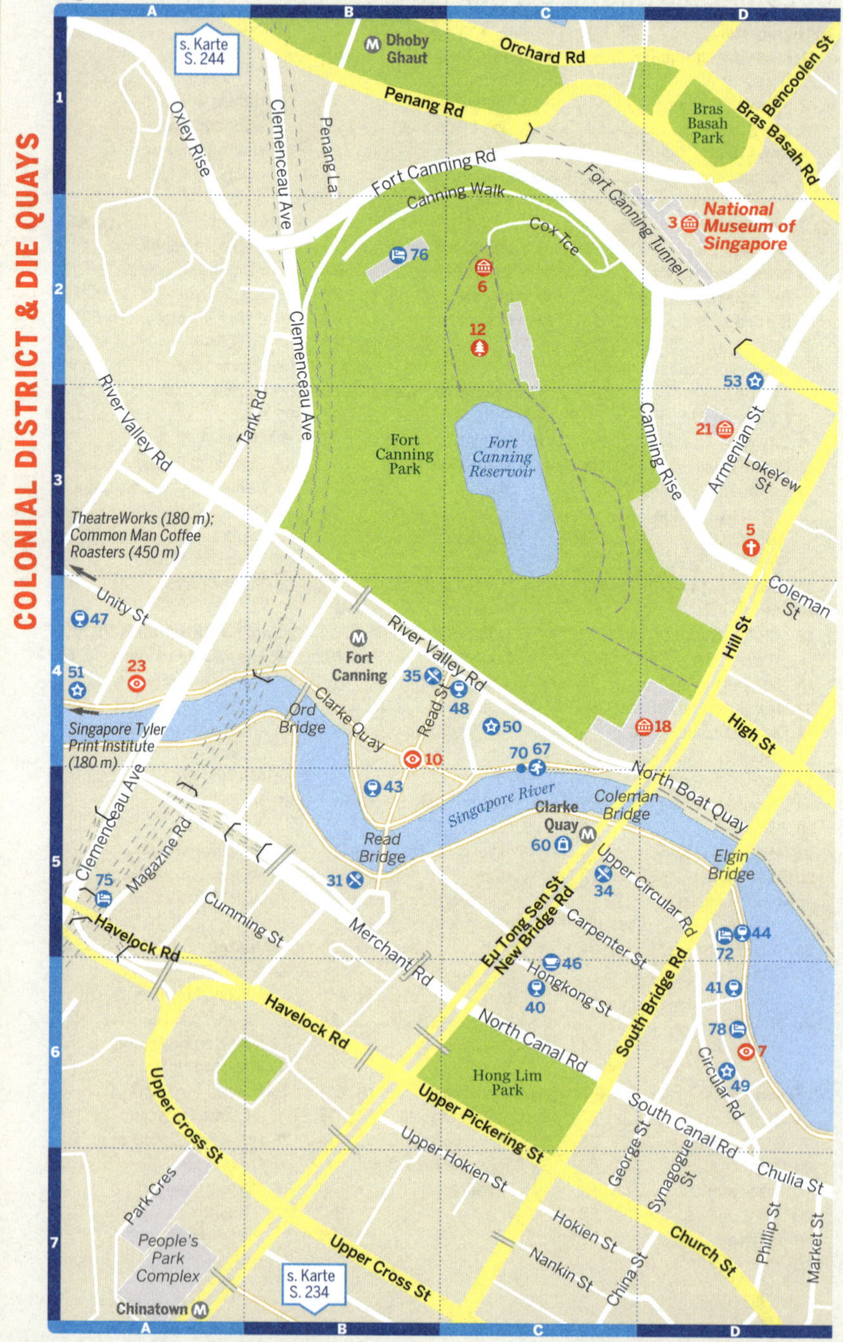
COLONIAL DISTRICT & DIE QUAYS
s. Karte S. 244
Dhoby Ghaut
Orchard Rd
Penang Rd
Bencoolen St
Bras Basah Park
Bras Basah Rd
Oxley Rise
Clemenceau Ave
Penang La
Fort Canning Rd
Canning Walk
Fort Canning Tunnel
Cox Tce
3 National Museum of Singapore
76
6
12
53
21
Armenian St
Lokeyew St
River Valley Rd
Tank Rd
Fort Canning Park
Fort Canning Reservoir
Canning Rise
5
TheatreWorks (180 m); Common Man Coffee Roasters (450 m)
Coleman St
Unity St
47
Fort Canning
River Valley Rd
Hill St
51
23
35
48
Clarke Quay
Read St
Ord Bridge
50
18
High St
Singapore Tyler Print Institute (180 m)
10
70
67
North Boat Quay
43
Singapore River
Clarke Quay
Coleman Bridge
60
Read Bridge
Elgin Bridge
Magazine Rd
75
31
34
Upper Circular Rd
Cumming St
Merchant Rd
Eu Tong Sen St
New Bridge Rd
Carpenter St
44
72
Havelock Rd
46
Hongkong St
40
South Bridge Rd
41
78
North Canal Rd
7
49
Circular Rd
Hong Lim Park
Upper Pickering St
South Canal Rd
Upper Cross St
Upper Hokien St
George St
Synagogue St
Chulia St
Park Cres
Hokien St
Church St
Phillip St
Market St
People's Park Complex
Upper Cross St
Nankin St
China St
s. Karte S. 234
Chinatown
A
B
C
D
1
2
3
4
5
6
7

0 400 m
0 0,25 Meilen
E
F
G
H
1
2
3
4
5
6
7
Artichoke (70 m)
s. Karte S. 238
Parkview Square
Waterloo St
Queen St
Victoria St
Bain St
North Bridge Rd
Middle Rd
Tan Quee Lan St
Liang Seah St
Beach Rd
Rochor Rd
Bras Basah
Bra Brasah Complex
Cashin St
Purvis St
Seah St
Bras Basah Rd
Stamford Rd
Nicoll Hwy
Temasek Blvd
Esplanade
Civilian War Memorial
Civil War Memorial Park
City Hall
City Link Mall
Pedestrian Tunnel
Raffles Link
Raffles Blvd
Singapore Flyer (200 m)
North Bridge Rd
Coleman St
St Andrew's Rd
The Padang
Colombo Ct
National Gallery Singapore
Connaught Dr
Esplanade Dr
Raffles Ave
Republic Blvd
Marina Promenade
Esplanade Jetty
The Float @ Marina Bay
Esplanade Park
Esplanade Bridge
Empress Pl
Raffles Landing
Anderson Bridge
Asian Civilisations Museum
Merlion Park
Fullerton Rd
Marina Bay
MARINA SOUTH
Boat Quay
Battery Rd
Raffles Place
Collyer Quay
s. Karte S. 232
Marina Bay Sands
Super Loco Customs House (200 m);
Singapore Chinese Orchestra (800 m)
1
2
4
8
9
11
13
14
15
16
17
19
20
22
24
25
26
27
28
29
30
32
33
36
37
38
39
42
45
52
54
55
56
57
58
59
61
62
63
64
65
66
68
69
71
73
74
77

Highlights **(S.53)**
1 Gardens by the Bay C2

Sehenswertes **(S. 55)**
2 ArtScience Museum B2
3 Helix Bridge B1
4 Marina Barrage D2
5 Marina Bay Sands B2
6 Sands SkyPark Observation Deck B2
7 Singapore Flyer C1

Essen **(S. 60)**
Pizzeria Mozza ....(s. 5)
8 Pollen C2
Rasapura Masters ....(s. 5)
9 Satay by the Bay D2
10 Super Loco Customs House A2
Waku Ghin ....(s. 5)

Ausgehen & Nachtleben **(S 65)**
CÉ LA VI SkyBar ....(s. 12)
Chihuly Lounge ....(s. 13)
11 Level 33 ....A3

Shoppen **(S. 69)**
Royal Selangor ....(s. 5)
Shoppes at Marina Bay Sands ....(s. 5)

Sport & Aktivitäten **(S. 70)**
Ultimate Drive ....(s. 12)

Schlafen **(S. 174)**
12 Marina Bay Sands B2
13 Ritz-Carlton Millenia Singapore B1

Highlights (S. 126)
1 Night Safari A2
2 Singapore Zoo A2

Sehenswertes (S. 128)
3 Bukit Timah Nature Reserve A4
Cheng Huang Temple .... (s.6)
4 Chestnut Park A3
5 Former Ford Factory A3
6 Lian Shan Shuang Lin Monastery D4
7 Lorong Buangkok D3
8 MacRitchie Reservoir C4
Rainforest Kidzworld .... (s. 2)
9 River Safari B2
Sasanaramsi Burmese Buddhist Temple .... (s. 10)
10 Sun Yat Sen Nanyang Memorial Hall C4

Essen (S. 130)
11 Mellben Seafood C3
Oceans of Seafood .... (s. 12)
12 PasarBella @ The Grandstand B4
13 Sin Ming Roti Prata C3
14 Zhong Pin Noodle House A4

Ausgehen & Nachtleben (S. 130)
Dutch Colony Coffee Co .... (see 12)
15 Middle Rock C3
16 Wildseed D2

Unterhaltung
Creatures of the Night .... (s. 1)

Shoppen
Cheese Ark .... (s. 12)

Sport & Aktivitäten
Jungle Breakfast with Wildlife .... (s. 2)
Paddle Lodge .... (s. 8)
TreeTop Walk .... (s. 8)

Schlafen (S. 183)
17 Days Hotel Singapore at Zhongshan Park C4
18 Ramada Singapore at Zhongshan Park C4

Legende auf S. 236

0 200 m
0 0,1 Meilen
s. Karte S. 237
Hong Lim Complex
Pickering St
Hokien St
South Bridge Rd
Nankin St
Church St
Upper Cross St
Chin Chew St
China St
Far East Square
Pekin St
Mosque St
Cross St
Amoy St
Jamae Moschee
Pagoda St
Mohamed Ali La
Club St
Telok Ayer St
Telok Ayer
Boon Tat St
Ann Siang Hill
Ann Siang Hill Park
Ann Siang Rd
Erskine Rd
Kadayanallur St
Stanley St
Cecil St
Robinson Rd
McCallum St
Amoy St Food Centre
Telok Ayer Park
Maxwell Rd
Shenton Way

CHINATOWN *Karte auf S. 234*

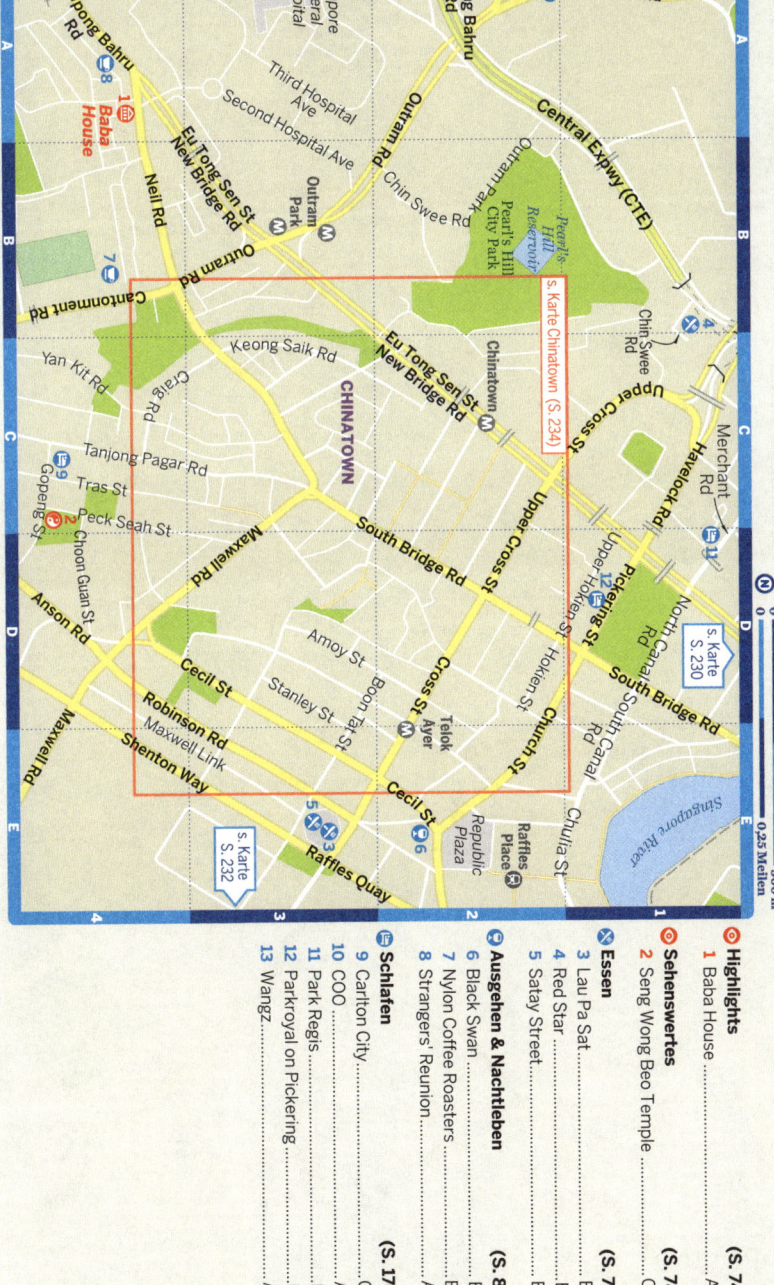

CHINATOWN, TANJONG PAGAR & DER CBD

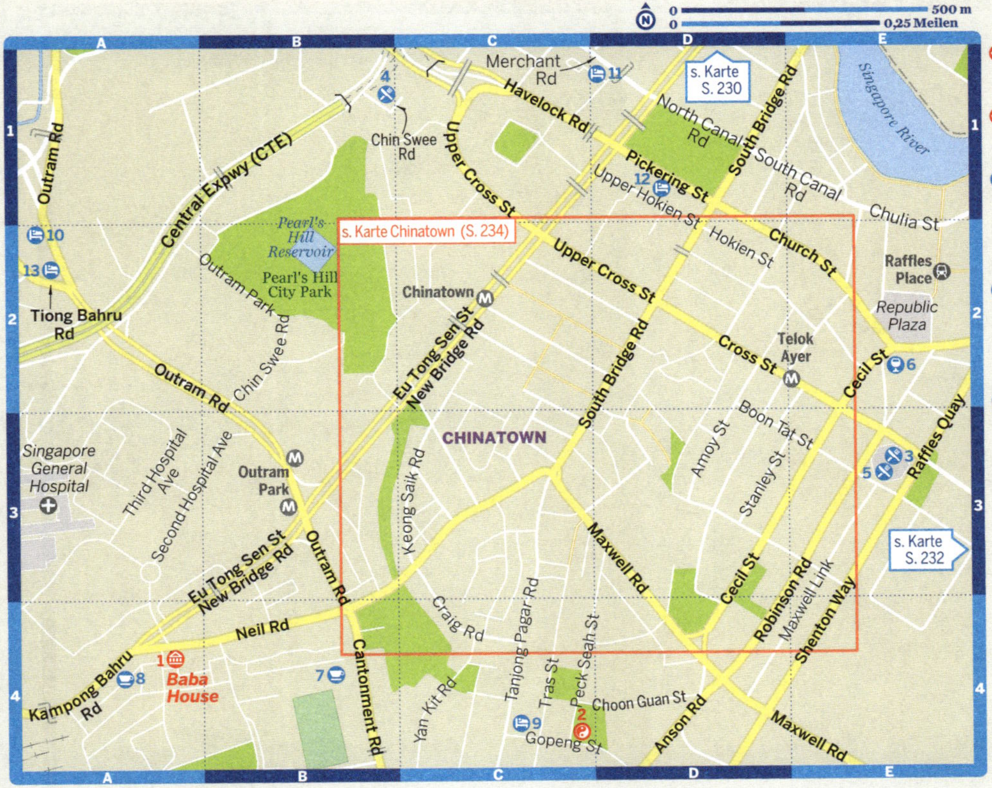

Highlights (S. 74)
1 Baba House A4

Sehenswertes (S. 74)
2 Seng Wong Beo Temple C4

Essen (S. 75)
3 Lau Pa Sat E3
4 Red Star B1
5 Satay Street E3

Ausgehen & Nachtleben (S. 81)
6 Black Swan E2
7 Nylon Coffee Roasters B4
8 Strangers' Reunion A4

Schlafen (S. 176)
9 Carlton City C4
10 COO A2
11 Park Regis D1
12 Parkroyal on Pickering D1
13 Wangz A2

Legende auf S. 240

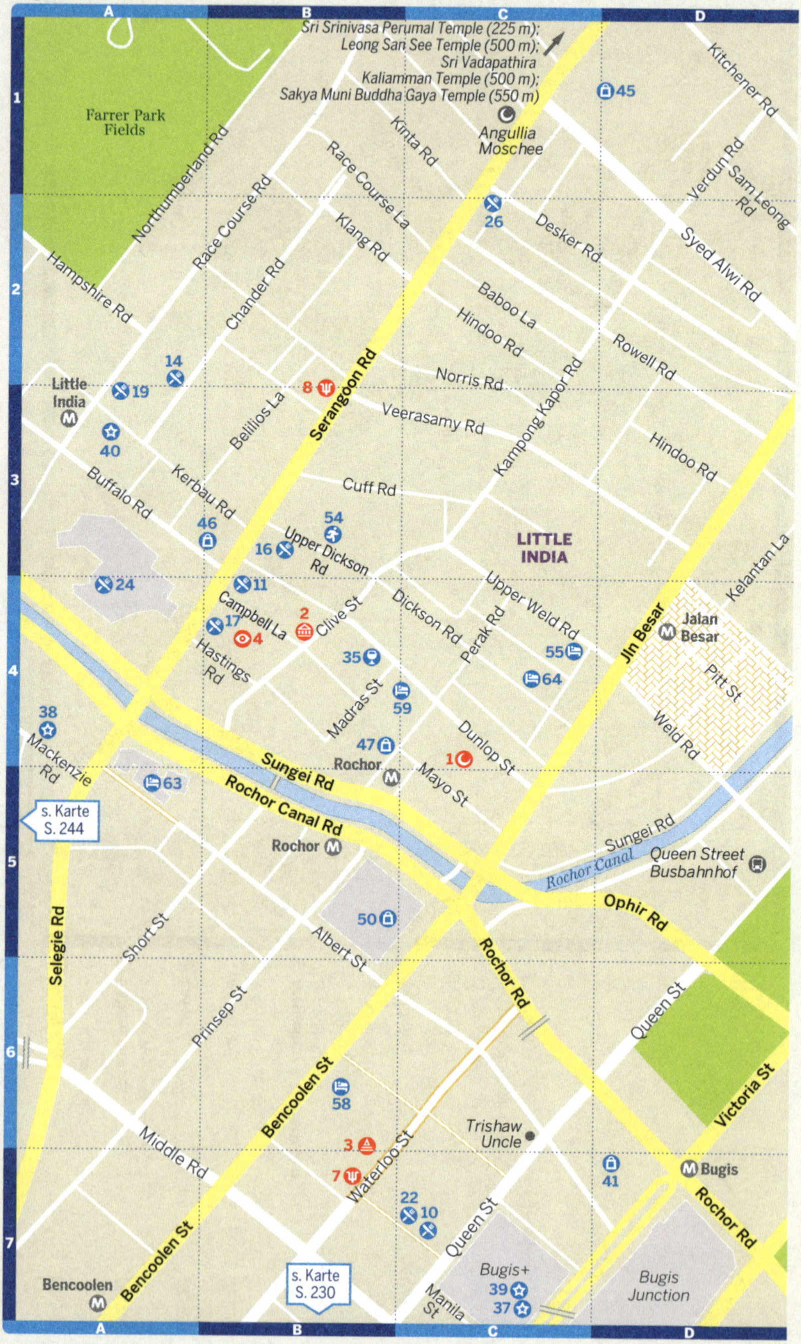

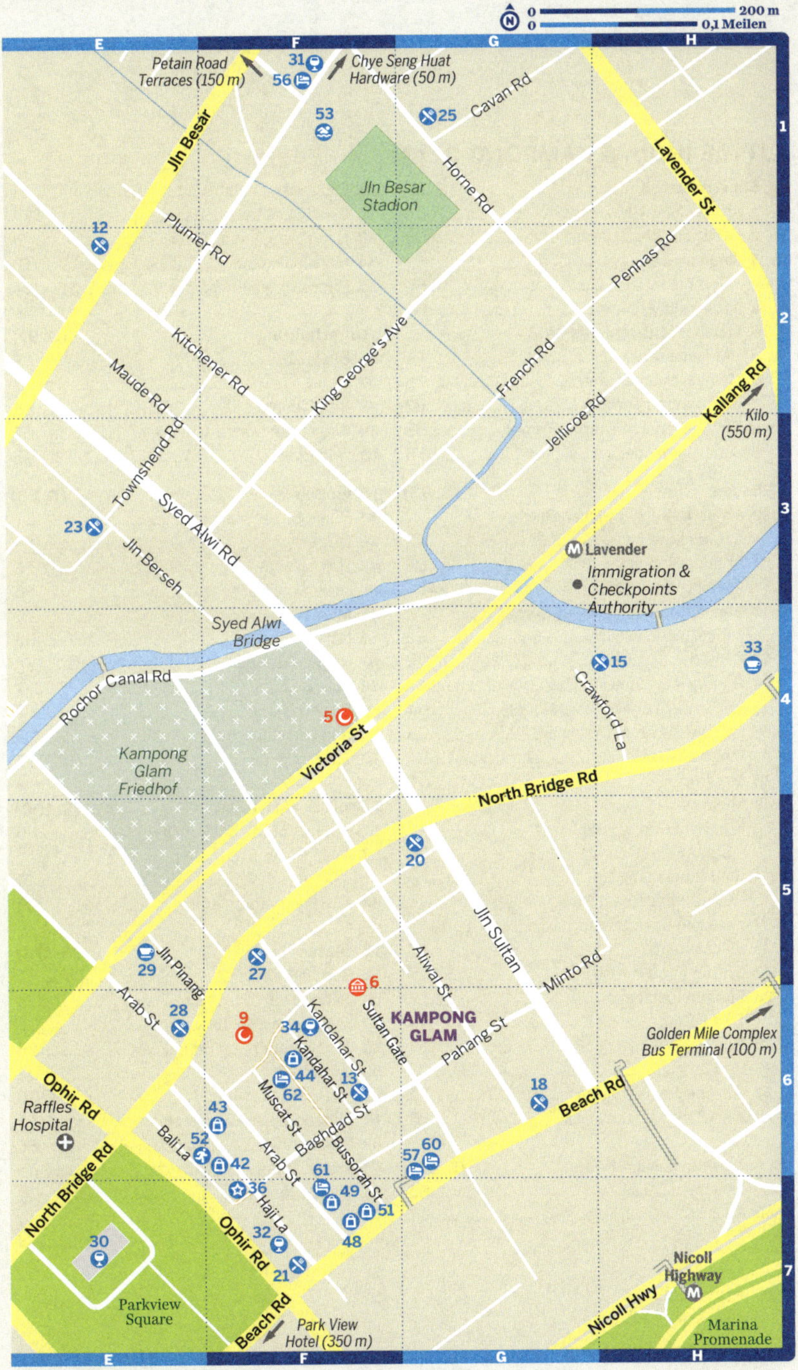
0 200 m
0 0,1 Meilen
E
F
G
H
1
2
3
4
5
6
7
Petain Road Terraces (150 m)
Chye Seng Huat Hardware (50 m)
31
56
53
25
Cavan Rd
Jln Besar
Jln Besar Stadion
Horne Rd
Lavender St
12
Plumer Rd
Penhas Rd
Kitchener Rd
King George's Ave
Maude Rd
French Rd
Kallang Rd
Kilo (550 m)
Jellicoe Rd
Townshend Rd
Syed Alwi Rd
23
Jln Berseh
Lavender
Immigration & Checkpoints Authority
Syed Alwi Bridge
Rochor Canal Rd
15
33
Crawford La
5
Victoria St
Kampong Glam Friedhof
North Bridge Rd
20
Jln Sultan
29
Jln Pinang
27
Minto Rd
Aliwal St
6
Arab St
28
9
34
Kandahar St
Sultan Gate
KAMPONG GLAM
Pahang St
Golden Mile Complex Bus Terminal (100 m)
Kandahar St
44
13
18
Ophir Rd
62
Beach Rd
Raffles Hospital
43
Muscat St
Baghdad St
Bali La
52
Bussorah St
60
57
42
Arab St
61
36
49
51
North Bridge Rd
Haji La
48
30
32
Ophir Rd
21
Nicoll Highway
Nicoll Hwy
Beach Rd
Park View Hotel (350 m)
Parkview Square
Marina Promenade

LITTLE INDIA & KAMPONG GLAM *Karte auf S. 238*

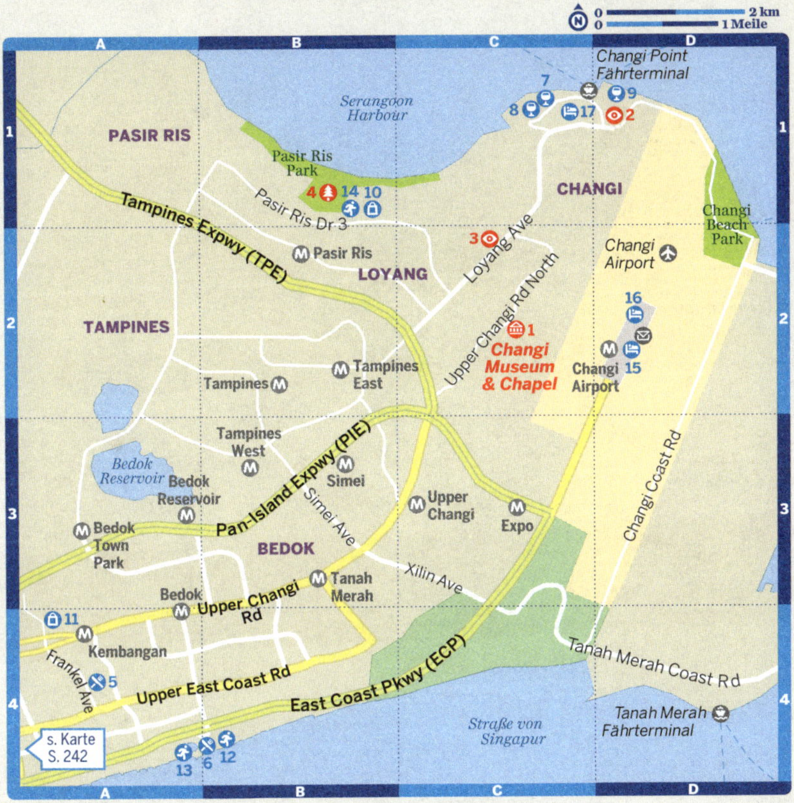

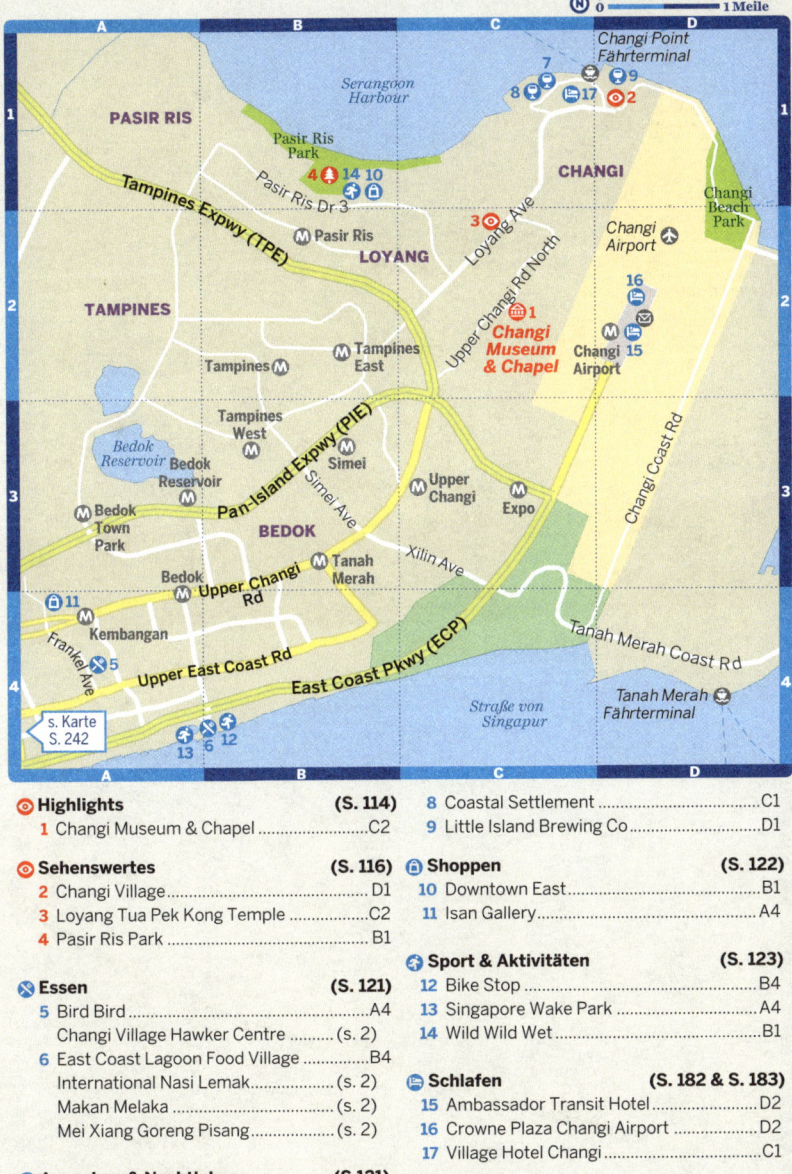

Highlights (S. 114)
1 Changi Museum & Chapel C2

Sehenswertes (S. 116)
2 Changi Village D1
3 Loyang Tua Pek Kong Temple C2
4 Pasir Ris Park B1

Essen (S. 121)
5 Bird Bird A4
Changi Village Hawker Centre .... (s. 2)
6 East Coast Lagoon Food Village B4
International Nasi Lemak .... (s. 2)
Makan Melaka .... (s. 2)
Mei Xiang Goreng Pisang .... (s. 2)

Ausgehen & Nachtleben (S 121)
7 Coachman Inn C1
8 Coastal Settlement C1
9 Little Island Brewing Co D1

Shoppen (S. 122)
10 Downtown East B1
11 Isan Gallery A4

Sport & Aktivitäten (S. 123)
12 Bike Stop B4
13 Singapore Wake Park A4
14 Wild Wild Wet B1

Schlafen (S. 182 & S. 183)
15 Ambassador Transit Hotel D2
16 Crowne Plaza Changi Airport D2
17 Village Hotel Changi C1

DER OSTEN VON SINGAPUR

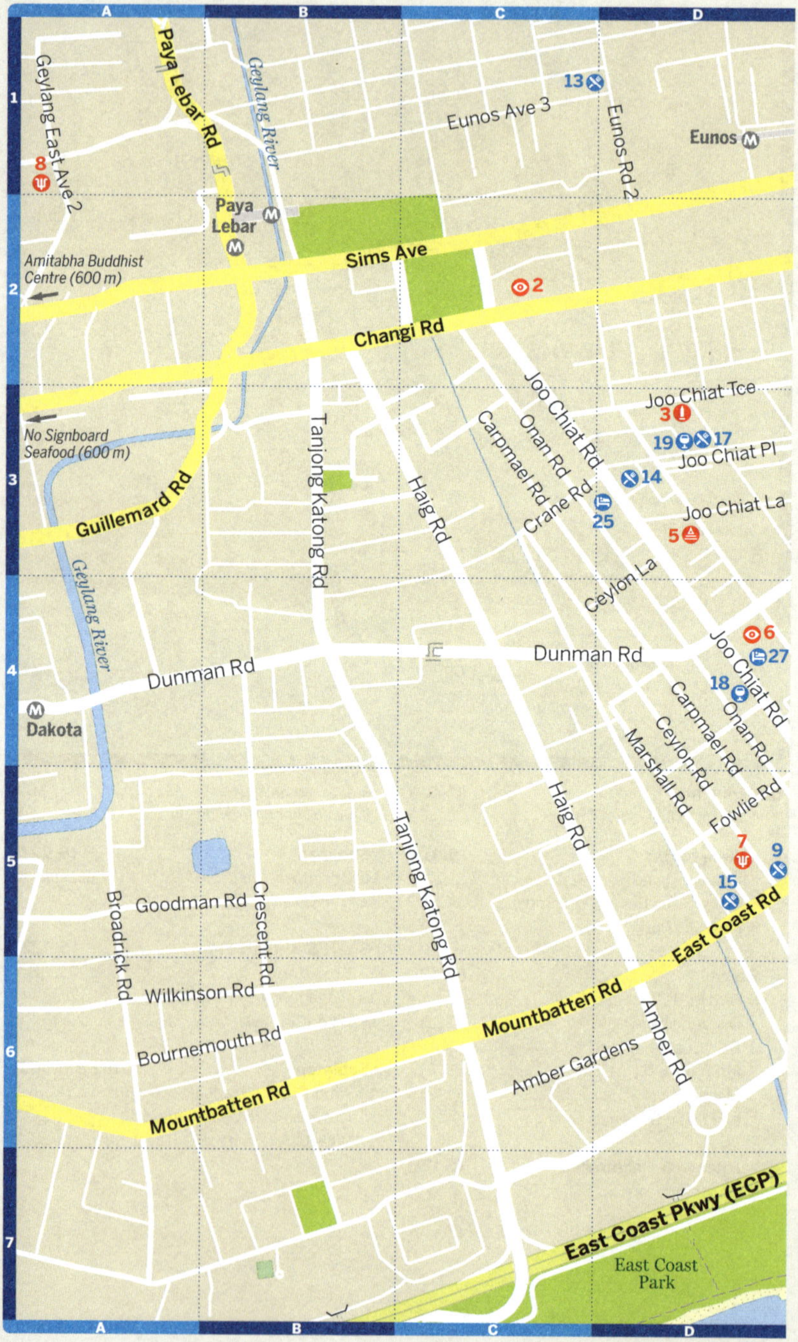

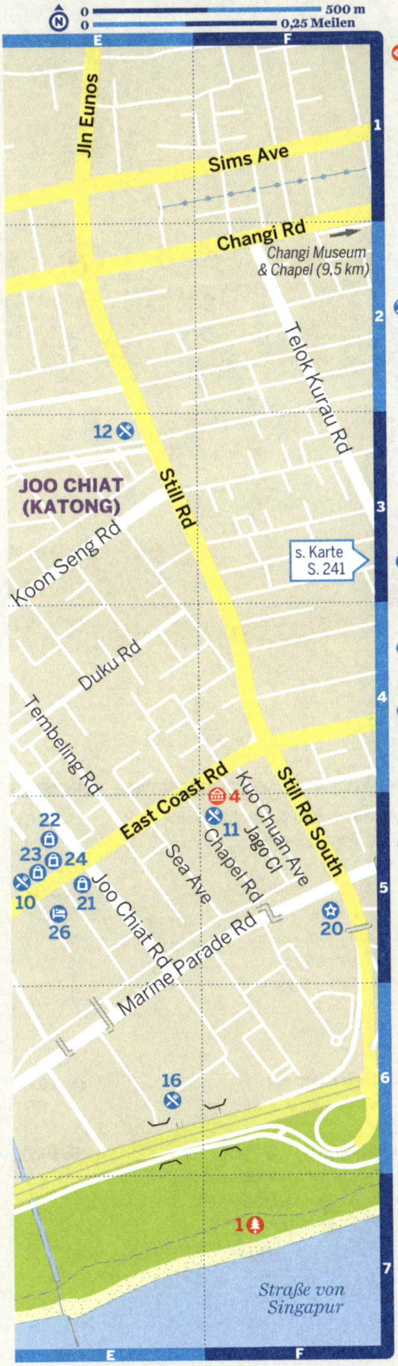

Sehenswertes (S. 115)

1 East Coast Park F7
2 Geylang Serai New Market C2
3 Jousting Painters Mural von Ernest Zacharevic D3
4 Katong Antique House F5
5 Kuan Im Tng Temple D3
6 Peranakan Terrace Houses D4
7 Sri Senpaga Vinayagar Temple D5
8 Sri Sivan Temple A1

Essen (S. 118)

9 328 Katong Laksa D5
10 Birds of Paradise E5
11 Chin Mee Chin Confectionery F5
12 Eng Seng Restaurant E3
13 Le Chasseur C1
14 Long Phung D3
15 Lower East Side D5
16 Roland Restaurant E6
17 Smokey's BBQ D3

Ausgehen & Nachtleben (S. 121)

18 Cider Pit D4
19 Outpost Trading Co D3

Unterhaltung (S. 122)

20 Necessary Stage F5

Shoppen (S. 122)

21 112 Katong E5
22 Cat Socrates E5
23 Kim Choo Kueh Chang E5
24 Rumah Bebe E5

Sport & Aktivitäten (S. 123)

Betel Box: The Real Singapore Tours .... (s. 25)

Schlafen (S. 182)

25 Betel Box D3
26 Hotel Indigo E5
27 Venue Hotel D4

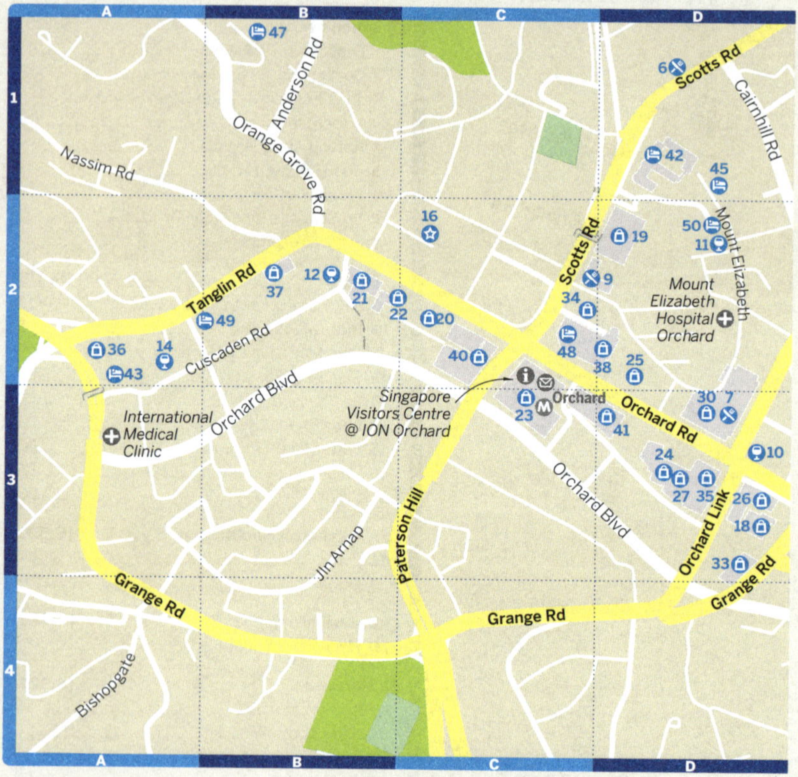

Sehenswertes (S. 103)

Cathay Gallery ....(s. 39)
1 Emerald Hill Road E3
ION Sky ....(s. 23)
2 Istana F2
3 Istana Entrance Gateway F4
4 Istana Heritage Gallery F4
5 Orchard Road E3

Essen (S. 104)

6 Buona Terra D1
7 Din Tai Fung D3
Fish and Chicks ....(s. 18)
Food Republic ....(s. 41)
Iggy's ....(s. 22)
8 Killiney Kopitiam E4
Paradise Dynasty ....(s. 23)
Providore ....(s. 26)
9 StraitsKitchen C2
Takashimaya Food Village ....(s. 27)
Tambuah Mas ....(s. 30)
Wasabi Tei ....(s. 19)
Wild Honey ....(s. 26)

Ausgehen & Nachtleben (S. 106)

10 Bar Canary D3
11 Cherry D2
12 Cuscaden Patio B2
Horse's Mouth ....(s. 21)
13 Ice Cold Beer E3
14 Manhattan A2
Other Room ....(s. 48)
15 Que Pasa E3
TWG Tea ....(s. 23)

Unterhaltung (S. 107)

16 Montreux Jazz Café C2

Shoppen (S. 108)

17 313@Somerset E3
Antiques of the Orient ....(s. 37)
Beyond The Vines ....(s. 26)
18 Cathay Cineleisure Orchard D3
Exotic Tattoo ....(s. 19)
19 Far East Plaza D2
20 Far East Shopping Centre C2
21 Forum B2

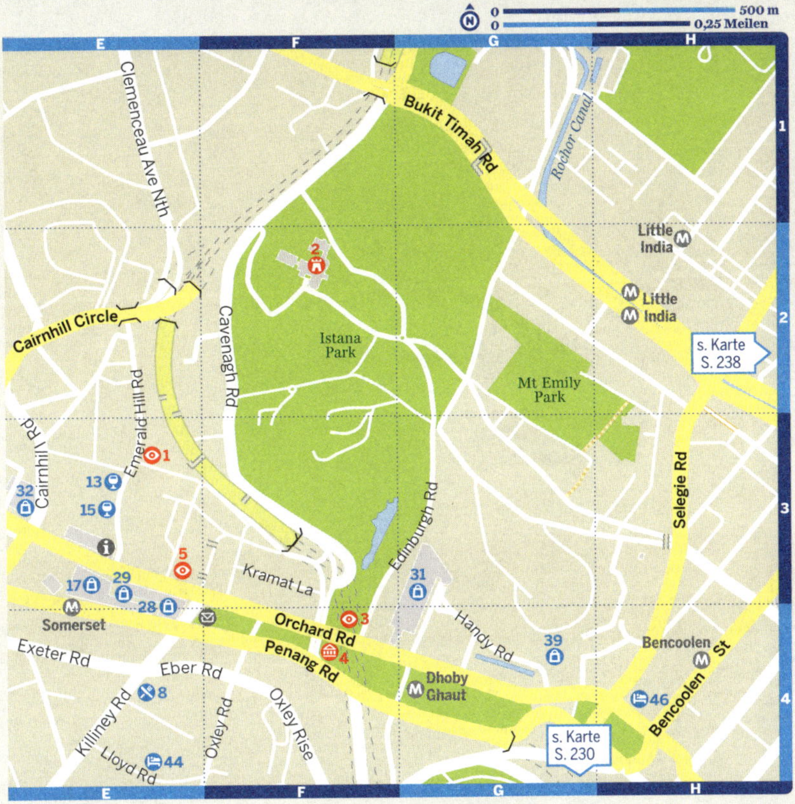

22 Hilton Shopping Gallery B2
i.t .... (s. 29)
In Good Company .... (s. 23)
23 ION Orchard Mall C3
24 Kinokuniya D3
25 Lucky Plaza D2
26 Mandarin Gallery D3
27 Ngee Ann City D3
28 Orchard Central E3
29 Orchardgateway E3
30 Paragon D3
Pedder On Scotts .... (s. 34)
Pedder Red .... (s. 27)
31 Plaza Singapura G3
Polar Arts of Asia .... (s. 20)
32 Robinsons The Heeren E3
33 Scape D3
34 Scotts Square C2
Sects Shop .... (s. 29)
35 Takashimaya D3
36 Tanglin Mall A2
37 Tanglin Shopping Centre B2
38 Tangs D2
39 The Cathay G4
40 Wheelock Place C2
41 Wisma Atria D3

Sport & Aktivitäten

Damai Spa .... (s. 9)
Remède Spa .... (s. 49)
Spa Esprit .... (s. 30)
Tomi Foot Reflexology .... (s. 25)

Schlafen **(S. 180)**

42 Goodwood Park Hotel D1
43 Hotel Jen Tanglin A2
44 Lloyd's Inn E4
45 Quincy D1
46 Rendezvous Hotel H4
47 Shangri-La Hotel B1
48 Singapore Marriott C2
49 St Regis B2
50 York Hotel D2

Highlights (S. 133)
1 Botanischer Garten H3

Sehenswertes (S. 134)
2 National Orchid Garden G2
3 Rainforest G2
4 Swan Lake G3

Essen (S. 134)
5 2am Dessert Bar B2
6 Blu Kouzina F4
7 Candlenut F4
8 Casa Verde H1
9 Chopsuey F4
10 Dempsey Cookhouse & Bar F4
11 Food Canopy H1
12 Halia G2
13 Holland Village Market & Food Centre B2
14 Original Sin B2
15 PS Cafe F4
16 Samy's Curry Restaurant F4

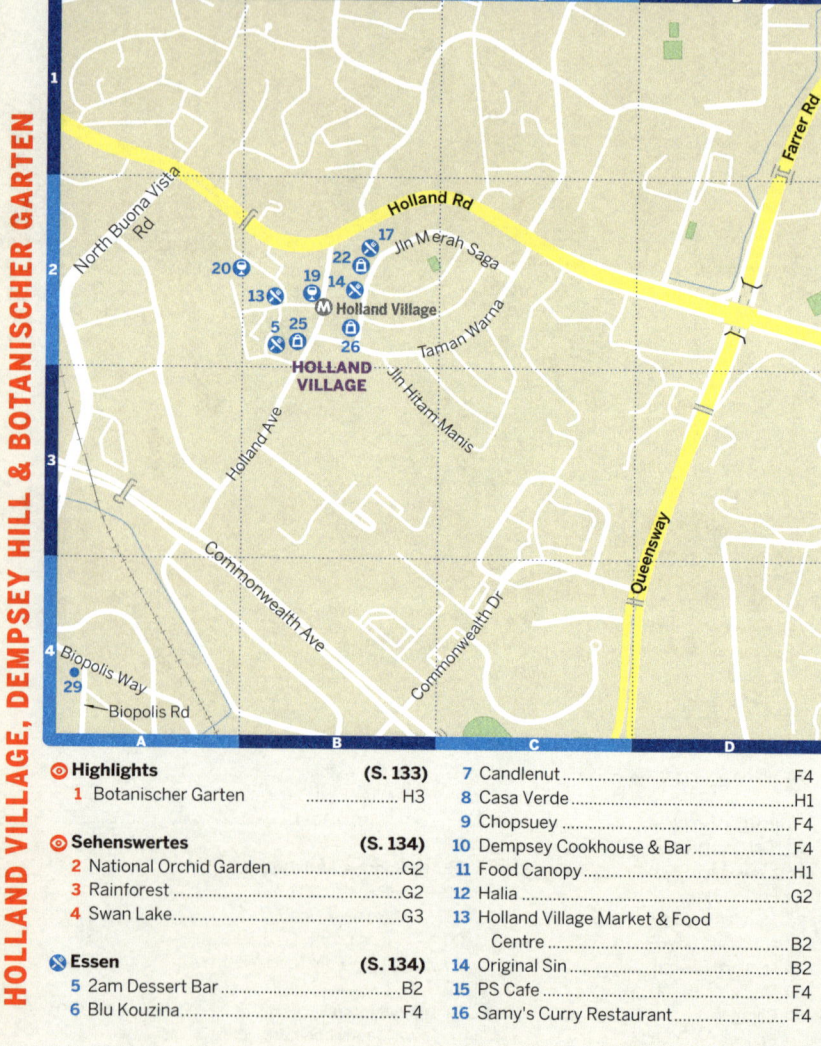

17 Sunday Folks B2

Ausgehen & Nachtleben (S. 136)

18 Green Door F4
19 Lucky Bar B2
20 Wala Wala Café Bar A2

Shoppen (S. 137)

21 Asiatique Collections F4
22 Bynd Artisan B2
23 Dempsey Hill F4
24 Em Gallery F4
25 Holland Road Shopping Centre B2
Lim's Holland Village .... (s. 25)
26 Ong Shunmugam B2
27 Pasardina Fine Living F4
28 Shang Antique F4

Aktivitäten (S. 138)

29 Palate Sensations Cooking School A4

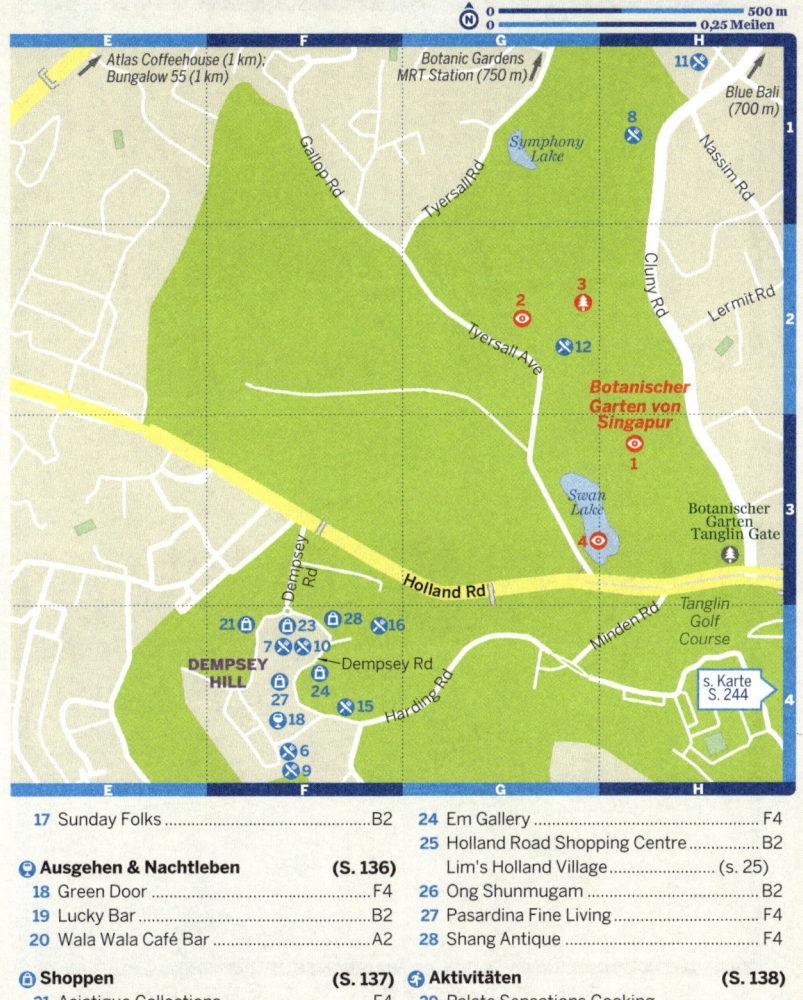

DER SÜDWESTEN VON SINGAPUR

Sehenswertes **(S. 142)**
- Chan + Hori Contemporary .... (s. 1)
- 1 Gillman Barracks C3
- 2 Haw Par Villa A2
- 3 HortPark C2
- 4 Kent Ridge Park B2
- 5 Mount Faber D3
- 6 Mount Faber Park E3
- Partners & Mucciaccia .... (s. 1)
- 7 Reflections at Bukit Chandu B2
- 8 Southern Ridges B2
- Sundaram Tagore .... (s. 1)
- 9 Telok Blangah Hill Park D3

Essen **(S. 144)**
- 10 Eng Lock Koo B3
- 11 Faber Bistro D3
- Naked Finn .... (s. 1)
- 12 Tamarind Hill C4
- 13 Timbre+ A1

Ausgehen & Nachtleben **(S. 146)**
- 14 Colbar B1
- 15 Handlebar C3

Shoppen **(S. 147)**
- 16 VivoCity E4

Schlafen **(S. 183)**
- 17 Villa Samadhi C4

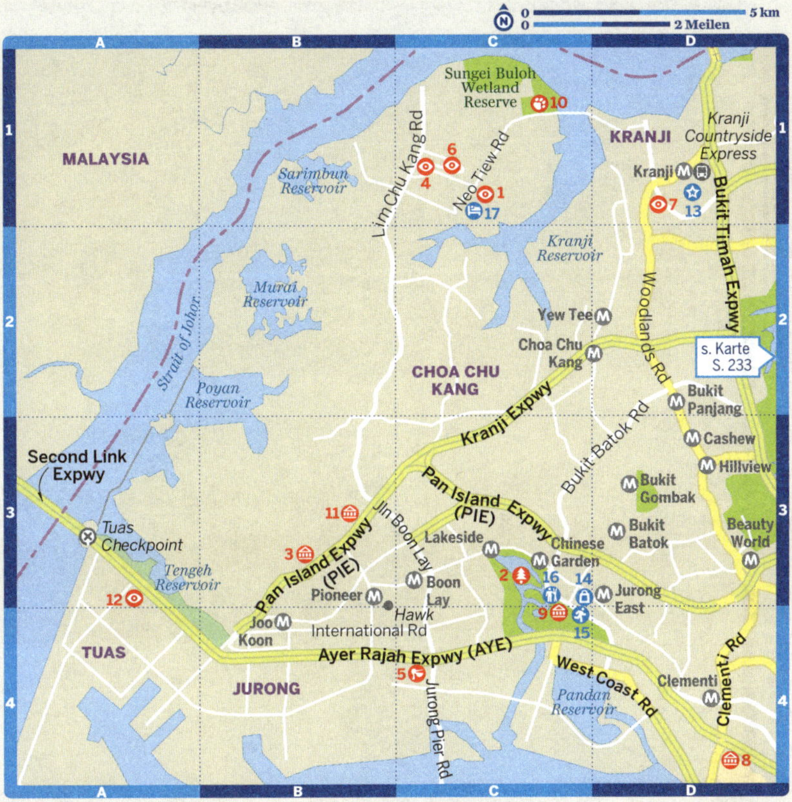

Sehenswertes (S. 143)

1 Bollywood Veggies C1
2 Chinese Garden C3
3 Chinese Heritage Centre B3
4 Hay Dairies Goat Farm C1
5 Jurong Bird Park C4
6 Jurong Frog Farm C1
7 Kranji War Memorial D1
Lee Kong Chian Natural History Museum .... (s. 8)
8 NUS Museum D4
9 Science Centre Singapore C4
10 Sungei Buloh Wetland Reserve C1
11 Thow Kwang Pottery Jungle B3
12 Tiger Brewery A3

Unterhaltung (S. 147)

Omni-Theatre .... (s. 9)
13 Singapore Turf Club D1

Shoppen (S. 147)

14 Jem C3
Westgate .... (s. 14)

Sport & Aktivitäten (S. 147)

15 Rink C4
16 Snow City C3

Schlafen (S. 183)

17 D'Kranji Farm Resort C1

SENTOSA ISLAND

N
0 — 1 km
0 — 0,5 Meilen
A
B
C
D
E
F
G
1
2
3
4
s. Karte S. 248
Reflections at Keppel Bay
Pulau Keppel
HarbourFront
HarbourFront
West Coast Hwy
VivoCity
Keppel Harbour
Seilbahn
Sentosa Boardwalk
Pulau Brani
Selat Sengkir
Buran Darat
Siloso Point
Siloso Beach
Sentosa-Seilbahn-Line
Imbiah Lookout
Sentosa-Seilbahn-Station
Imbiah
Merlion
Beach
Waterfront
Resorts World
Universal Studios
Artillery Ave
Palawan Beach
Sentosa Island
Serapong Golf Course
Mt Serapong
Serapong Hill Rd
Allanbrooke Rd
Bukit Manis Rd
Tanjong Golf Course
1
2
3
4
5
6
7
8
9
10
11
13
14
15
16
17
18
19
20
21
22
23

Highlights (S. 151)
1 Universal Studios C3

Sehenswertes (S. 152)
2 Fort Siloso A2
3 Images of Singapore Live B3
4 SEA Aquarium C2

Essen (S . 152)
5 ilLido at the Cliff D4
6 Knolls D3
7 L'Atelier de Joël Robuchon C2
8 Malaysian Food Street C2
9 Mykonos on the Bay F4

Ausgehen & Nachtleben (S. 153)
10 Coastes B3
11 Ola Beach Club B3
12 Tanjong Beach Club D5
Woobar .... (s. 23)

Unterhaltung (S. 154)
Endless Summer .... (s. 23)
13 Wings of Time B3

Sport & Aktivitäten (S. 154)
14 Adventure Cove Waterpark C2
15 Gogreen Segway Eco Adventure C3
16 iFly B3
17 KidZania C3
18 MegaZip B2
19 Skyline Luge Sentosa B3
20 Wave House B3

Schlafen (S. 183)
21 Capella Singapore C3
22 Shangri-La's Rasa Sentosa Resort & Spa A2
23 W Singapore – Sentosa Cove F4

Die Lonely Planet Story

Ein uraltes Auto, ein paar Dollar in den Hosentaschen und Abenteuerlust, mehr brauchten Tony und Maureen Wheeler nicht, als sie 1972 zu der Reise ihres Lebens aufbrachen. Diese führte sie quer durch Europa und Asien bis nach Australien. Nach mehreren Monaten kehrten sie zurück – pleite, aber glücklich –, setzten sich an ihren Küchentisch und verfassten ihren ersten Reiseführer *Across Asia on the Cheap*. Binnen einer Woche verkauften sie 1500 Bücher und Lonely Planet war geboren. Heute unterhält der Verlag Büros in Melbourne (Australien), London und Oakland (USA) mit über 600 Mitarbeitern und Autoren. Sie alle teilen Tonys Überzeugung, dass ein guter Reiseführer drei Dinge tun sollte: informieren, bilden und unterhalten.

Die Autorin

Ria de Jong

Ria wurde als Kind holländisch-australischer Eltern in Asien, und zwar in Sri Lanka geboren; schon seit frühester Kindheit liebt sie diesen Kontinent der Kontraste. Ria ist dann im australischen Townsville aufgewachsen und später nach Sydney gezogen, wo sie zunächst als Journalistin gearbeitet hat, bevor sie sich für fünf Jahre auf den Philippinen niederließ. Im Jahr 2015 ist sie mit ihrem Ehemann und den zwei kleinen Kindern nach Singapur gezogen. Dort entdeckt sie mit Begeisterung jeden Winkel dieses kleinen Stadtstaates. Für Ria ist dies die zweite Aktualisierung des Lonely Planet *Singapur*.

Lonely Planet Global Limited
Digital Depot
The Digital Hub
Dublin D08 TCV4
Ireland

Verlag der deutschen Ausgabe:
MAIRDUMONT, Marco-Polo-Str. 1, 73760 Ostfildern,
www.lonelyplanet.de, www.mairdumont.com,
lonelyplanet-online@mairdumont.com

Chefredakteurin deutsche Ausgabe: Birgit Borowski

Übersetzung: Matthias Eickhoff, Marion Gieseke, Christiane Gsänger, Dr. Annegret Pago, Dr. Thomas Pago, Jutta Ressel M.A., Sara Walczyk, Renate Weinberger, Linde Wiesner

An früheren Auflagen haben außerdem mitgewirkt: Beatrix Gehlhoff, Raphaela Moczynski, Christiane Radünz, Manuela Schomann; Olaf Bentkämper, Inga Westerteicher, Andreas Zevgitis; Waltraud Horbas, Christel Klink, Karin Weidlich, Maurice Wiederhold, Teresa Zuhl

Redaktion und technischer Support: CLP Carlo Lauer & Partner, Valley

FSC
www.fsc.org
MIX
Papier aus verantwortungsvollen Quellen
FSC® C018236

Singapur
4. deutsche Auflage Mai 2018, übersetzt von *Singapore 11th edition*, Februar 2018, Lonely Planet Global Limited

Printed in Poland